CTA
재정학
객관식 문제집

세무사 1차

끝까지 책임진다! 시대에듀!
QR코드를 통해 도서 출간 이후 발견된 오류나 개정법령, 변경된 시험 정보, 최신기출문제, 도서 업데이트 자료 등이 있는지 확인해 보세요!
시대에듀 합격 스마트 앱을 통해서도 알려 드리고 있으니 구글 플레이나 앱 스토어에서 다운받아 사용하세요.
또한, 파본 도서인 경우에는 구입하신 곳에서 교환해 드립니다.

편집진행 최수란 | **표지디자인** 김도연 | **본문디자인** 표미영·고현준

2026 시대에듀 세무사 1차 객관식 재정학

Always with you

사람의 인연은 길에서 우연하게 만나거나 함께 살아가는 것만을 의미하지는 않습니다.
책을 펴내는 출판사와 그 책을 읽는 독자의 만남도 소중한 인연입니다.
시대에듀는 항상 독자의 마음을 헤아리기 위해 노력하고 있습니다. 늘 독자와 함께하겠습니다.

 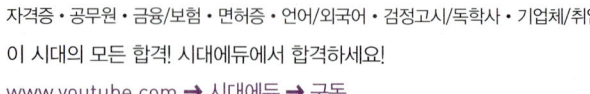 

머리말 PREFACE

세무사 1차 시험은 2024년을 기점으로 응시생이 대폭 급증함과 동시에 2025년에는 회계학개론, 세법학개론의 과락률이 약 60%에 이르러 많은 수험생들이 어려움을 겪고 있습니다. 이럴수록 재정학, 선택과목을 완벽하게 공부하여 최소 20분 안에 고민없이 빠르게 풀어야 합니다.

특히 재정학을 잘 끝내기 위해서는 다음의 사항을 숙지해야합니다. 첫 번째, 재정학은 미시경제학 20%와 거시경제학 80%가 포함되어 있습니다. 미시경제학 공부를 위해 별도로 기초강의를 듣기 보다는 시험에 나오는 문제를 풀 수 있을 정도만 학습하는 것을 추천합니다. 두 번째, 기출문제 지문이 동일 또는 유사하게 반복되는 경우가 많습니다. 시험 전에 최근 5개년 기출문제를 확실히 숙지하고 들어가면 큰 도움이 될 것입니다. 세 번째, 매해 난이도가 어려워 제 시간에 풀기 힘든 문제가 있습니다. 이런 경우는 80점 이상 맞출 것을 목표로 하여 과감히 포기하고 넘어가야 합니다.

시대에듀는 이러한 변화에 맞춰 학습의 효율을 극대화할 수 있도록 객관식 문제집을 구성하였습니다. 본서의 전체적인 특징은 아래와 같습니다.

---

❶ 시험에 꼭 나오는 핵심이론만 수록
❷ 핵심이론에 최신기출문제 빈도 표시
❸ 세무사 기출문제 챕터별 수록
❹ 일관된 계산 풀이 및 서술형 지문의 틀린 부분 표시

끝으로 이 책이 세무사 시험을 준비하는 모든 수험생들에게 도움이 되는 책이 되길 바라며, 2026년 제63회 세무사 1차 시험에 합격하기를 진심으로 기원합니다.

시대세무회계연구회

이 책의 구성과 특징 STRUCTURES

1 주요 핵심이론 정리

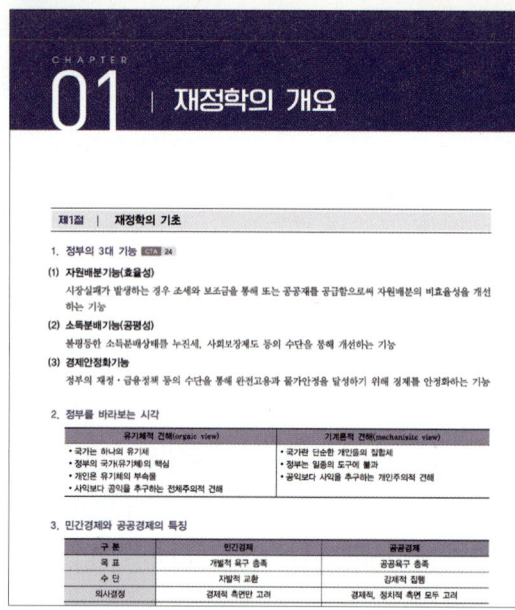
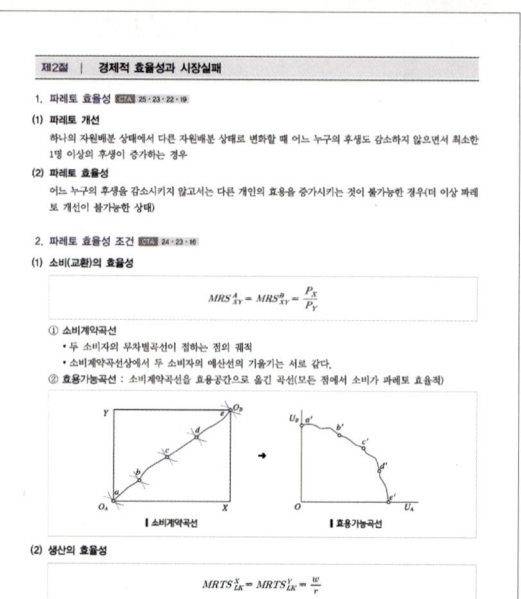

▶ 문제를 풀면서 잊었거나 헷갈리는 개념을 한번 더 빠르게 확인하고 정리할 수 있습니다.

2 핵심이론에 최신기출 빈도 표시

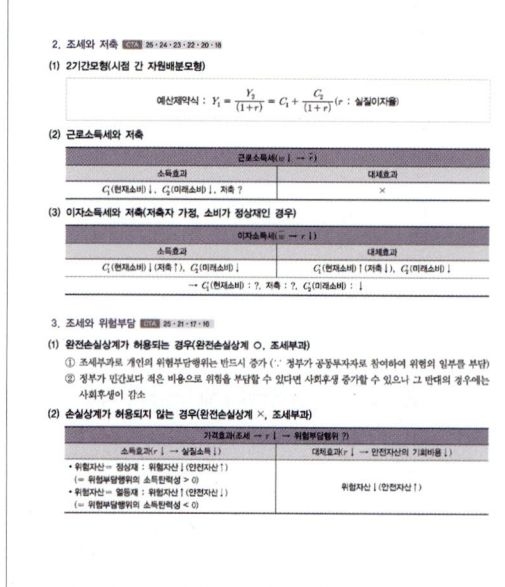
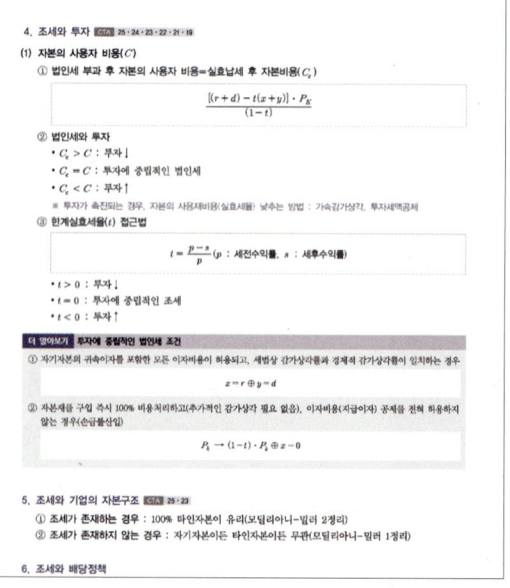

▶ 최근 10개년 기출표시를 통해 출제 빈도가 높은 내용을 우선적으로 대비할 수 있습니다.

3 CTA 최근 기출문제 수록

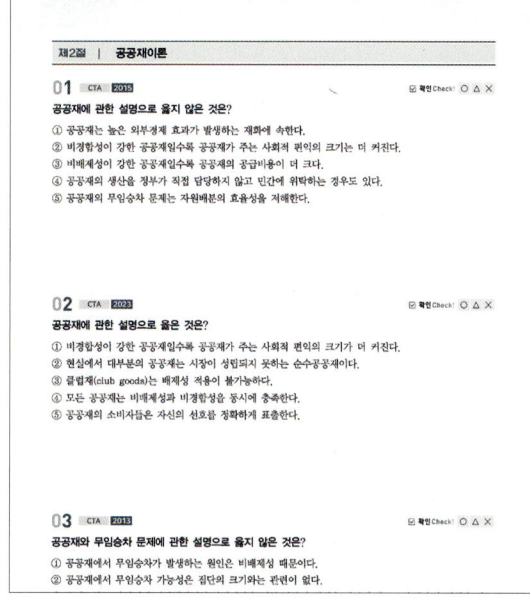

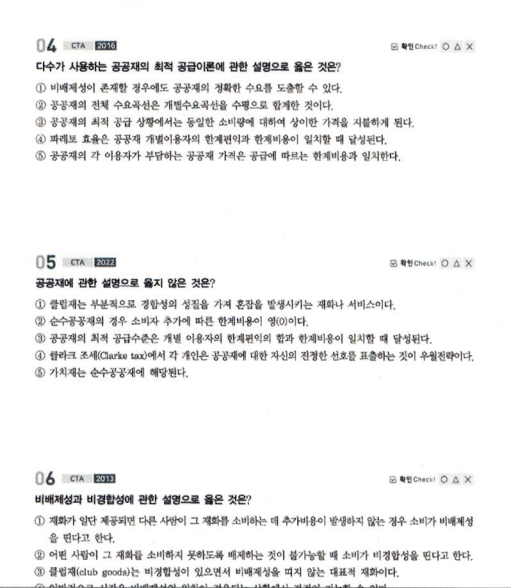

▶ 최근에 출제된 주요 기출문제를 충실히 수록하여 문제풀이 연습에 도움이 되도록 했습니다.

4 일관된 계산 풀이 및 지문의 틀린 부분 표시

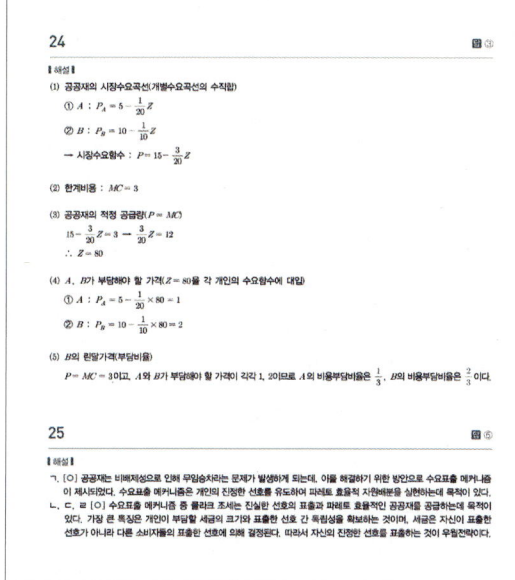

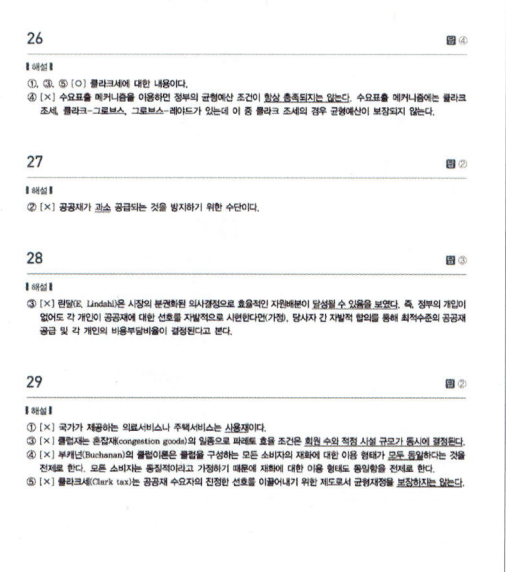

▶ 유형마다 일관된 계산 로직으로 해설하였으며, 지문에서 틀린 부분을 빠르게 확인할 수 있습니다.

세무사 자격시험 소개 INFORMATION

◇ 시험과목 및 배점

구 분	교시	시험과목	문항수	시험시간	시험방법
1차 시험	1	**1** 재정학 **2** 세법학개론 (법인세법, 소득세법, 부가가치세법, 국세기본법, 국세징수법, 국제조세조정에관한법률, 조세범처벌법)	과목당 40문항 (총 80 문항)	80분 (09:30~10:50)	객관식 5지택일형
	2	**3** 회계학개론 **4** 상법(회사편), 민법(총칙), 행정소송법(민사소송법준용규정포함) 중 택 1 **5** 영어(공인어학성적제출로 대체)		80분 (11:20~12:40)	
2차 시험	1	**1** 회계학1부(재무회계, 원가관리회계)	각 4문항	90분 (09:30~11:00)	논술형
	2	**2** 회계학2부(세무회계)		90분 (11:30~13:00)	
	3	**3** 세법학1부 (국세기본법, 소득세법, 법인세법, 상속세 및 증여세법)		90분 (14:00~15:30)	
	4	**4** 세법학 2부 (부가가치세법, 개별소비세법, 지방세법, 지방세기본법, 지방세징수법 및 지방세특례제한법 중 취득세, 재산세 및 등록에 대한 등록면허세, 조세특례제한법)		90분 (16:00~17:30)	

※ 시험과 관련하여 법률,회계처리기준 등을 적용하여 정답을 구하여야 하는 문제는 해당 시험일 현재 시행중인 법률,기준 등을 적용하여 그 정답을 구하여야 함
※ 회계학 과목의 경우 한국채택국제회계기준(K-IFRS)만 적용하여 출제

◆ 공인어학성적

시험명	TOEFL		TOEIC	TEPS	G-TELP	FLEX
	PBT	IBT				
일반응시자	530	71	700	340	65(level-2)	625
청각장애인	352	–	350	204	43(level-2)	375

※ 공인어학성적의 인정범위는 2022년 1월 1일 이후 실시된 시험으로 제1차 시험 전날까지 성적발표 및 성적표가 교부된 시험
(단, 영어시험의 시행기관에서 정한 성적의 유효기간이 만료되기 전에 사전등록하여 진위가 확인이 된 성적에 한해 인정)

◆ 합격결정기준

구 분	합격결정기준
1차 시험	영어 과목을 제외한 나머지 과목에서 과목당 100점을 만점으로 하여 각 과목의 점수가 40점 이상이고, 전 과목 평균점수가 60점 이상인 사람을 합격자로 결정
2차 시험	과목당 100점을 만점으로 하여 각 과목의 점수가 40점 이상이고, 전 과목 평균점수가 60점 이상인 사람을 합격자로 결정(단, 최소 합격인원에 미달하는 경우에는 그 미달하는 범위에서 순차적으로 전 과목의 평균점수가 다른 사람보다 높은 사람을 합격자로 결정)

※ 더 자세한 사항은 큐넷 홈페이지에서 확인할 수 있습니다.

◆ 1차 시험 재정학 10개년 통계

연도 및 회차	응시자수	평균점수	과락자수	과락률
2025년 제62회	18,708명	57.32점	5,311명	28.39%
2024년 제61회	18,842명	54.33점	4,925명	26.10%
2023년 제60회	13,768명	51.97점	3,571명	25.90%
2022년 제59회	12,554명	62.38점	1,950명	15.53%
2021년 제58회	10,348명	52.76점	2,547명	24.61%
2020년 제57회	9,506명	58.58점	1,488명	15.65%
2019년 제56회	8,713명	60.35점	1,563명	17.94%
2018년 제55회	8,971명	57.34점	1,302명	14.51%
2017년 제54회	8,937명	55.05점	1,730명	19.36%
2016년 제53회	9,327명	55.53점	1,535명	16.46%

이 책의 차례 CONTENTS

		제1편 핵심이론	제2편 핵심기출	제3편 정답 및 해설
제1장	**재정학의 개요**			
	제1절 재정학의 기초	2	70	294
	제2절 경제적 효율성과 시장실패	3	71	294
제2장	**외부성, 공공재이론, 공공선택이론**			
	제1절 외부성	12	88	311
	제2절 공공재이론	16	108	329
	제3절 공공선택이론	20	119	339
제3장	**공공지출이론**			
	제1절 정부지출과 예산제도	24	130	346
	제2절 비용–편익분석	26	134	349
제4장	**조세이론의 기초 및 전가와 귀착**			
	제1절 조세이론의 기초	30	147	358
	제2절 조세의 전가와 귀착	36	165	373
제5장	**조세의 초과부담 및 최적과세론**			
	제1절 조세의 효율성(초과부담)	43	184	389
	제2절 최적과세론	45	197	400
제6장	**조세의 경제적 효과**			
	제1절 개별조세이론	48	209	408
	제2절 조세의 경제적 효과	52	229	423
제7장	**재정학의 기타주제**			
	제1절 소득분배 및 사회보장	56	244	434
	제2절 공공요금의 이론	63	271	455
	제3절 공채론	64	277	459
	제4절 지방재정	66	283	463

제1편 핵심이론

제1장 재정학의 개요
제2장 외부성, 공공재, 공공선택이론
제3장 공공지출이론
제4장 조세론의 기초 및 전가와 귀착
제5장 조세의 초과부담 및 최적과세론
제6장 개별조세이론 및 조세의 경제적 효과
제7장 재정학의 기타주제

CHAPTER 01 | 재정학의 개요

제1절 | 재정학의 기초

1. 정부의 3대 기능 CTA 24

(1) 자원배분기능(효율성)
시장실패가 발생하는 경우 조세와 보조금을 통해 또는 공공재를 공급함으로써 자원배분의 비효율성을 개선하는 기능

(2) 소득분배기능(공평성)
불평등한 소득분배상태를 누진세, 사회보장제도 등의 수단을 통해 개선하는 기능

(3) 경제안정화기능
정부의 재정·금융정책 등의 수단을 통해 완전고용과 물가안정을 달성하기 위해 경제를 안정화하는 기능

2. 정부를 바라보는 시각

유기체적 견해(orgaic view)	기계론적 견해(mechanisitc view)
• 국가는 하나의 유기체 • 정부의 국가(유기체)의 핵심 • 개인은 유기체의 부속물 • 사익보다 공익을 추구하는 전체주의적 견해	• 국가란 단순한 개인들의 집합체 • 정부는 일종의 도구에 불과 • 공익보다 사익을 추구하는 개인주의적 견해

3. 민간경제와 공공경제의 특징

구 분	민간경제	공공경제
목 표	개별적 욕구 충족	공공욕구 충족
수 단	자발적 교환	강제적 집행
의사결정	경제적 측면만 고려	경제적, 정치적 측면 모두 고려
보상관계	개별적 보상	일반적 보상
회계원칙	수입을 근거로 지출이 결정	지출을 근거로 수입이 결정
생산물의 성질	배제성, 경합성	비배제성, 비경합성

제2절 | 경제적 효율성과 시장실패

1. 파레토 효율성 CTA 25·23·22·19

(1) 파레토 개선

하나의 자원배분 상태에서 다른 자원배분 상태로 변화할 때 어느 누구의 후생도 감소하지 않으면서 최소한 1명 이상의 후생이 증가하는 경우

(2) 파레토 효율성

어느 누구의 후생을 감소시키지 않고서는 다른 개인의 효용을 증가시키는 것이 불가능한 경우(더 이상 파레토 개선이 불가능한 상태)

2. 파레토 효율성 조건 CTA 24·23·16

(1) 소비(교환)의 효율성

$$MRS_{XY}^A = MRS_{XY}^B = \frac{P_X}{P_Y}$$

① 소비계약곡선
  - 두 소비자의 무차별곡선이 접하는 점의 궤적
  - 소비계약곡선상에서 두 소비자의 예산선의 기울기는 서로 같다.

② 효용가능곡선 : 소비계약곡선을 효용공간으로 옮긴 곡선(모든 점에서 소비가 파레토 효율적)

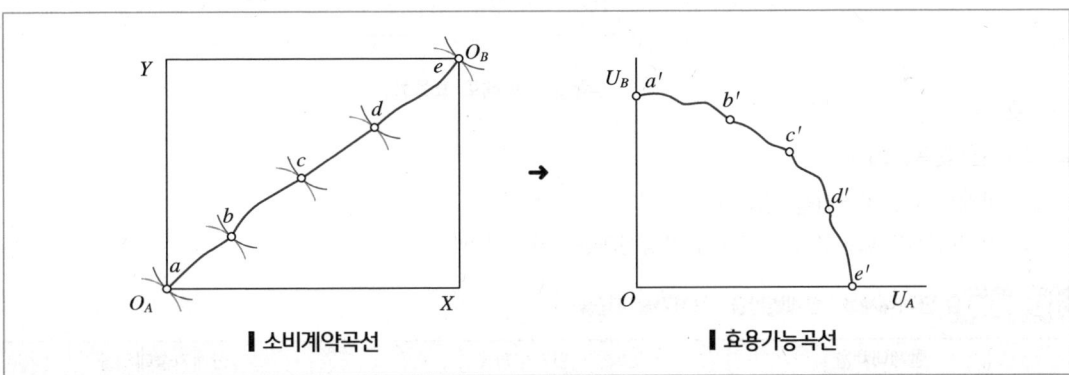

■ 소비계약곡선　　　　　　■ 효용가능곡선

(2) 생산의 효율성

$$MRTS_{LK}^X = MRTS_{LK}^Y = \frac{w}{r}$$

① 생산계약곡선
  - 생산에 있어서 파레토 최적점들의 궤적
  - 두 등량곡선이 접하는 접하는 점들을 연결한 선

② 생산가능곡선 : 생산계약곡선을 재화공간으로 옮긴 곡선(모든 점에서 생산이 파레토 효율적)

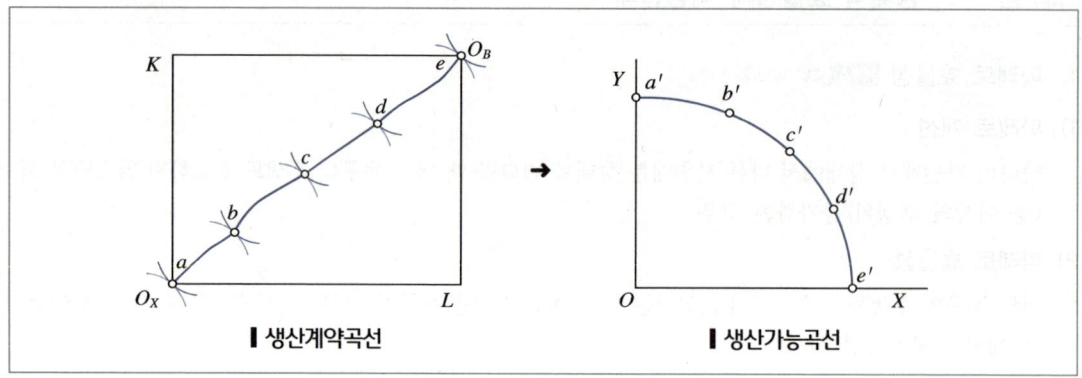

▌생산계약곡선　　▌생산가능곡선

(3) 종합적 효율성

$$MRS_{XY} = MRT_{XY}$$

효용가능곡선+생산가능곡선 → 효용가능경계 도출, 즉 소비와 생산이 모두 파레토 효율적으로 이루어짐

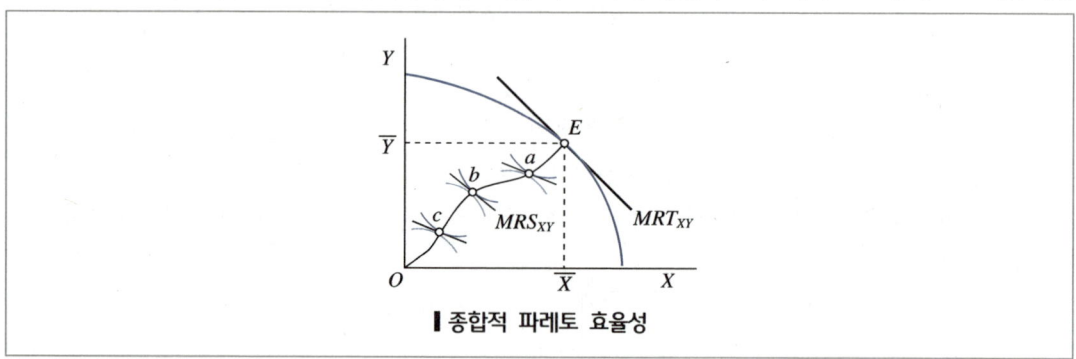

▌종합적 파레토 효율성

(4) 파레토 효율성의 한계
① 파레토 효율성조건을 충족하는 점이 다수 존재
② 자원배분의 효율성만을 고려함(공평성과는 전혀 무관)

더 알아보기 | 한계대체율, 한계변환율, 한계기술대체율

한계대체율	한계변환율	한계기술대체율
$MRS_{XY} = \dfrac{MU_X}{MU_Y}$	$MRT_{XY} = \dfrac{MC_X}{MC_Y}$	$MRTS_{LK} = \dfrac{MP_L}{MP_K}$
동일한 효용수준을 유지하면서 X재 1단위를 더 소비하기 위해 포기할 용의가 있는 Y재의 수량	X재 1단위를 더 생산하기 위해 감소시켜야 하는 Y재의 수량	동일한 생산량을 유지하면서 노동투입량을 1단위 증가시킬 때 감소시켜야 하는 자본의 수량

※ $MRS_{XY}^A > MRS_{XY}^B$인 경우 파레토 개선 : 개인 A가 B보다 X재를 더 선호하므로 A는 X재를 받고 Y재를 주고, B는 Y재를 받고 X재를 주는 교환이 이루어지면 파레토 개선이 가능
※ $MRS_{XY} > MRT_{XY}$인 경우 파레토 개선 : X재 생산량을 증가시키고, Y재 생산량을 감소시키면 소비자의 효용이 증가하므로 파레토 개선이 가능

3. 후생경제학의 정리 [CTA] 25·24·23·22·21·19

(1) 후생경제학의 제1정리(효율성)
① 개념 : 모든 개인의 선호체계가 강단조성*을 지니고 외부성·공공재 등의 시장실패 요인이 존재하지 않는다면 일반경쟁균형의 자원배분은 파레토 효율적이다.

> *재화소비량이 많을수록 효용이 증가하는 것

② 특 징
- 완전경쟁시장에서는 자원배분의 효율성이 달성
  → A. Smith의 '보이지 않는 손'이 효율적인 자원배분을 실현함을 의미
- 정부의 비개입

(2) 후생경제학의 제2정리(효율성+공평성)
① 개념 : 모든 개인들의 선호가 연속적이고, 강단조성 및 볼록성을 충족하면 초기부존자원의 적절한 재분배를 통하여 임의의 파레토 효율적인 자원배분을 일반경쟁균형을 통해 달성할 수 있다.
② 특 징
- 공평성 달성을 위해 효율성을 희생할 필요 없음
- 정부의 개입을 통해 공평성 달성

더 알아보기 사회후생극대화

구 분	내 용
효용가능경계(효율성) (UPF)	• 개념 : 경제 내의 자원을 가장 효율적으로 배분하였을 때 사회구성원들이 얻을 수 있는 최대 효용수준의 조합을 나타내는 선 • 특징 : 효용가능경계상의 모든 점들은 자원배분이 파레토 효율적 → 사회후생을 극대화한다는 보장은 없음
사회후생함수(공평성)	• 개념 : 사회 전체의 후생과 이에 영향을 미치는 여러 요인 사이의 관계를 나타내는 함수 • 특징 : 사회후생함수의 형태에 따라 여러 형태의 사회무차별곡선(SIC)이 나타남
사회후생극대화	• 개념 : 효용가능경계(UPF)와 사회무차별곡선(SIC)이 접하는 점에서 사회후생이 극대화 • 특징 : 사회후생을 극대화시키는 배분은 파레토 효율을 달성함

4. 사회후생함수 CTA 25·22·21·19·17·16

(1) 공리주의

$$W = U_A + U_B$$

① 최대 다수의 최대 행복(J. Bentham)
② 모든 사람의 가중치가 동일(소득분배 공평성은 고려 안함)
③ SIC의 기울기가 -1인 우하향의 직선
④ 후생극대화 조건(MU 체감) : $MU_A = MU_B$

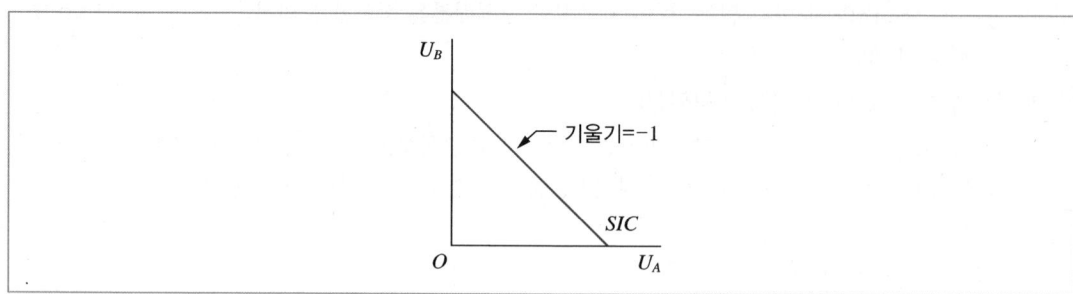

(2) 평등주의

$$W = U_A \times U_B$$

① 부자에게는 낮은 가중치, 가난한 자에게는 높은 가중치(소득재분배에 관심 있음)
② SIC가 원점에 대해 볼록
③ 우하방으로 이동할수록 A의 가중치가 줄어듦

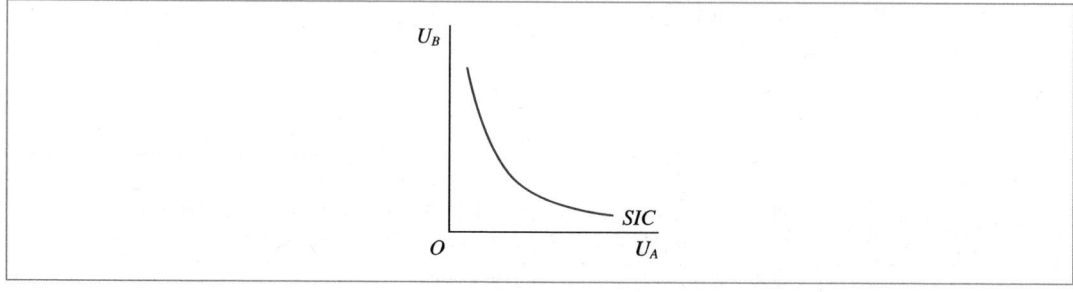

(3) 롤즈

$$W = \min\{U_A,\ U_B\}$$

① 가난한 자의 가중치는 100%이고 부자의 가중치가 0%(소득재분배가 무엇보다도 중요)
　→ 최소극대화원칙
② SIC가 L자 형태
③ 레온티에프(Leontief) 생산함수의 등량곡선과 동일한 L자 형태
④ 후생극대화 조건 : $U_A = U_B$

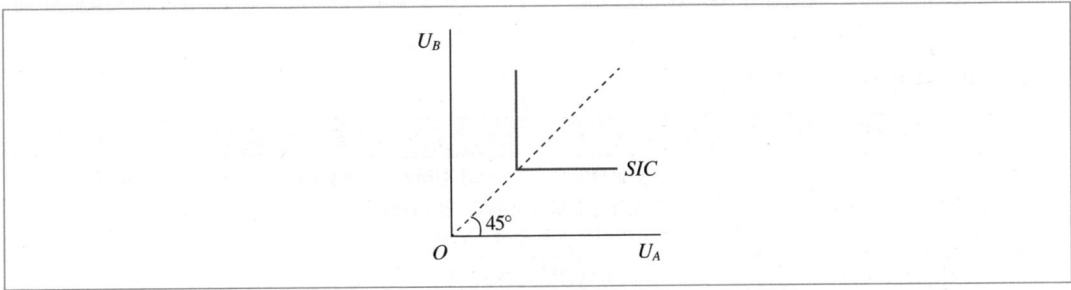

(4) 최상층우대(엘리트우대)

$$W = \max\{U_A,\ U_B\}$$

① 부자의 가중치는 100%이고 가난한 자의 가중치가 0%
　→ 최대극대화원칙
② SIC가 ㄱ자 형태

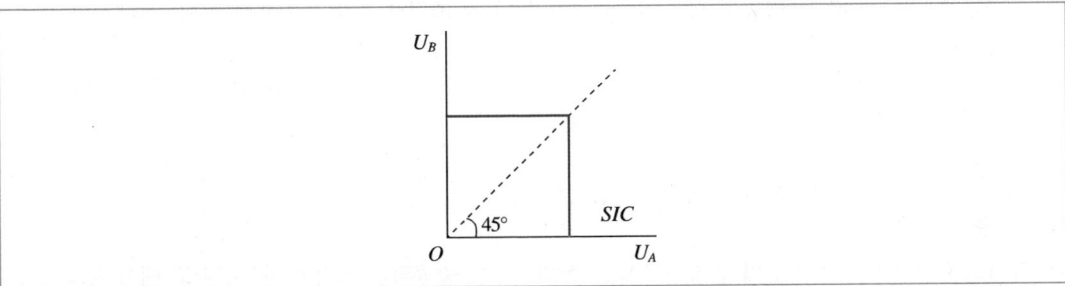

(5) 버그슨-사무엘슨

$$W = W\{U_A(X_A),\ U_B(X_B)\}$$

① 사회후생은 각 개인의 효용에 의해 결정(개인주의 사회후생함수)
② 각 개인의 효용은 자신의 재화소비량에 의해서만 결정
　→ 소비의 외부성은 존재하지 않음

> **더 알아보기** 사회후생함수의 특징
> - 개인 간 효용 비교 가능
> - 개인의 효용을 측정할 수 있다고 가정(기수적 효용)
> - 소득분배의 공평성을 중요시할수록 SIC는 원점에 대해 더욱 볼록해짐

5. 애로우의 불가능성 정리 CTA 25·18

(1) 개요

애로우(K. Arrow)는 개인들의 선호를 사회선호로 바꾸는 과정에서 이상적인 사회후생함수가 갖춰야 할 5가지 조건을 제시함

(2) 이상적인 사회후생함수의 조건

구 분	내 용
완비성(완전성)과 이행성	두 사회 상태 중에서 어떤 사회 상태가 더 선호되는지 판단할 수 있어야 하고(완비성*), 선호체계가 일관성을 유지해야 함(이행성*) *완비성과 이행성 : 집합적 합리성
비제한성(보편성)	개인의 선호를 특정한 선호로 제한해서는 안됨
파레토 원칙	모든 사회 구성원이 X를 Y보다 선호한다면 사회적으로도 동일해야함
무관한 선택대안으로부터의 독립성(IIA)	개인의 선호는 서수적으로 측정되어야 하며, 개인 간의 기수적인 효용 비교는 배제됨
비독재성	한 사회 구성원(독재자)의 선호가 사회선호를 결정해서는 안됨

(3) 불가능성 정리

① 위의 이상적인 조건을 모두 갖춘 사회후생함수는 존재하지 않음
② 애로우(K. Arrow)는 비독재성을 제외한 나머지 4가지 조건을 갖춘 사회후생함수는 독재적이 될 수밖에 없음을 증명
③ 개인들의 의사를 집약하여 사회적 선호로 나타낼 수 있는 민주적인 의사결정방법은 존재하지 않음

6. 차선의 이론

(1) 개념

파레토 효율성의 모든 조건이 충족되지 않는 상황에서는 충족되는 조건이 많아진다고 해서 사회적으로 더 바람직한 상태가 되는 것은 아니라는 이론

(2) 시사점

점진적인 제도 개혁이 이루어지더라도 사회후생을 증가시킨다는 보장이 없으며, 오히려 추진 과정에서 예기치 못한 부정적 결과를 초래할 수도 있음

7. 보상원리 CTA 20·18

(1) 개념
① 한 사회 상태가 다른 사회 상태로 변화하였을 때 사회후생의 증감을 판단하는 기준(효율성만 판단)
② 직접적으로 개인 간의 효용을 비교하지 않고 우회적으로 사회후생변화를 평가하려는 방법(잠재적 보상 전제)

(2) 보상원리

구 분	내 용
파레토 기준	• 개념 : 어느 누구의 효용도 감소하지 않으면서 최소한 1명 이상의 효용이 증가하는 경우 개선이라고 판단하는 것(파레토 개선에 근거) • 특 징 　- 효용가능경계 내부에서 효용가능경계상으로 이동하더라도 꼭 개선이라고 할 수는 없음 　- 현실에서는 파레토 기준을 적용할 때 개선이라고 판단할 수 있는 경우가 거의 없음 　- 만장일치제도와 일맥상통함
칼도-힉스 기준 (칼도기준)	• 개념 : '이득을 얻는 사람의 이득' > '손해를 보는 사람의 손해'인 경우, 이득을 얻는 사람이 손해를 보는 사람에게 잠재적으로 보상을 해주고도 남을 때, 이를 개선으로 판단하는 것 ※ 이득을 얻거나 손해를 보는 사람의 수가 아닌 이득액과 손해액을 기준으로 개선 여부를 판단 • 특 징 　- 효용가능경계 내부에서 효용가능경계상으로 이동하는 경우 개선으로 판단 　- 다수결투표제에 의한 결과가 반드시 개선이라는 보장이 없음 　- 비용-편익분석의 이론적 토대가 됨
스키토프스키 기준	• 개념 : 칼도-힉스에 따르면 $S \rightarrow T$로의 이행은 개선이고, $T \rightarrow S$로의 이행은 개선이 아닐 때 개선이라고 판단하는 것 • 특징 : 칼도의 기준을 이중으로 적용하고, 칼도 기준의 모순을 보완하기 위한 기준

8. 시장실패와 정부실패 CTA 25·23·22·21

(1) 시장실패
① 개념 : 시장기구에 의해 자원배분이 효율적으로 이루어지지 못하거나 소득분배의 공평성이 달성되지 못하는 것 → 이는 정부가 시장개입을 하는 이론적 근거가 됨
② 원 인
　• 불완전경쟁(독점)
　• 비용체감산업(자연독점)
　• 위험과 불확실성
　• 정보의 비대칭성
　• 외부성
　• 공공재
　• 불공평한 소득분배

(2) 정부실패

① 개 념
- 시장실패를 교정하기 위한 정부개입이 오히려 민간부분의 의사결정을 왜곡시켜 자원배분의 효율성을 악화시키는 것
- 시장실패는 정부개입의 필요조건에 해당(충분조건 ×). 즉, 시장실패로 인해 정부가 반드시 개입해야하는 것은 아님 (∵ 정부실패의 가능성)

② 원 인
- 정보의 불완전성
- 민간부분의 반응변화
- 시차의 가변성
- 정치적 과정에서의 제약
- 관료들의 행태

9. 역선택과 도덕적 해이 CTA 25·24·22·20·19·16

(1) 역선택

① 개념 : 정보수준이 낮은 측이 바람직하지 않은 상대방과 거래할 가능성이 높아지는 것
  예 중고차시장, 보험시장, 금융시장 등

② 해결방안
- 선별 : 자동차 보험회사가 나이에 따른 보험료를 책정하는 것, 생명보험회사가 보험가입 시 건강검진을 받도록 하는 것
- 신호발송 : 보증서 발급, 각종 자격증 취득하는 것
- 가입의무화 : 국민연금, 의료보험 등에 가입을 의무화하는 것
- 정보정책 : 정보공시 의무화함으로써 허위·과장광고를 규제하는 것
- 평판과 표준화 : 평판을 획득하거나 표준화된 재화를 판매하는 것
- 신용할당 : 금융시장에 초과수요가 존재하더라도 이자율을 인상하지 않고, 신용이 확실한 기업에게 나누어 대출하는 것
- 효율성임금 : 시장의 균형임금보다 높은 임금을 지급하는 것

(2) 도덕적 해이

① 개념 : 정보수준이 높은 측이 바람직하지 않은 행동을 하는 것
  예 노동시장, 보험시장, 금융시장 등

② 해결방안
- 노동시장 : 승진, 포상, 징계, 효율성임금
- 보험시장 : 공동보험제도, 기초공제제도
- 금융시장 : 담보설정, 감시

(3) 주인-대리인 문제

① **개념** : 어떤 거래가 이루어진 이후에 대리인이 주인의 입장에서 볼 때 바람직하지 않은 행동을 하는 것
   예) 주주 – 경영자, 국민 – 정치인, 의뢰인 – 변호사

② **해결방안(유인설계)** : 대리인이 주인을 위해 노력할 요인이 없기 때문에 발생하는 것으로, 주인의 이익을 위해 노력할수록 보수가 높아지도록 제도를 만드는 것
   예) 승진, 포상, 징계, 성과급, 스톡옵션

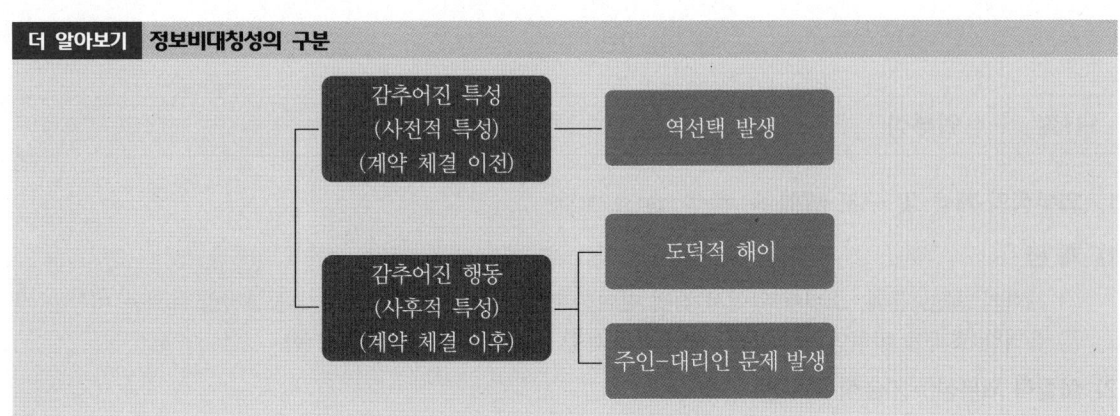

CHAPTER 02 | 외부성·공공재·공공선택이론

제1절 | 외부성

1. 외부성의 개념 및 구분 CTA 25·23·22·20·19·17·16

(1) 개념
① 재화의 생산, 분배, 소비에 있어서 직접 참여하지 않은 사람에게 유리하거나 불리한 효과를 미치는 것
② 유리한 효과를 미치면 외부경제, 불리한 효과를 미치면 외부불경제라고 함

(2) 실질적 외부성(=기술적 외부성)
① 시장의 가격기구를 통하지 않고 제3자에게 유리 또는 불리한 영향을 미치는 것
  [예] 양봉업이 인근 과수원의 생산에 영향을 미치는 것
② 자원배분의 왜곡 발생이 발생함

(3) 금전적 외부성
① 시장의 가격기구를 통해서 제3자에게 유리 또는 불리한 영향을 미치는 것
  [예] 대규모 건설공사로 인한 건축자재 가격 상승으로 다른 건축업자가 피해를 입은 것
② 자원배분의 왜곡이 발생하고, 소득분배에만 영향을 미침 (∵ 시장기구를 통해 한 사람의 피해가 다른 사람의 이익과 상쇄되므로 사회 구성원 간의 소득분배에만 영향을 미칠 뿐, 자원배분의 효율성에는 영향을 미치지 않음)

> **더 알아보기 사용재적 외부성과 공공재적 외부성**
>
> • 사용재적 외부성 : 소수의 개인들 사이에 발생하는 외부성
>   [예] 어떤 집의 소음으로 옆집이 피해를 입는 것
> • 공공재적 외부성 : 불특정 다수에게 영향을 주는 외부성
>   [예] 공장의 대기오염으로 인해 인근 주민들이 피해를 입는 것

2. 외부성의 분류 CTA 25·23·22·21·20·19·18·17·16

(1) 소비의 외부성

외부경제	외부불경제
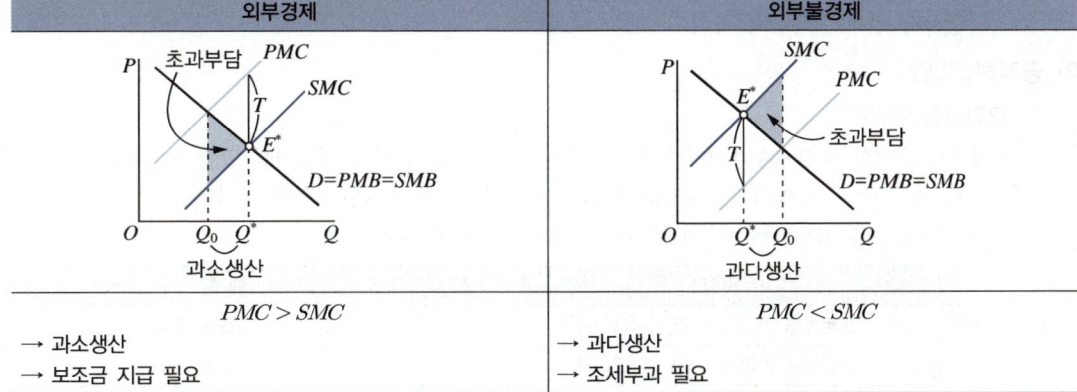	
$PMB < SMB$	$PMB > SMB$
→ 과소생산 → 보조금 지급 필요	→ 과다생산 → 조세부과 필요

(2) 생산의 외부성

외부경제	외부불경제
$PMC > SMC$	$PMC < SMC$
→ 과소생산 → 보조금 지급 필요	→ 과다생산 → 조세부과 필요

※ Q_0(현재생산량) : 초과부담을 판단하는 기준

Q^*(사회적 생산량) : 조세를 판단하는 기준

3. 외부성의 해결방안 CTA 25·24·23·22·21·20·19·18·17·16

(1) 사적해결방안
① 합병 : 외부효과를 유발하는 기업과 피해 또는 이익을 보는 기업을 합병하는 것
② 코즈 정리
- 당사자 간의 자발적 협상에 의해 재산권(소유권)을 어느 경제주체에게 설정할 것인가의 문제
  → 당사자 간의 자발적 협상에 의한 문제 해결이 효율적임
  → 재산권이 누구에게 부여되는지는 자원배분의 효율성에는 영향을 미치지 않고, 소득분배에는 영향을 미침
  → 당사자 중 가해자와 피해자를 명확하게 구분하지 않더라도 코즈 정리를 적용할 수 있음
- 코즈 정리가 성립하기 어려운 경우
  - 협상비용의 과다
  - 외부성 측정의 어려움
  - 이해당사자 구분의 불분명
  - 정보의 비대칭성
  - 당사자 간의 협상능력 차이

(2) 공적해결방안
① 오염배출권제도
- 정부가 적절한 오염배출의 총량을 미리 정하고 오염배출 총량에 해당하는 만큼 오염배출권을 발행한 다음, 각 기업은 오염배출권을 가진 한도 내에서만 오염물질을 배출할 수 있도록 하는 제도
  → 시장기능을 활용하여 오염배출권의 자유로운 거래를 허용

구 분	내 용
오염배출권 가격 > 오염 감축비용	오염배출권 매각
오염배출권 가격 < 오염 감축비용	오염배출권 매입

- 시장유인을 활용하므로 직접규제 방식에 비해 적은 비용으로 오염을 줄일 수 있는 효과
- 각 기업의 한계오염감축비용의 격차가 클수록 효과적
- 사회전체의 총오염감축비용 극소화 조건 : $MC_A = MC_B = P_{오염배출권}$

② 조세와 보조금
- 외부불경제 발생 시 재화단위당 외부한계비용만큼 피구세를 부과하고 외부경제 발생 시 외부한계편익만큼 피구적 보조금을 지급하는 방법
- 피구세와 피구보조금은 자원배분의 효율성을 개선

③ 정부의 직접규제 : 정부가 직접 규제하는 방식으로 비용이 가장 많이 드는 방법

※ 공적해결방안으로 갈수록 정부의 개입이 생긴다.
※ 외부성의 내부화는 합병, 코즈 정리, 오염배출권제도, 조세와 보조금까지이다(직접규제는 외부성 내부화 ×).

4. 조세(피구세)와 감산보조금 CTA 25

(1) 조세(피구세)

① 한계비용(MC)↑, 평균비용(AC)↑
② 기업의 소득분배 악화
③ 장기적으로 기업의 수↓
④ 정부의 재정부담 낮음
⑤ 초과부담 발생 × (∵ 피구세는 자원배분의 효율성을 개선)

(2) 감산보조금

① 한계비용(MC)↑, 평균비용(AC)↓
② 장기적으로 기업의 소득분배 개선
③ 장기적으로 기업의 수↑
④ 정부의 재정부담 높음
⑤ 초과부담 발생 ○ (∵ 감산보조금은 자원배분이 비효율적으로 이루어짐)

※ 조세(피구세)와 감산보조금은 단기적인 효과는 동일하지만, 장기적인 효과는 차이가 있을 수 있다.

5. 공유지의 비극 CTA 17

(1) 개념 및 특징

① 공유자원이 과다 사용으로 인해 고갈되는 현상 (∵ 소유권이 명확하게 규정되어 있지 않기 때문)
 예 마을 공동 소유 목초지의 황폐화, 연근해 어장의 어족 자원 고갈
② 소비의 부정적인 외부성과 관련
③ 경합성+비배제성

(2) 해결방안

① 소유권의 확립
② 조세의 부과

6. 가치재와 비가치재 CTA 22

구 분	가치재	비가치재
개 념	사회적 가치 > 개인적 가치	사회적 가치 < 개인적 가치
특 징	• 긍정적 외부성 발생 예 교육서비스, 의료서비스 • 과소생산, 과소소비하는 경우 정부가 개입 • 경합성+비배제성 → 사용재 • 생산 및 소비 장려(온정적 간섭주의) • 소비자주권 제약	• 부정적 외부성 발생 예 담배, 술 • 과잉생산, 과잉소비하는 경우 정부가 개입 • 경합성+비배제성 → 사용재 • 생산 및 소비 억제(죄악세) • 소비자주권 제약

제2절 | 공공재이론

1. 공공재의 개념 및 특성 CTA 25·23·22·19·17·16

(1) 비배제성

① 대가를 치르지 않아도 소비로부터 배제되지 않는 특성
  → 양(+)의 가격을 매기는 것이 불가능
② 무임승차자의 문제 발생
  → 공공재의 과소생산 → 시장실패 → 정부개입(보조금지급, 정부직접생산)
  → 무임승차의 문제를 해결하기 위해 수요표출메커니즘이 필요
③ 공공재로 인한 시장실패의 직접적인 원인은 비배제성에 있음
  → 비경합성이 존재하더라도 배제만 가능하다면 시장실패는 발생하지 않을 수 있음(최적 수준의 재화 공급이 가능함)

(2) 비경합성

① 어떤 사람의 공공재 소비가 다른 개인의 소비를 감소시키지 않는 특성(공동 소비가 가능)
② 추가소비에 따른 한계비용=0 (∵ 공동소비로 인한 편익의 중복 발생)
  → 양(+)의 가격을 매기는 것이 바람직하지 않음

2. 사용재 vs 공공재 CTA 25·24·23·22·19·18·16

구 분	사용재	공공재
그 림	(그래프: D_A, D_B, D_M, $S(MC)$ — 수평합)	(그래프: D_A, D_B, D_M, $S(MC)$ — 수직합)
재화의 성격	경합성, 배제성	비경합성, 비배제성
특 성	• 시장수요곡선 : 개별수요곡선의 수평(Q)의 합 • 동일한 시장가격하에 소비자마다 각기 다른 양을 소비 • 각 소비량마다 동일한 가격을 지불	• 시장수요곡선 : 개별수요곡선의 수직(P)의 합 • 동일한 공공재의 양을 소비하면서 소비자마다 각기 다른 효용을 누림 • 각 소비량마다 지불하려는 가격이 다름
적정 공급조건	$MB_A = MB_B = MC$ $MRS_{XY}^A = MRS_{XY}^B = MRT_{XY}$	$MB_A + MB_B = MC$ (린달조건) $MRS_{ZY}^A + MRS_{ZX}^B = MRT_{ZX}$ (사무엘슨조건)

※ 공공재의 예 : 등대, 가로등, 국방, 치안, 법률, 경보 사이렌 등

3. 공공재의 적정공급 모형 CTA 21·20·19·18·16

(1) 린달(Lindahl)모형 (부분균형분석)

① 개념 : 각 개인이 공공재에 대한 선호를 자발적으로 시현한다면(가정), 당사자 간 자발적 합의를 통해 최적수준의 공공재 공급 및 각 개인의 비용부담비율이 결정됨(시장기구와 유사한 원리)

$$적정공급조건 : MB_A + MB_B = MC$$

② 특 징
- 편익원칙에 입각
- 자발적 교환모형(분권화된 준시장적 공공재 공급모형)
- 근본적으로 사무엘슨모형과 동일한 성격

③ 문제점
- 각 개인이 공공재에 대한 선호를 자발적으로 시현한다는 가정은 비현실적
  → 수요표출 메커니즘의 필요성
- 소득재분배의 문제는 고려하지 않음

(2) 보웬(Bowen)모형 (부분균형분석)

① 개념 : 각 개인이 공공재와 사용재에 대한 선호를 자발적으로 시현하면(가정), 당사자 간 자발적 합의를 통해 공공재와 사용재 간의 자원배분 및 각 개인이 부담해야 할 공공재 생산비용이 결정됨

② 특 징
- 편익원칙에 입각
- 자발적 교환모형

③ 문제점
- 각 개인이 공공재에 대한 선호를 자발적으로 시현한다는 가정은 비현실적
  → 수요표출 메커니즘의 필요성
- 소득재분배의 문제는 고려하지 않음

(3) 사무엘슨(Samuelson)모형 (일반균형분석)

① 개념 : 사회구성원의 선호와 소득분배가 주어진 상태에서 순수공공재와 순수사용재의 최적공급조건을 설명하는 모형

② 특 징
- 공공재와 사용재의 생산비율이 사회구성원의 선호(SWF)에 의해 결정
- 사회의 소득분포 상태에 따라 균형이 달라짐
  → 다양한 배분점 중 어떤 점이 가장 바람직한가는 사회후생함수의 형태와 소득분배에 대한 가치판단의 문제로 귀결됨

③ 문제점
- 각 개인이 공공재에 대한 선호를 자발적으로 시현한다는 가정은 비현실적
  → 수요표출메커니즘의 필요성
- 소득재분배의 문제는 고려하지 않음

4. 수요표출메커니즘(무임승차 문제의 해결방안) `CTA` 22·19·17

(1) 허비츠의 불가능성정리
〈특징 ①〉 진실한 선호표출=우월전략
〈특징 ②〉 Pareto 효율적인 공공재 공급
〈특징 ③〉 균형예산 달성
→ 위의 3가지를 동시에 만족하는 수요표출메커니즘은 없음

(2) 클라크 조세
① 공공재의 최적생산량 결정에는 개인의 선호가 반영되나 개인 i가 납부해야할 세금결정에는 개인의 선호가 반영되지 않음

> 개인 i의 납세액(T_i)
> $$T_i = cz^* - \sum_{j \neq i} V_j(z)^*$$

*cz : 공공재 생산의 총비용, $\sum_{j \neq i} V_j(z)$: 개인 i를 제외한 다른 사람들의 편익의 합

② 전략적 행동을 한다면(구성원들이 서로 담합하여 왜곡된 선호를 시현하면) 이 제도의 기능이 상실될 수도 있음

(3) 클라크-그로브스
① 자신이 표명한 화폐액이 아니라 자신의 선호표명에 따라 사회상태가 다른 상태로 전환됨에 따른 사회전체의 순비용으로 결정됨
② 전략적 행동을 한다면(구성원들이 서로 담합하여 왜곡된 선호를 시현하면) 이 제도의 기능이 상실될 수도 있음

(4) 그로브스-레야드
① 진실한 선호표출이 우월전략이 되는 대신 내쉬전략이 되도록 하여 효율적인 공공재 공급과 균형예산을 달성
② 전략적 행동을 한다면(구성원들이 서로 담합하여 왜곡된 선호를 시현하면) 이 제도의 기능이 상실될 수도 있음

더 알아보기 | 허비츠의 불가능성정리를 통해 비교

허비츠의 불가능성정리	클라크 조세 클라크-그로브스	그로브스-레야드	린달, 보웬, 사무엘슨
〈특징 ①〉	○	△ (내쉬전략, 내쉬균형)	× (∵ 가정)
〈특징 ②〉	○	○	○
〈특징 ③〉	×	○	○

5. 비순수공공재 : 부캐넌의 클럽이론(정체공공재, 혼잡재) CTA 23·22·19·17

(1) 가 정
① 모든 소비자는 동질적
② 공공재 비용은 모든 개인이 동일하게 부담

(2) 내 용
① 주어진 사용자 수(N)에 대한 클럽재의 적정규모(G) 산출
   → 사무엘슨 조건을 응용해 사용자들의 $\sum MRS$와 MRT를 일치하여 산출
② 주어진 클럽의 규모(G)에 대한 적정 이용자 수(N) 도출
   → 사용자 수 1명 증가시 한계편익(MB)과 한계비용(MC)을 일치하여 도출
③ 적정 이용자 수와 적정 클럽 규모의 결정
   → 클럽이론에서는 적정 이용자 수와 적정 클럽 규모가 동시에 결정됨

> **더 알아보기** 비순수공공재(준공공재), 혼잡재(정체공공재)
>
> - 비순수공공재(준공공재) : 비경합성과 비배제성 중 어느 한 가지가 제대로 성립되지 않은 공공재
> - 혼잡재(정체공공재) : 사용자 수가 많아질수록 정체현상이 나타나는 비순수공공재(비경합성이 부족)
>   예 고속도로, 다리, 공원

제3절 | 공공선택이론

1. 투표제도의 종류 CTA 25·23·22·21·20·19·18·17

(1) 만장일치제(완비성 위배)
모든 구성원들이 찬성해야만 안건이 통과되는 제도

장 점	• 파레토 효율적(균형 달성 시 파레토 개선을 실현) • 소수의 의견 보호
단 점	• 많은 의사결정비용 소요 • 전략적 상황 발생 • 현재의 상태가 다른 상태보다 우위에 있게 됨

(2) 과반수 다수결제
과반수 이상이 찬성하면 안건이 통과되는 제도

특 징	• 중위투표자 정리(단봉선호인 경우에 발생) • 꽁도세(Condorcet)승자방식은 다수결제의 일종임
단 점	• 투표의 역설 발생 • 의사진행조작의 가능성 • 다수의 횡포(소수의 이익이 침해되는 사례 존재 가능성) • 선호의 강도 미반영

※ 다수결제로 의사결정을 하는 경우, 꽁도세 승자방식을 이용

(2)-1 중위투표자(=호텔링의 원칙 또는 최소차별화의 원칙)
① 개념 : 과반수 다수결제하에서 모든 투표자의 선호가 단봉형이면 항상 중위투표자가 가장 선호하는 안건이 채택되는 현상(비독재성 위배)
② 내용 : 중위투표자가 선호하는 공공재 공급량이 사회적 최적 수준과 일치한다는 보장이 없음
→ 보웬-블랙의 다수결모형을 통해 균형의 비효율성 해결 : 모든 개인의 선호가 단봉형이고, 사회 구성원의 선호가 정규분포를 나타내고, 공공재 공급비용을 사회 구성원이 균등하게 부담한다면 다수결투표(중위투표자 정리)를 통해 결정된 공공재 공급량이 사회적 최적수준과 일치

> **더 알아보기** 호텔링의 원칙(또는 최소차별화의 원칙)
> ① 양당제도하에서 표 극대화를 위한 각 정당의 전략과 유사(A. Downs의 표 극대화모형으로 응용)
>
>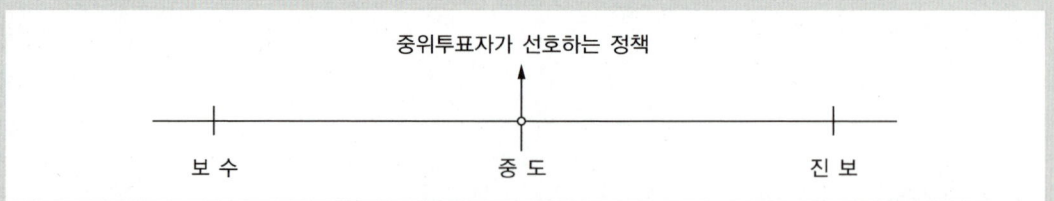
>
> ② 정당 A는 정당 B의 정책이 주어지면 그 수준과 중위투표자가 가장 선호하는 수준사이에서 정책 성향을 결정하여 투표에서 이길 수 있다. 이 원리는 B의 정책 결정에도 영향을 미침으로써 중위투표자가 가장 선호하는 수준의 정책을 양 당이 선택해 결과적으로 정당 간 정책의 차별이 없어짐

(2)-2 투표의 역설(투표의 순환)
① 개념 : 개인의 선호가 이행성을 충족하더라도 사회선호가 이행성을 충족하지 못하는 상황으로 투표 결과가 끝없이 순환하는 현상이 나타나는 현상(이행성 위배)
② 발생 원인의 가능성
- 다봉선호+1차원인 경우
- 단봉선호+2차원 이상인 경우

(2)-3 투표의 거래
① 개념 : 다수결투표제하에서 여러 대안이 존재할 때, 자신에게 유리한 결과가 선택되도록 하기 위한 전략적 행동으로서 다른 투표자와 협의하여 각각 상대방이 선호하는 대안에 찬성하는 투표를 하는 행위
② 특 징
- 어느 정도 개인의 선호강도가 반영(선호강도의 반영이 불가능한 다수결투표제를 보완)
- 소수자 보호(소수자도 투표 거래를 통해 의사결정에 자신의 의사를 반영)
- 투표거래가 없을 때보다 공공재 공급량은 반드시 증가
- 사회후생의 증감여부는 불분명(증가할 수도 있고, 감소할 수도 있음)

(3) 점수투표제
① 개념 : 투표자가 자신의 선호의 강도에 따라 일정 범위 내에서 점수를 부여하는 방법
② 특 징
- 개인의 선호의 강도를 반영
- 강도 표시는 기수적임을 의미[독립성(IIA) 위배]
- 전략적 행위에 취약
- 투표의 역설 방지

(4) 보다투표제
① 개념 : 여러 가지의 대안이 있을 때 가장 선호하는 대안부터 순서대로 $n, n-1, \cdots 1$점을 부여하고, 그중 가장 높은 점수를 얻은 대안이 선택되는 제도
② 특 징
- 점수투표제의 일종인 순위투표제에 해당
- 선호의 강도 반영은 보다투표제가 열등[독립성(IIA) 위배]
- 전략적 행위는 보다투표제가 덜 취약

(5) 최적다수결제

① 개념 : 투표제도 운용에 따르는 총비용이 극소화 되는 찬성비율을 넘어설 때 의안이 통과되는 제도

$$총비용(C) = 의사결정비용(D) + 외부비용(E)$$

- 의사결정비용(decision making costs) : 투표자의 합의를 이끌어내는데 드는 비용
  → 찬성비율이 높을수록 증가
- 외부비용(external costs) : 반대자가 느끼는 불만의 정도
  → 찬성비율이 높을수록 감소

② 특 징
- 의안이 중요할수록 외부비용이 높아짐(찬성요구비율↑)
- 정보통신기술이 발달할수록 의사결정비용이 낮아짐(찬성요구비율↑)

2. 정치과정 참여자의 행동 CTA 25·22·21·19

(1) 정치가(과소공급) : 다운즈(A. Downs)

① 득표극대화 추구
② 양당제도하 + 다수결투표제 + 단봉형 선호 분포
  → 양당은 정강이 서로 유사해질 수밖에 없음(호텔링의 원칙 또는 최소차별화의 원칙)
③ 사람들의 합리적 무지(공공재의 편익에는 무관심, 비용에는 민감)
  → 공공재↓, 조세↓ : 당선 (∴ 공공재의 과소생산)

(2) 관료(과다공급)

① 니스카넨(Niskanen)모형
- 예산극대화 추구
- 총편익곡선과 총비용곡선이 교차하는 수준의 공공재를 공급
  → 공공재 공급의 순편익이 영(0)인 수준까지 공공재가 과다공급
- 제1급 가격차별자와 같은 정도의 독점력 보유
- 국민과 관료 사이의 '주인-대리인 문제'의 일종
  → 관료들의 도덕적 해이 문제

② 미그-빌레인저(Migue-Belanger)모형
- 효용극대화 추구
- 순편익곡선과 무차별곡선이 접하는 점에서 공공재 공급량 결정
- 니스카넨모형보다는 적지만 여전히 공공재가 과다 공급

③ 로머-로젠탈(Romer-Rosenthal)모형
- 직접민주정치체제하의 예산결정과정
- 예산안이 기각되면 회복수준(reversion level)의 예산안이 결정됨
- 회복수준의 공공재 공급량이 매우 낮다면 투표자는 이를 피하기 위해 상당히 높은 수준의 공공재 수준을 허용하게 됨
  → 공공재의 과다공급

3. 공공재 : 과소공급 vs 과다공급 CTA 21

(1) 과소공급

무임승차자 가설	공공재의 비배제성으로 인해 무임승차 문제 발생 시 공공재가 과소 공급됨
의존효과 (Galbraith)	기업의 광고·선전으로 인해 공공재보다 사용재를 선호하게 되어 공공재가 과소 공급됨
부정적 조세인식 (Musgrave)	공공재는 조세와 편익이 대응되기 쉽지 않아 납세자들이 공공재를 과소 평가하여 과소 공급됨
투표자의 합리적 무지 (A. Downs)	공공재의 편익에 대한 투표자들의 합리적 무지로 인해 정치가들은 낮은 수준의 조세와 공공재를 유권자에게 제시하여 공공재가 과소 공급됨
red-tape	관료들의 지대추구행위로 인해 공공재의 원활한 공급이 억제되어 공공재가 과소 공급됨

(2) 과다공급

관료제모형	① 니스카넨모형 ② 미그-빌레인저모형 ③ 로머-로젠탈모형
재정착각	사람들이 간접세 등의 조세부담을 실제보다 가볍게 느끼는 경향이 있으면, 사람들이 보다 많은 공공재 공급을 원하게 되어 공공재가 과다 공급됨
리바이어던 가설 (Buchanan)	철의 삼각형(정치가, 관료, 이익집단)을 중심으로 한 대의민주주의 체제가 본질적으로 정부부문의 과도한 팽창을 유도하는 속성을 가지게 되어 결국 공공재가 과다 공급됨

CHAPTER 03 | 공공지출이론

제1절 | 정부지출과 예산제도

1. 경비팽창에 관한 학설 CTA 23·22·19·17

(1) 거시적 분석

① 바그너의 법칙(A. Wagner) : 1인당 국민소득이 증가할 때 정부지출의 비중이 상대적으로 증가하는 현상

② 전위효과론(Peacock-Wiseman)
  - 문턱효과/전위효과/점검효과를 통해 공공경비 증대과정을 설명
    - 문턱(시발)효과 : 국민의 조세부담의 허용수준이 상승
    - 전위효과 : 정부지출의 위치가 상승
    - 점검효과 : 사회적 변혁이 끝난 이후에도 정부지출이 계속 높은 수준을 유지
  - 평상시에 정부지출의 지속적인 증가를 설명하는데는 한계가 있음

③ 경제발전단계와 경비팽창(Musgrave-Rostow) : 경제발전의 모든 단계에서 공공경비는 지속적으로 팽창

(2) 미시적 분석

① 중위투표자의 행동(Brown & Jackson) : 중위투표자의 공공서비스에 대한 수요의 소득($\neq$ 가격)탄력성이 1보다 크다면 중위투표자의 소득이 증가할 때 공공서비스의 수요가 급격히 증가

② 비용병(Baumol) : 공공부문의 낮은 생산성이 공공서비스 가격의 지속적인 상승을 가져오고 공공경비의 팽창은 급격히 증가(공급측면의 분석)

③ 리바이어던 가설(Buchanan) : 철의 3각형 구도(정치인+관료+이익집단)하에서 일반대중이 더 큰 정부에 반대하지 않는 투표성향으로 인해 소수의 적극적 관철노력에 일반대중이 명백한 인식없이 끌려가는 현상 발생으로 정부지출이 지속적으로 증가

2. 예산제도 CTA 24·22·18

① **복식예산** : 경상예산(일상적 지출)과 자본예산(자본적 지출)을 운용하는 제도
  → 자본예산의 경우 공채발행 등을 통한 적자재정이 허용되므로 효과적인 경기대응이 가능

② **성과주의** : 사업의 업무를 양적으로 나타내고, 단위원가를 계산하여 예산을 편성하는 제도
  → 사업별·활동별(≠ 부서별) 예산편성으로 예산의 관리기능 강조

③ **PPBS(계획예산) & ZBB(영기준예산)**

구 분	PPBS	ZBB
강조점	목표달성	예산효율성
절 차	하향식	상향식
예산편성참가자	상위층	모든 조직
지속성	추진중인 모든 사업은 계속 추진	추진 중인 사업도 재평가를 통해 우선순위가 낮아지면 폐기

④ **조세지출예산** : 조세지출의 내용과 규모를 밝히고 기존의 예산과 함께 국회의 심의·의결을 받도록 하는 제도(한국은 1999년도부터 시행)
  • 조세지출의 효율적 통제가 가능
  • 국회의 심의를 통한 민주적 정당성 확보가 가능
  • 조세지출의 크기와 효과의 측정 문제가 있음

⑤ **통합예산제도** : 국가재정의 전체규모와 재원조달의 내용 및 국가경제에 미치는 효과 등을 포괄적으로 분석하기 위해 세입·세출뿐만 아니라 보전재원까지 포함하는 제도
  • 중앙은행 등 공공 금융기관과 외국환 평형기금 및 기타 금융성 기금은 제외
  • 과거에 지방재정은 통합재정의 포괄범위에서 제외되었으나 2005년부터 통합재정의 포괄범위에 포함

⑥ **증분주의** : 전년도 예산을 기준으로 일정액을 가감하는 예산편성방법
  • 예산의 통제기능만 강조하여 경제적인 고려는 부족
  • 기존예산에 대한 재검토가 부족하여 예산의 경직성, 비효율성 초래

제2절 | 비용-편익분석

1. 의사결정기준 `CTA` 22·21·20·19·18·17·16

(1) 현재가치법(NPV)

$$NPV = PV_B - PV_C = -C_0 + \frac{B_1}{(1+r)} + \frac{B_2}{(1+r)^2} + \cdots + \frac{B_n}{(1+r)^n}$$

① 사업의 타당성 판단
- 단일사업의 타당성 판단 : $NPV > 0$인 경우 사업 채택
- 복수사업의 우선순위 결정 : NPV가 큰 것부터 우선적으로 채택

② 사업 규모의 영향을 받음
→ 편익과 비용이 2배가 되면 NPV도 2배가 됨

(2) 내부수익률법(IRR)

① 내부수익률(m) : 순편익의 현재가치(NPV)를 영(0)이 되도록 하는 할인율

$$NPV = -C_0 + \frac{B_1}{(1+m)} + \frac{B_2}{(1+m)^2} + \cdots + \frac{B_n}{(1+m)^n} = 0$$

② 사업의 타당성 판단
- 단일사업의 타당성 판단 : $m > r$인 경우 사업 채택
- 복수사업의 우선순위 결정 : m이 큰 것부터 우선적으로 채택

③ 사업 규모의 영향을 받지 않음
→ 편익과 비용이 2배가 되도 m은 불변임

④ 문제점
- 내부수익률이 다수 존재하거나, 존재하지 않을 가능성
- 사업규모에 대한 고려가 어려우므로 잘못된 결론에 도달할 가능성
- 편익과 비용의 흐름 양상이 다를 경우 잘못된 결론에 도달할 가능성

(3) 편익/비용 비율법($B/C\ ratio$)

$$B/C\ ratio = \frac{PV_B}{PV_C}$$

① 사업의 타당성 판단
- 단일사업의 타당성 판단 : $B/C\ ratio > 1$인 경우 사업 채택
- 복수사업의 우선순위 결정 : $B/C\ ratio$이 큰 것부터 우선적으로 채택

② 사업 규모의 영향을 받지 않음
→ 편익과 비용이 2배가 되도 $B/C\ ratio$는 불변임

③ 문제점
- 사업규모에 대한 고려가 어려우므로 잘못된 결론에 도달할 가능성
- 부수적인 피해 발생 시 편익감소로 인식하는 경우와 비용증가로 인식하는 경우가 서로 다른 결론이 도출될 가능성

(4) 비교
① 단일사업 평가 시 : 현재가치법, 내부수익률법, 편익/비용 비율법은 결론이 항상 동일
② 복수사업 평가 시 : 현재가치법, 내부수익률법, 편익/비용 비율법은 결론이 상이할 수 있음

2. 비용과 편익의 측정 CTA 25·24·23·22·18·16

(1) 실질적 편익(비용)과 금전적 편익(비용)

실질적 편익(비용)	금전적 편익(비용)
• 공공사업에 의해 발생하는 사회적 순이득(순손실) • 실질적인 편익(비용)은 사회전체의 후생변화를 초래	• 공공사업으로 인한 상대가격의 변화에 따른 금전상의 이득(손실) • 금전적 편익(비용)은 소득분배상의 변화를 가져올 뿐 사회전체적인 순편익(순비용)의 변화를 초래하지 않음

※ 비용-편익분석에서는 실질적 편익(비용)을 고려해야 함

(2) 비용과 편익의 측정
① 완전경쟁시장 : 비용과 편익의 측정 → 시장가격(=잠재가격)을 그대로 사용
② 시장이 왜곡된 경우(독점 또는 조세가 부과된 경우)
- 민간의 소비감소분의 기회비용(=수요곡선의 하방 면적, 시장가격을 그대로 사용하여 구함)
- 기업의 생산증가분의 기회비용(=과세 전 공급곡선의 하방 면적, 한계비용을 사용하여 구함)
- 시장에 왜곡(조세, 독점 등)이 존재하는 경우에는 시장가격이 왜곡되어 있으므로 일정한 손질을 가하여 잠재가격을 도출(조정된 시장가격)

③ 무형의 편익, 비용의 측정(시장이 존재하지 않는 경우)

시간의 가치	임금을 이용한 평가	• (절약된 시간×시간당 임금)으로 시간의 가치를 계산하는 방법 • 적용하기 어려운 경우 - 개인이 노동시간을 마음대로 조정하는 경우 - 시간절약분이 여가로 사용되는 경우 - 출퇴근 시간의 효용이 0보다 크거나 작은 경우
	대체 교통수단을 이용한 평가	• 대체적인 교통수단을 이용할 때의 비용과 시간차이를 비교하여 계산하는 방법 • 안락함과 같은 비화폐적 차이점을 고려하지 못함
	조건부가치 평가법	설문조사를 통해 시간절약을 위해 지불할 용의가 있는 금액을 알아내어 시간의 가치를 계산하는 방법
생명의 가치	인적자본 접근법	사망하지 않았을 경우 남은 기간 동안 벌어들일 수 있는 기대소득의 현재가치로 생명의 가치를 계산하는 방법
	현시선호법 (지불의사접근법)	사망 확률을 낮추기 위해 사람들이 지불할 용의가 있는 금액으로 생명의 가치를 계산하는 방법
	조건부가치 평가법	설문조사를 통해 사망 확률을 낮추기 위해 지불할 용의가 있는 금액을 알아내어 생명의 가치를 계산하는 방법

환경의 가치	지불의사 접근법	환경개선을 위해 사람들이 지불할 용의가 있는 금액을 측정하여 환경개선의 편익을 산출하는 방법
	회피행위 접근법	환경오염으로 인해 발생하는 위험(고통)을 회피하기 위해 사람들이 지불할 용의가 있는 금액을 측정하여 환경개선의 편익을 산출하는 방법
	헤도닉(hedonoc)가격 접근법	환경의 질적 개선이 주택가격 상승에 미치는 정도를 측정하여 환경개선의 편익을 산출하는 방법
	조건부가치 평가법	설문조사를 통해 환경의 질 개선에 사람들이 지불할 용의가 있는 금액을 알아내어 환경개선의 편익을 계산하는 방법
	여행비용 접근법	특정 지역의 자연 자원에 접근하기 위해 방문자들이 지불해야 하는 여행비용을 측정하여 자연 자원의 가치를 추정하는 방법

④ 노동의 잠재가격
- 다른 직장에서 이직한 노동자 : 민간부문에서 지급하던 세전임금
- 자발적 실업상태였던 노동자 : 공공부문에서 지급하는 세후임금
- 비자발적 실업상태였던 노동자 : 영(0)보다는 높은 수준이나 세후임금보다 낮은 임금

3. 적정할인율의 선정 CTA 25·24·20·18·16

(1) **할인율(r)에 따른 평가**

할인율이 높을수록 미래보다 현재를 선호하고, 근시안적으로 행동한다. 따라서 할인율이 높을수록 사업 기간이 짧은 사업이 유리하게 평가되고, 편익이 초기에 집중된 사업이 유리하게 평가되며, 보다 많은 사업(투자안)이 타당성(경제성)이 없는 것으로 평가된다.

(2) **사회적 할인율**

① 사회적 할인율이란 경제 전반의 상황을 고려하여 사회적인 관점에서 결정된 할인율을 의미
② 상당수 학자들은 사회적 할인율은 민간할인율보다 낮게 설정되어야 한다고 주장
③ 사회적 할인율이 낮게 설정되어야 하는 이유
- 미래세대의 편익 고려
- 공공사업의 외부편익 고려
- 민간의 근시안적 평가에 대한 고려

(3) **공공투자에 사용되는 자금의 비용**

① 민간투자자금의 기회비용 : 세전수익률
② 민간소비자금의 기회비용 : 세후수익률
→ ①+②의 세전수익률과 세후수익률을 가중평균으로 계산

4. 위험과 불확실성의 고려 CTA 25·24·21·17

(1) 공공사업의 위험 고려 방법
① 할인율을 상향조정하는 방법
- 공공사업의 편익이 불확실한 경우 : 할인율을 상향조정하는 것이 하나의 방법
- 비용이 불확실한 경우 : 할인율을 상향조정하는 것이 오히려 비용을 과소평가하는 잘못된 결론이 도출
  → 확실성등가를 이용

② 확실성등가를 이용하는 방법
- 공공사업의 불확실한 편익과 비용을 확실성등가로 대신 계산하면 위험에 대한 적절한 고려 가능
- 확실성등가 = 불확실한 편익(비용) × 위험할인인자
- 불확실한 편익의 위험할인인자 < 1
- 불확실한 비용의 위험할인인자 > 1

(2) 애로우-린드 정리(Arrow-Lind theorem)
투자의 편익과 비용이 국민소득에 영향을 주지 않을 만큼 소규모이고, 다수의 사회구성원에게 분할되는 경우에는 위험도 분산되므로 위험을 고려할 필요가 없음

5. 그래프를 이용한 비용-편익분석의 이해

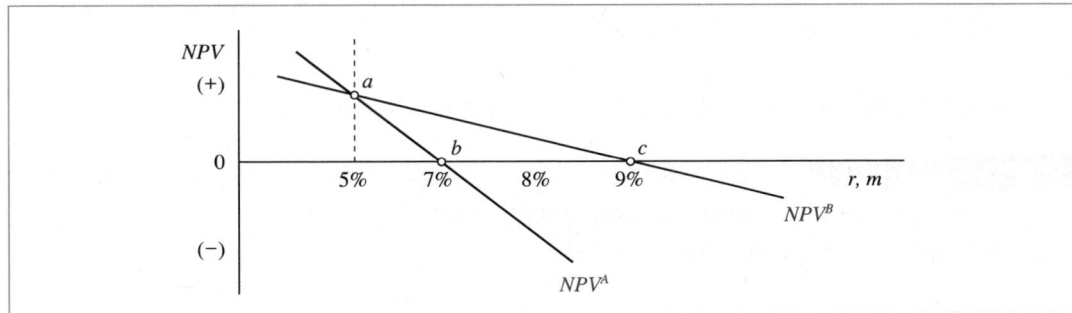

① A와 B의 내부수익률은 각각 7%, 9%이므로 내부수익률법에 따르면 항상 A보다 B가 타당한 사업이다.
② 현재가치법에 따르면 할인율이 5% 이하이면 A사업이 타당하고, 할인율이 5% 이상이면 B사업이 타당하다.
③ 따라서 할인율이 5% 이하이면 내부수익률법과 현재가치법의 결론은 상이하고 할인율이 5% 이상이면 내부수익률법과 현재가치법의 결론은 동일하다.
④ 할인율이 7% 이하이면 A사업의 (B/C)비율은 1보다 크고, 할인율이 9% 이상이면 B사업의 (B/C)비율은 1보다 작다.
⑤ 할인율이 8%이면 A사업의 (B/C)비율은 1보다 작고, B사업의 (B/C)비율은 1보다 크다.
⑥ 단일사업의 타당성 평가의 경우 3가지 평가방법의 결론은 동일하다.
⑦ 복수의 사업 중 우선순위판단의 경우 3가지 평가방법의 결론은 다를 수 있다.

CHAPTER 04 | 조세론의 기초 및 전가와 귀착

제1절 | 조세이론의 기초

1. 조세이론의 기초 CTA 25·24·22·21·20·19·18·17·16

(1) 이상적인 조세의 조건
① 효율성 : 초과부담 최소화
  ※ 조세부과 → 대체효과(상대가격교란) → 의사결정왜곡 → 효율성상실 → 초과부담
② 공평성 : 편익원칙 vs 능력원칙(수직적공평성+수평적공평성)
③ 행정적 단순성 : 징세비용, 조세행정비용, 탈세의 최소화
④ 세수의 신축성 : 조세의 경기안정화기능
  ※ 조세의 누진성↑ → 세수의 신축성↑ → 경제안정화기능↑
⑤ 정치적 책임성 : 조세법률주의, 간접세보다는 직접세 위주의 세제 운용

> **더 알아보기** 자동안정화장치
> 정부가 개입하지 않더라도 자동으로 경기의 진폭을 줄여주는 기능을 하는 것
> 예 비례세, 누진세(법인세, 소득세), 각종 사회보장제도 등

(2) 조세의 분류
① 조세의 분류

직접세, 간접세	• 직접세 : 납세의무자＝담세자
	  예 법인세, 소득세, 상속세, 증여세, 종합부동산세, 지출세 등
	• 간접세 : 납세의무자≠담세자
	  예 부가가치세, 개별소비세, 주세, 증권거래세 등

인세, 물세	• 인세 : 사람을 과세의 대상으로 하여 매기는 세금
	  예 소득세, 지출세, 부유세 등
	• 물세 : 특정한 물건의 소유, 취득 따위에 관하여 부과하는 세금
	  예 부가가치세, 재산세, 물품세 등

보통세, 목적세	• 보통세 : 일반 경비의 재원에 충당하기 위해 부과하는 조세 • 목적세 : 특정한 재원에 충당하기 위해 부과하는 조세
종량세, 종가세	• 종량세 : 과세물건의 수량에 대해 단위당 일정 금액으로 부과하는 조세 • 종가세 : 과세물건의 가격에 대해 일정 비율을 곱하여 부과하는 조세

② **목적세** : 특정한 지출 목적에 충당하기 위하여 부과하는 조세
  예 국세 : 교육세, 농어촌특별세, 교통·에너지·환경세
  예 지방세 : 지역자원시설세, 지방교육세

장 점	• 세입이 어느 세출로 귀결되는지를 알 수 있음 • 지속적으로 유지해야하는 사업의 예산을 안정적으로 확보
단 점	• 칸막이식 재정 운용으로 재정 운용의 경직성을 초래 • 목적세에 해당하는 지출에 과도한 자원배분이 이루어질 경우 자원배분의 왜곡을 초래

③ 우리나라의 조세체계

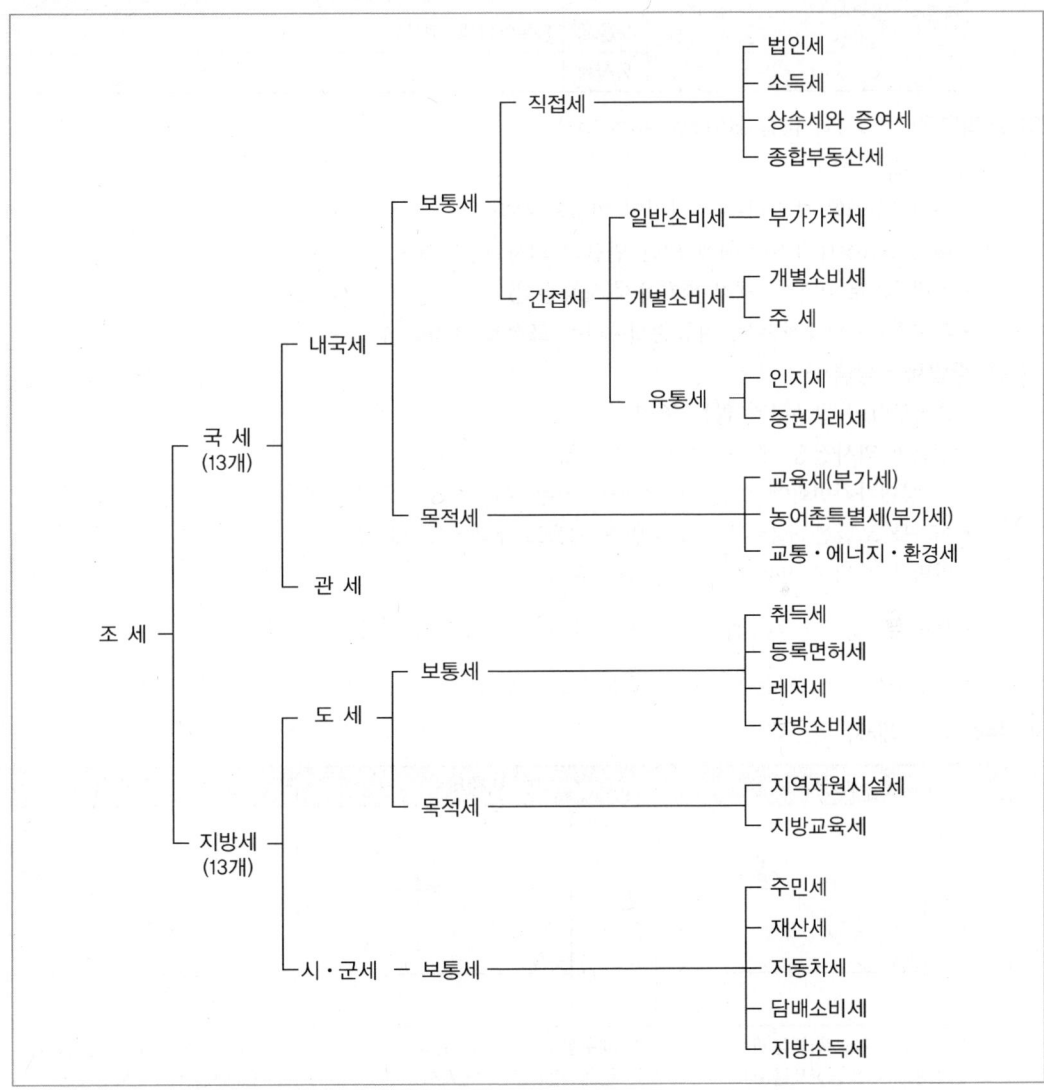

④ 우리나라의 지방세체계

지방세			
도	도세	보통세	취득세, 등록면허세, 레저세, 지방소비세
		목적세	지역자원시설세, 지방교육세
	시·군세	보통세	재산세, 주민세, 자동차세, 지방소득세, 담배소비세
		목적세	-
특별시·광역시	특별시·광역시세	보통세	취득세, 주민세, 자동차세, 지방소득세, 지방소비세, 레저세, 담배소비세
		목적세	지역자원시설세, 지방교육세
	구세	보통세	등록면허세, 재산세
		목적세	-

(3) 초과부담(DWL)과 중립세(lump-sum tax)

① 초과부담
- 조세징수액을 초과하는 추가적인 민간의 부담
- 대체효과(상대가격변화)에 의한 민간의 의사결정교란
- 조세부과로 인한 경제적 비효율성(사중손실)
- 후생손실, 사중적손실, 자중손실이라는 표현을 쓰기도 함

② 중립세(=정액세)
- 초과부담이 발생하지 않는 조세
- 민간의 의사결정 왜곡을 야기시키지 않는 조세
  → 상대가격변화에 의한 대체효과가 없는 조세로 소득효과만 존재
- 여가를 포함한 모든 재화에 동일한 세율로 부과된 조세
- 완벽한 경제적 이윤에 대한 과세(이윤세)
- 오직 두 재화만 존재하고, 효용함수가 $U = \min\left\{\dfrac{X}{a}, \dfrac{Y}{b}\right\}$인 경우의 조세
- 인두세(단기적으로는 인두세를 중립세로 볼 수 있으나, 장기적으로는 인두세도 중립세로 볼 수는 없음)

(4) 누진세, 비례세, 역진세

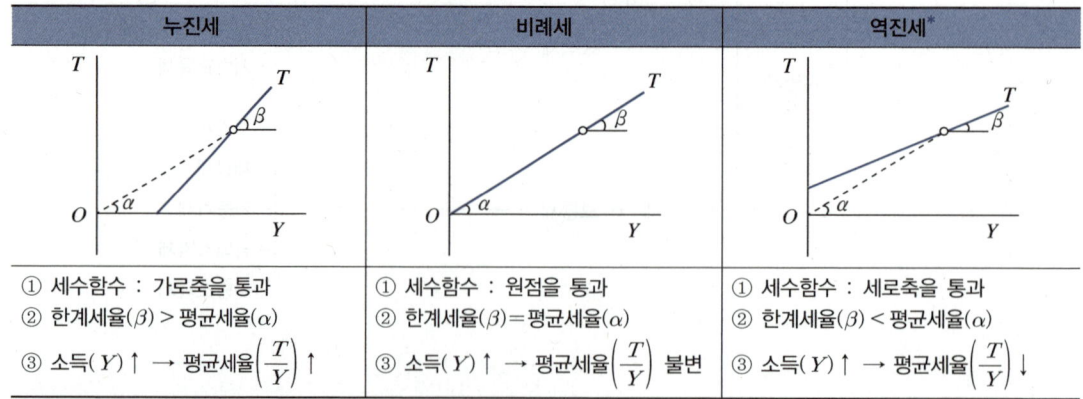

누진세	비례세	역진세*
① 세수함수 : 가로축을 통과	① 세수함수 : 원점을 통과	① 세수함수 : 세로축을 통과
② 한계세율(β) > 평균세율(α)	② 한계세율(β) = 평균세율(α)	② 한계세율(β) < 평균세율(α)
③ 소득(Y)↑ → 평균세율$\left(\dfrac{T}{Y}\right)$↑	③ 소득(Y)↑ → 평균세율$\left(\dfrac{T}{Y}\right)$ 불변	③ 소득(Y)↑ → 평균세율$\left(\dfrac{T}{Y}\right)$↓

*생활필수품에 VAT를 부과하면 소득이 많은 사람이나 적은 사람이나 동일한 세액을 부담하게 되어 조세부담률은 저소득자일수록 높아지므로, VAT는 사실상 역진세의 성격을 가지게 된다.

(5) 누진도의 측정방법

① 평균세율누진도(α)
- 소득변화크기에 따른 평균세율변화크기의 변화

$$\alpha = \frac{\text{평균세율변화크기}}{\text{소득변화크기}} = \frac{\Delta\left(\frac{T}{Y}\right)}{\Delta Y}$$

- $\alpha > 0$이면 누진세, $\alpha = 0$이면 비례세, $\alpha < 0$이면 역진세
- 모든 소득수준에서 조세가 $t\%$ 증가하면 평균세율누진도는 $t\%$ 증가

② 부담세액누진도(β) = 조세수입의 소득탄력성
- 조세수입의 소득탄력성으로 누진도를 측정

$$\beta = \frac{\text{조세수입변화율}}{\text{소득변화율}} = \frac{\frac{\Delta T}{T}}{\frac{\Delta Y}{Y}} = \frac{\frac{\Delta T}{\Delta Y}}{\frac{T}{Y}} = \frac{\text{한계세율}}{\text{평균세율}}$$

- $\beta > 1$이면 누진세, $\beta = 1$이면 비례세, $\beta < 1$이면 역진세
- 세수의 탄력성의 클수록 조세의 자동안정화기능이 커짐

2. 공평성(공평과세) CTA 25·24·22·21·20·19·18·16

(1) 편익원칙(이익설) vs 능력원칙(능력설)

① 편익원칙
- 개인이 공공서비스로부터 얻는 편익에 비례하여 조세를 부담하는 것이 공평하다는 원칙
- 편익원칙하의 누진세가 되기 위해서는 공공서비스 수요의 소득탄력성(ε_Y)이 1보다 커야함
- 빅셀(Wicksell), 린달(Lindahl) 등의 자발적 교환 원리에 적용
- 무임승차 등 전략적 행동에 취약함
  → 납세자들이 자신들의 공공재에 대한 진정한 선호를 드러내려 하지 않고 무임승차하려는 문제가 나타날 수 있음 (∵ 비배제성)
- 편익원칙이 용이한 경우 : 사용료(전기, 수도), 수수료, 통행료 등의 사용재 성격이 있는 것

② 능력원칙
- 각 개인의 경제적 능력(지불능력)에 따라 조세가 부과되어야 공평하다고 보는 원칙
- 수평적 공평성
  - 능력^A = 능력^B → $T_A = T_B$
  - 조세부과 전 후생수준이 동일한 사람이면 조세부과 후에도 후생수준이 동일해야 함
- 수직적 공평성 … 밀(J. S. Mill)의 균등희생의 원칙
  - 능력^A > 능력^B → $T_A > T_B$
  - 경제적 능력이 큰 사람일수록 더 큰 조세를 부담해야 함
  - 어느 정도의 누진성이 바람직한가의 문제

(2) 경제적 능력의 평가기준

① 소 득

- 경제적 능력의 평가기준으로 현실에서 가장 많이 쓰이고 있는 것은 각 사람이 얻는 소득의 크기
- 문제점
    - 귀속소득의 처리문제 : 자기소유의 재산에서 얻어지는 경제적 이익을 말하며, 귀속소득도 소득의 일종이므로 소득세를 부과하는 것이 타당
    - 변동소득 : 누진적인 소득세제하에서는 일정기간 동안 동일한 총소득을 얻었다 하더라도 소득의 변동폭이 큰 사람의 조세부담이 매년 안정된 소득을 얻는 사람의 조세부담보다 큼
    - 인플레이션 : 일반적으로 소득세는 명목소득에 대해서 과세함
        → 따라서 누진적인 소득세제 하에서 인플레이션이 발생하면 실질소득은 불변이어도 명목소득은 상승하게 되어 더 높은 세율이 적용되는 과세구간으로 이동
        → 이를 해결하기 위해서는 각종 과세구간, 소득공제 등을 물가지수에 연동시키는 방법(indexation)이 있으나, 현실적으로는 적용하기 어려움
    - 여가에 대한 선호도 차이 : 동일한 시간당 임금률을 갖고 있는 두 개인은 동일한 경제적 능력을 가진 것으로 봐야하나, 개인 A보다 개인 B가 여가를 더 선호하여 개인 B의 소득이 A의 소득보다 적을 때, 개인 A의 소득세가 B보다 많아지는 문제점이 발생
    - 미실현자본이득 : 어떤 개인이 보유한 자산의 가치가 상승한 경우, 소득세를 부과하는 것이 타당하나, 자산을 매각하여 이득이 실현된 상태라면 과세가 용이하나, 보유 중인 자산의 가치상승분을 평가하기란 매우 어려우며 비용이 크게 소요
        → 따라서 대부분의 경우 현실적으로 실현된 자본이득에 대해서만 소득세를 부과

> **더 알아보기** 자본이득에 대한 과세문제(발생기준, 실현기준)
>
> - 실현주의시 문제점
>   자본이득세 납부를 늦추기 위해 자산의 매각을 연기하는 동결효과가 발생하여 자산의 효율적 이용을 저해
> - 발생주의시 문제점(유동성 문제)
>   자본이득세를 납부하기 위해 보유한 자산을 처분해야 하는 상황이 발생할 수 있어 과세기반 침식의 문제 발생

> **더 알아보기** 동결효과(lock-in effect)
>
> | 실현주의 과세 | → | 동결효과 | → | 자본의 효율적 이용 저해 |
> |---|---|---|---|---|
> | 미실현자본이득은 비과세 | | 부동산의 매각시점을 늦추어 조세납부 시점을 뒤로 미루려고 하는 현상 | | |

② 소 비
- 소득보다 소비지출이 진정한 경제적 능력을 나타내는 지표
- 소비를 과세의 근거로 사용해야 하는 이유
  - 소비는 사회전체의 재화를 감소시킴
  - 개인은 소득을 획득할 때 효용을 얻기보다는 소비지출할 때 효용을 얻음
- 내구재 소비에 대한 과세의 문제
- 미실현 자본이득에 대한 과세문제 해결

③ 재 산
- 일정시점에서 개인이 보유한 재산을 경제적 능력으로 평가
- 소득세, 지출세와 다르게 재산세는 저량(stock)에 대한 조세
- 개인이 보유한 모든 재산의 가치를 정확히 평가하기 어려움
- 유동성 문제 발생의 가능성

(3) 밀(J. S. Mill)의 균등희생의 원칙(=동등희생의 원칙)

균등절대희생	① 절대적인 희생의 크기가 동일해야 함 ② MU의 소득탄력성 > 1 : 누진세 MU의 소득탄력성 = 1 : 비례세 ⋯ MU곡선이 직각쌍곡선 MU의 소득탄력성 < 1 : 역진세 MU의 소득탄력성 = 0 : 인두세 ⋯ MU곡선이 수평선
균등비례희생	① 희생의 비율이 동일해야 함 ② MU가 직선이면서 감소 : 누진세 ⋯ MU곡선이 우하향의 직선 MU가 일정 : 비례세 ⋯ MU곡선이 수평선 MU가 곡선이면서 감소 • MU의 소득탄력성 ≥ 1 : 누진세 • MU의 소득탄력성 < 1 : 불분명
균등한계희생	① 마지막 단위의 조세납부로 인한 희생의 크기가 동일해야 함 ② MU체감(MU곡선=우하향) : 극단적인 누진세(100%의 한계세율 적용) MU일정(MU곡선=수평선) : 불분명 ③ 조세부과에 따른 효율성 상실이 극소화됨

제2절 | 조세의 전가와 귀착

1. 조세의 전가와 귀착 [CTA] 25·21·20·17·16

(1) 조세의 자본화(조세환원)

① 공급이 완전 비탄력적인 재화(토지 등)에 조세가 부과될 때 재화 가격이 조세부담의 현재가치만큼 하락하는 현상

$$\text{조세부과 후 토지가격} : P_L = \frac{A}{r} - \frac{T}{r}$$

② 극단적인 후전의 한 유형
③ 조세부담은 토지소유자에게 모두 귀착
④ 초과부담은 발생하지 않음

> **더 알아보기** 전전, 후전, 소전
>
> - 전전(forward shifting) : 조세전가가 생산물의 거래와 같은 방향으로 이루어지는 것
> - 후전(backward shifting) : 조세전가가 생산물의 거래와 반대 방향으로 이루어지는 것
> - 소전(absorption) : 생산자가 스스로의 경영합리화와 기술진보로 조세부담을 흡수하는 것

(2) 귀착의 측정

$$\text{실질가처분소득}(RDI) = \frac{E - T_Y}{P + T_S} = \frac{E(1 - t_y)}{P(1 + t_s)}$$

(3) 귀착의 분석방법

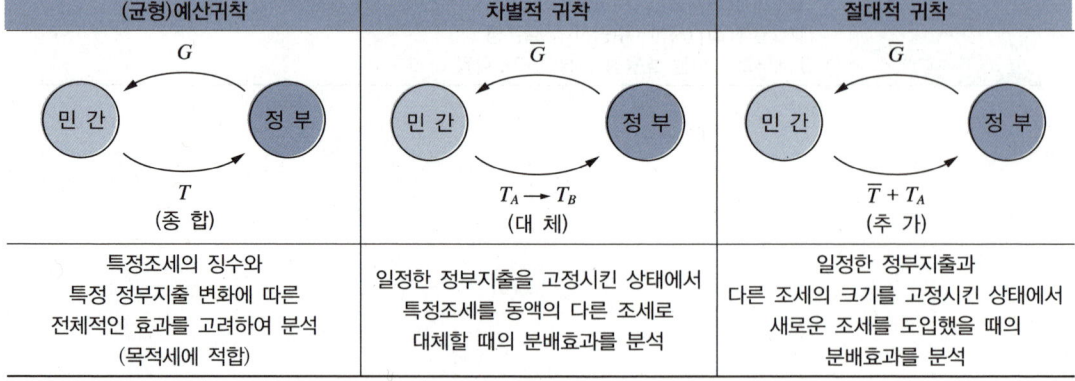

(균형)예산귀착	차별적 귀착	절대적 귀착
특정조세의 징수와 특정 정부지출 변화에 따른 전체적인 효과를 고려하여 분석 (목적세에 적합)	일정한 정부지출을 고정시킨 상태에서 특정조세를 동액의 다른 조세로 대체할 때의 분배효과를 분석	일정한 정부지출과 다른 조세의 크기를 고정시킨 상태에서 새로운 조세를 도입했을 때의 분배효과를 분석

2. 완전경쟁시장에서의 물품세의 귀착 CTA 24·23·22·21·20·19·17·16

(1) 조세부과의 효과

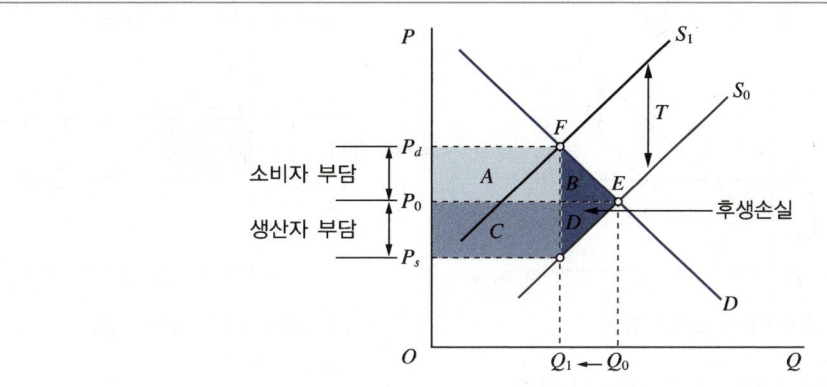

- 소비자잉여 : $-(A+B)$
- 생산자잉여 : $-(C+D)$
- 조세수입 : $+(A+C)$
- 사회후생변화 : $-(B+D)$

(2) 탄력성과 조세부담의 관계

① 탄력성과 조세부담은 반비례 관계

$$\frac{\text{소비자부담}(A)}{\text{생산자부담}(B)} = \frac{\text{공급의 가격탄력성}(\eta)}{\text{수요의 가격탄력성}(\varepsilon)} = \frac{\text{공급곡선의 기울기}}{\text{수요곡선의 기울기}}$$

$$\text{소비자의 조세부담비율} = \frac{\eta}{\varepsilon + \eta}$$

$$\text{생산자의 조세부담비율} = \frac{\varepsilon}{\varepsilon + \eta}$$

- 수요의 가격탄력성이 클수록(공급이 비탄력적일수록) → 소비자의 조세부담↓, 생산자의 조세부담↑
- 공급의 가격탄력성이 클수록(수요가 비탄력적일수록) → 생산자의 조세부담↓, 소비자의 조세부담↑

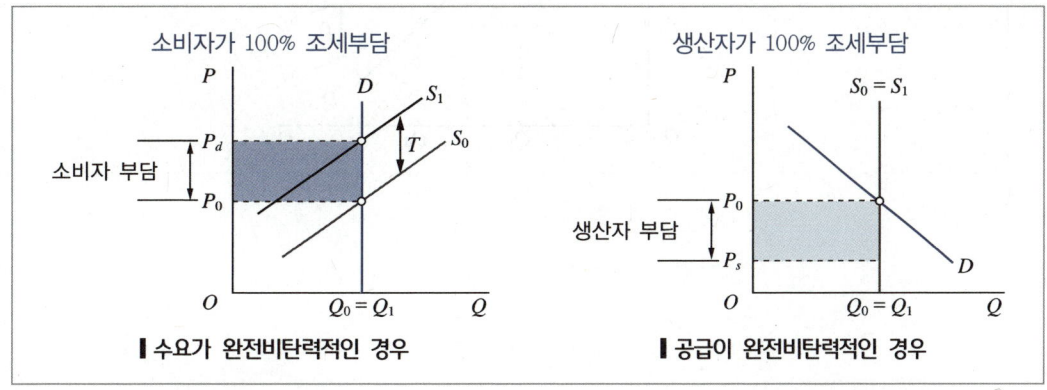

- 수요곡선이 수평이거나, 공급곡선이 수직이면 → 조세는 생산자에게 100% 귀착
- 수요곡선이 수직이거나, 공급곡선이 수평이면 → 조세는 소비자에게 100% 귀착

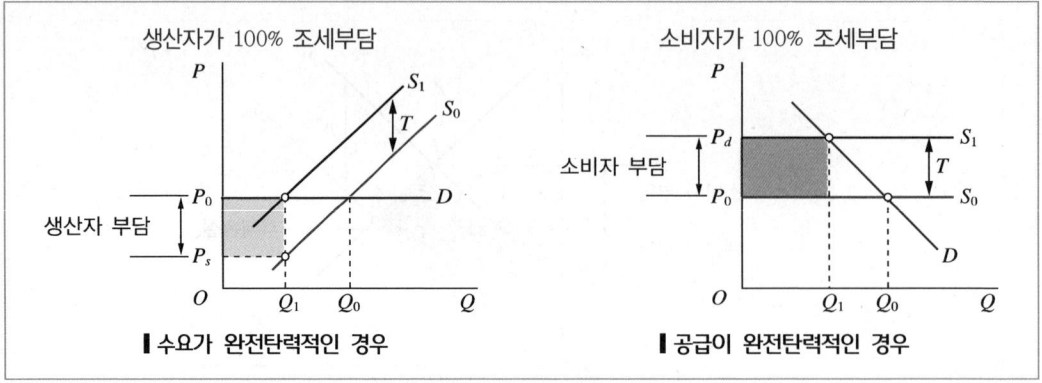

② 탄력성과 초과부담, 탄력성과 조세수입의 관계
- 탄력성과 초과부담(경제적 비효율성, 후생손실)의 크기는 비례
- 탄력성과 정부의 조세수입은 반비례

$$초과부담(DWL) = \frac{1}{2} \cdot t^2 \cdot \left[\frac{1}{\frac{1}{\varepsilon} + \frac{1}{\eta}}\right] \cdot (P \cdot Q)$$

(2) 비용체감산업
① 공급곡선이 우하향하면서 기울기가 수요곡선보다 완만한 형태
② 조세부과 이후 가격상승폭이 단위당 조세액보다 큼
③ 소비자에게 100% 이상 조세전가가 이루어짐

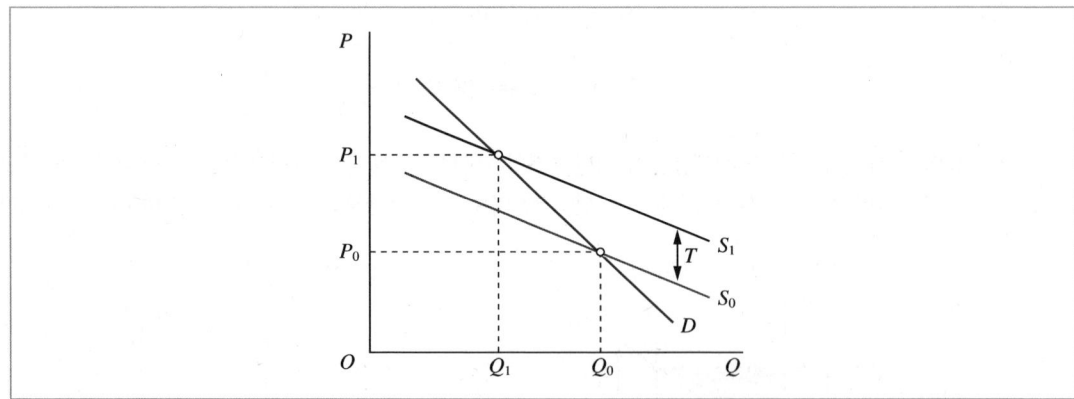

(3) 보조금의 귀착

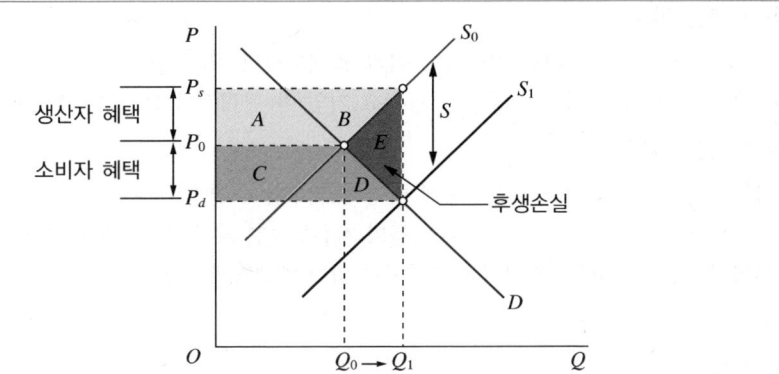

- 소비자잉여 : $+(C+D)$
- 생산자잉여 : $+(A+B)$
- 정부의 보조금 지출 : $-(A+B+C+D+E)$
- 사회후생변화 : $-E$

① 보조금지급의 효과는 보조금을 누구에게 지급하든 동일
② 수요가 탄력적이면 소비자혜택이 작아지고, 공급이 탄력적이면 생산자혜택이 작아짐
③ 보조금 지급으로 인한 소비자잉여와 생산자잉여의 증가크기는 탄력성에 반비례
④ 수요·공급이 탄력적일수록 정부의 보조금 지출이 발생하고 거래량은 증가
⑤ 보조금 지급으로 인한 초과부담의 크기는 탄력성과 비례

※ 조세와 보조금은 동일한 경제적 효과가 방향만 반대로 발생한다.

(4) 종량세와 종가세

구 분	종량세	종가세
내 용	단위당 T원의 조세를 부과	가격의 $t\%$만큼 조세를 부과
단위당 조세액	일정(가격과 무관)	가격이 높을수록 → 단위당 조세액 증가
생산자에게 조세부과 시	$S+T$, S 그래프	$S\left(\dfrac{1}{1-t}\right)$, S 그래프
소비자에게 조세부과 시	$D-T$, D 그래프	$D(1-t)$, D 그래프

3. 완전경쟁시장에서의 생산요소에 대한 과세의 귀착 CTA 21·17·16

(1) **노동에 대한 과세**
  ① 노동수요·공급의 상대적 탄력성에 따라 조세부담이 결정
  ② 대체로 노동공급(근로자)보다는 노동수요(기업)가 탄력적이므로 근로소득세는 대부분 근로자가 부담

(2) **자본에 대한 과세**
  ① 자본수요·공급의 상대적 탄력성에 따라 조세부담이 결정
  ② 자본시장의 국제화로 국가 간 자본이동이 자유롭다면 자본소득에 대한 조세는 대부분 자본의 사용자(자본의 수요자)가 부담(자본공급이 고정되어 있는 폐쇄경제인 경우에는 전적으로 자본의 공급자에게 귀착)

(3) **이윤세**
  ① 이윤세는 중립세(lump-sum tax)의 성격을 가짐
  ② 초과부담, 조세전가, 상대가격 왜곡, 생산량, 가격 모두 영향이 없음
  ③ 단기 : 이윤세 부과에 따른 조세부담은 기업이 모두 부담
  ④ 장기 : 초과이윤이 발생하지 않으므로 납세액 = 0

4. 독점시장에서의 조세의 귀착 CTA 23·21·20·18·16

(1) **물품세**
  ① 단위당 조세액(T) 중 일부는 소비자에게 전가(독점이라도 조세의 100%를 항상 전가시키지는 못함)
  ② 수요가 탄력적이고, MC곡선이 급경사일수록 소비자부담이 감소
  ③ 물품세와 독점가격
   • 수요곡선이 우하향의 직선 + MC가 일정한 경우 : $\frac{1}{2}T$만큼 가격상승
   • 수요의 가격탄력성 > 1, 일정 + MC가 일정한 경우 : $\left[\dfrac{1}{1-\dfrac{1}{\varepsilon}}\right]T$만큼 가격상승

(2) **이윤세**
  ① 독점도 이윤세는 중립세의 성격을 가짐
  ② 모든 조세는 기업이 부담(소비자에게 전가 ×)

(3) **종량세 vs 종가세**
  ① 생산량 감소폭이 동일하도록 부과되는 경우
   • 소비자부담 : 종량세 = 종가세
   • 생산자부담 : 종량세 < 종가세
   • 조세수입 : 종량세 < 종가세
   • 후생손실 : 종량세 = 종가세
  ② 조세수입이 동일하도록 부과되는 경우
   • 생산량 : 종량세 < 종가세
   • 후생손실 : 종량세 > 종가세

> **더 알아보기** 과점
> - 비용할증 가격설정 : 과점기업이 비용할증 가격설정 시 조세를 비용증가로 인식한다면 소비자에게 100% 전가
> - 총수입극대화 추구
>   - 과점기업의 목표가 이윤극대화가 아닌 총수입극대화인 경우 기업이 100% 부담
>   - 가격불변, 생산량불변

5. 일반균형분석 CTA 22·18

(1) 개별물품세(t_X)

① X재(노동집약적)에 물품세가 부과되면 X재의 상대가격 $\left(\dfrac{P_X}{P_Y}\right)$ 상승

→ X재의 생산·소비 감소 → 노동 해고 → 노동의 상대가격 $\left(\dfrac{w}{r}\right)$ 하락 → 요소집약도 $\left(\dfrac{K}{L}\right)$ 하락

② $\dfrac{w}{r}$의 변화크기 결정 요인

- 수요의 가격탄력성(ε)이 클수록
- 요소집약도 $\left(\dfrac{K}{L}\right)$의 차이가 클수록
- 대체탄력성(σ)이 작을수록
- 요소공급이 고정적인 경우

  → $\dfrac{w}{r}$의 변화가 커진다.

③ 개별물품세는 과세대상 재화에 집약적으로 고용된 생산요소(노동)이면서, 과세대상 재화(X재)를 선호하는 사람에게 주로 귀착

(2) 부분요소세(t_{KX} or t_{LX})

① 산출효과와 요소대체효과
- 산출효과 : 과세대상 재화에 집약적인 생산요소의 상대가격을 하락하는 효과
- 요소대체효과 : 과세대상 생산요소의 상대가격을 하락하는 효과

② 자본에 대한 부분요소세(t_{KX})

- 산출효과
  - 노동집약적 : $w\downarrow \to \left(\dfrac{w}{r}\right)\downarrow$
  - 자본집약적 : $r\downarrow \to \left(\dfrac{w}{r}\right)\uparrow$
- 요소대체효과 : $r\downarrow \to \left(\dfrac{w}{r}\right)\uparrow$

③ 노동에 대한 부분요소세(t_{LX})
- 산출효과
    - 노동집약적 : $w \downarrow \rightarrow \left(\dfrac{w}{r}\right) \downarrow$
    - 자본집약적 : $r \downarrow \rightarrow \left(\dfrac{w}{r}\right) \uparrow$
- 요소대체효과 : $w \downarrow \rightarrow \left(\dfrac{w}{r}\right) \downarrow$

④ 산출효과의 결정요인
- 수요의 가격탄력성(ε)이 클수록
- 요소집약도$\left(\dfrac{K}{L}\right)$의 차이가 클수록
- 대체탄력성(σ)이 작을수록
- 요소공급이 고정적인 경우
- X재 산업에서 자본(노동)비용이 차지하는 비중이 클수록

$\rightarrow \dfrac{w}{r}$의 변화가 커진다.

CHAPTER 05 | 조세의 초과부담 및 최적과세론

제1절 | 조세의 효율성(초과부담)

1. 초과부담의 부분균형분석 CTA 25·24·23·22·21·20·19·18·17

(1) 물품세의 초과부담

① 일반적인 경우
- 초과부담 = 동등변화 − 조세수입
- 물품세 부과 시의 효용과 중립세 부과 시의 효용의 차이

② 예외적인 경우

구 분	내 용
두 재화가 완전보완재 관계인 경우	• 무차별곡선은 L자 형태 • 효용함수는 $U = \min\left\{\dfrac{X}{a},\ \dfrac{Y}{b}\right\}$ • 소득효과만 발생(대체효과 ×) → 초과부담 발생 ×
다른 시장에 왜곡이 있는 경우	X, Y가 대체재 관계이고, Y재 시장에 이미 조세가 부과된 상태에서 X재에 조세가 부과되면 오히려 경제전체의 초과부담이 감소할 수 있음
조세부과 후 거래량이 불변인 경우	대체효과와 소득효과가 반대방향으로 나타나고 두 효과의 절대적인 크기가 동일한 경우 거래량은 불변 → 그러나, 대체효과가 0인 것은 아니므로 초과부담은 여전히 발생
조세부과 후 조세수입(또는 거래량)이 0인 경우	초과부담은 여전히 발생

(2) 보조금의 초과부담

① 초과부담이 여전히 발생
② 조세와 동일한 경제적 효과가 방향만 반대로 발생
③ 생산자에게 지급하든 소비자에게 지급하든 경제적 효과는 동일

(3) 초과부담의 측정
   ① 물품세의 초과부담

$$초과부담(DWL) = \frac{1}{2} \cdot t^2 \cdot \left[\frac{1}{\frac{1}{\varepsilon} + \frac{1}{\eta}}\right] \cdot P \cdot Q$$

   → 세율(t)의 제곱, 수요·공급의 가격탄력성, 거래액(PQ)에 비례

   ② 근로소득세의 초과부담

$$초과부담(DWL) = \frac{1}{2} \cdot t^2 \cdot \left[\frac{1}{\frac{1}{\varepsilon} + \frac{1}{\eta}}\right] \cdot w \cdot L$$

   → 세율(t)의 제곱, 수요·공급의 가격탄력성, 총근로소득(wL)에 비례

(4) 비효율성 계수 : 세수 1원당 초과부담

$$비효율성계수 = \frac{초과부담}{조세수입} = \frac{1}{2}t\varepsilon = \frac{\frac{1}{2}t^2\varepsilon(PQ)}{tPQ}$$

2. 일반균형분석적 접근 [CTA 16]

(1) 효율적인 조세(초과부담이 없는 중립세)가 되기 위한 조건

   ① 두 재화 간 선택의 교란이 없을 것 : $MRS_{XY} = \dfrac{P_X}{P_Y} = MRT_{XY}$

   ② 여가-소득 간 선택의 교란이 없을 것 : $MRS_{LM} = w = MRT_{LM}$

   ③ 현재-미래소비 간 선택의 교란이 없을 것 : $MRS_{C_1, C_2} = (1+r) = MRT_{C_1, C_2}$

(2) 조세의 종류와 효율성 조건

구 분	재화 간 선택	여가-소득 간 선택	현재-미래소비 간 선택
소득세	○	×	×
지출세	○	×	○
일반소비세	○	×	○
개별소비세	×	×	○
인두세	○	○	○

(3) 소득세 vs 개별소비세
  ① 전통적인 견해
    • 여가를 고려하지 않음
    • 소득세가 개별소비세보다 우월
      (∵ 개별소비세는 재화 간 상대가격의 변화를 통해 초과부담을 발생시킴)
  ② Little의 견해
    • 여가를 고려함
    • 소득세가 개별소비세보다 우월하지 않음
      (∵ 소득세와 개별소비세는 여가-소득 간의 교란을 일으켜 초과부담을 발생시킴)

제2절 | 최적과세론

1. 물품세의 최적과세 CTA 25·23·21·20·19·18·16

(1) 개념 및 특징
  ① 여가를 포함한 모든 재화에 동일한 세율로 물품세를 부과하여 초과부담을 발생시키지 않는다는 개념
    → 현실적으로 여가에 대해 과세가 불가능하므로 차선으로서 램지 규칙과 콜렛-헤이그 규칙이 등장
  ② 특 징
    • 효율성만 추구(초과부담의 최소화 추구)
    • 간접세(물품세)
    • 차등세율

(2) 최적물품세
  ① 램지규칙(Ramsey rule)
    • X, Y재는 독립재(≠ 대체재)
    • 각 재화의 수요량 감소비율(=한계초과부담, 세수에 대한 후생비용)이 동일할 것

    $$\frac{\triangle X}{X} = \frac{\triangle Y}{Y}$$

    • 역탄력성 법칙 : 램지규칙을 구체화하여 도출한 것으로 조세부과에 따른 초과부담이 극소화되도록 하려면 수요의 가격탄력성에 반비례하도록 각 재화에 대한 세율을 설정해야 함
      (∵ 가격탄력성이 큰 재화에 높은 세율을 부과하면 초과부담은 매우 커질 것)

    $$\frac{t_X}{t_Y} = \frac{\varepsilon_Y}{\varepsilon_X} \cdots 차등세율$$
    (X재는 t_X세율, Y재는 t_Y세율로 각 재화마다 다른 세율을 적용)

    • 그러나 일반적으로 저소득층이 구매하는 생필품에는 높은 세율을, 고소득층이 주로 구매하는 사치품에는 낮은 세율을 적용하게 되므로 소득분배 측면에서는 역진적인 성격이 됨

② 콜렛-헤이그 규칙(Corlett-Hague)
- 여가에 대한 직접과세 불가능
- 여가와 보완적인(대체적인) 재화에 높은(낮은) 세율을 부과
    → 여가에 대한 간접과세 시도
    ※ 램지는 세율을 동일하게 할지 차등하게 할지의 문제이고, 콜렛-헤이그는 차등을 둔 물품세가 더 낫다고 주장

2. 소득세의 최적과세(효율성, 공평성 모두 고려) CTA 20·17·16

(1) 선형누진세
① 한계세율은 일정하나 소득이 증가할수록 평균세율은 증가하는 조세구조

$$T = -\alpha + tY$$

② 소득분배의 공평성 측면에서는 정액보조금(α)의 크기가 높아지는 것이 바람직
③ 그러나 일정한 조세수입을 확보하면서 정액보조금(α)의 크기를 높이기 위해서는 세율(t) 인상이 불가피하여 초과부담이 커짐
④ 결국, 공평성(α)과 효율성(t)은 서로 상충관계에 있기 때문에 사회후생을 극대화 할 수 있는 양자의 적절한 조합을 찾아야 함[→ 스턴(Stern)]

(2) 스턴(Stern)

- 공평성에 대한 선호도 (+)
- 불평등에 대한 혐오 정도 (+)
- 노동공급의 탄력도 (−)
- 여가와 소득 간의 대체탄력도 (−)
- 사회구성원의 능력차이(기술분포) (+)
- 조세수입목표 (+)

→ 최적소득세율이 높아진다.

(3) 최적비선형소득세(Searde)
① 가장 높은 소득구간의 한계세율은 영(0)을 적용하는 것이 최적
    → 소득수준이 높아질수록 한계세율이 점점 높아지다가 최고소득구간에서는 영(0)의 한계세율을 적용
② 이후부터의 소득은 세금을 안내므로 노동 공급을 늘리는 유인기능의 성격을 지님

3. 탈세모형 CTA 25·24·23·22·20·19·18

(1) 세제운용상의 비용
① 조세행정규모↑, 조세제도가 복잡↑ → 징세비용↑
② 조세행정규모↑, 조세제도가 단순↑ → 납세협력비용↓
→ 적정한 조세행정규모는 [징세비용+납세협력비용]이 최소화되는 수준에서 결정

(2) 탈세
① 납세자는 위험중립자라고 가정
② 최적탈세액 결정
- 탈세의 한계편익= 한계세율 : $MB = t$
- 탈세의 한계비용= 세무조사확률×한계벌금 : $MC = \pi \times f$
- 최적탈세액 결정 : $t = \pi \cdot f$

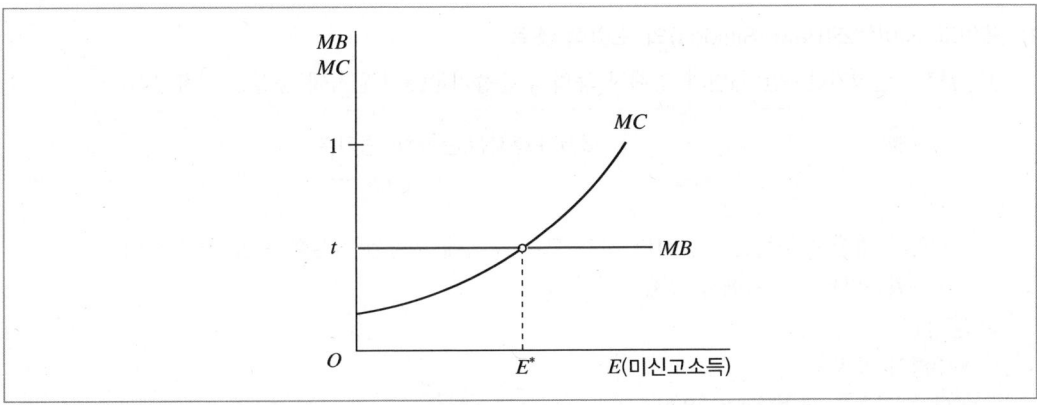

③ 탈세액의 결정요인

- 세율(t)이 낮을수록
- 세무조사확률(π)이 높을수록   → 탈세액은 감소
- 벌금(f)이 커질수록

④ 탈세모형의 문제점
- 탈세의 심리적 비용 고려 미흡
- 지하경제에 대한 고려 미흡
- 직업선택의 다양성 고려 미흡(탈세가 용이한 직업을 선택할 가능성)
- 위험에 대한 태도 고려 미흡
- 세무조사를 받을 확률이 직업·소득 규모에 따라 상이

CHAPTER 06 | 개별조세이론 및 조세의 경제적 효과

제1절 | 개별조세이론

1. 소득세 CTA 25·24·23·22·20·19·18·17·16

(1) 헤이그-사이먼즈(Haig-Simons)의 포괄적 소득

① 개념 : 일정기간동안 개인의 경제적 능력의 순증가분(능력원칙에 충실한 과세방식)

> 소비+순자산(순가치) 증가분

② 특 징
- 개인의 경제적 능력을 증가시킨 것은 모두 소득에 포함됨(미실현 포함, 발생주의)
- 소득획득비용은 소득에서 공제

③ 장 점
- 수평성 공평성↑
- 낮은 세율로 세수확보가 용이
- 탈세↓

④ 단 점
- 경제적 능력의 순증가분은 현실적으로 측정상의 어려움이 있음
- 미실현 자본이득은 이중과세의 가능성이 있음

(2) 소득공제와 세율구조

구 분	소득공제	세액공제
내 용	과세대상 소득에서 일부를 차감	산출세액에서 일부를 차감
목 적	• 수평적 공평성 달성 • 최저생계비 보장	• 이중과세 조정 • 근로소득자 부담 경감
과세표준	감 소	불 변
혜 택	고소득층일수록 유리	상대적으로 저소득층이 유리
한계세율	낮아질 가능성	불 변
특 징	특정경제행위를 장려	실질소득 증대에 효과

(3) 과세단위
　① 개인단위과세(분리과세방식)
　　• 결혼벌금 발생하지 않음(결혼중립성 충족)
　　• 수평적 공평성 위배 (∵ 소득이 동일한 두 가구의 조세부담이 상이할 수 있음)
　　　→ 이에 따라 가족에게 자산을 분산하여 조세부담을 회피할 우려 있음
　　• 우리나라의 경우 개인단위과세를 적용
　② 가족단위과세(부부합산과세)
　　• 결혼벌금 발생(결혼중립성 위배)
　　　→ 소득을 합산하면 누진세제하에 세율 상승
　　　→ 결혼기피 현상 발생
　　• 수평적 공평성, 수직적 공평성 모두 충족
　　• 다른 가족구성원의 근로의욕 저해

(4) 인플레이션과 소득세
　① 근로소득세 : 누진세제하에서 인플레이션이 발생하면 실질소득이 불변이라도 명목소득의 증가로 인해 한계세율의 증가로 실질조세부담이 증가하는 현상이 발생
　② 이자소득세 : 비례세제하에서도 인플레이션으로 인해 실질조세부담의 증가 발생
　　→ 실질수익률이 음(0)이 될 수도 있음
　③ 해결책[인덱세이션(indexation)] : 과세구간 및 각종 공제를 물가에 연동시키는 방법(지수화)

2. 지출세(직접세, 인세)

　① 개인의 총소비지출액을 과세베이스로 함
　② 누진과세, 인적공제 가능
　③ 소득세와 거의 동일
　　(예외) 저축이 과세대상에 포함하지 않음
　④ 현재소비와 미래소비의 선택에서 교란을 발생시키지 않음
　⑤ 소비의 시간적 형태, 내구재 소비(유동성 문제) 등의 문제점

3. 법인세 CTA 24·23·22·21·20·19·18

(1) 법인세 존립에 대한 찬반의견
　① 반대(통합주의 견해, 법인세 폐지론)
　　• 법인은 영리추구를 위한 개개인의 집합체에 불과(법인의제설)
　　• 배당소득에 대한 이중과세 문제 발생
　② 찬성(법인세 유지)

절대주의 견해	• 법인은 독립된 인격을 가진 법적 실체(법인실재설) • 소유의 분산이 확립된 법인은 개인과 같은 과세 가능
이익설적 입장	• 법인은 국가가 제공하는 서비스로부터 받는 혜택에 대한 대가를 지불해야함 • 일반적 이익설, 특수적 이익설, 사회적 비용설
정책목적 견해	• 법인의 행동에 대한 정부의 영향력 행사수단으로서 법인세가 필요 • 법인세를 통해 투자, 저축, 배당 등의 의사결정에 영향을 미칠 수 있음

(2) 법인세와 소득세의 통합방안
  ① 완전통합방식(법인세 폐지)
    • 조합방식
      - 주주를 조합원으로 간주
      - 법인의 이윤(사내유보와 배당)을 전부 주주의 소득에 귀속시킨 다음 소득세를 부과
      - 유동성 문제(미실현배당에 대한 과세)
    • 자본이득방식
      - 법인세를 폐지하고 실현여부과 관련없이 자본이득에 대해 과세
      - 유동성 문제(미실현배당에 대한 과세)
  ② 부분통합방식[법인세유지+부분적 손질(이중과세 제거)]
    • 법인단계조정 : 지불배당공제법, 차등세율제도
    • 주주단계조정 : 귀속방법(gross up method)

(3) 법인세의 본질에 대한 견해
  ① 경제적 이윤에 대한 과세(이윤세)
    • 법인세=이윤세(lump-sum tax)이기 위한 조건(다음 두가지 중 한가지 충족)
      - 100% 차입경영, 세법상 감가상각=경제적 감가상각
      - 자기자본에 대한 귀속이자의 비용처리가 허용, 세법상 감가상각=경제적 감가상각
  ② 법인부문에 투자된 자본에 대한 과세(부분 요소세)
    • 법인부문에 부과된 부분요소세의 성격(Harberger의 일반균형분석)
    • 만약 법인부문이 비법인부문보다 자본집약적이라면 법인세의 귀착은 산출효과와 요소대체효과에 의해 결정됨
      - 산출효과와 요소대체효과 모두 자본의 상대가격을 하락
      - 법인세의 조세부담은 모든 자본소유자가 일차적으로 부담
      - 만약 법인세 부과 후에도 요소상대가격이 일정하다면 법인세의 조세부담 중 일부가 노동에게 전가된 것을 의미
      - 사용 측에서는 법인부문의 재화를 소비하는 소비자가 일부 부담

(4) 인플레이션과 법인세
  ① 인플레이션 → 세법상 감가상각 < 경제적 감가상각 → 감가상각의 실질적 가치 감소 → 기업이윤의 과대평가 → 법인세 부담↑
  ② 인플레이션 → 선입선출법 채택 기업 → 장부상 이윤↑ → 법인세 부담↑
  ③ 인플레이션 → 채무부담의 실질가치↓ → 채무자(기업) 유리

4. 부가가치세 `CTA` 25·24·23·22·21·18·17·16

(1) 다단계거래세
① 개념 : 각 거래단계마다 일정 세율로 부과하는 조세
② 문제점
- 누적효과로 인해 세부담이 증가
- 기업 간 수직적 통합 유발
- 수출품에 대한 소비세 환급이 어려움
- 차등세율로 의사결정의 왜곡이 발생
- 탈세가 발생

③ 문제점의 극복(부가가치세의 도입배경)
- 각 단계에 VAT를 부과
- 기업 간 수직적 통합유인이 없음
- 소비세 환급이 용이
- 단일세율로 의사결정의 왜곡 극복
- 기업 간 상호경제효과로 탈세 방지

(2) 부가가치세의 유형
① 총소득형(GDP형)
② 순소득형(NDP형)
③ 소비형
- 자본재가 과세대상에서 제외 → 투자가 촉진되는 효과
- 우리나라에서도 적용되는 일반적인 방식

(3) 세액계산방식
① 전단계 세액공제방식
- 납부세액 = (총판매액 × 세율) − 전단계 납부세액
- 기업 간 상호견제를 통해 탈제방지 가능
- 일반적으로 가장 많이 사용하는 방법
- 행정적으로 단순
- 품목별 복수세율이나 면세제도 적용 가능

② 전단계 거래액공제방식
- 납부세액 = (총판매액 − 전단계 구입액) × 세율
- 품목별 복수세율이나 면세의 적용 어려움

③ 가산법
- 납부세액 = 요소소득의 합 × 세율
- 실무상 어려움으로 잘 적용하지 않는 방식

(4) 면세와 영세율

구 분	면 세	영세율
효 과	불완전면세	완전면세
매입세액	불공제	공 제
목 적	조세부담의 역진성 완화	이중과세 방지(소비지국 과세원칙), 수출촉진
적용 대상	기초생활필수품, 보건·교육 관련 재화	수출품

5. 재산세 CTA 25·21·18·16

(1) 재산세 부과의 근거
① 편익원칙 : 공공서비스로부터 얻는 편익에 대한 대가
② 능력원칙 : 경제적 능력에 따른 과세
③ 소득세의 보완
④ 부의 집중을 완화
⑤ 부동산 투기 억제 등의 정책목적 달성

(2) 재산세에 대한 견해(D. Netzer, 조세부담의 귀착)
① 토지 : 공급이 완전비탄력적
 • 조세의 자본화 발생
 • 토지소유자가 100% 부담
② 건물 : 장기적으로 건물의 공급이 탄력적이므로 임차인에게 재산세가 전가됨
③ 자가주택 : 주택소유자가 부담

제2절 | 조세의 경제적 효과

1. 조세와 노동공급 CTA 25·24·23·22·21·18·17·16

(1) 비례적인 근로소득세

가격효과($W\downarrow$ → 노동 ?)	
소득효과($W\downarrow$ → 실질소득$\downarrow$)	대체효과($W\downarrow$ → 여가의 기회비용$\downarrow$)
• 여가= 정상재 : 여가$\downarrow$(노동$\uparrow$) • 여가= 열등재 : 여가$\uparrow$(노동$\downarrow$)	여가$\uparrow$(노동$\downarrow$)

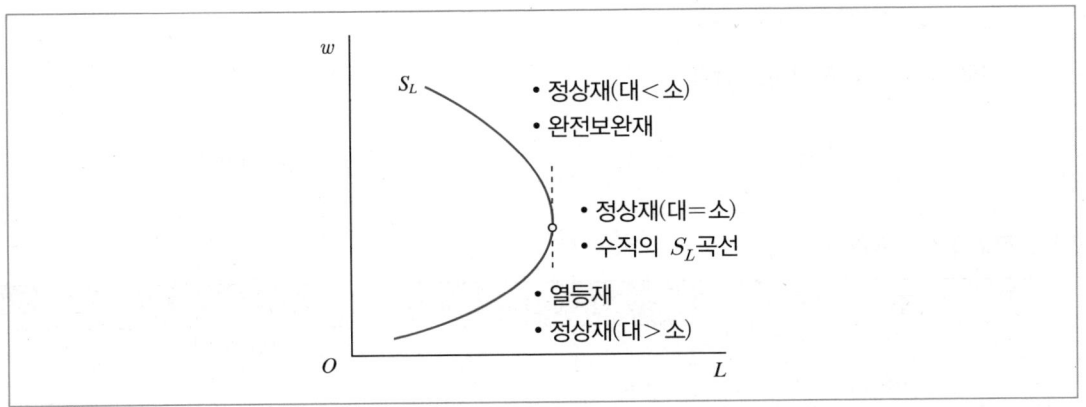

(2) 선형누진세와 비례소득세

선형누진세를 동일한 세수의 비례소득세로 대체 시, 노동공급이 증가하고, 납세자의 효용수준도 증가함

(3) 중립세

대체효과는 발생하지 않고 소득효과만 발생하므로 노동공급이 오히려 증가함

(4) 중립세, 비례세, 누진세의 크기 비교

① 노동시간(노동공급) 비교

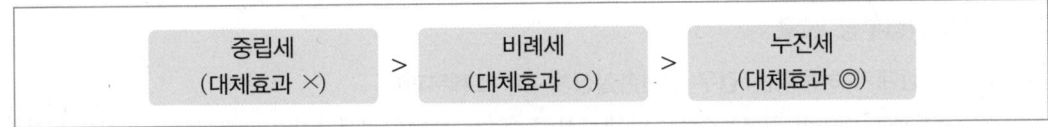

② 효용 비교

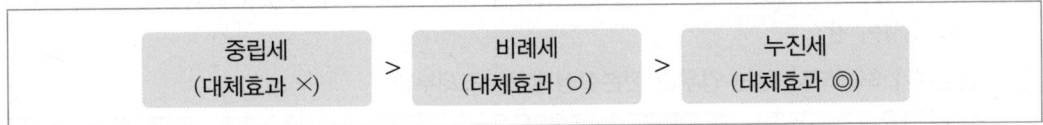

③ 조세수입 비교

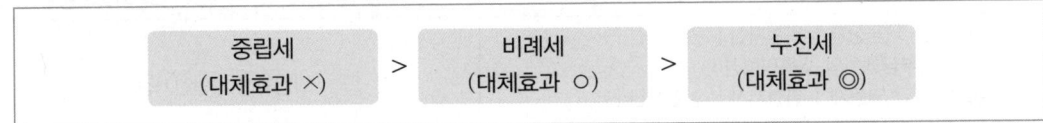

※ 단, 여과와 소득이 완전보완재인 경우
   ① 대체효과 ×
   ② 중립세=비례세=누진세
   ③ 후방굴절의 공급곡선(정상재)

2. 조세와 저축 CTA 25·24·23·22·20·18

(1) 2기간모형(시점 간 자원배분모형)

$$예산제약식 : Y_1 = \frac{Y_2}{(1+r)} = C_1 + \frac{C_2}{(1+r)} \, (r : 실질이자율)$$

(2) 근로소득세와 저축

근로소득세($w\downarrow \rightarrow \overline{r}$)	
소득효과	대체효과
C_1(현재소비)↓, C_2(미래소비)↓, 저축 ?	×

(3) 이자소득세와 저축(저축자 가정, 소비가 정상재인 경우)

이자소득세($\overline{w} \rightarrow r\downarrow$)	
소득효과	대체효과
C_1(현재소비)↓(저축↑), C_2(미래소비)↓	C_1(현재소비)↑(저축↓), C_2(미래소비)↓

→ C_1(현재소비) : ?, 저축 : ?, C_2(미래소비) : ↓

3. 조세와 위험부담 CTA 25·21·17·16

(1) 완전손실상계가 허용되는 경우(완전손실상계 O, 조세부과)

① 조세부과로 개인의 위험부담행위는 반드시 증가 (∵ 정부가 공동투자자로 참여하여 위험의 일부를 부담)
② 정부가 민간보다 적은 비용으로 위험을 부담할 수 있다면 사회후생 증가할 수 있으나 그 반대의 경우에는 사회후생이 감소

(2) 손실상계가 허용되지 않는 경우(완전손실상계 ×, 조세부과)

가격효과(조세 → $r\downarrow$ → 위험부담행위 ?)	
소득효과($r\downarrow$ → 실질소득↓)	대체효과($r\downarrow$ → 안전자산의 기회비용↓)
• 위험자산= 정상재 : 위험자산↓(안전자산↑) (= 위험부담행위의 소득탄력성 > 0) • 위험자산= 열등재 : 위험자산↑(안전자산↓) (= 위험부담행위의 소득탄력성 < 0)	위험자산↓(안전자산↑)

4. 조세와 투자 　CTA　25·24·23·22·21·19

(1) 자본의 사용자 비용(C)

① 법인세 부과 후 자본의 사용자 비용=실효납세 후 자본비용(C_e)

$$\frac{[(r+d)-t(x+y)] \cdot P_K}{(1-t)}$$

② 법인세와 투자
- $C_e > C$: 투자 ↓
- $C_e = C$: 투자에 중립적인 법인세
- $C_e < C$: 투자 ↑

※ 투자가 촉진되는 경우, 자본의 사용재비용(실효세율) 낮추는 방법 : 가속감가상각, 투자세액공제

③ 한계실효세율(t) 접근법

$$t = \frac{p-s}{p} \ (p : \text{세전수익률}, \ s : \text{세후수익률})$$

- $t > 0$: 투자 ↓
- $t = 0$: 투자에 중립적인 조세
- $t < 0$: 투자 ↑

> **더 알아보기 | 투자에 중립적인 법인세 조건**
>
> ① 자기자본의 귀속이자를 포함한 모든 이자비용이 허용되고, 세법상 감가상각률과 경제적 감가상각률이 일치하는 경우
>
> $$x = r \oplus y = d$$
>
> ② 자본재를 구입 즉시 100% 비용처리하고(추가적인 감가상각 필요 없음), 이자비용(지급이자) 공제를 전혀 허용하지 않는 경우(손금불산입)
>
> $$P_k \rightarrow (1-t) \cdot P_k \oplus x = 0$$

5. 조세와 기업의 자본구조 　CTA　25·23

① 조세가 존재하는 경우 : 100% 타인자본이 유리(모딜리아니-밀러 2정리)
② 조세가 존재하지 않는 경우 : 자기자본이든 타인자본이든 무관(모딜리아니-밀러 1정리)

6. 조세와 배당정책

① 조세가 존재하는 경우 : 주주들에게는 사내유보가 배당보다 유리
② 조세가 존재하지 않는 경우 : 배당을 하든 안하든 아무런 차이 없음

CHAPTER 07 | 재정학의 기타주제

제1절 | 소득분배 및 사회보장

1. 소득분배의 이론적 근거 `CTA` 24·23·21·20

공리주의적 견해 (F. Edgeworth)	• 가정 : 공리주의(SWF)+동일한 효용함수*+한계효용 체감 → 가정하에서는 공리주의적 기준만으로도 균등한 소득분배가 사회후생을 극대화 *완전히 균등한 소득분배가 이루어졌을 때, 사회후생이 극대화된다는 것 • 문제점 − 사회 구성원들의 효용함수가 동일하다는 보장이 없음 − 한계효용이 체감하지 않을 수 있음
러너의 동등확률가정 (A. Lerner)	• Edgeworth보다 가정을 완화 • 사회 구성원들의 효용함수가 서로 다르더라도 특정 효용함수를 가질 확률이 동일하다면 균등한 소득분배가 바람직하다고 주장
최소극대화원칙 (J. Rawls)	완전히 균등한 소득분배가 바람직하다고 주장

2. 소득분배불평등의 측정방법 `CTA` 25·24·23·22·21·20·19·18·17

(1) 로렌츠곡선

① 개념 : 계층별 소득분포 자료에서 인구의 누적점유율과 소득의 누적점유율 간의 관계를 그림으로 나타냄
② 측정 : 기울기가 급할수록 소득편차(소득불균등도)가 큼

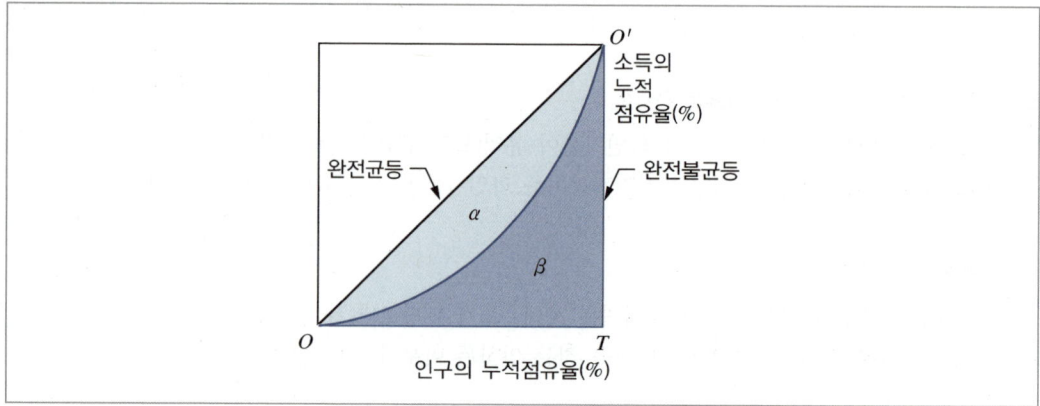

③ 특 징
- 로렌츠곡선이 대각선에 가까워질수록 소득분배가 균등함을 의미
- 로렌츠곡선이 서로 교차하는 경우에는 소득분배상태의 비교가 불가능
- 소득분배상태를 서수적으로 평가하는 방법

(2) 지니계수
① 개념 : 로렌츠곡선이 나타내는 소득분배상태를 수치화하여 나타낸 것
② 측 정

$$0 \leq G(= \frac{\alpha}{\alpha + \beta}) \leq 1$$

③ 특 징
- 작을수록 균등한 소득분배를 의미
- 특정 소득계층의 소득분배상태를 나타내지는 못함
- 소득분배상태를 기수적으로 평가하는 방법

(3) 10분위 분배율
① 개념 : 사회전체 계층을 10단위로 나누어 나타낸 것
② 측 정

$$0 \leq D = \frac{\text{하위 40\%의 소득점유율}}{\text{상위 20\%의 소득점유율}} \leq 2$$

③ 특 징
- 클수록 균등한 소득분배를 의미
    ※ 이외에 클수록 균등한 지표 : 파레토 계수, 달튼지수 등
- 특정 소득계층의 소득분배상태를 나타낼 수 있으나, 국민전체의 소득분배상태를 표시할 수는 없음
- 소득분배상태를 기수적으로 평가하는 방법

(4) 엣킨슨지수
① 개념 : 평가자의 주관적 가치 판단을 고려하여 소득 분배의 불평등 정도를 나타내는 것
② 측 정

$$0 \leq A (= 1 - \frac{Y_e}{\overline{Y}}) \leq 1$$

(Y_e : 균등분배소득, $\overline{Y}$: 현재의 평균소득)

③ 균등분배대등소득(Y_e)
- 현재와 동일한 사회후생을 얻을 수 있는 완전히 균등한 소득분배상태에서의 평균소득
- $A(=1-\frac{Y_e}{Y})\uparrow$인 경우
  - 불평등에 대한 혐오정도가 클수록 Y_e는 작아짐
  - 균등분배에 대한 선호도가 클수록 Y_e는 작아짐
  - 현실의 소득분배의 불평등 정도가 클수록 Y_e는 작아짐
  ※ 사회후생함수의 형태에 따라 동일한 소득분배상태에서도 A값은 달라짐(공리주의의 경우 A값은 항상 0임)

④ 특 징
- 특정 소득계층의 소득분배상태를 나타낼 수 있으나, 국민전체의 소득분배상태를 표시할 수는 없음
- 주관적 가치판단을 전제로 함

(5) 소득 5분위배율
① 개념 : 사회전체 계층을 5단위로 나누어 나타낸 것
② 측 정

$$1 \leq S = \frac{상위\ 20\%의\ 소득}{하위\ 20\%의\ 소득} \leq \infty$$

③ 특 징
- 작을수록 균등한 소득분배를 의미
- 소득분배상태를 기수적으로 평가하는 방법

(6) 달튼지수
① 측 정

$$0 \leq D \leq 1$$

② 특 징
- 공리주의 사회후생함수를 가정
- 1에 가까워질수록 소득분배가 평등함을 의미
- 모든 사람에게 완전히 균등하게 소득이 분배되었을 때 사회후생이 극대화된다고 봄

3. 부의 소득세(NIT) CTA 24·21·19

(1) 개념
① 음의 소득세제로 선형누진세의 반대
② 소득세+사회보장제도(공공부조)의 결합
③ $S = \alpha - tY$
④ 일정소득$\left(\dfrac{\alpha}{t}\right)$을 넘으면 조세를 부과, 미달하면 보조금을 지급하는 제도

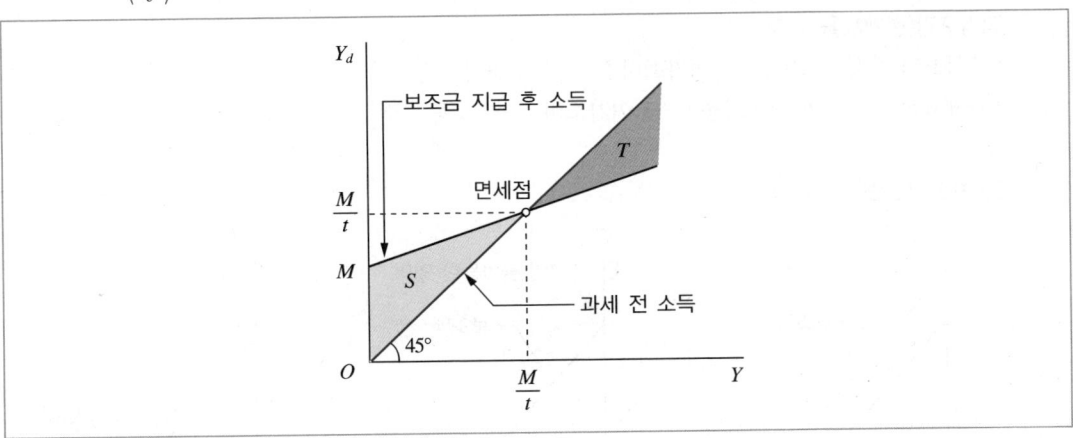

(2) 노동공급에 미치는 효과
① 소득효과(여가=정상재) : 보조금 지급 → 실질소득↑ → 여가↑(노동↓)
② 대체효과 : w↓ → 여가의 기회비용↓ → 여가↑(노동↓)

(3) 특징
① 과도한 재정부담
② 근로의욕 저해[→ 근로소득보전세제(EITC)가 해결]
③ 특수계층의 욕구를 충족하지 못함

4. 근로장려세제(EITC) CTA 24·20·19

(1) 개념
① 일정 근로소득에 미달하는 근로자에게 보조금을 지급하는 제도(단, 근로소득이 있어야 가능)
② 부의 소득세보다 노동공급을 증가시키는 효과

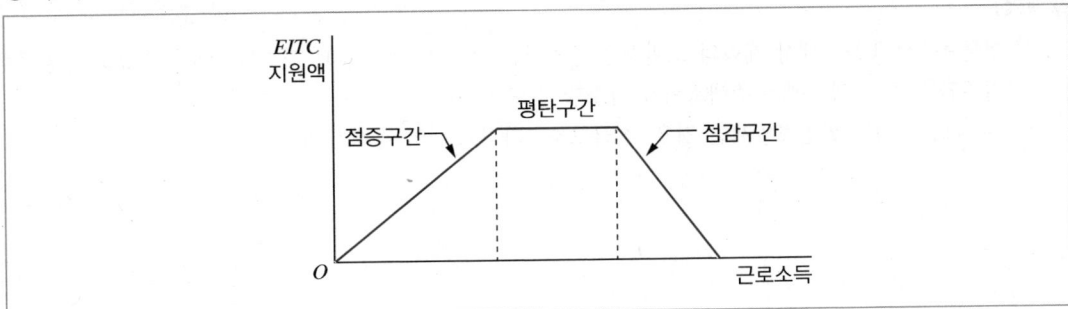

(3) 노동공급에 미치는 효과

① 점증구간(한계세율 < 0)
- 소득효과 : 실질소득↑ → 여가소비↑ → 노동공급↓
- 대체효과 : 여가의 기회비용↑ → 여가소비↓ → 노동공급↑

② 평탄구간(한계세율 = 0)
- 소득효과 : 실질소득↑ → 여가소비↑ → 노동공급↓
- 대체효과 : 발생하지 않음

③ 점감구간(한계세율 > 0)
- 소득효과 : 실질소득↑ → 여가소비↑ → 노동공급↓
- 대체효과 : 여가의 기회비용↓ → 여가소비↑ → 노동공급↓

5. 보조금제도 CTA 25 · 24 · 23 · 21 · 18

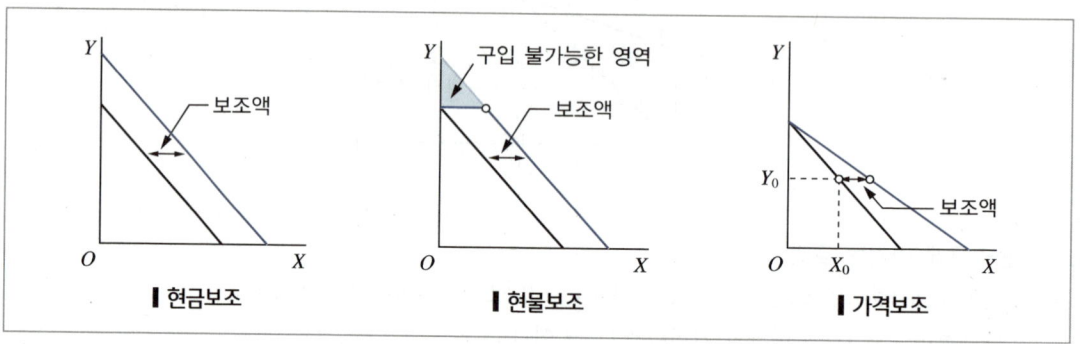

(1) 보조금 간 비교

① 소비자 후생측면 : 현금보조 ≥ 현물보조 > 가격보조
② 특정재화의 소비증가 측면 : 가격보조 > 현물보조 ≥ 현금보조
③ 동일 효용증가시 필요한 보조의 크기 : 가격보조 > 현물보조 ≥ 현금보조
④ 가격효과

구 분	현금보조	현물보조	가격보조
대체효과	×	×	○
소득효과	○	○	○

(2) 특징

① 현물보조시에 보조대상 재화의 소비량은 증가하는 것이 일반적이나, 저소득층에게 소규모 공공주택의 입주권을 주는 경우에는 주택소비가 감소할 수도 있음
② 두 재화가 서로 완전보완재인 경우 '현금보조=가격보조'의 관계가 성립

6. 사회보장제도 CTA 25·24·23·22·21·20·19·18·17

(1) 국민연금제도

① 재원조달방식

구 분	적립방식	부과방식
운영방식	가입자가 납부한 보험료로 기금을 조성하고 은퇴 후에 기금과 운용수익을 지급하는 방식 (현행 우리나라 방식)	현재의 근로계층이 납부한 보험료를 노년층에게 지급하는 방식 (중복세대모형에 기초함)
세대 내 소득재분배	○	○
세대 간 소득재분배	×	○
지불능력의 문제	×	○

② 노동공급에 미치는 효과
- 노년층 : 실질소득 증가로 인해 조기은퇴가 발생 → 노동공급↓
- 청년층 : 소득효과와 대체효과의 방향이 불확실 → 노동공급 불확실

③ 저축에 미치는 효과
- 자산대체효과

구 분	적립방식	부과방식
민간저축(S_P)	$S_P↓$	$S_P↓$
정부저축(S_G)	$S_G↑$	S_G 불변
국민저축(S_N)	S_N 불변	$S_N↓$

- 은퇴효과(퇴직효과) : 적립방식이든 부과방식이든 모두 $S_P↑$
- 상속효과 : 적립방식이든 부과방식이든 모두 $S_P↑$
- 인식효과 : 적립방식이든 부과방식이든 모두 $S_P↑$

(2) 고용보험제도(실업급여)

① 근로의욕 감소
- 실업급여를 수령하게 되면 적극적으로 구직활동을 하지 않을 우려가 있음
- 실업기간이 연장될 가능성

② 자동안정화 효과
- 불경기에 총수요의 위축을 억제
- 호경기에 총수요의 급증을 방지

③ 소득재분배 효과 : 안정된 직종에 종사하는 근무자로부터 소득을 재분배 받는 효과

(3) 의료보험제도

① 유 형
- 사회보험방식 : 의료비에 대한 국민의 자기 책임을 일정부분 인정하는 체계
- 국민건강보험방식 : 단일한 보험자가 국가 전체의 건강보험을 관리 및 운영하는 체계로 국민들이 낸 보험료가 주요한 재원임

② 행위별수가제 vs 포괄수가제

구 분	행위별수가제	포괄수가제
개 념	총진료비를 산출하는 방식	사전에 정해진 일정한 진료비를 지불하는 방식
특 징	• 의학발전의 가능성 • 과잉진료의 가능성	• 의료서비스의 질적 저하 가능성 • 과소진료의 가능성

7. 빈곤과 빈곤선 CTA 20

(1) 빈 곤

① 빈곤층 : 일정한 소득을 빈곤선으로 정하고, 그 소득 이하인 계층을 빈곤층으로 봄

② 빈곤율 : $\dfrac{빈곤층\ 인구수}{전체\ 인구수}$

③ 빈곤갭
- 빈곤선으로 끌어올리는데 필요한 총소득
- (빈곤층 인구수) × (빈곤선 − 빈곤층 인구의 평균소득)

(2) 빈곤선 설정방식

① 절대적인 설정방식
- 라운트리 방식 : 직접계산, 객관적
- 라이덴 방식 : 설문조사, 주관적

② 상대적인 설정방식
- 소득의 일정비율을 빈곤선으로 설정
- 사회의 생활수준이 높아지면 빈곤선도 높아지게 됨

제2절 | 공공요금의 이론

1. 자연독점(비용체감)＝비용체감산업 [CTA] 23·19

철도, 전화, 전기, 상·하수도 산업과 같이 초기 고정비용은 막대하게 발생하지만 추가적인 한계비용은 매우 작아 생산이 증가함에 따라 평균비용이 감소하는 경우 발생

2. 공공요금 설정방식 [CTA] 24·23·22·21·20·19·18·17

(1) 한계비용가격설정
① 자원배분의 효율성 충족($P=MC$)
② 규모의 경제가 발생하는 경우 적자 발생($P<AC$)
③ 시설규모가 제한되어 있어 기존시설에 대한 초과수요가 발생하는 경우
　→ $P=MC+$경제적지대

(2) 평균비용가격설정
① 적자 발생의 문제 해결($P=AC$)
② 자원배분의 효율성 달성 못함($P>MC$)
③ 과소생산, 높은 가격

(3) 이부요금제도(비선형가격설정방식)
① 기본요금＋사용요금
② 경제적 효율성 달성, 적자 발생하지 않음
※ 오이(W. Y. Oi)의 최적이부요금
- '고정수수료＋단위당 사용요금'을 적절히 결정하여 사회후생을 극대화하는 최적이부요금설정방식
- 램지가격설정방식에서 적용되는 역탄력성원칙과 유사 : 고정수수료에 대한 탄력성이 클수록 총요금 중 고정수수료를 낮게 설정하고 사용요금을 높게 설정
- 최적이부요금설정을 위해서는 비용함수, 수요함수, 소비자의 선호에 대한 정보 등이 필요

(4) 차별요금제
① 제2급 가격차별 : 소비량에 반비례하도록 가격설정 → 손실↓
② 제3급 가격차별 : 수요의 가격탄력성에 반비례하도록 가격설정 → 손실↓

(5) 램지가격설정
① 수요의 가격탄력성에 반비례하도록 공공요금 설정(초과부담 최소화)
② 소득분배의 공평성에 취약

(6) 최대부하가격설정
① 성수기에는 높은 가격 설정, 비수기에는 낮은 가격 설정하여 성수기의 수요를 비수기로 유인
② 성수기의 가격은 장기한계비용보다 높게 설정, 비수기의 가격은 단기한계비용과 동일하게 설정

제3절 | 공채론

1. 공채 CTA 25·20

(1) 개념
① 광의: 금전적 채무
② 협의: 중앙정부가 부족한 재정자금을 조달하기 위해 발행한 채권
③ 정부는 대부분의 재원을 조세를 통해 조달하지만 세입이 세출에 미달하는 경우에는 국채를 발행하여 자금을 조달하기도 함
④ 국채는 표면적으로는 정부가 지는 채무이지만 궁극적으로는 조세를 통해 상환되어야 하므로 그 부담을 민간이 지게 됨
⑤ 공채발행 = 재정적자 = 조세감면

(2) 공채부담의 변화요인
① 인플레이션 → 채무자가 유리 → 공채의 실질가치 하락 → 정부의 채무부담 감소
② 이자율 상승 → 공채가격 하락 → 실질적인 공채부담 감소
③ 자본적 지출 → 실제보다 정부의 재정적자 규모가 과대평가

2. 공채의 경제적 효과 CTA 25·24·23·22·21·20·19·18

(1) 총수요에 미치는 효과

케인즈학파	공채발행을 통한 조세감면으로 민간의 처분가능소득이 증가하면 소비가 증가하므로 총수요가 증가함
통화주의	① 구축효과*가 소비증가에 따른 총수요증가 효과를 상쇄시킴 → 총수요에 미치는 효과 크지 않음 *정부의 재정적자 또는 확대재정정책으로 이자율이 상승하여 민간의 소비 및 투자가 감소하는 효과 ② 공채발행 → 이자율 상승 → 민간투자 감소 → 총수요 감소(구축효과)
리카르도 등가정리 (새고전학파, Barro)	① 합리적인 경제주체를 가정 ② 공채를 발행해도 경제의 실질변수에는 아무런 영향을 미치지 못함(단, 민간저축은 증가) ③ 공채 = 미래의 조세

(2) 자본축적 및 경제성장에 미치는 효과
① 공채발행 → 재정적자 → 총저축↓ → 민간투자↓ → 자본축적의 저해 → 경제성장 저해
② 공채발행 → 재정적자 → 이자율↑ → 민간투자↓ → 자본축적의 저해 → 경제성장 저해

(3) 국제수지에 미치는 효과
① 공채발행 → 이자율↑ → 자본유입 → 환율하락(원화 평가절상) → 수출↓(수입↑) → 경상수지악화
② 공채발행 → 조세감면 → 가처분소득↑ → 소비↑ → 수입↑ → 경상수지악화
③ 공채발행 → 이자율↑ → 투자↓ → 생산성↓ → 국제경쟁력↓ → 경상수지악화

3. 공채부담에 관한 학설 CTA 23·22·21·18

(1) 신정통파 견해(A. Lerner & A. Hansen)
① 내부채무(internal debt, 내국채) : 모두 현제세대가 부담
② 외부채무(external debt, 외국채) : 공채부담이 미래세대에게 전가

(2) 리카도 등가정리(R. Barro)
현재세대가 부담

> **더 알아보기** **러너효과(국공채의 자산효과)**
> 국공채의 발행으로 민간보유 금융자산이 증가하면 자산보유자들이 더 부유하게 되었다고 느끼게 되어 민간의 소비지출이 증가할 수 있다.

4. 재원조달시 고려사항

(1) 편익의 귀속
공공지출의 편익이 미래세대에 귀속된다면 조세보다는 공채를 통한 재원조달이 바람직

(2) 세대간 공평성 측면
기술진보 등으로 인해 미래세대의 소득수준이 현재세대보다 높다면 미래세대로부터 소득재분배하는 것이 바람직하기 때문에 공채를 통한 재원조달이 바람직

(3) 효율성 측면
초과부담의 측면에서는 조세보다 공채가 바람직하고, 구축효과를 고려하면 공채보다 조세가 더 바람직

(4) 거시경제적 측면
경기침체기라면 공채발행이 바람직하고, 경기과열기라면 조세징수가 바람직

제4절 | 지방재정

1. **중앙정부와 지방정부의 역할분담** CTA 24·23·20·18
   ① 공공재 공급
      - 일반원칙
        - 중앙정부 담당 : 공공재의 편익이 전국적으로 발생하는 경우
        - 지방정부 담당 : 특정지역에만 편익이 국한되는 경우
      - 예외적인 경우 : 공공재의 규모의 경제가 발생하는 경우, 편익이 다른 지역에 유출되는 경우에는 중앙정부가 담당하는 것이 바람직
   ② 소득재분배정책 : 중앙정부가 담당하는 것이 바람직
   ③ 경제안정화정책 : 중앙정부가 담당하는 것이 바람직
   ④ 조세징수 : 중앙정부가 담당하는 것이 바람직

2. **오우츠의 분권화 정리** CTA 25·23·22·19

   지역공공재를 생산함에 있어 어느 수준의 정부가 생산하든 비용측면의 차이가 없다면 각 지방정부가 판단하에 적절한 공급량을 판단하는 것이 효율적

3. **티부모형** CTA 25·24·23·21·19·18

(1) 개 념
   ① 발에 의한 투표에 의하여 개인들은 자신의 선호를 표출
   ② 개인이 가장 좋아하는 공공서비스를 공급하는 지역에 거주하게 되는데 이때의 균형은 파레토 효율적
   ③ 시사점 : 분권적 체제하에서 공공재의 효율적 공급이 이루어질 수 있음

(2) 가 정
   ① 다수의 지방정부(상이한 재정프로그램을 제공하는 충분한 수의 지방정부)
   ② 완전한 정보(각 지방정부의 공공재 공급수준과 조세수준)
   ③ 완전한 이동성
   ④ 지역 간 외부효과 없음
   ⑤ 규모수익불변의 지역공공재 생산기술
   ⑥ 비례적 재산세를 통한 재원조달
   ⑦ 최소주택규모 등이 엄격한 도시계획규제(안정적 균형)

4. 지방재정 CTA 25·24·23·22·21·20·17

(1) 보조금 지급의 목적
① 중앙정부의 역할을 위임
② 지역 간 재정력 격차가 해소
③ 재원조달능력의 차이
④ 특정 공공재 공급의 촉진
⑤ 특정지역에 대한 보상
⑥ 공공재의 지역 간 외부성에 따른 과소공급의 해결

(2) 보조금의 유형 및 보조금 지급의 경제적 효과
① 무조건부 보조금 : 보조금 일부는 지방공공재 생산에 사용되고, 나머지 일부는 지역주민들의 조세부담 경감(사용재 소비)에 사용됨 – 소득효과
② 조건부 보조금

정액보조금(비대응교부금) – 소득효과	정률보조금(대응교부금) – 소득＋대체효과
① 일정액의 보조금을 공공재 공급의 용도로만 사용하도록 지급 ② 보조금 일부는 지방공공재 생산에 사용되고, 나머지 일부는 지역주민들의 조세부담 경감(사용재 소비)에 사용됨 (무조건부 보조금과 동일)	① 지역의 공공재 공급비용의 일정비율을 중앙정부가 부담 ② 보조금 지급의 한도가 정해져 있는지의 여부에 따라 개방형과 폐쇄형으로 구분

※ 보조급 효과의 비교
① 동일 크기의 보조금 지급시 효용(증가) 크기 : 무조건부 ≥ 정액 > 정률
② 동일 크기의 보조금 지급시 지방공공재 생산증가 : 정률 > 정액 ≥ 무조건부
③ 동일 효용 달성시 필요 보조금 규모 : 정률 > 정액 ≥ 무조건부

(3) 끈끈이효과
① 개념 : 중앙정부로부터 지급된 보조금이(지방의 감면을 통해 지역주민에게 이전되는 것이 아니라) 파리가 끈끈이에 한번 붙으면 떨어질 수 없는 것처럼 보조금이 지방정부의 수중에 고착된다는 의미
② 발생원인
- 재정착각 : 지역주민들이 보조금 지급으로 인한 평균조세가격의 하락을 한계조세가격의 하락으로 착각하는 경우 더 많은 공공재 공급을 요구하게 됨
- 관료들의 예산극대화 경향
  → 지역주민에게 공개하지 않고 더 높은 지출수준을 유지하려고 함

(4) 지방재정조정수단

지방교부금	국고보조금
① 지방정부의 재원부족을 보전할 목적으로 지급(무조건부 보조금으로 지급) ② 지방정부의 최소한 행정수준을 유지 ③ 지방 간 수평적 불균형을 해소	① 지방정부가 시행하는 특정사업 경비의 일부 또는 전부를 중앙정부가 지원하는 제도 ② 특정사업의 장려(조건부 정률보조금에 해당) ③ 가치재의 공급에 목적을 둠

MEMO

제2편
핵심기출

제1장　재정학의 개요
제2장　외부성, 공공재, 공공선택이론
제3장　공공지출이론
제4장　조세론의 기초 및 전가와 귀착
제5장　조세의 초과부담 및 최적과세론
제6장　개별조세이론 및 조세의 경제적 효과
제7장　재정학의 기타주제

CHAPTER 01 | 재정학의 개요

제1절 | 재정학의 기초

01 CTA 2024 ☑ 확인 Check! ○ △ ✕

재정의 기능에 관한 설명으로 옳지 않은 것은?

① 재정의 자원배분기능으로 자원배분의 효율성이 개선될 수 있다.
② 시차문제에 있어서 재량적 재정정책(discretionary fiscal policy)이 자동안정장치(built-in stabilizer)에 비해 나은 정책수단이다.
③ 자동안정장치의 정책수단으로는 실업보험제도와 소득세의 누진세제도 등이 있다.
④ 정부가 재정으로 개입할 수 있는 시장실패의 유형으로는 공공재, 외부성 등이 있다.
⑤ 소득분배를 위한 재정투입으로 소득계층 간 수평적 공평과 수직적 공평을 개선할 수 있다.

02 CTA 2024 ☑ 확인 Check! ○ △ ✕

재정이론에 관한 설명으로 옳지 않은 것은?

① 중상주의 시대의 재정이론은 조세부과의 정당성, 조세수입의 원천 등 조세수입과 관련된 논의가 중심이었다.
② 아담스미스(A. Smith)에 의하면 가격기구에 의한 효율적인 자원배분이 가능하므로 재정의 역할은 치안, 국방 등 최소한에 머무는 것이 바람직하다.
③ 바그너(A. Wagner)는 조세부과에 있어서 재정수입확보 기능뿐만 아니라 누진세율의 적용 등으로 분배과정의 불평등을 시정하는 사회정책적인 과세원리를 강조하였다.
④ 집단의사결정에 관한 공공선택이론과 공공재의 최적공급에 관한 이론은 빅셀(K. Wicksell)과 파레토(V. Pareto) 등의 학자들에 의해서 제시되었다.
⑤ 케인즈(J. M. Keynes)가 제시한 최적조세이론은 조세수입을 극대화하는 조세구조에 관한 이론이다.

제2절 | 경제적 효율성과 시장실패

01 CTA 2024 ☑ 확인 Check! ○ △ ✕

노동(L)과 자본(K)으로 x재와 y재를 생산하는 어느 경제의 생산가능곡선상의 한 점 (x, y)에서 한계변환율은 $MRT_{xy}(x, y) = 1$이며, 두 소비자 1과 2의 한계대체율이 $MRS^1(x_1, y_1) = MRS^2(x_2, y_2) = 2$인 상황을 고려하자(이때 $x_1 + x_2 = x$, $y_1 + y_2 = y$이다). 현재 상황에 대한 옳은 설명을 모두 고른 것은?

ㄱ. 이 경제의 현재 상황에서 생산 측면의 효율성은 만족된다.
ㄴ. 이 경제의 현재 상황에서 소비 측면의 효율성은 만족된다.
ㄷ. 이 경제는 현재 상황에서 경제 전체적으로 생산과 소비의 종합적인 파레토 개선이 가능하다.

① ㄱ ② ㄷ
③ ㄱ, ㄴ ④ ㄴ, ㄷ
⑤ ㄱ, ㄴ, ㄷ

02 CTA 2023 ☑ 확인 Check! ○ △ ✕

두 소비자 1과 2가 두 재화 x재와 y재를 소비하는 순수교환경제를 고려하자. 소비자 1의 부존은 $(\overline{x_1}, \overline{y_1}) = (18, 12)$, 소비자 2의 부존은 $(\overline{x_2}, \overline{y_2}) = (22, 8)$이며, 소비자 i의 효용함수는 $u^i(x_i, y_i) = x_i y_i$라고 하자($i = 1, 2$). 다음의 배분 $((x_1, y_1), (x_2, y_2))$ 중 파레토 개선이 가능하지 않은 것을 모두 고르면?

ㄱ. ((6, 3), (34, 17))
ㄴ. ((16, 8), (22, 11))
ㄷ. ((24, 10), (16, 10))
ㄹ. ((38, 19), (2, 1))

① ㄱ, ㄴ ② ㄱ, ㄹ
③ ㄴ, ㄷ ④ ㄱ, ㄴ, ㄹ
⑤ ㄴ, ㄷ, ㄹ

03 CTA 2012

두 상품 X, Y 중 한 상품 X에 대해서만 세율 t_X의 물품세가 부과될 때 소비자가 효용극대화를 추구하면 성립하는 조건으로 옳은 것은? (단, MRS는 한계대체율, MRT는 한계변환율을 의미한다)

① $MRS_{XY} = (1+t_X)MRT_{XY}$
② $MRS_{XY} = (1-t_X)MRT_{XY}$
③ $(1+t_X)MRS_{XY} = MRT_{XY}$
④ $(1-t_X)MRS_{XY} = MRT_{XY}$
⑤ $(1+t_X)MRS_{XY} = (1-t_X)MRT_{XY}$

04 CTA 2011

A와 B 두 사람과 커피(C)와 햄(H) 두 재화가 존재하는 교환경제를 상정한다. 수평축을 햄, 수직축을 커피로 하는 에지워드 상자(Edgeworth box)에서 A의 원점을 좌측 하단의 꼭짓점, B의 원점을 우측 상단의 꼭짓점이라고 하자. A의 효용함수는 $U(H_A, C_A) = H_A + 4\sqrt{C_A}$ 이고, B의 효용함수는 $U(H_B, C_B) = H_B + 2\sqrt{C_B}$ 이다. 이때 계약곡선(Contract curve)의 모양은? (단, 초기 부존자원이 A는 $H=8$, $C=10$이고, B는 $H=8$, $C=2$이다)

① 수직선
② 수평선
③ 대각선
④ A의 원점에서 시작되는 기울기가 $\frac{1}{4}$인 직선
⑤ B의 원점에서 시작되는 기울기가 $\frac{1}{4}$인 직선

05 CTA 2014

A와 B의 효용함수는 각각 $U_a = \min\{x_a, y_a\}$, $U_b = \min\{x_b, y_b\}$이다. x재화와 y재화의 전체 공급량은 각각 10이다. 계약곡선과 효용가능곡선(utility possibility frontier)의 형태로 옳은 것은?

① 통상적인 에지워스박스에서 우하향하는 대각선, $U_b = 5 + U_a$
② 통상적인 에지워스박스에서 우하향하는 대각선, $U_b = 5 + 2U_a$
③ 통상적인 에지워스박스에서 우상향하는 대각선, $U_b = 10 - U_a$
④ 통상적인 에지워스박스에서 우상향하는 대각선, $U_b = 10 - 2U_a$
⑤ 계약곡선과 효용가능곡선은 존재하지 않는다.

06 CTA 2023

후생경제학의 기본 정리에 관한 설명으로 옳은 것을 모두 고른 것은?

> ㄱ. 제1정리는 완전경쟁시장에서 개인의 이기적인 선택의 결과가 사회적 관점에서도 효율적인 자원배분을 이루어 낸다는 것을 의미한다.
> ㄴ. 제2정리는 효율성이 공평한 자원배분을 보장한다는 의미를 갖는다.
> ㄷ. 후생경제학의 제1정리와 제2정리의 결론은 소비자 선호의 볼록성과 무관하게 성립한다.

① ㄱ ② ㄴ
③ ㄱ, ㄴ ④ ㄱ, ㄷ
⑤ ㄴ, ㄷ

07 CTA 2011

후생경제학에 관한 설명으로 옳은 것은?

① 모든 사람들의 한계대체율이 같을 때 소비 및 생산의 파레토 최적이 달성된다.
② 후생경제학의 제1정리는 완전경쟁균형이 항상 존재하는 것을 의미한다.
③ 두 사람이 동일한 동조적(homothetic) 선호체계를 갖고 그들의 한계대체율이 체감한다면, 에지워드 상자(Edgeworth box)에서 그들 간의 파레토 최적 배분점의 궤적은 대각선으로 표시된다.
④ 후생경제학의 제2정리는 초기 부존자원을 적절하게 재분배함으로써 효율성은 저해하지만 공평성을 추구할 수 있다는 것을 보여준다.
⑤ 칼도(N. Kaldor) 보상기준에 따르면, 어떤 정책이 사회후생을 증대시키기 위해서는 그 정책 시행으로 공평성이 개선되어야 한다.

08 CTA 2021 ☑확인 Check! ○ △ ✕

효용가능경계(utility possibility frontier)에 관한 설명으로 옳은 것을 모두 고른 것은?

> ㄱ. 효용가능경계상의 각 점에서는 소비의 파레토 효율성만 충족된다.
> ㄴ. 효용가능경계상의 한 점은 생산가능곡선상의 한 점과 대응관계에 있다.
> ㄷ. 효용가능경계상의 일부 점에서만 $MRS = MRT$가 성립한다.
> ㄹ. 소비에 있어서 계약곡선을 효용공간으로 옮겨 놓은 효용가능곡선의 포락선(envelope curve)이다.
> ㅁ. 효율과 공평을 동시에 달성시키는 점들의 궤적이다.

① ㄱ, ㄴ
② ㄴ, ㄹ
③ ㄷ, ㅁ
④ ㄴ, ㄷ, ㄹ
⑤ ㄴ, ㄷ, ㄹ, ㅁ

09 CTA 2024 ☑확인 Check! ○ △ ✕

x재와 y재를 소비하는 2인 순수교환경제를 고려하자. 소비자 i의 효용함수는 $u_i(x_i, y_i) = x_i y_i$이며 $(i=1, 2)$, 소비자 1의 초기 부존은 $(\overline{x_1}, \overline{y_1}) = (0, 20)$, 소비자 2의 초기 부존은 $(\overline{x_2}, \overline{y_2}) = (40, 10)$이다. 일반균형배분 $((20, 15), (20, 15))$에 도달하기 위하여 초기 부존을 재배분한다고 할 때 새로운 초기 부존 $((\overline{x_1}, \overline{y_1}), (\overline{x_2}, \overline{y_2}))$로 적절한 것은?

① ((10, 16), (30, 14))
② ((12, 20), (28, 10))
③ ((14, 16), (26, 14))
④ ((16, 18), (24, 12))
⑤ ((28, 9), (12, 22))

10 CTA 2015

사회후생함수에 관한 설명으로 옳지 않은 것은?

① 롤즈(J. Rawls)의 사회후생함수는 레온티에프(Leontief) 생산함수와 동일한 형태를 가진다.
② 평등주의 사회후생함수는 모든 사회 구성원들에게 동일한 가중치를 부여한다.
③ 애로우(K. Arrow)의 불가능성 정리는 사회의 여러 상태를 비교, 평가할 수 있는 합리적이고 민주적인 기준을 찾을 수 없다는 것을 뜻한다.
④ 공리주의적 사회무차별곡선의 기울기는 −1이다.
⑤ 에지워스(F. Edgeworth)의 주장에 의하면, 소득의 재분배는 사회후생을 증가시킬 수 있다.

11 CTA 2021

사회후생함수에 관한 설명으로 옳지 않은 것은?

① 그 사회가 선택하는 가치기준에 의해서 형태가 결정된다.
② 사회후생함수에서는 개인들의 효용을 측정할 수 있다고 가정한다.
③ 평등주의 사회후생함수는 각 개인의 효용에 동일한 가중치를 부여하게 된다.
④ 공리주의 사회후생함수에 의하면 사회후생의 극대화를 위해서는 각 개인소득의 한계효용이 같아야한다.
⑤ 사회후생을 극대화시키는 배분은 파레토 효율을 달성한다.

12 CTA 2022

A와 B 두 명으로 구성된 사회에서 개인의 효용을 각각 U_A와 U_B, 사회후생을 W라고 할 때, 다음 중 옳지 않은 것은?

① 어떤 배분상태가 효용가능경계상에 있다면 그 상태에서 효율성과 공평성을 동시에 개선시킬 수 없다.
② 평등주의적 사회후생함수의 경우, 평등주의적 성향이 극단적으로 강하면 롤즈(J. Rawls)적 사회무차별곡선의 형태를 가진다.
③ 롤즈의 사회후생함수는 $W = \min\{U_A, U_B\}$로 나타낼 수 있다.
④ 사회후생함수가 $W = U_A + 2U_B$일 경우, B의 효용이 A의 효용보다 사회적으로 2배의 중요성이 부여되고 있다.
⑤ 평등주의적 사회후생함수는 사회 구성원들에게 동일한 가중치를 부여한다.

13 CTA 2022

사회후생함수에 관한 설명으로 옳지 않은 것은?

① 롤즈(J. Rawls)적 가치판단에 기초한 사회무차별곡선은 우하향하는 직선 형태로 표시된다.
② 사회후생함수가 설정되면 어떤 변화가 발생했을 때, 그것이 개선인지의 여부를 판정할 수 있다.
③ 사회후생함수와 효용가능경계를 이용하여 바람직한 자원배분을 도출할 수 있다.
④ 사회구성원들의 가치판단에 따라 여러 유형의 사회후생함수가 선택될 수 있다.
⑤ 센(A. Sen)에 따르면 제한된 수의 선택가능성 사이에 서열을 매길 수 있는 합리적이고 민주적인 사회적 선호체계의 도출이 가능하다.

14 CTA 2017

사회후생함수에 관한 설명으로 옳지 않은 것은?

① 사회후생함수는 그 사회가 어떠한 가치 기준을 선택할 것인가에 대한 해답을 제공해 준다.
② 사회후생함수는 개인들의 효용을 측정할 수 있다고 가정한다.
③ 공리주의 사회후생함수일 경우 사회후생이 극대화되려면 각 개인의 소득의 한계효용이 서로 같아야 한다.
④ 사회후생을 극대화시키는 배분은 파레토 효율을 실현한다.
⑤ 어떤 배분이 총효용가능경계선(utility possibility frontier)상에 있다면 그 배분에서는 효율과 공평을 함께 증가시킬 수 없다.

15 CTA 2022

개인 A와 B로 구성된 경제에 X재가 1,000단위 존재하며, 이 재화에 대한 효용함수는 각각 $U_A = 3\sqrt{X_A}$, $U_B = \sqrt{X_B}$이다. 이 사회의 사회후생함수를 $W = \min\{U_A, U_B\}$로 가정할 경우 사회후생의 극댓값은? (단, $X_i > 0 (i = A, B)$는 개인 i의 X재 소비량이다)

① 15
② 30
③ 60
④ 90
⑤ 100

16 CTA 2025

개인 A와 B로 구성된 경제에 X재가 1,000단위 존재하며, 이 재화에 대한 효용함수는 각각 $U_A = 3\sqrt{X_A}$, $U_B = \sqrt{X_B}$이다. 이 사회의 사회후생함수를 $W = \min\{U_A, U_B\}$로 가정한다. 다음 중 옳지 않은 것은? (단, $X_i > 0 (i = A, B)$는 개인 i의 X재 소비량이다)

① X재가 사용재인 경우 사회후생의 극댓값은 30이다.
② 롤즈적 사회후생함수를 상정하고 있다.
③ X재가 순수공공재인 경우 A와 B는 같은 양을 소비한다.
④ X재가 순수공공재인 경우 사회후생수준은 A의 효용에 의해 결정된다.
⑤ X재가 사용재인 경우 사회후생의 극댓값은 순수공공재인 경우보다 작다.

17 CTA 2016

두 사람(A, B)만 존재하고 X재의 양은 1,000이고, A와 B의 효용함수는 각각 $3\sqrt{X_a}$, $\sqrt{X_b}$이다. 공리주의 사회후생함수의 형태를 가질 경우 사회후생의 극댓값은? (단, X_a는 A의 소비량이고, X_b는 B의 소비량이며, X_a와 X_b는 모두 양의 수이다)

① 60
② 70
③ 80
④ 90
⑤ 100

18 CTA 2025

A와 B 두 명으로 구성된 사회에서 개인의 효용을 각각 U_A와 U_B, 사회후생을 W라고 할 때, 다음 중 옳지 않은 것은?

① 평등주의적 사회후생함수는 많은 효용을 가진 사람에게는 낮은 가중치를, 적은 효용을 가진 사람에게는 높은 가중치를 준다.
② 공리주의적 사회후생함수는 모든 구성원에게 동일한 가중치를 평등하게 부여한다.
③ 롤즈적 사회후생함수는 $W = \{U_A, U_B\}$로 나타낼 수 있다.
④ 사회후생함수가 $W = U_A + 2U_B$일 경우, B의 효용을 A의 효용보다 2배 더 중요시 한다.
⑤ 공리주의적 사회후생함수에 의하면 소득의 한계효용이 감소할 때 사회후생의 극대화를 위해서는 각 개인소득의 한계효용이 서로 달라야 한다.

19 CTA 2019

사회후생함수에 관한 설명으로 옳지 않은 것은? (단, n명으로 구성된 사회에서 개인 i의 후생은 w_i, 사회후생은 W)

① 공리주의적 사회후생함수는 모든 사회구성원의 개인적 후생의 총합으로 나타내며 $W = w_1 + \cdots + w_n$이 된다.
② 앳킨슨(A. Atkinson)의 확장된 공리주의 사회후생함수는 $W = \dfrac{1}{\alpha}\sum_{i=1}^{n} w_i^\alpha$로 표현되는데, 이는 α가 1보다 작은 경우에는 개인후생의 합뿐만 아니라 분배에 의해서도 사회후생이 영향을 받는다는 것을 보여준다.
③ 롤즈(J. Rawls)의 사회후생함수는 도덕적 가치관을 중시하는 규범적 규율을 반영하는데, 이를 표현하면 $W = \min\{w_1, \cdots, w_n\}$으로 나타낼 수 있다.
④ 평등주의적 사회후생함수는 개인의 후생수준이 높을수록 더 작은 가중치를 적용한다.
⑤ 애로우(K. Arrow)는 합리적인 사회적 선호체계를 갖춘 사회후생함수가 존재함을 실증을 통해 입증했다.

20 CTA 2023

두 사람으로 구성된 어느 경제의 효용가능경계와 사회후생함수 $W^A = U_1 + U_2$의 사회무차별곡선과의 접점을 A, 사회후생함수 $W^B = \min\{U_1, U_2\}$의 사회무차별곡선과의 접점을 B, 사회후생함수 $W^C = U_1 U_2$의 사회무차별곡선과의 접점을 C라고 하자. 이 접점들은 각 경우에 유일한 접점이라고 하자. 다음 중 옳은 것을 모두 고른 것은?

> ㄱ. A와 B가 일치하면 C도 반드시 일치한다.
> ㄴ. A와 C가 일치하면 B도 반드시 일치한다.
> ㄷ. B와 C가 일치하면 A도 반드시 일치한다.
> ㄹ. 세 접점이 모두 일치할 수는 없다.

① ㄹ
② ㄱ, ㄴ
③ ㄱ, ㄷ
④ ㄴ, ㄷ
⑤ ㄱ, ㄴ, ㄷ

21 CTA 2012

사회후생함수에 관한 설명으로 옳지 않은 것은?

① 공리주의적 가치관에 따르면, 사회후생함수는 개인의 효용을 더한 것으로 정의된다.
② 평등주의적 가치관에 따르면, 사회후생을 결정할 때 효용수준이 높은 사람이나 낮은 사람이나 동일한 가중치를 적용해야 한다.
③ 롤스(J. Rawls)의 사회후생함수는 사회구성원들 중에서 효용수준이 가장 낮은 사람의 효용이 그 사회의 후생수준이라고 본다.
④ 애로우(K. Arrow)는 불가능성정리에서 어떤 사회의 여러 가지 상태를 비교, 평가할 수 있는 합리적 기준이 존재하지 않음을 입증하였다.
⑤ 차선이론은 하나 이상의 효율성 조건이 이미 달성되지 않은 상태에서는, 만족되는 효율성 조건의 수가 많아진다고 해서 사회적 후생이 더 커진다는 보장이 없다는 이론이다.

22 CTA 2018

애로우(K. Arrow)의 불가능성정리에서 사회적 선호체계가 가져야 할 바람직한 속성이 아닌 것은?

① 볼록성
② 이행성
③ 비독재성
④ 파레토 원칙
⑤ 제3의 선택가능성으로부터의 독립

23 CTA 2012

보상의 원칙에 관한 설명을 옳은 것은?

① 개인 간의 효용을 직접 비교하여 어떤 변화가 사회후생의 개선인지 여부를 평가한다.
② 보상의 원칙은 개인 간의 효용 비교 문제를 잠재적 보상이라는 개념을 통해 우회한다.
③ 어떤 변화를 통해 이득을 얻는 사람에 의해 평가된 이득의 가치가 손해를 보는 사람에 의해 평가된 손해의 가치와 일치할 때 그 변화는 사회후생의 개선이다.
④ 보상의 원칙은 당사자 간 실제 보상이 이루어지는 것을 전제로 한다.
⑤ 파레토 개선의 경우에만 보상의 원칙이 충족된다.

24 CTA 2018

보상원칙에 관한 설명으로 옳지 않은 것은?

① 파레토 기준의 한계를 보완하는 차원의 접근이다.
② 개인 간의 직접적 효용비교 없이 어떤 변화가 개선인지의 여부를 평가할 수 있는 방법이다.
③ 판단하는 시점에서는 보상 여부를 감안하지 않지만 선택 결정 이후에는 보상이 이루어져야만 성립한다.
④ 하나의 상태가 다른 상태로 변화했을 때 이득을 보는 사람이 손해를 보게 되는 사람의 손실을 보전하고도 남는 것이 있을 때 칼도기준을 충족한다.
⑤ 사회구성원들이 1원에 대해 똑같은 사회적 가치평가를 한다고 암묵적으로 가정하고 있다.

25 CTA 2014

칼도-힉스(Kaldor-Hicks)의 보상기준에 관한 설명으로 옳은 것은?

① 누군가의 희생 없이는 어떤 사람의 후생 증대가 불가능하다.
② 최적의 자원배분을 실현하게 되어 더 이상 파레토 개선이 불가능하다.
③ 칼도-힉스의 보상기준은 실제적 보상이 이루어질 것을 요구한다.
④ 칼도-힉스의 보상기준이 적용된다는 것은 잠재적 파레토 개선이 이루어진다는 것을 의미한다.
⑤ 경제 상태 변화에 따라 손해를 입게 되는 사람의 수가 이득을 보는 사람의 수보다 적을 때에 이루어지게 된다.

26 CTA 2020

보상기준에 관한 설명으로 옳지 않은 것은?

① 효용가능곡선이 교차하지 않는 경우, 보상기준이 충족되면 잠재적으로 사회후생이 증가된다.
② 스키토브스키(T. Scitovsky)기준은 칼도-힉스(Kaldo-Hicks)기준의 모순을 보완하기 위한 기준이다.
③ 파레토 기준은 칼도-힉스의 보상기준을 충족한다.
④ 칼도기준은 상태 변경으로 이득을 얻는 사람의 이득으로 손해 보는 사람의 손실을 보상하고도 남는 경우를 말한다.
⑤ 힉스(J. R. Hicks)기준은 상태 변경으로 손해를 보는 사람이 이득을 얻는 사람을 매수하는 데 실패하는 경우에 해당한다.

27 CTA 2021

시장실패에 관한 설명으로 옳지 않은 것은?

① 불완전한 경쟁의 경우 시장실패가 일어날 수 있다.
② 공공재는 그 특성에 의해서 시장실패가 발생하게 된다.
③ 정부개입의 필요조건을 제공한다.
④ 완비되지 못한 보험시장의 경우 시장실패가 일어날 수 있다.
⑤ 외부불경제로 사회적 최적생산량보다 과소 생산되는 경우에 발생한다.

28 CTA 2015

시장실패에 관한 설명으로 옳지 않은 것은?

① 시장실패는 정부개입의 충분조건을 제공한다.
② 시장실패는 자원배분의 비효율성을 초래한다.
③ 정보의 비대칭성이 시장실패를 야기할 수 있다.
④ 외부성의 존재로 인해 시장실패가 일어날 수 있다.
⑤ 시장이 완비되지 못한 경우 시장실패가 일어날 수 있다.

29 CTA 2011

시장실패에 관한 설명으로 옳지 않은 것은?

① 소수의 기업이 참여하는 시장에서 이윤극대화를 추구할 때 발생한다.
② A기업의 생산이 B기업 생산에 미치는 영향이 A기업에서 생산한 재화의 시장가격에 반영되지 않는 경우에 발생한다.
③ 사회적 비용이 사적 비용보다 클 경우, 기업의 사적 생산량은 사회적으로 효율적인 생산량보다 적다.
④ 경제주체들 간에 비대칭적 정보가 존재할 경우에 발생한다.
⑤ 무임승차 문제가 나타날 경우에 발생한다.

30 CTA 2013

시장에서 자원이 최적 배분되지 못하는 시장실패가 발생하는 경우에 관한 설명으로 옳지 않은 것은?

① 어떤 한 기업이 해당 시장에 유일한 생산자로 참여하여 이윤극대화를 추구하는 경우에 발생한다.
② 어떤 한 기업이 생산요소시장의 유일한 수요자로 행동하여 해당 요소를 구매하는 경우에 발생한다.
③ 외부경제로 인하여 사회적 최적 생산량보다 과다 생산되는 경우에 발생한다.
④ 경제주체들 간에 비대칭적 정보가 존재하거나 경제 현상에 대한 불확실성이 존재할 경우에 발생한다.
⑤ 보험시장이나 자본시장이 완전하게 갖추어져 있지 못한 경우에 발생한다.

31 CTA 2023

시장실패에 관한 설명으로 옳은 것을 모두 고른 것은?

ㄱ. 시장실패는 정부개입의 충분조건이다.
ㄴ. 자연독점에 대한 평균비용가격설정은 독점으로 인한 비효율을 제거할 수 있다.
ㄷ. 정액세(lump-sum tax)는 민간부문의 의사결정을 왜곡하지 않는다.
ㄹ. 사회보험은 시장실패를 보완하는 기능을 수행한다.
ㅁ. 공공재는 배제성과 경합성의 특성으로 인하여 시장실패가 발생하게 된다.

① ㄱ, ㄴ
② ㄴ, ㄷ
③ ㄷ, ㄹ
④ ㄷ, ㅁ
⑤ ㄹ, ㅁ

32 CTA 2022

시장실패와 정부의 기능에 관한 설명으로 옳지 않은 것은?

① 국민연금의 강제 가입은 일찍 은퇴할 가능성이 높은 사람만 가입하는 역선택 문제를 해결할 수 없다.
② 중립세는 민간부문의 의사결정을 교란시키지 않는다.
③ 시장실패는 정부개입의 필요조건이다.
④ 정부가 어떤 정책에 대한 민간부문의 반응을 완벽하게 통제하지 못하면 정부실패가 발생할 수 있다.
⑤ 자연독점기업에 대한 한계비용가격설정은 독점으로 인한 비효율성을 제거할 수 있다.

33 CTA 2016

시장에 존재하는 불확실성 완화 방안으로 옳지 않은 것은?

① 도덕적 해이의 축소와 역선택의 확대
② 위험분산
③ 보험제도 실시
④ 조건부거래시장 개설
⑤ 정보의 확산

34 CTA 2024

역선택 문제를 완화시키는 방안으로 옳지 않은 것은?

① 카페 주인이 카페에 설치된 CCTV를 확인하여 아르바이트 직원의 업무 태도를 감시한다.
② 회사가 신규채용 지원자에게 대학 졸업장 제출을 요구한다.
③ 모든 차량에 대하여 자동차 책임보험의 가입을 강제한다.
④ 신규채용 지원자가 해당 업무의 자격증을 획득하여 해당 회사에 제출한다.
⑤ 중고차 거래 시 판매자가 구매자에게 중고차에 대한 품질보증을 제공한다.

35 CTA 2011

비대칭적 정보가 존재할 때 의료보험시장에서 발생하는 역선택을 감소시키는 방안으로 옳지 않은 것은?

① 의료보험 가입 시 정밀신체검사를 요구한다.
② 보험회사가 의료보험 가입 희망자의 과거 병력을 조회한다.
③ 의료보험 가입 희망자의 건강상태를 반영하여 보험료를 차등 부과한다.
④ 단체의료보험상품을 개발하여 해당 단체 소속원 모두 강제 가입하게 한다.
⑤ 의료보험에 기초공제제도를 도입한다.

36 CTA 2013

역선택(adverse selection)에 관한 사례로 옳은 것은?

① 의료보험에 가입한 사람이 부주의하게 행동하여 부상 발생률이 증가하는 경우
② 주택의 임차인보다는 주택소유자가 집을 더 잘 관리하여 내부수리 비용이 적게 드는 경우
③ 중고차시장에서 상태가 나쁜 자동차가 주로 거래되는 경우
④ 하천에 대한 재산권이 설정되지 않아 상류와 하류 지역 간 분쟁이 발생하는 경우
⑤ 정부가 이공계 육성을 위해서 공과대학의 증설을 결정하는 경우

37 CTA 2020

의료보험의 도덕적 해이에 관한 설명으로 옳지 않은 것은?

① 의료보험에 가입하면 개인들은 건강관리를 철저히 하지 않는 경향이 있다.
② 민간의료보험의 경우, 건강관리를 등한시하는 사람의 가입이 증가한다.
③ 의료보험에 가입하면 본인부담 진료비가 줄어들어 병원에 자주 간다.
④ 실손민간의료보험의 경우, 고가의 치료 방식을 선호하는 경향으로 인하여 보험금 지출이 늘어난다.
⑤ 의료서비스에 대한 실제비용보다 환자의 지불액이 낮을 때, 발생한다.

38 CTA 2014

건강보험(의료보험) 시행 과정에서 발생하는 도덕적 해이를 줄일 수 있는 방안을 모두 고른 것은?

> ㄱ. 공제제도(deductibles)
> ㄴ. 영리병원제도
> ㄷ. 공동보험제도(coinsurance)
> ㄹ. 정보의 확산

① ㄱ, ㄷ
② ㄴ, ㄹ
③ ㄱ, ㄴ, ㄷ
④ ㄴ, ㄷ, ㄹ
⑤ ㄱ, ㄴ, ㄷ, ㄹ

39 CTA 2019

자원배분의 효율성에 관한 설명으로 옳지 않은 것은?

① 어떤 배분상태가 효율적이기 위해서는 그 상태로부터 다른 상태로 옮겨갈 때 파레토 개선이 불가능해야 한다.
② 후생경제학의 제2정리에서는 시장이 완전경쟁이라면 자원은 효율적으로 배분됨을 보여주는데, 아담스미스의 '보이지 않는 손'이 달성됨을 의미한다.
③ 공공재는 그 특성상 가격을 설정할 수 없기 때문에 시장실패의 원인이 될 수 있다.
④ 중립세(neutral tax)를 제외한 조세부과는 자원배분상 비효율을 초래할 수 있다.
⑤ 도덕적 해이는 정보의 비대칭성으로 발생하는 현상이며, 자원배분상 비효율을 초래할 수 있다.

40 CTA 2022

자원배분의 효율성에 관한 설명으로 옳지 않은 것은?

① 후생경제학의 제1정리는 아담 스미스(A. Smith)의 '보이지 않는 손'이 효율적인 자원배분을 실현함을 의미한다.
② 정보의 비대칭성은 자원배분의 비효율성을 초래하는 요인이 된다.
③ 어떤 자원배분 상태에 파레토 개선의 여지가 있다면 그 상태는 효율적이다.
④ 영기준예산제도는 점증주의예산에서 탈피하여 효율적 자원배분을 제고할 수 있는 제도이다.
⑤ 공공부문이 공급하는 재화나 서비스에 공공요금을 부과하면 가격기능을 통해 효율적인 자원배분이 가능하다.

41 CTA 2025

자원배분의 효율성에 관한 설명으로 옳지 않은 것은?

① 어떤 배분상태가 효율적이라면 그 상태로부터 다른 상태로 옮겨갈 때 파레토 개선이 불가능하다.
② 후생경제학의 제1정리는 일반경쟁균형이 파레토 효율적임을 의미한다.
③ 애로우(K. Arrow)는 완벽한 조건부거래시장이 존재하면 불확실성이 있더라도 시장실패가 일어나지 않음을 밝혔다.
④ 외부효과로 인한 비효율성은 중립세 부과를 통해 해결할 수 있다.
⑤ 도덕적 해이는 정보의 비대칭성 때문에 발생하는 현상으로 시장실패를 초래한다.

42 CTA 2025

시장실패와 정부의 기능에 관한 설명으로 옳지 않은 것은?

① 시장실패는 정부개입의 필요조건이다.
② 중립세는 민간부문의 의사결정을 교란시키지 않는다.
③ 비용체감산업에 대한 평균비용 가격설정은 독점으로 인한 비효율성을 제거할 수 있다.
④ 정부의 중고차 정비이력 의무화는 정보비대칭으로 인한 시장실패를 완화하는 방안이다.
⑤ 국민연금의 강제 가입은 늦게 은퇴할 가능성이 높은 근로자들의 가입을 유도하여 역선택 문제를 해결할 수 있다.

CHAPTER 02 | 외부성 · 공공재 · 공공선택이론

제1절 | 외부성

01 CTA 2022

외부성에 관한 설명으로 옳지 않은 것은?

① 기술적 외부성은 자원배분의 비효율성을 발생시킨다.
② 코즈(R. Coase) 정리가 성립하려면 외부성에 관한 권리(재산권)의 설정이 명확해야 한다.
③ 해로운 외부성이 존재하면 해당 재화는 사회적 최적수준보다 과다생산되는 경향이 있다.
④ 대규모 건설공사로 인한 건축자재 가격 상승으로 다른 건축업자가 피해를 입은 것은 금전적인 외부성의 예이다.
⑤ 코즈 정리에 따르면 외부성 관련 거래비용이 클수록 협상이 용이하다.

02 CTA 2023

외부성에 관한 설명으로 옳지 않은 것은?

① 부정적 외부성이 있는 경우에 정부가 교정세를 부과하여도 효율적 자원배분을 이룰 수 없다.
② 연구기관의 연구개발 활동은 외부성의 특성을 가지고 있다.
③ 코즈 정리가 성립하려면 재산권이 명확하게 설정되어 있어야 한다.
④ 어떤 행동이 상대가격의 변동을 가져와서 발생하는 외부성을 금전적 외부성이라 한다.
⑤ 양봉업자가 인근 과수원의 생산에 영향을 준 것은 기술적 외부성에 해당한다.

03 CTA 2020

기술적 외부성에 관한 설명으로 옳은 것을 모두 고른 것은?

> ㄱ. 자원배분의 비효율성은 발생하지 않는다.
> ㄴ. 화학공장이 강 상류에 폐수를 방출하였다.
> ㄷ. 대규모 건설공사로 인한 건축자재 가격 상승으로 다른 건축업자가 피해를 입었다.
> ㄹ. 양봉업이 인근 과수원의 생산에 영향을 미쳤다.

① ㄱ
② ㄱ, ㄷ
③ ㄴ, ㄷ
④ ㄴ, ㄹ
⑤ ㄷ, ㄹ

04 CTA 2012

외부효과에 관한 설명으로 옳지 않은 것은?

① 과수원의 이웃에 양봉업자가 이주해 옴으로써 사과 수확량이 증가하였다.
② 기업이 생산 과정에서 제3자에게 끼친 손해를 전액 보상하더라도 생산 측면에서 외부효과는 여전히 존재한다.
③ 사회적 비용이 사적 비용보다 큰 경우 이 기업의 균형생산량은 최적 생산량보다 많은 상태이다.
④ 섬진강 상류에서 돼지를 키우는 사람이 축산폐수를 방류한 결과, 하류의 고기잡이에 부정적인 영향이 발생했다.
⑤ 긍정적인 의미의 외부성이 존재한다는 것은 사회적 편익이 사적 편익보다 크다는 것을 의미한다.

05

외부편익이 존재하는 경우를 나타낸 아래 그림에 관한 설명으로 옳은 것의 개수는? (단, D : 수요곡선, PMB : 사적 한계편익, S : 공급곡선, PMC : 사적 한계비용, MEB : 한계외부편익, SMB : 사회적 한계편익)

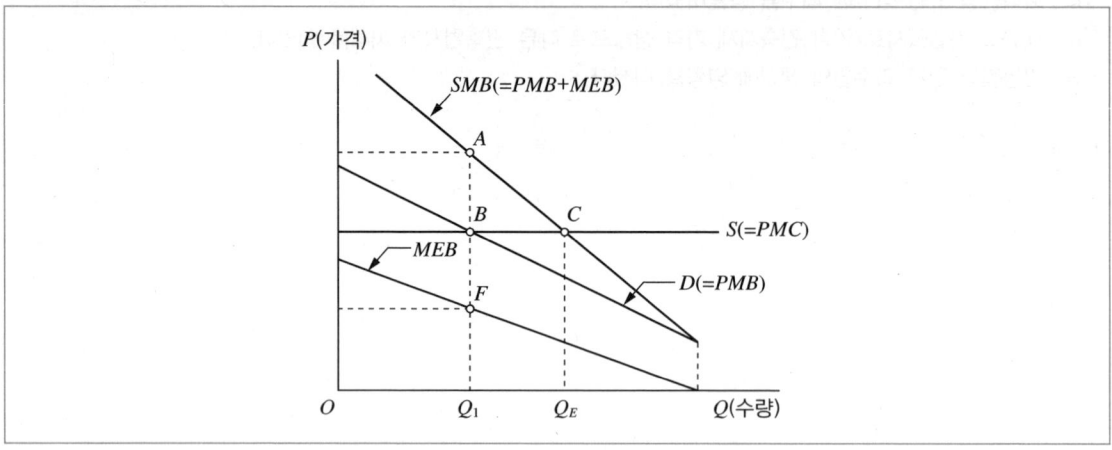

ㄱ. 이 그림은 재화의 소비에 외부편익이 존재하는 경우를 나타낸 것이다.
ㄴ. 시장균형은 $PMB = PMC$가 성립하는 점 B에서 달성되는데, 이때의 생산량은 $SMB > PMC$가 되므로 사회적으로는 과소하다.
ㄷ. 시장균형에서 발생하는 사회적 후생비용의 크기는 삼각형 ABC에 해당한다.
ㄹ. 시장균형에서는 생산량을 변화시키려는 경쟁적 힘이 작용한다.
ㅁ. 생산량을 Q_E로 증가시킴에 따른 사회적 순이득(net gain)은 삼각형 ABC와 같다.

① 1개   ② 2개
③ 3개   ④ 4개
⑤ 5개

06 CTA 2017

외부성에 관한 설명으로 옳지 않은 것은?

① 외부성이 존재할 경우 효율적 자원배분을 위해서는 사회적 한계비용과 사회적 한계편익이 일치해야 한다.
② 실질적 외부성이란 개인의 행동이 제3자에게 의도하지 않은 이득이나 손실을 가져와 비효율적인 자원배분의 원인으로 작용하는 현상을 말한다.
③ 금전적 외부성이 존재하면 상대가격구조의 변동을 가져와 비효율적 자원배분의 원인으로 작용한다.
④ 긍정적 외부성이 존재하면 해당 재화는 사회적 최적수준보다 적게 생산되는 경향이 있다.
⑤ 부정적 외부성이 존재하면 해당 재화는 사회적 최적수준보다 많이 생산되는 경향이 있다.

07 CTA 2016

코즈 정리에 관한 설명으로 옳지 않은 것은?

① 정부가 소유권을 설정하면, 자발적 거래에 의하여 시장실패가 해결된다는 정리이다.
② 외부성이 있는 재화의 과다 또는 과소 공급을 해소하는 대책에 해당한다.
③ 외부불경제의 경우 이해당사자 중 가해자와 피해자를 명확하게 구분하지 않더라도 코즈 정리를 적용할 수 있다.
④ 외부성 문제 해결에 있어서 효율성과 형평성을 동시에 고려하는 해결방안이다.
⑤ 코즈 정리는 외부성 관련 당사자들이 부담해야 하는 거래비용이 작을 때 적용이 용이하다.

08 CTA 2018

야생동물 보호정책에 관한 설명으로 옳지 않은 것은?

① 순찰대를 만들어 감시를 하였으나 여전히 남획이 계속되었다면 규제를 통한 외부성의 내부화에는 한계가 있음을 의미한다.
② 야생동물에 대한 재산권을 동물 판매업자에게 부여한 결과 남획이 줄어들었다. 이는 재산권을 누구에게 부여하는가에 따라 소득분배뿐만 아니라 자원배분의 효율성도 영향을 받음을 의미한다.
③ 포획 가능한 야생동물 수를 매년 정하고, 포획권을 경매를 통해 판매하여 야생동물 수를 유지할 수 있었다. 이는 시장기구를 통해 외부성을 내부화한 예이다.
④ 야생동물에 대한 재산권을 해당 지역의 부족들에게 부여하였더니, 이 부족들은 탐방사업 등을 통해 수익을 거두기 위하여 야생동물 보호활동을 강화했다. 이는 재산권 확립을 통한 외부성 문제 해결의 예이다.
⑤ 야생동물을 포획·반출하는 행위에 세금을 부과하여 야생동물의 남획을 최적수준으로 줄일 수 있었다면 이러한 정책은 피구 조세의 예로 볼 수 있다.

09 CTA 2021

코즈(R. Coase) 정리에 관한 설명으로 옳지 않은 것은?

① 외부성이 있는 경우 형평성이 아닌 효율성을 고려하는 해결방안이다.
② 외부성이 있는 경우 당사자들의 이해관계와 무관하게 코즈 정리를 적용할 수 있다.
③ 외부성 문제가 있는 재화의 과다 또는 과소공급을 해결하는 방안이다.
④ 정부가 환경세를 부과하여 당사자의 한쪽에게 책임을 지게 하면 효율적 자원배분을 이룰 수 있다.
⑤ 소유권이 분명하다면, 당사자들의 자발적 거래에 의해 시장실패가 해결된다는 정리이다.

10 CTA 2017

하천의 상류에는 하천오염물질을 유출하는 기업 A가 조업하고 있으며, 하천의 하류에는 깨끗한 물을 사용해야 하는 기업 B가 조업하고 있다고 가정할 경우, 코즈 정리(Coase Theorem)와 관련하여 옳지 않은 것은?

① 하천의 재산권을 기업 A에게 부여하면 기업 B에게 부여하는 경우보다 하천의 오염도가 증가할 것이다.
② 코즈 정리가 성립하려면 재산권이 명확하게 규정되어 있어야 한다.
③ 코즈 정리가 성립하려면 협상으로부터 얻는 이득이 협상에 드는 비용보다 커야만 한다.
④ 코즈 정리에 따르더라도 분배문제는 해결되지 않는다.
⑤ 코즈 정리가 성립하려면 재산권 부여와 관련된 소득효과가 없어야 한다.

11 CTA 2024

목장 주인이 방목하는 소들이 이웃 농부의 농작물을 뜯어 먹는 상황을 고려하자. 농작물 피해액은 500만원이며, 소가 농작물에 접근하지 못하도록 목장과 농장 사이에 울타리를 설치하는 비용은 600만원이다. 이 상황과 관련하여 코즈 정리(Coase theorem)에서 시사하는 민간의 자발적 해결책에 관한 설명으로 옳은 것은?

① 목장 주인에게 소를 방목할 수 있는 권리가 주어진다면, 농부가 울타리를 설치하게 된다.
② 농부에게 재산권이 주어진다면, 목장 주인은 울타리를 설치하게 된다.
③ 해당 권리가 누구에게 주어지든 울타리가 설치된다.
④ 해당 권리가 누구에게 주어지든 울타리는 설치되지 않는다.
⑤ 농부에게 재산권이 주어진다면, 목장 주인은 농부에게 500만원을 피해보상하고 울타리를 설치하게 된다.

12 CTA 2020

다음은 강 상류에 위치한 화학공장 A와 하류의 양식장 B로 구성된 경제에 관한 상황이다. A는 제품생산 공정에서 수질오염을 발생시키고, 이로 인해 B에게 피해비용이 발생한다. A의 한계편익(MB_A)과 A의 생산으로 인한 B의 한계피해비용(MD_B)은 다음과 같다.

$$MB_A = 90 - \frac{1}{2}Q, \quad MD_B = \frac{1}{4}Q$$

Q에 대한 A의 한계비용과 B의 한계편익은 0이며, 협상이 개시되는 경우 협상비용도 0이라고 가정하자. 다음 설명으로 옳지 않은 것은? (단, Q는 A의 생산량이다)

① 강의 소유권이 A에게 있고 양자 간의 협상이 없다면, A의 생산량은 180, A의 총편익은 8,100, B의 총비용은 4,050이다.
② 강의 소유권이 B에게 있고, 양자 간의 협상이 없다면, A의 생산량은 0, A의 총편익은 0, B의 총비용은 0이다.
③ 이 경제에서 사회적으로 바람직한 A의 생산량은 120, A의 총편익은 7,200, B의 총비용은 1,800이다.
④ 강의 소유권이 A에게 있고 양자 간의 협상이 성립하여 사회적으로 바람직한 생산량이 달성된다면, A가 B로부터 받는 보상의 범위는 최소 900 이상, 최대 2,250 이하가 될 것이다.
⑤ 강의 소유권이 B에게 있고 양자 간의 협상이 개시되어 사회적으로 바람직한 산출량이 달성된다면, B가 A로부터 받는 보상의 범위는 최소 1,800 이상, 최대 4,050 이하가 될 것이다.

13 CTA 2018

갑의 생산행위가 시장기구를 통하지 않고 을에게 피해를 입히게 되는데, 갑의 한계편익은 $200 - \frac{1}{2}Q$, 한계비용은 50, 갑의 행위로 인한 을의 한계피해비용은 10이다. 코즈(Coase) 정리에 따라 효율적인 생산규모 산정이 가능하다고 할 때, 다음 설명으로 옳은 것은? (Q : 갑의 생산량)

① 갑이 재산권을 가지고 있을 경우, 을이 80을 갑에게 제공하면 자발적 협상이 타결될 수 있다.
② 갑이 재산권을 가지고 있을 경우, 자발적 협상이 타결되면 갑의 생산량은 증가한다.
③ 갑이 재산권을 가지고 있을 경우, 자발적 협상이 타결되면 갑의 최대 후생은 22,600이다.
④ 을이 재산권을 가지고 있을 경우, 갑이 을에게 2,500을 제공하면 자발적 협상이 타결될 수 있다.
⑤ 을이 재산권을 가지고 있을 경우, 자발적 협상이 타결이 되지 않으면 갑의 생산량은 300이다.

14 CTA 2017

배출권거래제도에 관한 설명으로 옳지 않은 것은?

① 기업들에게 허용되는 오염물질 배출의 총량을 미리 정해 놓는다.
② 공해를 줄이는 데 드는 한계비용이 상대적으로 낮은 기업은 배출권을 판매한다.
③ 배출권 시장의 균형에서는 배출권을 줄이는 데 드는 각 기업의 한계비용이 같아진다.
④ 배출권의 총량이 정해지면 배출권을 각 기업에게 어떻게 할당하느냐와 관계없이 효율적 배분이 가능하다.
⑤ 환경오염 감축효과가 불확실한 것이 단점이다.

15 CTA 2013

온실가스 배출로 인하여 발생하는 지구온난화현상은 다양한 지구환경문제를 야기한다. 온실가스 배출 저감을 위하여 시행되는 배출권거래제 정책에 관한 설명으로 옳지 않은 것은?

① 우리나라는 온실가스 배출권거래 관련 법안이 이미 통과되어 향후 시행할 예정이다.
② 온실가스 배출권거래제는 개별기업의 온실가스 저감에 따른 한계비용 격차가 작을수록 효과적이다.
③ 온실가스 배출권거래제는 실제 거래에 따른 거래비용이 크지 않을 경우 일반적으로 직접규제 정책에 비하여 효율적이다.
④ 무상으로 배출권을 할당하는 경우 배출권거래제에서는 과다 할당에 따라 불로소득(windfall profit)이 발생할 수 있다.
⑤ 온실가스 배출권거래제는 규제 대상 기업의 온실가스 저감기술 개발을 유인할 수 있다.

16 CTA 2022

오염배출권거래제도에 관한 설명으로 옳지 않은 것은?

① 배출권시장의 균형에서는 개별 기업이 결정한 배출량의 합이 정부가 설정한 목표 배출량과 일치한다.
② 정부는 총배출량을 설정할 때 개별 기업의 한계저감비용에 관한 정보를 필요로 한다.
③ 환경세에 비해 인플레이션과 같은 경제 상황의 변화에 쉽게 적응할 수 있다.
④ 배출권 거래 시 한계저감비용이 상대적으로 높은 기업이 구매자가 된다.
⑤ 배출권 시장의 균형에서는 각 기업의 한계저감비용이 같아진다.

17 CTA 2016

오염의 효율적 억제에 관한 설명으로 옳지 않은 것은?

① 오염의 최적수준은 오염감축의 사회적 한계비용이 오염의 사회적 한계피해와 같아지는 점에서 결정된다.
② 오염 발생 기업에 대한 과세는 오염 감축기술의 개발을 저해한다.
③ 오염은 기업 간 오염 감축비용을 고려하여 통제하는 것이 합리적이다.
④ 재산권 설정과 거래를 통해 오염의 최적수준을 달성할 수 있다.
⑤ 오염에 대한 과세는 기업들이 스스로 오염을 억제할 유인을 준다.

18 CTA 2022

기업 A와 B는 현재 각각 500단위의 오염을 배출하고 있으며, 배출의 저감비용은 각각 $C(q_A) = 40 + \frac{1}{2}q_A^2$, $C(q_B) = 30 + q_B^2$이다. 정부가 총배출량을 30% 줄이기 위해 배출권거래제를 도입하고, A에 400단위, B에 300단위의 배출권을 무료로 할당한다면 배출권시장의 균형에서 (ㄱ) 배출권의 가격과 (ㄴ) 배출권 거래량은? (단, $q_i(i = A, B)$는 기업 i의 배출 저감량이다)

	ㄱ	ㄴ
①	100	100단위
②	100	200단위
③	200	100단위
④	200	200단위
⑤	250	100단위

19 CTA 2020

외부성에 관한 설명으로 옳지 않은 것은?

① 생산과 관련된 현상으로 소비와 관련되어 나타날 수 없다.
② 외부불경제가 존재하면 사회적 최적에 비하여 과다 생산된다.
③ 외부성을 내부화하기 위해 조세 또는 보조금을 사용한다.
④ 배출권 거래제는 공해 물질에 대한 시장을 조성한 것으로 볼 수 있다.
⑤ 재산권을 통해 외부성을 내부화한 경우, 소득분배의 방향과 관계없이 효율성 달성이 가능하다.

20 CTA 2019

강 상류에서 가축을 기르는 축산농가와 하류에서 물고기를 잡는 어민들 간에 상류의 가축분뇨 방류로 인한 분쟁이 발생하였다. 다음 중 외부성을 해결하는 타당한 방안을 모두 고른 것은?

> ㄱ. 강물에 대한 소유권을 설정한다.
> ㄴ. 오염배출권을 발행하여 거래한다.
> ㄷ. 축산농가에 대해 환경세를 부과한다.
> ㄹ. 가축분뇨 방류로 인한 수질 오염 허용치를 설정한다.

① ㄱ, ㄴ
② ㄷ, ㄹ
③ ㄱ, ㄴ, ㄷ
④ ㄴ, ㄷ, ㄹ
⑤ ㄱ, ㄴ, ㄷ, ㄹ

21 CTA 2016

외부성 문제를 해결하기 위한 과세의 사례는?

① 모든 상품에 대해서 10%의 소비세를 부과하는 경우
② 고소득 근로자들에게 고율의 누진소득세를 부과하는 경우
③ 대기오염을 감축시킬 목적으로 오염발생 기업 제품에 과세하는 경우
④ 고가부동산의 거래에 고율의 취득세를 부과하는 경우
⑤ 중소기업의 법인소득에 법인세를 부과하는 경우

22 CTA 2021

외부효과를 내부화하기 위한 시장 메커니즘이 아닌 것은?

① 피구세
② 푸드 스탬프
③ 오염 배출권
④ 환경 투자 보조금
⑤ 거래 가능 어획 쿼터제

23 CTA 2025

외부성에 관한 설명으로 옳지 않은 것은?

① 코즈 정리는 소유권이 분명하다면 외부성의 문제가 정부의 직접적 개입 없이도 당사자들의 협상에 의해 해결될 수 있음을 보여준다.
② 조세 부과를 통해 내부화함으로써 효율적인 자원배분을 가져오게 할 수 있다.
③ 생산과정에서 발생하는 외부효과를 내부화하기 위해서는 사회적으로 바람직한 소비량 수준에서의 한계피해액 만큼의 크기를 조세로 부과하여야 한다.
④ 조세 부과에 비하여 보조금 지급에 따른 생산량 감소의 크기는 단기적으로는 크지만 장기적으로는 동일하다.
⑤ 배출권거래제도는 시장을 활용하여 외부성을 내부화하는 방법이다.

24 CTA 2025

외부성에 관한 설명으로 옳지 않은 것은?

① 금전적 외부성은 자원배분 효율성에는 영향을 미치지 않는다.
② 실질적 외부성은 자원의 비효율성을 유발한다.
③ 외부성은 생산과정은 물론 소비과정에서도 발생한다.
④ 외부성을 내부화하기 위한 환경세 부과는 시장을 활용하는 방식이다.
⑤ 이로운 외부성이 존재하면 해당 재화의 생산량은 사회적 최적 수준보다 과다 생산되는 경향이 있다.

25 CTA 2011

외부성에 관한 설명으로 옳은 것은?

① 외부성을 내부화시키기 위해서는 항상 당사자 간의 자발적인 협상을 통해야 한다.
② 공공재적 외부성(joint externalities)은 사적재적 외부성(appropriable external-ities)에 비해 당사자 간 직접적 협상에 의한 해결 가능성이 높다.
③ 환경오염유발 재화에 최적 피구세(optimal pigouvian tax)를 부과하면 환경오염이 발생하지 않는다.
④ 금전적 외부성(pecuniary externalities)이 자원배분의 비효율성을 유발시킬 수 있다.
⑤ 오염배출허가서 제도를 통하여 외부불경제를 교정하는 방법은 점차 시장경쟁성을 떨어뜨릴 수 있다.

26 CTA 2018

피구세(Pigouvian tax) 형태의 공해세 부과가 초래하는 영향에 관한 설명으로 옳은 것은?

① 공해세 부과는 해당 제품의 한계비용을 인하하는 영향을 초래한다.
② 공해세 부과 후 해당 제품의 가격은 하락하게 된다.
③ 공해세 부과는 해당 제품의 과소한 생산량을 늘리는 효과가 있다.
④ 공해세 부과에 따라 공해가 완전히 제거된다.
⑤ 공해세의 대표적인 예로 탄소세를 들 수 있다.

27 CTA 2013

외부성이 존재할 때 나타나는 현상에 관한 설명으로 옳지 않은 것은?

① 외부불경제가 존재하는 경우 시장에 맡겨두면 보편적으로 사회적 최적 생산량보다 과소 생산되는 경향이 있다.
② 외부불경제가 존재하는 경우 사회적 최적 생산량이 일반적으로 0이 되는 것은 아니다.
③ 대기오염에 의한 외부불경제의 경우 어떤 오염물질이 어느 정도 피해가 되는지는 측정하기 어렵다.
④ 외부불경제가 존재하는 경우 사회적 최적 생산량은 사적 한계비용에 한계피해를 더한 사회적 한계비용과 사회적 한계편익이 일치하는 수준에서 결정된다.
⑤ 사회적 최적 산출량 수준에서는 효율성이 극대화된다.

28 CTA 2019

대기오염을 유발하는 경유 차량의 운행으로 인한 외부성에 관한 설명으로 옳은 것은?

① 경유 사용으로 인해 대기오염이 증가하여 국민건강을 해친다면, 이는 외부경제효과이다.
② 경유 소비에 대해 토빈세(Tobin tax)를 부과하면 대기오염을 감축시킬 수 있다.
③ 대기오염을 유발하기 때문에 경유 소비는 사회적 적정 수준보다 과소하다.
④ 외부효과를 상쇄하는 조세의 크기는 바람직한 경유 소비량 수준에서의 한계피해액만큼이어야 한다.
⑤ 조세부과를 통해 외부효과를 내부화할 수는 있지만, 자원배분의 효율을 달성하기 어렵다.

29 CTA 2014

피구(A. C. Pigou)의 공해세가 부과될 때 나타나는 효과로 옳은 것은?

① 공해세 부과는 사적 한계비용을 낮추어 상품가격을 하락시키는 결과를 초래한다.
② 공해세 부과는 사회적 한계비용을 높여 상품가격을 상승시키는 결과를 초래한다.
③ 공해세 부과는 사회적 한계비용을 낮추어 상품가격을 하락시키는 결과를 초래한다.
④ 공해세 부과에도 불구하고 상품가격이 불변이라면 그렇지 않은 경우보다 생산량이 크게 감소한다.
⑤ 공해세 부과의 가장 큰 장점은 공해를 완전히 제거하는 것이다.

30 CTA 2015

완전경쟁시장에서 정부가 오염물질 배출 재화의 소비를 감소시키기 위해 다음과 같이 T만큼 종량세를 부과하였다. 다음 중 옳지 않은 것은? (단, MC_S : 사회적 한계비용, MC_P : 개인적 한계비용)

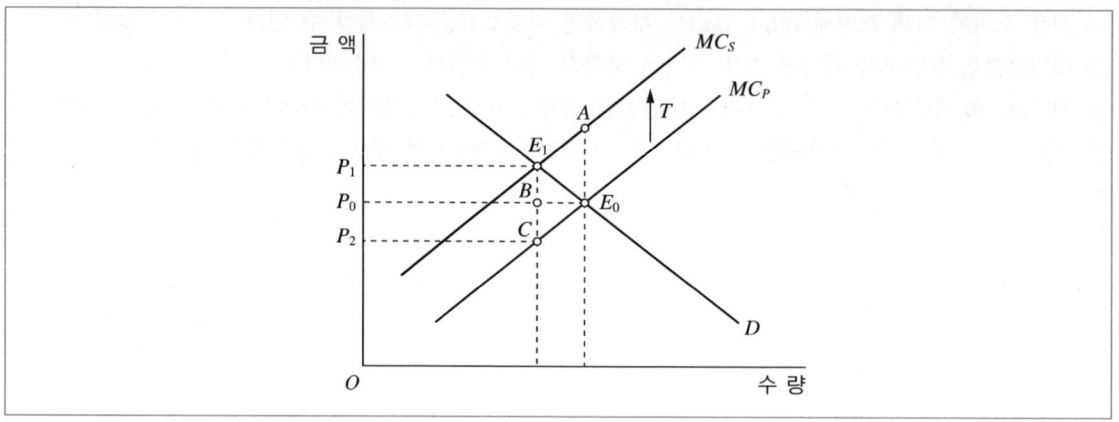

① 소비자잉여 감소분 : $P_1 P_0 E_0 E_1$
② 생산자잉여 감소분 : $P_0 P_2 C E_0$
③ 조세수입 증가분 : $P_1 P_2 C E_1$
④ 사회적 한계피해액의 감소분 : $E_1 C E_0$
⑤ 사회적 순잉여 증가분 : $A E_1 E_0$

31 CTA 2016

두 기업(A, B)이 존재하는 경제에서 A기업은 X재를 생산하고, B기업은 Y재를 생산할 경우, A기업의 비용함수(C_a)는 $X^2 + 4X$이고, B기업의 비용함수(C_b)는 $Y^2 + 3Y + X$이다. 효율적인 자원배분을 위한 정부 정책수단으로 옳지 않은 것은? (단, $X > 0$, $Y > 0$이다)

① B기업에 환경세를 부과한다.
② 외부성을 유발하는 물질에 대한 신규 시장을 개설한다.
③ 두 기업을 공동 소유할 수 있도록 통합한다.
④ 두 기업 간 거래비용이 매우 적고, 협상으로 인한 소득재분배의 변화가 없을 경우 자발적 타협을 유도한다.
⑤ 정부가 X재와 Y재의 사회적 최적량을 생산하도록 수량을 규제한다.

32 CTA 2014

외부성의 문제를 해결하는 방법으로 옳지 않은 것은?

① 오염 배출 행위로 인한 사회적 피해액을 반영하여 조세를 부과하면 외부성의 해결이 가능하다.
② 일정량의 오염물질 배출을 허가하고 이 허가서의 거래를 가능하게 함으로써 외부성의 해결이 가능하다.
③ 세금 부과로 효율적 산출량을 얻을 수 있으며 보조금 지급(보상)을 통해서도 효율적 산출량을 얻을 수 있다.
④ 시장을 이용하지 않고 정부가 직접 규제할 경우 더 많은 경제적 비용이 소요된다는 실증연구가 있다.
⑤ 공해유발기업의 평균비용과 시장수요에 대한 정확한 정보를 가지고 있다면 세금부과를 통하여 외부성을 해결할 수 있다.

33 CTA 2015

외부성의 내부화에 관한 설명으로 옳은 것은?

① 공해를 줄이는 기업에 대해 저감된 공해단위당 일정금액의 보조금을 지급하는 경우, 단기적으로는 배출단위당 같은 금액의 환경세를 부과하는 경우와 공해저감효과가 동일하다.
② 배출권거래시장이 형성되기 위해서는 허용된 배출량까지 공해를 저감하는데 있어서 공해유발자들의 한계비용에 차이가 없어야 한다.
③ 코즈(R. Coase) 정리는 협상당사자가 많아 협상비용이 과다한 경우라도 당사자 간의 자발적인 협상에 의해서 효율적 자원배분이 이루어질 수 있다는 것이다.
④ 여러 공해유발자들에 대하여 법으로 동일한 규모의 배출한도를 설정하는 것은 행정적으로 가장 간단하면서도 효율적이다.
⑤ 피구세(Pigouvian tax)는 교란을 일으키지 않는 중립세이다.

34 CTA 2023

긍정적 외부성이 있는 양봉업자가 생산하는 벌꿀에 대한 수요함수가 $Q = 10 - 2P$이고, 외부한계편익함수는 $Q = 5 - 2P$이다. 한계생산비용이 4라면 사회적 최적 생산량은?

① 2
② 3.5
③ 4
④ 5
⑤ 10

35 CTA 2024

외부성이 있는 시장에서 사적 한계편익은 $PMB = 150 - Q$, 외부한계편익은 $EMB = 30 - \frac{1}{4}Q$이며, 사적 한계비용이 $PMC = Q$라고 하자. 이 시장의 과소 생산 문제를 해결하기 위하여 정부가 생산자에게 단위당 s의 보조금을 지급한다면 s는 얼마인가? (단, Q는 수량이다)

① 8
② 9
③ 10
④ 11
⑤ 12

36 CTA 2020

긍정적 외부성이 있는 재화의 수요함수가 $Q = 10 - p$이고, 한계편익함수는 $Q = 5 - p$이다. 한계생산비용이 7.5라면 사회적 최적생산량은? (단, Q는 수량, p는 가격이다)

① 1.25
② 3.75
③ 7.5
④ 10.0
⑤ 15.0

37 CTA 2021

다음은 재화 X의 소비에 대한 사적 한계편익(PMB), 생산의 사적 한계비용(PMC), 생산에 따른 한계 외부피해(MD)이다.

- $PMB = 600 - 4Q$
- $PMC = 6Q$
- $MD = 2Q$

사회적 최적생산량을 달성하기 위한 피구세(Pigouvian tax)의 크기는? (단, Q는 생산량이다)

① 25
② 40
③ 50
④ 80
⑤ 100

38 CTA 2025

다음은 재화 X의 소비에 대한 사적 한계편익(PMB), 생산의 사회적 한계비용(SMC), 생산에 따른 한계 외부피해(MD)이다.

- $PMB = 600 - 4Q$
- $SMC = 6Q$
- $MD = 2Q$

사회적 최적 생산량을 위한 피구세의 크기는? (단, Q는 생산량이다)

① 40
② 60
③ 80
④ 100
⑤ 120

39 CTA 2015

연탄시장은 완전경쟁시장이며, 수요곡선이 $Q = 200 - P$, 단기공급곡선이 $Q = P - 100$이라고 한다. 연탄 제조 과정에서 발생하는 분진에 따른 사회적 한계피해액(MD)은 $MD = \dfrac{Q}{2}$이다. 연탄 생산량 감축에 따른 피구보조금(Pigouvian subsidy)을 지급한다고 할 때, 생산량 감축 단위당 보조금의 최적 수준은 얼마인가?

① 5
② 10
③ 15
④ 20
⑤ 25

40 CTA 2013

어떤 상품의 시장수요곡선은 $Q = 20 - P$이고, 한계비용은 $MC = 5 + Q$이며, 상품 1단위 생산 시 발생한 한계피해는 $MD = Q$이다. 자원배분 왜곡을 치유하기 위한 최적 제품부과금(product charge)은? (단, Q : 수량, P : 가격)

① 2.5
② 5
③ 7.5
④ 12.5
⑤ 15

41 CTA 2012

플라스틱을 생산하는 과정에서 오염물질을 배출해 주민들에게 피해를 입히는 공장이 있다. 이 공장의 플라스틱 제품에 대한 주민들의 수요곡선, 한계비용 그리고 오염의 한계피해는 다음과 같다.

- $Q_d = 900 - P$ (Q_d는 수요량, P는 가격)
- $MC = \dfrac{2}{5} Q_S$ (MC는 사적 한계비용, Q_S는 생산량)
- $MD = \dfrac{1}{10} Q_S$ (MD는 오염의 한계피해)

이 경우 피구세(Pigouvian tax) 부과에 따른 정부 조세수입의 크기는?

① 3,600
② 9,000
③ 18,000
④ 36,000
⑤ 72,000

42 CTA 2019

강 상류에서 우유를 생산하는 목장이 있다. 이 목장의 우유 1ℓ의 한계비용은 $MC = 100 + Q$이고, 수요곡선은 $P = 1,300 - 10Q$이다. 목장의 축산폐수가 하류지역에 피해를 유발하는데, 그 한계피해는 $MD = Q$이다. 경쟁적인 우유시장에서 정부가 교정조세(corrective tax)를 부과할 경우 옳지 않은 것은? (단, P : 가격, Q : 수량)

① 사회적 최적 생산량은 100ℓ이다.
② 사회적 최적 생산량 수준에서의 가격은 300이다.
③ 사회적 최적 생산량 수준을 달성하기 위해서는 단위당 100의 교정조세를 부과해야 한다.
④ 교정조세를 부과하지 않으면, 과다 생산될 여지가 있다.
⑤ 교정조세를 부과할 때 기업의 이윤극대화 생산량은 $\frac{1,200}{11}\ell$이다.

43 CTA 2011

하천 상류의 화학공장 총수입은 $10Q_C$, 총비용은 $\frac{1}{4}Q_C^2$이고, 하천 하류의 양식업자 총수입은 $10Q_F$, 총비용은 $\frac{1}{4}Q_F^2 + \frac{1}{4}Q_C Q_F$이다(단, Q_C : 화학공장의 생산량, Q_F : 양식업자의 생산량). 화학물과 양식생산물의 가격은 10이고 두 기업의 합병이 불가능할 때, 파레토 최적을 위해서 화학공장에 부과해야 할 단위당 피구세(Pigouvian tax)는?

① $\frac{20}{3}$
② $\frac{30}{3}$
③ $\frac{5}{3}$
④ $\frac{15}{3}$
⑤ $\frac{10}{3}$

44 CTA 2017

공유지의 비극(tragedy of the commons)에 관한 설명으로 옳지 않은 것은?

① 소유권이 분명하지 않은 상태에서 각 개인이 자원을 아껴 쓸 유인을 갖지 못해 발생하는 문제이다.
② 연근해의 어족 자원 고갈이 하나의 예이다.
③ 공유지 사용과 관련된 개인의 결정이 다른 사람에게 외부성을 일으키게 된다.
④ 여러 사람이 공동으로 사용하려는 목적으로 구입한 자원의 소유권은 결국 한 사람에게 귀착된다.
⑤ 공동으로 사용하는 자원은 관련자들의 비효율적 사용으로 빨리 고갈되는 경향이 있다.

45 CTA 2019

마을 주민이면 누구나 방목할 수 있는 공동의 목초지가 있다. 송아지의 구입가격은 200,000이고, 1년 후에 팔 수 있다. 마을 전체의 이윤을 극대화시키는 방목 송아지 수(A)와 개별 주민 입장에서의 최적 방목 송아지 수(B)는? (단, 송아지의 1년 뒤 가격 $P = 1,600,000 - 50,000Q$, Q : 방목하는 송아지 수)

	A	B
①	12	12
②	13	16
③	14	28
④	15	29
⑤	16	30

46 CTA 2011

가치재(merit goods)와 비가치재(demerit goods)에 관한 설명으로 옳지 않은 것은?

① 정부의 가치재 공급은 소비자주권과 충돌할 수 있다.
② 정부가 보건소를 통해 어린이들에게 무료예방접종을 제공하는 것은 가치재의 사례에 해당한다.
③ 담배와 같이 사회적 비용을 유발하는 재화에 과세하는 것은 비가치재 소비를 억제하는 데 목적이 있다.
④ 정부가 국방서비스를 생산하고 공급하는 것은 그것이 가치재이기 때문이다.
⑤ 가치재 공급은 정부가 개인들의 의사결정이 적절하지 않다고 판단하는 경우에 이루어진다.

47 CTA 2012

비가치재(demerit goods)에 관한 설명으로 옳지 않은 것은?

① 비가치재는 정부에 의해 생산과 소비가 제약될 수 있다.
② 마약의 사용 금지 조치는 비가치재에 대한 법적 규제의 예이다.
③ 주류에 대한 중과세는 직접규제의 예이다.
④ 비가치재에 대해서는 정부가 개인의 선호에 간섭하여 소비자주권을 제약한다.
⑤ 죄악세(sin tax) 부과는 가격기구를 활용한 비가치재 대책에 해당한다.

48 CTA 2018

공동의 목초지에 갑과 을이 각각 100마리의 양을 방목하기로 합의하면 갑과 을의 이득은 각각 10원이다. 두 사람 모두 합의를 어겨 100마리 이상을 방목하면 갑과 을의 이득은 각각 0원이다. 만약 한 명은 합의를 지키고 다른 한 명이 합의를 어기면 어긴 사람의 이득은 11원, 합의를 지킨 사람의 이득은 −1원이다. 이러한 게임적 상황에서 정부가 합의를 어긴 사람에게 2원의 과태료를 부과할 때 발생될 결과는?

① 두 사람 모두 합의를 지킨다.
② 두 사람 모두 합의를 어긴다.
③ 두 사람의 합의 준수 여부는 불확실하다.
④ 갑은 반드시 합의를 지키지만 을은 합의를 어긴다.
⑤ 갑은 반드시 합의를 어기지만 을은 합의를 지킨다.

제2절 | 공공재이론

01 CTA 2015

공공재에 관한 설명으로 옳지 않은 것은?

① 공공재는 높은 외부경제 효과가 발생하는 재화에 속한다.
② 비경합성이 강한 공공재일수록 공공재가 주는 사회적 편익의 크기는 더 커진다.
③ 비배제성이 강한 공공재일수록 공공재의 공급비용이 더 크다.
④ 공공재의 생산을 정부가 직접 담당하지 않고 민간에 위탁하는 경우도 있다.
⑤ 공공재의 무임승차 문제는 자원배분의 효율성을 저해한다.

02 CTA 2023

공공재에 관한 설명으로 옳은 것은?

① 비경합성이 강한 공공재일수록 공공재가 주는 사회적 편익의 크기가 더 커진다.
② 현실에서 대부분의 공공재는 시장이 성립되지 못하는 순수공공재이다.
③ 클럽재(club goods)는 배제성 적용이 불가능하다.
④ 모든 공공재는 비배제성과 비경합성을 동시에 충족한다.
⑤ 공공재의 소비자들은 자신의 선호를 정확하게 표출한다.

03 CTA 2013

공공재와 무임승차 문제에 관한 설명으로 옳지 않은 것은?

① 공공재에서 무임승차가 발생하는 원인은 비배제성 때문이다.
② 공공재에서 무임승차 가능성은 집단의 크기와는 관련이 없다.
③ 무임승차는 산업에서 생산제한이나 가격인상을 위한 담합의 형성을 어렵게 함으로써 유용한 역할을 하는 경우도 있다.
④ 공공재의 효율적 생산수준은 각 개인의 수요를 수직적으로 합한 수요곡선과 공공재 생산의 한계비용곡선이 만나는 곳에서 결정된다.
⑤ 각 개인의 수요를 수직적으로 합하여 공공재의 수요곡선을 도출하는 이유는 공공재의 비경합성 때문이다.

04 CTA 2016

다수가 사용하는 공공재의 최적 공급이론에 관한 설명으로 옳은 것은?

① 비배제성이 존재할 경우에도 공공재의 정확한 수요를 도출할 수 있다.
② 공공재의 전체 수요곡선은 개별수요곡선을 수평으로 합계한 것이다.
③ 공공재의 최적 공급 상황에서는 동일한 소비량에 대하여 상이한 가격을 지불하게 된다.
④ 파레토 효율은 공공재 개별이용자의 한계편익과 한계비용이 일치할 때 달성된다.
⑤ 공공재의 각 이용자가 부담하는 공공재 가격은 공급에 따르는 한계비용과 일치한다.

05 CTA 2022

공공재에 관한 설명으로 옳지 않은 것은?

① 클럽재는 부분적으로 경합성의 성질을 가져 혼잡을 발생시키는 재화나 서비스이다.
② 순수공공재의 경우 소비자 추가에 따른 한계비용이 영(0)이다.
③ 공공재의 최적 공급수준은 개별 이용자의 한계편익의 합과 한계비용이 일치할 때 달성된다.
④ 클라크 조세(Clarke tax)에서 각 개인은 공공재에 대한 자신의 진정한 선호를 표출하는 것이 우월전략이다.
⑤ 가치재는 순수공공재에 해당된다.

06 CTA 2013

비배제성과 비경합성에 관한 설명으로 옳은 것은?

① 재화가 일단 제공되면 다른 사람이 그 재화를 소비하는 데 추가비용이 발생하지 않는 경우 소비가 비배제성을 띤다고 한다.
② 어떤 사람이 그 재화를 소비하지 못하도록 배제하는 것이 불가능할 때 소비가 비경합성을 띤다고 한다.
③ 클럽재(club goods)는 비경합성이 있으면서 비배제성을 띠지 않는 대표적 재화이다.
④ 일반적으로 시장은 비배제성의 원칙이 적용되는 상황에서 적절히 기능할 수 있다.
⑤ 한계비용이 0인 자연독점 재화는 비경합성을 띤다.

07 CTA 2017

공공재(public goods), 사적재(private goods) 및 클럽재(club goods)에 관한 설명으로 옳은 것은?

① 정부에 의해 공급되지 않고 기업에 의해 공급되는 재화는 모두 사적재이다.
② 우편과 철도서비스는 순수공공재에 해당된다.
③ 클럽재는 시장을 통해서는 효율적으로 공급될 수 없다.
④ 공공재의 규모가 일정할 때, 추가적 사용에 따른 한계비용은 증가한다.
⑤ 이론적으로 순수공공재와 순수사적재 간 효율적 자원배분이 가능하다.

08 CTA 2011

공공재의 성격에 관한 설명으로 옳은 것은?

① 해안가 작은 마을에 울린 지진해일 경보 사이렌은 공공재이다.
② 클럽재의 경우, 회원 수 증가에 따른 편익 변화만 제대로 도출할 수 있다면, 이론적으로는 적정 회원 수의 산정이 가능하다.
③ 공공부문이 어떤 재화를 공급한다면 그것은 공공재가 되기 위한 충분조건이 된다.
④ 무임승차 문제는 소비의 경합성으로 인해 발생하며 정부가 그 재화를 공급해야 하는 이유가 된다.
⑤ 어떤 재화의 소비가 배제불가능하더라도 비경합적이면 시장을 통해 그 재화를 공급할 수 있다.

09 CTA 2025

공공재의 성격으로 옳은 것은?

① 비경합성이란 대가를 지불하지 않고도 소비에 참여할 수 있는 성질을 의미한다.
② 순수공공재는 그 특성상 가격을 설정할 수 없기 때문에 시장실패의 원인이 될 수 있다.
③ 지방정부가 공급하는 상수도는 공공재의 예이다.
④ 모든 소비자는 등량의 공공재 소비로부터 항상 같은 수준의 효용을 얻는다.
⑤ 소비자들은 공공재에 대한 수요를 정확하게 표출한다.

10 CTA 2012

린달(E. Lindahl)의 공공재 최적 공급모형에 관한 설명으로 옳지 않은 것은?

① 공공재 생산량과 비용부담비율이 동시에 결정되는 모형이다.
② 공공재 공급규모 결정 과정에 참여하는 사회 구성원들은 자신의 진정한 선호를 드러낸다고 가정한다.
③ 비용부담비율이 시장에서의 가격과 동일한 역할을 수행하게 된다.
④ 균형점에서 결정되는 조세부담비율은 누진성을 보장한다.
⑤ 공공재 비용부담비율 결정은 편익원칙에 근거를 두고 있다.

11 CTA 2014

당사자 간의 자발적 교환에 의해 공공재의 생산수준과 비용분담비율을 동시에 결정하는 린달균형모형에 관한 설명으로 옳지 않은 것은?

① 개별소비자의 공공재 비용분담비율은 그 소비자의 소득에 비례한다.
② 분권화된 준시장적 해결책(quasi-market solution)이다.
③ 개별소비자의 공공재 비용분담비율은 당사자 간의 합의 결과이다.
④ 공공재가 갖는 비배제성 때문에 무임승차의 문제가 발생할 수 있다는 비판이 있다.
⑤ 린달균형에서 공공재 생산량은 최적 생산량이다.

12 CTA 2020

린달모형(Lindahl model)에 관한 설명으로 옳은 것은?

① 공공재에 관한 진정한 선호를 표출하기 때문에 무임승차의 문제가 생기지 않는다.
② 자발적 교환을 통한 공공재의 공급문제를 다루고 있다.
③ 린달모형은 개인 간 갈등해소를 위해 정부가 적극적으로 개입해야 함을 시사한다.
④ 개별 소비자의 공공재 비용 분담 비율은 소비자의 소득에 의해서 결정된다.
⑤ 린달모형에서는 파레토 최적이 달성되지 않는다.

13 CTA 2016

린달(E. Lindahl)의 자발적 협상모형과 관련된 설명으로 옳은 것은?

ㄱ. 부정적 외부성이 존재한다 하더라도, 개인 간의 협상을 통해 효율성이 개선될 수 있다는 이론이다.
ㄴ. 린달모형의 정책적 함의는 '개인 간 갈등해소를 위해 정부가 적극적으로 개입해야 함'을 의미한다.
ㄷ. 린달모형에서 도출된 해는 사무엘슨의 효율성 조건을 만족시킬 수 있다.
ㄹ. 합의에서 결정되는 비용의 부담비율이 시장에서 가격의 기능과 유사함을 밝힌 모형이다.
ㅁ. 정부의 개입이 불필요하다는 것을 강조했다는 점에서 코즈이론과 유사하지만, 형평성을 강조했다는 점에서 코즈이론과 차별화 된다.

① ㄱ
② ㄱ, ㄴ
③ ㄷ, ㄹ
④ ㄱ, ㄴ, ㄷ
⑤ ㄷ, ㄹ, ㅁ

14 CTA 2014

사무엘슨(P. A. Samuelson)의 공공재 공급모형에 관한 설명으로 옳지 않은 것은?

① 후생경제학적 입장에서 공공재 최적 공급조건을 처음으로 제시하였다.
② 사회 구성원의 공공재에 대한 선호가 모두 알려져 있다고 가정한다.
③ 순수공공재뿐만 아니라 비순수공공재를 포함한 공공재 공급모형이다.
④ 사회 구성원의 소득분배가 주어진 상태에서 공공재의 최적 자원배분모형을 제시하였다.
⑤ 공공재(G)와 사적재(X)에 관한 각 소비자의 한계대체율(MRS_{GX}) 합이 한계변환율(MRT_{GX})과 같아야 한다.

15 CTA 2025

도농복합도시 A시에는 도시와 농촌지역에 각각 5명의 주민이 거주하고, 시정부는 소방서비스를 제공하고 있다. 도시지역 주민의 개별 수요함수는 $P = 20 - Q$이고, 농촌지역 주민의 개별 수요함수는 $P = 15 - 2Q$이다. 공공재인 소방서비스의 한계비용이 85일 때, 사회적으로 바람직한 서비스 수준은? (단, P는 가격, Q는 서비스의 양이다)

① 2
② 4
③ 5
④ 6
⑤ 8

16 CTA 2016

두 사람(A, B)이 존재하는 경제에서 공공재 X의 한계비용(MC_X)은 $2X$, A의 한계효용(MU_A)은 $4-X$, B의 한계효용(MU_B)은 $8-2X$이다. 공공재의 균형량은?

① 2.4
② 2.8
③ 3.0
④ 3.4
⑤ 4.0

17 CTA 2024

공공재에 대한 두 소비자 1과 2의 수요함수는 각각 $P_1 = 50 - Q$와 $P_2 = 40 - \dfrac{2}{3}Q$(단, Q는 공공재 수량)이다. 공공재 한 단위의 생산비는 60으로 일정하다고 하자. 효율적인 공공재 조달을 위한 두 소비자의 부담(P_1과 P_2)은 각각 얼마인가?

① $P_1 = 30$, $P_2 = 30$
② $P_1 = 32$, $P_2 = 28$
③ $P_1 = 35$, $P_2 = 25$
④ $P_1 = 38$, $P_2 = 22$
⑤ $P_1 = 40$, $P_2 = 20$

18 CTA 2011

A국에는 100명의 주민이 거주한다. 공공재인 구축함 보유에 따른 개별주민의 한계편익은 $MB = 10 - Q$이고, 구축함의 한 척당 공급가격은 100이다(단, Q : 구축함의 수). 이때, A국의 최적 구축함 수는?

① 0척
② 1척
③ 5척
④ 9척
⑤ 10척

19 CTA 2015

갑, 을, 병, 정 4명의 주민이 살고 있는 마을에 공동으로 방범용 가로등을 설치하고자 한다. 가로등의 개당 설치비용은 100만원으로 일정하고, 가로등에 대한 주민들의 수요(D)는 아래 그림과 같다고 할 때 적정 공급량은 얼마인가?

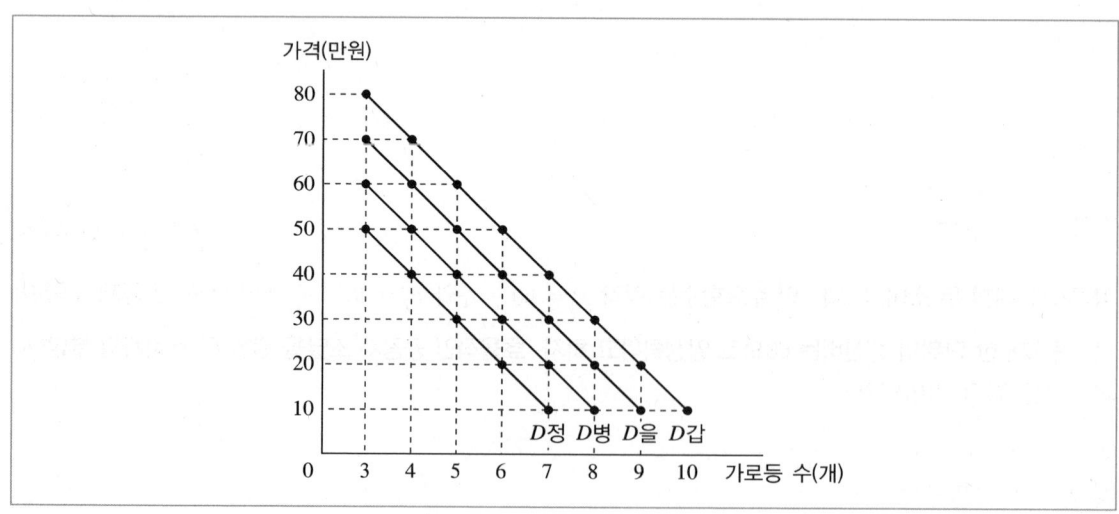

① 3개
② 4개
③ 5개
④ 6개
⑤ 7개

20 CTA 2023

작은 섬나라 "율도국"에는 해안과 내륙지역에 각각 6명, 4명의 주민이 거주하고 있는데, 정부는 지진해일(Tsunami) 경보서비스를 제공하고 있다. 해안지역 주민의 개별수요함수는 $Q = 100 - \frac{1}{2}P$, 내륙지역 주민의 개별수요함수는 $Q = 50 - \frac{1}{3}P$로 표현된다. 경보서비스의 한계비용이 840일 때, 사회적으로 바람직한 경보서비스 수준과 해안과 내륙지역 주민 1명이 각각 부담해야 할 몫은? (단, Q는 경보서비스 수준, P는 주민 부담 몫이다)

① 경보서비스 수준은 40, 해안지역 주민은 120, 내륙지역 주민은 30
② 경보서비스 수준은 40, 해안지역 주민은 126, 내륙지역 주민은 42
③ 경보서비스 수준은 40, 해안지역 주민은 140, 내륙지역 주민은 0
④ 경보서비스 수준은 50, 해안지역 주민은 60, 내륙지역 주민은 40
⑤ 경보서비스 수준은 50, 해안지역 주민은 126, 내륙지역 주민은 42

21 CTA 2019

4가구(가~라)가 있는 마을에서 강을 건너기 위한 다리를 건설하기로 합의하였다. (가)는 다리를 건널 필요가 없는 농가이고, (나)는 다리를 이용하여 강 건너 직장에 출퇴근하여 500의 총편익을 얻는다. 다리 이용에 따른 (다)의 총편익은 $400 + 30M + 20M^3$이고 (라)의 총편익은 $300 + 70M + 30M^3$이다. 이때 다리의 총건설비용은 $3,850M + 700$이다. 다리의 적정 규모 M은? (단, M : 다리 규모)

① 2   ② 3
③ 4   ④ 5
⑤ 6

22 CTA 2015

A와 B 두 사람만 사는 섬에 공동 대피동굴을 파기로 했다. 동굴의 깊이(D미터)에 대한 A의 총효용함수는 $U_A = 50 + 100D - D^2$, B의 총효용함수는 $U_B = 30 + 40D - \frac{1}{4}D^2$로 표시된다고 한다. 동굴을 파는 총비용함수는 $C = 100 + 0.5D^2$으로 주어져 있다. 동굴의 최적 깊이는 얼마인가?

① 20미터   ② 30미터
③ 40미터   ④ 50미터
⑤ 70미터

23 CTA 2018

갑과 을 두 사람만 존재하는 경제에서 공공재 생산의 단위비용은 생산수준과 관계없이 1이다. 갑의 공공재 수요함수는 $3 - \frac{1}{3}G_a$이고, 을의 공공재 수요함수는 $4 - \frac{1}{2}G_b$이다. 린달균형(Lindahl equilibrium)에 의해 적정 공공재를 생산할 때, 갑과 을의 비용분담비율은? (단, G_a, G_b는 각각 갑과 을의 공공재 수요량이다)

	갑	을
①	0.2	0.8
②	0.4	0.6
③	0.5	0.5
④	0.6	0.4
⑤	0.8	0.2

24 CTA 2021

A와 B 두 사람이 공동으로 소비하는 공공재(Z)에 대한 수요함수는 각각 $Z_A = 100 - 20P$, $Z_B = 100 - 10P$이고, 이를 생산하는 데 드는 한계비용이 3일 때, B의 린달가격(부담비율)은? (단, P는 공공재 가격이다)

① $\frac{2}{5}$ ② $\frac{1}{2}$

③ $\frac{2}{3}$ ④ 1

⑤ $\frac{5}{3}$

25 CTA 2019

공공재의 수요표출 메커니즘에 관한 설명으로 옳은 것을 모두 고른 것은?

> ㄱ. 수요표출 메커니즘의 궁극적 목적은 파레토 효율적 자원배분을 실현하기 위함이다.
> ㄴ. 클라크 조세(Clarke tax)의 핵심은 개인이 부담할 세금의 크기와 표출한 선호 간 독립성을 확보하는 것이다.
> ㄷ. 클라크 조세에서 개인은 자신의 진정한 선호를 표출하는 것이 우월전략이다.
> ㄹ. 클라크 조세에서 어떤 소비자가 부담할 세금은 자신이 표출한 선호가 아니라 다른 소비자들이 표출한 선호에 의해 결정된다.

① ㄱ, ㄷ
② ㄴ, ㄷ
③ ㄱ, ㄴ, ㄹ
④ ㄱ, ㄷ, ㄹ
⑤ ㄱ, ㄴ, ㄷ, ㄹ

26 CTA 2017

공공재의 수요표출 메커니즘에 관한 설명으로 옳지 않은 것은?

① 어떤 소비자가 부담할 세금은 자신이 표출한 선호가 아니라 다른 소비자들이 표출한 선호에 의해 결정된다.
② 수요표출 메커니즘을 활용하면 공공재의 효율적 공급을 실현할 수 있다.
③ 개별 소비자들은 다른 소비자들의 선호표출과 관계없이 정직하게 선호를 표출하는 것이 최선이므로 무임승차 문제는 발생하지 않는다.
④ 수요표출 메커니즘을 이용하면 정부의 균형예산 조건이 항상 충족된다.
⑤ 수요표출 메커니즘의 예로는 클라크세(Clarke Tax)가 있다.

27 CTA 2015

클라크 조세에 관한 설명으로 옳지 않은 것은?

① 개인들이 공공재에 대한 선호를 자발적으로 나타내도록 유인하는 수요표출 메커니즘의 일종이다.
② 공공재가 과다 공급되는 것을 방지하기 위한 수단이다.
③ 한 개인에게 부과되는 조세의 크기는 그가 시현한 수요와는 무관하게 결정된다.
④ 한 개인에게 부과되는 조세의 크기는 그의 공공재 추가 소비가 다른 모든 사람들에게 미치는 소비자잉여의 순손실과 동일하다.
⑤ 클라크 조세 제도 하에서는 자신의 진정한 선호를 표출하는 것이 최선의 전략이다.

28 CTA 2011

공공재의 공급에 관한 설명으로 옳지 않은 것은?

① 부분균형분석에 의하면, 소비자들의 한계편익의 합과 한계비용이 일치할 때 효율적인 공급이 이루어진다.
② 보웬(H. Bowen)에 따르면, 개별적이고 자발적인 교섭에 의해 공공재의 적정 공급이 실현된다.
③ 린달(E. Lindahl)은 시장의 분권화된 의사결정으로는 효율적인 자원배분이 달성될 수 없음을 보였다.
④ 클라크-그로브즈(Clarke-Groves) 조세를 부과할 경우, 우월전략은 공공재 소비자가 자신의 진정한 선호를 표출하는 것이다.
⑤ 사무엘슨(P. Samuelson)은 모든 소비자들의 공공재와 사적재 간 한계대체율의 합이 두 재화의 한계변환율과 일치하는 것이 효율적인 공공재 공급의 필요조건이라고 하였다.

29 CTA 2014

공공재에 관한 설명으로 옳은 것은?

① 국가가 제공하는 의료서비스나 주택서비스는 공공재이다.
② 공공재도 배제가 가능하면 민간에 의해 공급이 가능하다.
③ 클럽재는 혼잡재(congestion goods)의 일종으로 파레토 효율 조건은 회원 수와 적정 시설 규모 중의 하나만 반영해야 한다.
④ 부캐넌(Buchanan)의 클럽이론은 클럽을 구성하는 모든 소비자의 재화에 대한 이용 형태가 모두 상이하다는 것을 전제로 한다.
⑤ 클라크 세(Clark tax)는 공공재 수요자의 진정한 선호를 이끌어내기 위한 제도로서 균형재정을 보장한다.

제3절 | 공공선택이론

01 CTA 2017

A국은 개인들의 효용함수가 동일하고, 고소득자가 저소득자보다 수는 적지만 소득점유율이 높은 불공평한 분배를 보이고 있다. 이때 공공재 공급과 관련하여 단순다수결투표를 할 경우 다음 중 옳은 것은? (단, 공공재는 정상재이다)

① 공공재에 대한 수요는 고소득자가 저소득자보다 항상 작다.
② 단순다수결투표로 정해지는 공공재 공급수준은 효율적이다.
③ 중위투표자의 소득을 높이는 소득재분배 후 단순다수결투표를 한다면 공공재의 수요량은 적어질 것이다.
④ 비례적 소득세를 부과하여 소득을 재분배하면 공공재가 최적공급 수준에 비해 과대공급될 가능성이 있다.
⑤ 해당 공공재에 대해 대체관계가 있는 사적재가 존재할 경우 단순다수결투표의 균형은 항상 성립하지 않는다.

02 CTA 2025

중위투표자 정리에 관한 설명으로 옳지 않은 것은?

① 중위투표자 정리의 정치적 균형은 파레토 효율성을 보장한다.
② 일정한 조건 하에서 10억, 20억, 30억의 3개 예산안에 대한 콩도세승자는 20억이 될 것이라는 의미이다.
③ 진보정당과 보수정당의 선거공약이 비슷해지는 현상을 설명할 수 있다.
④ 투표자의 선호가 다봉형이 아닌 단봉형일 때 성립한다.
⑤ 중위투표자의 지지를 얻은 정당이 선거에서 승리할 수 있음을 의미한다.

03 CTA 2015

중위투표자 정리에 관한 설명으로 옳지 않은 것은?

① 모든 투표자의 선호가 단봉형일 때 성립한다.
② 다운즈(A. Downs)의 표 극대화모형에 따르면, 정치가는 중위투표자의 지지를 얻어야 하는 것으로 해석할 수 있다.
③ 중위투표자 정리에 따르면, 동일 차원의 선택대안에 대해서는 투표의 역설이 발생한다.
④ 양당제에서 성향이 상반된 두 정당의 선거 공약이 유사해지는 것과 관련이 있다.
⑤ 중위투표자 정리에 의한 정치적 균형이 항상 파레토 효율성을 달성하는 것은 아니다.

04 CTA 2021

중위투표자 정리에 관한 설명으로 옳지 않은 것은?

① 양당제를 운영하고 있는 국가에서 정치적 성향이 대치되는 두 정당의 선거 공약이 차별화되는 것과 관련이 있다.
② 선호가 모든 투표자 선호의 한 가운데 있는 사람을 중위투표자라 한다.
③ 이 정리에 의한 정치적 균형이 항상 파레토 효율성을 가져오는 것은 아니다.
④ 투표자의 선호가 다봉형이 아닌 단봉형일 때 성립한다.
⑤ 가장 많은 국민들의 지지를 확보하려는 정치가는 중위투표자의 지지를 얻어야 하는 것으로 해석할 수 있다.

05 CTA 2018

중위투표자정리에 관한 설명으로 옳지 않은 것은?

① 중위투표자는 전체투표자 선호의 한 가운데 있는 투표자를 의미한다.
② 정당들이 차별적인 정책을 내세우도록 만드는 현상과 관련된다.
③ 모든 투표자의 선호가 단일정점(단봉형)인 경우 성립한다.
④ 중위투표자정리에 의한 정치적 균형이 항상 파레토 효율을 달성한다는 보장은 없다.
⑤ 정당들이 중위투표자가 선호하는 정책들을 내세우도록 만드는 것과 관련된다.

06 CTA 2013

3인의 유권자 a, b, c가 있는 사회이다. 공공재에 대한 유권자들의 수요함수는 각각 $D_a = 30 - P_a$, $D_b = 40 - P_b$, $D_c = 41 - P_c$로 주어져 있다. 공공재 1단위를 공급하기 위한 비용은 60이고, 이 비용은 각 유권자가 $\frac{1}{3}$씩 부담한다. 이때 공공재 규모 결정에 있어서 다수결 원칙에 의해 결정되는 수준(㉠)과, 사회적 최적 수준(㉡)은? (단, D_i : 유권자 i의 공공재 수요량, P_i : 유권자 i의 지불가격, i : a, b, c)

	㉠	㉡
①	17	17
②	20	17
③	20	20
④	17	20
⑤	21	17

07 CTA 2019

갑, 을, 병 세 사람으로 구성된 사회에 공공재를 공급하고자 한다. 공공재의 총공급비용은 $TC = 36Q$ 이며, 갑, 을, 병 각각의 수요함수는 $Q = 30 - P$, $Q = 35 - \frac{P}{2}$, $Q = 40 - \frac{P}{4}$ 이다. 공공재 공급비용을 각자 균등하게 부담할 때, 꽁도세(Condorcel)방식에 의한 공공재 공급량은? (단, Q : 수량, P : 가격)

① 29
② 30
③ 32
④ 35
⑤ 37

08 CTA 2012

투표의 역설에 관한 설명으로 옳지 않은 것은?

① 투표 순서에 따라 그 결과가 달라지는 현상을 말한다.
② 중위투표자 정리가 성립하지 않는다.
③ 두 안건 가운데 하나를 선택하는 경우에는 발생하지 않는다.
④ 안건이 셋 이상인 경우에 발생할 수 있다.
⑤ 2차원 이상의 선택인 경우에도 모든 사람이 단봉선호를 갖고 있다면 발생하지 않는다.

09 CTA 2023

세 투표자 A, B, C가 세 가지 대안 a, b, c에 대하여 다음과 같은 선호를 가지고 있다고 할 때, 꽁도세 승자(Condorcet winner)는? (단, 선호 조작은 없다고 가정한다)

$$A : a > b > c$$
$$B : b > c > a$$
$$C : c > b > a$$

① a
② b
③ c
④ a, b, c
⑤ 투표의 역설로 꽁도세 승자는 존재하지 않는다.

10 CTA 2024

투표자 A, B, C가 꽁도세(Condorcet) 방식에 따라 다수결로 세 개의 대안 a, b, c 중 하나를 선택하는 문제를 다음 두 가지 사례에 각각 적용한다고 할 때, 다음 설명 중 옳은 것은? (단, 선호 조작은 없다고 가정한다)

사례 1	사례 2
$A : c>b>a$	$A : a>c>b$
$B : b>a>c$	$B : b>c>a$
$C : b>c>a$	$C : c>a>b$

① 두 사례 모두에서 투표의 역설 현상이 나타난다.
② 사례 1에서는 투표의 역설 현상이 나타나지 않으나, 사례 2에서는 나타난다.
③ 사례 1에서는 투표의 역설 현상이 나타나지만, 사례 2에서는 나타나지 않는다.
④ 꽁도세 승자는 사례 1에서는 c이며, 사례 2에서는 a이다.
⑤ 꽁도세 승자는 사례 1에서는 b이며, 사례 2에서는 c이다.

11 CTA 2017

단순 다수결투표제를 통해 공교육에 대한 투자지출 규모를 결정하려고 한다. 3명의 투표자 A, B, C의 선호가 각각 다음과 같이 주어졌을 때, 옳지 않은 것은? (단, 3가지 안에 대한 지출 규모는 $x<y<z$이다)

구 분	A	B	C
1순위	x	y	z
2순위	y	z	x
3순위	z	x	y

① 이행성 조건이 충족되지 못한다.
② 투표의 역설이 발생한다.
③ 중위투표자 정리가 성립한다.
④ 꽁도세(Condorcet) 투표방식을 따를 때 대진 순서에 따라 승자가 달라진다.
⑤ 의사진행조작(manipulation)이 발생할 수 있다.

12 CTA 2020

A, B, C 세 가지 선택대상에 대한 갑, 을, 병 3인의 선호순위가 다음의 표와 같이 주어져 있다.

구 분	1순위	2순위	3순위
갑	A	B	C
을	B	C	A
병	C	A	B

다수결에 의해 결정할 경우 꽁도세(Condorcet) 승자에 관한 설명으로 옳은 것을 모두 고른 것은?

> ㄱ. A와 B를 먼저 비교할 경우, 최종적으로 B가 선택된다.
> ㄴ. A와 C를 먼저 비교할 경우, 최종적으로 B가 선택된다.
> ㄷ. B와 C를 먼저 비교할 경우, 최종적으로 B가 선택된다.
> ㄹ. 이 상황에서는 사회적 선호가 이행성을 만족시킨다.
> ㅁ. 이 상황에서는 사회적 선호가 이행성을 만족시키지 않는다.

① ㄱ, ㄹ ② ㄱ, ㅁ
③ ㄴ, ㄹ ④ ㄴ, ㅁ
⑤ ㄱ, ㄴ, ㄷ, ㄹ

---

13 CTA 2015

복지-부담 정도에 관한 선호체계 중 투표의 역설을 일으키는 사례를 모두 고른 것은?

구 분	순 위	A	B	C
사례 Ⅰ	1	저부담 – 저복지	고부담 – 고복지	중부담 – 중복지
	2	중부담 – 중복지	중부담 – 중복지	고부담 – 고복지
	3	고부담 – 고복지	저부담 – 저복지	저부담 – 저복지
사례 Ⅱ	1	저부담 – 저복지	고부담 – 고복지	중부담 – 중복지
	2	중부담 – 중복지	저부담 – 저복지	고부담 – 고복지
	3	고부담 – 고복지	중부담 – 중복지	저부담 – 저복지
사례 Ⅲ	1	고부담 – 고복지	중부담 – 중복지	저부담 – 저복지
	2	중부담 – 중복지	고부담 – 고복지	고부담 – 고복지
	3	저부담 – 저복지	저부담 – 저복지	중부담 – 중복지

① 사례 Ⅰ
② 사례 Ⅱ
③ 사례 Ⅲ
④ 사례 Ⅰ, 사례 Ⅱ
⑤ 사례 Ⅱ, 사례 Ⅲ

14

투표거래(logrolling)에 관한 내용으로 옳지 않은 것을 모두 고른 것은?

ㄱ. 소수자를 보호할 수 있다.
ㄴ. 공공재 공급의 효율적인 결과를 낳을 수 없다.
ㄷ. 재정지출 규모가 억제되는 효과가 있다.
ㄹ. 다양한 공공재를 공급하게 할 수 있다.
ㅁ. 다수결투표제하에서는 투표거래가 발생하더라도 선호의 강도가 반영될 수 없다.

① ㄱ, ㄴ, ㄷ
② ㄱ, ㄹ, ㅁ
③ ㄴ, ㄷ, ㄹ
④ ㄴ, ㄷ, ㅁ
⑤ ㄴ, ㄹ, ㅁ

15

보다투표제(de Borda rule)는 애로우(K. Arrow)가 제시한 집합적 선택조건 중에서 어떤 조건을 충족시키지 못하는가?

① 완전성
② 이행성
③ 비제한성
④ 파레토 효율성
⑤ 무관한 선택대안으로부터의 독립성

16 CTA 2023

9명의 투표자 중 A유형은 4명, B유형은 3명, C유형은 2명이며, 이들은 네 개의 대안 a, b, c, d를 놓고 선택하고자 한다. 각 유형의 대안에 대한 선호는 다음과 같다고 하자. 보다(Borda)투표제를 실시한다면, 어느 대안이 선택되겠는가? (단, 선호 조작은 없다고 가정한다)

$$A\,[4명] : a>b>c>d$$
$$B\,[3명] : b>d>a>c$$
$$C\,[2명] : c>d>b>a$$

① a
② b
③ c
④ d
⑤ 투표 결과를 특정할 수 없다.

17 CTA 2017

A 시 의회에서는 의사결정방식으로 최적 다수결제(optimal majority)모형을 사용하기로 하였다. 가결률 $n(0 \leq n \leq 1)$에 따른 의사결정비용과 의안 통과로 인해 자신들이 손해를 본다고 느끼는 사람들에게서 발생하는 외부비용이 다음과 같다. 이때 최적 가결률은?

- 의사결정비용 $= 10n^2 + 10$
- 외부비용 $= -6n^2 - 2n + 5$

① $\dfrac{1}{3}$　　　　　　　　　　② $\dfrac{1}{4}$

③ $\dfrac{1}{5}$　　　　　　　　　　④ $\dfrac{1}{6}$

⑤ 1

18 CTA 2022

공공선택에서 투표제도에 관한 설명으로 옳지 않은 것은?

① 과반수제가 갖는 문제점으로는 투표의 역설이 있다.
② 최적다수결제의 경우 의사결정비용은 의결에 필요한 표수가 클수록 커진다.
③ 린달(E. Lindahl)모형은 전원합의제에 의한 공공재 배분의 가능성을 보여준 사례이다.
④ 전략적 행동이 없을 경우, 선택대상에 대한 선호의 강도를 가장 잘 반영하는 것은 점수투표제이다.
⑤ 점수투표제에서 투표거래(logrolling)가 발생하면 선호의 강도가 반영될 수 없다.

19 CTA 2018

투표제도에 관한 설명으로 옳은 것을 모두 고른 것은?

> ㄱ. 과반수제에서는 '투표의 역설' 현상이 나타날 수 있다.
> ㄴ. 보다방식(Borda count)에서는 선택대상 간 연관성이 없다.
> ㄷ. 선택대상에 대한 선호의 강도는 점수투표제에서 직접 표시될 수 있다.
> ㄹ. 전략적 행동이 없다면 점수투표제가 선택대상에 대한 선호의 강도를 가장 잘 반영한다.
> ㅁ. 점수투표제는 개인의 선호를 서수로 나타낸다.

① ㄱ, ㄴ, ㄷ
② ㄱ, ㄷ, ㄹ
③ ㄴ, ㄷ, ㅁ
④ ㄴ, ㄹ, ㅁ
⑤ ㄷ, ㄹ, ㅁ

20 CTA 2019

투표자들의 선호 강도를 반영할 수 있는 제도를 모두 고른 것은?

> ㄱ. 거부권투표제
> ㄴ. 보다(Borda)투표제
> ㄷ. 점수투표제
> ㄹ. 투표거래(logrolling)
> ㅁ. 만장일치제

① ㄱ, ㄴ, ㄷ
② ㄱ, ㄷ, ㄹ
③ ㄴ, ㄷ, ㄹ
④ ㄴ, ㄹ, ㅁ
⑤ ㄷ, ㄹ, ㅁ

21 CTA 2013

민주사회에서 공공지출을 결정하기 위한 투표 과정에 관한 설명으로 옳지 않은 것은?

① 공공재수준과 조세부담비중을 결정하는 린달(E. Lindahl)의 모형은 시장에서의 가격 결정과 같이 파레토 효율이 달성된다.
② 투표자 간 거래를 통해 각 개인이 선호하는 안건이 채택되도록 하는 전략적 행동을 투표의 거래(vote trading) 라고 한다.
③ 모든 투표자가 단일정점(single-peaked) 선호라면, 국방예산의 규모를 결정하는 다수결투표의 결과는 항상 중위투표자의 선호를 반영한다.
④ 다수결투표를 통하여 해당 안건에 대한 개별유권자의 선호 강도를 파악할 수 있다.
⑤ 린달이 제시한 공공재 규모 및 조세부담비중모형은 공공지출에서도 만장일치 합의가 가능함을 보여준다.

22 CTA 2022

니스카넨(W. Niskanen)모형에 관한 설명으로 옳지 않은 것은?

① 관료는 사회적 최적수준보다 과다한 생산수준을 선택한다.
② 생산수준이 미그-빌레인저(Migue-Belanger)모형에서 제시한 수준보다 더 적다.
③ 관료제에 대응하는 방안으로 민간부문에 생산을 맡기고 정부는 비용만 부담하는 방법을 제안했다.
④ 관료가 선택한 생산수준에서는 사회적잉여가 영(0)이다.
⑤ 관료는 예산극대화를 추구하며, 총편익과 총비용이 일치하는 수준에서 생산수준을 결정한다.

23 CTA 2012

니스카넨(W. Niskanen)이 제기한 관료들의 예산 결정 행태에 관한 설명으로 옳지 않은 것은?

① 관료가 목표로 하는 생산수준은 총편익곡선이 총비용곡선과 교차할 때 달성된다.
② 관료가 목표로 하는 생산수준에서는 사회적 잉여가 완전히 소멸되어 사회적 순편익이 0이 된다.
③ 관료들의 특권, 명성, 영향력은 자신이 집행하는 예산의 규모에 비례한다.
④ 관료들은 제1급 가격차별 독점자와 같은 독점력을 갖게 된다.
⑤ 관료들의 정치인의 득표수를 극대화하는 예산을 선택한다.

24 CTA 2025

니스카넨(W. Niskanen)과 미그-빌레인저(Migue-Belanger)의 관료제모형에 관한 설명으로 옳은 것은?

① 니스카넨모형에서 관료는 가격순응자이다.
② 두 모형에서 관료는 공익의 극대화를 추구하는 존재이다.
③ 두 모형에서 관료가 선호하는 생산량은 한계편익과 한계비용이 일치하는 수준보다 크다.
④ 다른 조건이 모두 동일할 때, 니스카넨모형의 공공재 생산량은 미그-빌레인저모형의 생산량보다 적다.
⑤ 니스카넨모형에서 관료는 예산집행으로 인한 편익과 비용의 차이가 가장 큰 점에서 생산하려 한다.

25 CTA 2019

관료제모형에 관한 설명으로 옳은 것은?

① 니스카넨(W. Niskanen)모형에서 관료제 조직은 가격순응자와 같이 행동한다.
② 니스카넨모형과 미그-빌레인저(Migue-Belanger)모형에서는 공익추구를 기본 가정으로 한다.
③ 니스카넨모형에서 관료는 예산의 한계편익과 한계비용이 일치하는 수준까지 예산규모를 늘린다.
④ 다른 조건이 모두 동일할 때, 니스카넨모형에 따른 공공재의 초과공급은 미그-빌레인저모형에 따를 때의 초과공급보다 적다.
⑤ 니스카넨모형에서 관료제에 대응하는 방안으로 생산과 공급활동은 민간기업에 맡기고 정부는 비용만 부담하는 방법이 있다.

26 CTA 2014

공공선택에 관한 설명으로 옳지 않은 것은?

① 니스카넨(Niskanen)모형에서 관료는 총편익과 총비용이 일치하는 수준까지 예산을 확대한다.
② 니스카넨모형에서 관료는 과잉 생산의 경향을 보인다.
③ 다운즈(Downs)의 득표극대화모형에서 정치가는 정부의 경제활동에 따른 순편익을 극대화하려 한다.
④ 미그-빌레인저(Migue-Belanger)모형에서 공공서비스 생산은 니스카넨모형보다 더 적다.
⑤ 특수이익집단이 갖는 강점은 구성원들이 공유하는 명백한 목적의식, 조직력, 높은 투표율 등이다.

27 CTA 2021

공공재의 과다 공급 원인으로 옳은 것을 모두 고른 것은?

> ㄱ. 다수결투표제도
> ㄴ. 정치적 결탁(logrolling)
> ㄷ. 다운즈(A. Downs)의 투표자의 무지
> ㄹ. 갤브레이드(J. K. Galbraith)의 의존효과

① ㄱ, ㄴ ② ㄱ, ㄷ
③ ㄴ, ㄷ ④ ㄴ, ㄹ
⑤ ㄷ, ㄹ

CHAPTER 03 | 공공지출이론

제1절 | 정부지출과 예산제도

01 `CTA 2023` ☑ 확인Check! ○ △ ✕

정부지출의 증가 원인에 관한 설명으로 옳은 것은?

① 바그너(A. Wagner)법칙에 의하면, 1인당 소비가 증가할 때 국민소득에서 차지하는 공공부문은 민간부문에 비례하여 성장한다.
② 보몰효과(Baumol effect)에 의하면, 정부가 생산·공급하는 서비스의 생산비용이 상대적으로 낮아지면 정부지출이 증가하게 된다.
③ 부캐넌(J. Buchanan)은 현대의 대의민주체제가 본질적으로 정부부문의 팽창을 억제한다는 리바이어던가설(Leviathan hypothesis)을 제기하였다.
④ 피코크-와이즈만(A. Peacock & J. Wiseman)에 의하면, 사회적 혼란기에는 전위효과(displacement effect)에 의하여 정부지출이 증가하게 된다.
⑤ 브라운-잭슨(C. Brown & P. Jackson)에 의하면, 중위투표자의 공공서비스에 대한 수요의 소득탄력성이 줄어들게 되면 정부지출의 비중이 증가하게 된다.

02 `CTA 2023` ☑ 확인Check! ○ △ ✕

조세지출의 사례에 해당하는 것을 모두 고른 것은?

ㄱ. 남북협력기금에 대한 보조금 지급
ㄴ. 법인세 특별감가상각
ㄷ. 조세수입으로 확보된 재정의 지출
ㄹ. 투자세액공제
ㅁ. 공해배출기업에 대한 환경세 부과
ㅂ. 기부행위에 대한 소득공제

① ㄱ, ㄷ, ㅁ
② ㄱ, ㄷ, ㅂ
③ ㄴ, ㄹ, ㅂ
④ ㄷ, ㄹ, ㅁ
⑤ ㄹ, ㅁ, ㅂ

03 CTA 2022

정부지출 증가 원인에 관한 주장으로 옳은 것은?

① 브라운-잭슨(C. Brown & P. Jackson) : 바그너(A. Wagner)의 법칙을 중위투표자의 선택과 결부시켜 설명하였다.
② 보몰(W. Baumol) : 사회적 격변기에 전위효과(displacement effect)의 영향으로 정부지출이 팽창된다고 보았다.
③ 피코크-와이즈만(A. Peacock & J. Wiseman) : 노동집약적인 공공부문이 민간부문보다 생산성 향상이 느리기 때문에 정부지출이 팽창된다고 주장하였다.
④ 부캐넌(J. Buchanan) : 정부지출의 편익이 간접적으로 인식되는 반면, 공공서비스의 공급비용은 과대평가되므로 정부지출이 팽창된다고 설명하였다.
⑤ 바그너의 법칙 : 1인당 국민소득 하락국면에서 공공부문의 상대적 크기가 증가하는 것을 말한다.

04 CTA 2022

조세지출에 관한 설명으로 옳지 않은 것은?

① 조세지출예산제도는 조세지출의 남발을 억제하기 위해 도입된 제도이다.
② 법인세 특별감가상각제도는 조세지출의 예이다.
③ 남북협력기업에 대한 보조금 지급은 조세지출에 해당한다.
④ 공익단체에 대한 기부행위에 소득공제를 허용하는 것은 조세지출의 예이다.
⑤ 투자세액공제는 조세지출에 해당한다.

05 CTA 2022

다음은 예산제도에 관한 설명이다. ( )에 들어갈 내용으로 옳은 것은?

> 각 기관의 지출항목별로 예산을 편성하는 방식을 (ㄱ)라고 부른다. (ㄱ)는 유사한 일을 하는 부서 간에 예산편중 중복을 차단하기 쉽지 않다. (ㄴ)는 비슷한 기능을 가진 부서들이 하는 업무를 하나로 묶어 소요예산을 절감하는 방식을 따르며, 우리나라는 2007년부터 도입하여 운영하고 있다.

	ㄱ	ㄴ
①	품목별예산제도	영기준예산제도
②	품목별예산제도	프로그램예산제도
③	영기준예산제도	품목별예산제도
④	프로그램예산제도	품목별예산제도
⑤	영기준예산제도	프로그램예산제도

06 CTA 2018

다음 설명 중 옳지 않은 것은?

① 조세지출예산제도는 조세지출의 남발을 억제하기 위해 도입된 제도이다.
② 성과주의예산제도는 관리기능을 강조한 제도이다.
③ 프로그램예산제도는 계획기능을 강조한 제도이다.
④ 영기준예산제도는 점증주의적 예산을 탈피하여 효율적 자원배분을 제고할 수 있는 제도이다.
⑤ 성과주의예산제도는 예산의 과목을 부서별로 나누어 편성하는 제도이다.

07 CTA 2009

조세지출에 관한 설명으로 옳지 않은 것은?

① 민간부문의 어떤 특별한 행위를 촉진하기 위해 조세상의 특혜를 부여할 때 생기는 조세수입의 상실분을 말한다.
② 조세지출은 역전된 보조라고 부를 정도로 공평성 측면에서 문제가 될 수 있다.
③ 투자세액공제 또는 기부금공제 등이 전형적인 사례이다.
④ 비과세, 세액감면, 보조금 등에 의한 세수결손을 의미한다.
⑤ 감추어진 보조금의 역할을 할 수 있다.

08 CTA 2007

조세지출에 관한 설명 중 옳지 않은 것은?

① 조세지출예산제도는 각종 세법에 산재해 있는 조세지출을 일관된 기준과 원칙에 의거하여 통합 정리할 수 있다.
② 조세지출예산에 포함될 소득의 항목들을 결정하는 데 자의성이 개입될 수 있다.
③ 직접지출에 비하여 조세지출은 제반 경제적 효과를 계측하기가 어렵다.
④ 조세지출이란 각종 비과세 감면제도를 통해 정부가 직접 지출한 금액을 말한다.
⑤ 조세지출예산제도가 도입되면 세제의 공평성과 효율성을 증대시켜 재정운영의 효율성을 제고시킬 수 있다.

09 CTA 2006

현행 조세제도에는 지나치게 많은 비과세 감면 조항들이 포함되어 있다. 비과세 감면제도의 문제점을 설명한 다음 내용 중 옳지 않은 것은?

① 조세의 재정수입조달기능을 저해한다.
② 세부담의 형평성을 저해할 수 있다.
③ 조세의 시장중립성을 저해한다.
④ 거시경제의 안정적 성장을 저해한다.
⑤ 납세협력비용을 높인다.

10 CTA 2012

정부지출 증가의 원인에 관한 설명으로 옳은 것을 모두 고른 것은?

> ㄱ. 1인당 국민소득이 증가할 때 국민경제에서 차지하는 정부지출 규모의 상대적 크기가 커지는 현상은 바그너(Wagner)법칙에 부합한다.
> ㄴ. 브라운-잭슨(Brown-Jackson)은 위기 상황이 몇 차례 반복됨에 따라 정부지출은 점차 더 증가하나, 혼란기가 지난 후에도 정부지출의 상대적 비중은 이전수준으로 복귀하지 못하고 일단 높아진 수준에서 지속적으로 증가하는 현상이 나타난다고 설명하였다.
> ㄷ. 피콕-와이즈만(Peacock-Wiseman)은 바그너법칙을 중위투표자 선택과 결부시켜 설명하며, 공공서비스에 대한 수요의 소득탄력성이 충분히 크면 정부지출의 상대적 비중이 커진다고 보았다.
> ㄹ. 보몰(W. Baumol)은 정부부문의 규모가 확대되는 이유로 정부부문의 생산성이 향상됨에 따라 확대재정정책을 추구하려는 욕구가 강하기 때문으로 보았다.
> ㅁ. 뷰캐넌(J. Buchanan)은 대의민주주의체제가 본질적으로 정부부문의 과도한 팽창을 유발하는 속성을 갖고 있다는 리바이어던 가설(Leviathan hypothesis)을 제시하였다.

① ㄱ, ㄹ
② ㄱ, ㅁ
③ ㄴ, ㄷ
④ ㄷ, ㄹ
⑤ ㄷ, ㅁ

제2절 | 비용-편익분석

01 CTA 2008

비용-편익분석과 관련한 설명 중 옳은 것은?

① 순현재가치법의 경우 사업 규모가 큰 사업이 편리하게 된다.
② 두 가지의 사업을 비교할 때 내부수익률과 순현재가치법은 같은 결과를 보이게 된다.
③ 편익/비용 비율법의 경우 특정 항목을 음의 편익으로 볼 것인가 또는 양의 비용으로 볼 것인가에 관계없이 결과가 같게 나타난다.
④ 내부수익률이 양(+)으로 나타나는 경우 사업의 타당성이 인정된다.
⑤ 어떤 한 대안의 내부수익률은 여러 개로 계산될 수 있다.

02 CTA 2004

비용-편익분석에서 의사결정의 기준과 관련하여 옳지 않은 것은?

① 순현재가치법을 사용하면 프로젝트의 채택 여부나 순위에 관하여 모두 바른 결정을 할 수 있다.
② 프로젝트의 채택 여부만을 결정하려면 순현재가치법이나 편익/비용 비율법은 동일한 결과를 가져다준다.
③ 편익/비용 비율을 계산하는 데는 할인율에 관한 정보가 필요하지 않다.
④ 내부수익률을 계산하는 데는 할인율에 관한 정보가 필요하지 않다.
⑤ 할인율이 높아질수록 순현재가치가 더 커지는 경우도 나타날 수 있다.

03 CTA 2022

비용-편익분석에 관한 내용으로 옳은 것은?

① 파레토 기준을 충족한 투자계획만을 채택한다.
② 공공부문의 투자계획 타당성 판정에만 적용된다.
③ 현재가치법에서 적용되는 할인율은 투자계획에 사용되는 자금의 기간당 기회비용과 일치하도록 선택되어야 한다.
④ 현재가치법은 어떤 투자계획의 채택가능성을 평가할 뿐이며, 투자계획들 간 우선순위를 결정하지는 못한다.
⑤ 내부수익률이 투자계획에 소요되는 자금의 기회비용인 할인율보다 크다면 그 투자계획은 기각된다.

04 CTA 2019

비용-편익분석에 관한 설명으로 옳은 것은?

① 비용-편익분석의 이론적 기반은 파레토 보상기준이다.
② 현재가치법을 사용할 경우, 할인율이 낮을수록 장기사업보다 단기사업이 유리하다.
③ 현재가치법은 총편익의 현재가치를 기준으로 사업의 우선순위를 결정한다.
④ 편익/비용 비율법의 경우 그 값이 작을수록 우선순위가 올라간다.
⑤ 내부수익률은 순편익의 현재가치를 1로 만드는 할인율이다.

05 CTA 2018

비용-편익분석에 관한 설명으로 옳지 않은 것은?

① 현재가치법에서 할인율이 높아질수록 편익이 초기에 집중되는 사업의 상대적 우선순위가 높아진다.
② 내부수익률은 사업 순편익의 현재가치를 0으로 만드는 할인율이다.
③ 사업의 규모가 현저히 다른 두 사업에 대해서 내부수익률법과 현재가치법은 다른 우선순위를 가질 수 있다.
④ 추가적인 비용을 비용 증가 또는 편익 감소 어느 쪽으로 분류하든 편익/비용 비율은 달라지지 않는다.
⑤ 우리나라 정부에서 행하고 있는 예비타당성 조사는 비용-편익분석의 사례이다.

06 CTA 2021

기간별 비용과 편익이 아래와 같을 때 공공사업의 순편익의 현재가치는? (단, 할인율은 10%이다)

구 분	0기	1기	2기
비용	3,000	0	0
편익	0	1,100	2,420

① $-\dfrac{3,520}{(1+0.1)^2}$
② $-\dfrac{520}{(1+0.1)}$
③ 0
④ 100
⑤ 520

07 CTA 2020

아래와 같은 비용과 편익이 발생하는 공공사업의 순편익의 현재가치는? (단, 할인율은 10%이다)

구 분	0기	1기	2기
비 용	1,400	0	0
편 익	0	550	1,210

① -330
② -100
③ 0
④ 100
⑤ 330

08 CTA 2010

A시가 폐기물매립장을 건설하는 데 2010년 말 700만원의 비용이 소요된다. 2011년 초부터 폐기물을 반입하기 시작하여 2012년 말까지 사용할 수 있는데, 이 2년동안 매립장의 사용에 따른 편익은 매년 말 1,005만원, 비용은 매년 말 400만원씩 발생한다. 할인율이 연 10%일 때, 이 사업의 2010년 말 기준 순현재가치는? (단, 잔존가치는 "0"임)

① 150만원
② 250만원
③ 350만원
④ 450만원
⑤ 550만원

09 CTA 2015

A기업은 ○○산업단지에 현재 시점에서 10억원의 투자비용이 일시에 소요되는 시설을 건축하기로 했다. 이 시설로부터 1년 후에는 10억원의 소득이 발생할 것으로 예상되고, 2년 후에는 B기업이 20억원에 이 시설을 인수하기로 했다고 하자. 연간 이자율이 50%라면 A기업의 입장에서 해당 사업의 내부수익률은 얼마인가?

① 50%
② 100%
③ 150%
④ 200%
⑤ 250%

10 CTA 2014

다음은 환경 관련 기초시설 사업의 기간별 비용과 편익이다. 이때 내부수익률은 얼마인가?

구 분	0기	1기	2기
편 익	0	15	18
비 용	25	0	0

① 0.05
② 0.08
③ 0.10
④ 0.15
⑤ 0.20

11 CTA 2022

공공사업이 유발하는 편익과 비용에 관한 설명으로 옳은 것은?

① 공공사업을 추진하는 행정주체는 내부적 편익과 외부적 편익 가운데 외부적 편익을 더 중시한다.
② 공공사업의 목표는 소득재분배, 총소비증대를 통한 국민의 후생증진에 국한된다.
③ 공공사업에서 발생하는 금전적 편익은 사회 전체적인 후생을 증진시킨다.
④ 공공사업의 유형적 편익과 무형적 편익을 비교하면 무형적 편익이 크다.
⑤ 공공사업은 이윤 이외의 목표 추구 등을 고려하므로 그 편익과 비용을 측정할 때 시장가격과 다른 척도의 적용이 필요하다.

12 CTA 2018

공공투자가 유발하는 편익과 비용에 관한 설명으로 옳지 않은 것은?

① 실질적 편익은 공공사업의 최종소비자가 얻는 편익으로, 사회후생 증가에 기여한다.
② 화폐적 편익과 비용은 공공사업에 의해 야기되는 상대가격의 변화 때문에 발생하며, 사회 전체의 후생은 불변이다.
③ 무형적 비용은 외부불경제에 의해 발생한다.
④ 유형적 편익이 무형적 편익보다 작은 공공사업이 존재한다.
⑤ 무형적 편익과 비용은 시장에서 파악되지 않기 때문에 공공투자의 시행 여부를 판단함에 있어 고려하지 않아도 된다.

13 CTA 2013

정부 공공사업의 비용-편익분석과 관련된 설명으로 옳지 않은 것은?

① 정부 공공사업에 대한 할인율은 기회비용의 관점에서 희생된 민간부문 투자의 수익률을 사용할 수 있다.
② 공공사업에 대한 투입물의 가격은 경쟁시장 여부에 따라 달라진다.
③ 민간에 고용되었던 사람이 공공사업에 투입되었다면 민간에서의 임금률이 기회비용이 된다.
④ 공공사업으로 시장가격이 낮아지는 경우라면 증가된 소비자잉여가 사회적 편익에 포함되어야 한다.
⑤ 조세가 부과된 제품을 공공사업의 투입물로 사용하는 경우 투입물의 생산자가격이 아닌 소비자가격을 비용 계산에 사용하여야 한다.

14 CTA 2010

공공사업의 비용-편익분석에 관한 설명으로 옳지 않은 것은?

① 공공사업의 비용과 편익이 장기간에 걸쳐 발생하기 때문에 적정한 사회적 할인율 선정이 어렵다.
② 공공사업의 경우 불완전경쟁시장에서는 잠재가격이 적절한 평가기준이 되지 못하므로 시장가격을 사용한다.
③ 공공사업의 경우 예상되는 편익과 비용의 현재가치를 기준으로 판정하므로 분배적 측면을 고려하기는 어렵다.
④ 공공사업의 경우 공공투자의 편익이 국민소득에 전혀 영향을 미치지 않을 정도로 작고, 공공투자의 비용이나 편익이 다수의 사람에게 분할될 때 위험과 불확실성을 고려할 필요가 없다.
⑤ 공공사업에서 발생하는 무형의 비용 및 편익에 대한 평가가 매우 힘든 경우 비용효과성 분석을 사용한다.

15 CTA 2025

공공사업의 비용과 편익 평가기준에 관한 설명으로 옳은 것은?

① 잠재가격은 시장이 안정적일 경우 자원의 사회적 기회비용을 계산하여 비용과 편익의 평가기준으로 사용하는 방법이다.
② 독점자가 생산한 상품을 구입하여 그 상품의 생산량이 그만큼 증가하였다면 평균비용을 평가기준으로 한다.
③ 독점자가 생산한 상품을 구입하였으나 그 상품의 생산량이 불변이면 시장가격을 평가기준으로 한다.
④ 물품세가 부과된 상품이 공공사업에 투입되었으나 그 상품의 생산량이 불변이라면 생산자가격이 적절한 평가기준이다.
⑤ 물품세가 부과된 상품이 공공사업에 투입되어 그 상품의 생산량이 투입된 양만큼 증가하였다면 한계비용을 평가기준으로 한다.

16 CTA 2025

공공투자가 유발하는 편익과 비용에 관한 설명으로 옳지 않은 것은?

① 실질적 편익은 공공사업의 최종소비자가 얻는 편익으로, 사회후생 증가에 기여한다.
② 무형적 편익과 비용은 시장에서 파악되지 않기 때문에 공공투자사업의 비용편익 분석에 고려하지 않는다.
③ 확실대등액은 불확실성이 개재되어 있는 공공사업 평가에 활용된다.
④ 시장이자율이 사회적 할인율보다 높을 때 시장이자율을 할인율로 사용하면 공공사업의 경제성은 낮아질 수 있다.
⑤ 시장에서 거래되지 않는 재화나 서비스의 편익은 다른 상황에서 관찰된 소비자의 행위나 시장정보를 이용하여 간접적으로 추정한다.

17 CTA 2006

비용-편익분석에서 잠재가격을 정확하게 계산하기 어렵고 시장가격의 사용도 바람직하지 않은 경우 조정된 시장가격을 사용하게 된다. 이에 관한 다음 설명 중 옳지 않은 것은?

① 공공사업에서 물품세가 부과된 상품을 사용하는 경우 공공사업 때문에 물품세가 부과된 상품의 생산량이 늘어나지 않는다면 한계비용을 평가기준으로 사용할 수 있다.
② 공공사업에서 독점생산자가 생산한 제품을 중간 투입요소로 사용하는 경우 독점제품의 생산이 공공사업 때문에 늘어나지 않는다면 시장가격을 평가기준으로 사용할 수 있다.
③ 공공사업에서 물품세가 부과된 상품을 사용하는 경우 공공사업 때문에 물품세가 부과된 상품의 생산량이 늘어난다면 생산자가격을 평가기준으로 사용할 수 있다.
④ 공공사업에서 독점생산자가 생산한 제품을 중간 투입요소로 사용하는 경우 독점제품의 생산이 공공사업 때문에 늘어난다면 한계비용을 평가기준으로 사용할 수 있다.
⑤ 상당한 정도의 실업이 존재한다면 실업에 대하여 적절한 고려를 하여야 올바른 평가가 나올 수 있다.

18 CTA 2023

시장에서 거래되지 않는 재화(시간, 생명 등)의 가치평가에 관한 설명으로 옳지 않은 것은?

① 노동 자체로부터 만족을 얻는 사람의 시간가치는 임금률보다 더 높을 수 있다.
② 현재의 임금률로 더 일하고 싶어도 할 수 없는 사람의 시간가치는 임금률보다 더 높을 것이라 추정할 수 있다.
③ 서로 다른 시간이 소요되는 교통수단에 지불되는 요금의 차이를 이용하여 시간의 가치를 추정할 수 있다.
④ 사망 확률을 낮추기 위하여 지불할 용의가 있는 금액으로 생명의 가치를 평가하는 방법은 생명의 가치를 과소평가할 가능성이 있다.
⑤ 사망에 따른 소득상실액으로 생명의 가치를 평가하는 방법은 노인이나 장애인의 생명가치를 적절히 평가하지 못하는 한계가 있다.

19 CTA 2016

환경정책 시행을 통해 발생하는 편익을 측정하는 방법으로 옳은 것은?

① 조건부가치측정법은 현시된 선호에 기초해 환경의 질 개선에 대해 사람들이 지불할 용의가 있는 금액을 편익으로 측정하는 방법이다.
② 회피행위접근법은 환경오염으로 발생하는 위험을 회피하기 위해 지불하는 금액을 편익으로 측정하는 방법이다.
③ 헤도닉가격접근법은 환경질 악화로 손실을 본다고 느끼는 사람들에게 이를 개선하기 위해 지불할 용의가 있는 금액을 편익으로 측정하는 방법이다.
④ 지불의사접근법은 환경재의 질적 개선으로 인한 가격상승폭을 편익으로 측정하는 방법이다.
⑤ 여행비용접근법은 환경재를 이용함에 있어 가상적인 효과를 제시하고, 이를 통해 얼마만큼 지불할 용의가 있는지를 묻는 방법을 통해 측정하는 방법이다.

20

시장에서 거래되지 않는 재화의 가치 측정방법에 관한 설명으로 옳지 않은 것은?

① 환경과 같은 비시장재화의 가치 측정은 이중계산이나 과대계상의 위험성을 가지고 있다.
② 통계적 생명의 가치는 장래 기대소득의 현재가치를 계산하는 방법을 이용하여 측정할 수 있다.
③ 환경의 가치를 설문조사나 주민들의 선호도 조사를 통해 측정하는 방법을 조건부가치평가법(CVM)이라고 한다.
④ 시간의 가치는 서로 다른 시간이 소요되는 상이한 교통수단에 지불되는 비용의 차이를 이용하여 평가할 수 있다.
⑤ 통계적 생명의 가치는 특정 사업장에서 발생할 수 있는 위험에 따른 임금격차 금액에 사망사고 발생 확률을 곱하여 측정할 수 있다.

21

환경정책에 있어서 비용과 편익의 측정 및 평가 방법에 관한 설명으로 옳지 않은 것은?

① 조건부가치평가법은 잘 보존된 환경이 갖는 사용가치를 시장가격으로 측정하는 방법이다.
② 위험을 회피하기 위해 어느 정도 지출을 감수할 용의가 있는지를 파악하는 편익산출법을 회피행위접근법이라고 한다.
③ 회피행위접근법에 따라 환경정책으로 인한 편익을 산출하면 편익이 과소평가될 수 있다.
④ 헤도닉(hedonic)가격접근법은 주택가격이 환경의 질을 포함하여 주택이 가지는 여러 가지 특성에 의해 결정된다고 설명한다.
⑤ 지불의사접근법은 환경의 질 악화로 인해 손해를 본다고 느끼는 사람들이 환경개선을 위해 지불할 용의가 있는 금액을 파악하는 방법이다.

22 CTA 2016

편익과 비용의 흐름이 다음 표와 같은 공공투자 사업에 관한 설명으로 옳은 것은 몇 개인가? (단, 사회적 할인율은 10%이다)

분석 기간	편익(억원)	비용(억원)
0기	0	10
1기	10	10
2기	10	10
3기	10	10
4기	10	10

ㄱ. 사업의 내부수익률은 12%이다.
ㄴ. 본 사업의 순현재가치는 10이다.
ㄷ. 본 사업의 편익/비용 비율($B/C\ ratio$)은 1보다 작다.
ㄹ. 사회적 할인율이 7.5%로 인하되면 순현재가치는 증가한다.

① 0개　　② 1개
③ 2개　　④ 3개
⑤ 4개

23 CTA 2017

A, B 두 사업의 연차별 수익이 아래 표와 같다. 두 사업의 비용-편익분석 결과에 관한 설명으로 옳지 않은 것은?

사업안	사업 연차별 수익		
	0년	1년차	2년차
A	-1,000	0	1,210
B	-1,000	1,150	0

① 순현재가치 평가결과 할인율이 7%라면 A가 유리한 사업이다.
② 순현재가치 평가결과 할인율이 8%라면 B가 유리한 사업이다.
③ 할인율에 따라 내부수익률과 순현재가치의 평가 결과가 상이하다.
④ 내부수익률 기준으로는 B가 유리한 사업이다.
⑤ 순현재가치로 평가하는 경우, 할인율이 높을수록 편익이 단기간에 집약적으로 발생하는 단기투자에 유리하다.

24 CTA 2020

경제적 타당성 분석 기간이 30년으로 설정된 어떤 공공투자 사업은 첫 해에 비용이 모두 발생하는 반면, 편익은 분석의 전 기간에 걸쳐 매년 동일한 크기로 발생한다. 사회적 할인율이 r일 때, 비용-편익분석 결과 순편익의 현재가치는 0이다. 다음 설명으로 옳지 않은 것을 모두 고른 것은?

> ㄱ. 만약 r보다 높은 사회적 할인율을 적용하면, 이 사업의 편익/비용 비율은 1보다 더 커질 것이다.
> ㄴ. 만약 r보다 높은 사회적 할인율을 적용하면, 이 사업의 순편익의 현재가치는 0보다 더 커질 것이다.
> ㄷ. 만약 r보다 높은 사회적 할인율을 적용하면, 이 사업의 내부수익률은 더 작아질 것이다.

① ㄱ
② ㄱ, ㄴ
③ ㄱ, ㄷ
④ ㄴ, ㄷ
⑤ ㄱ, ㄴ, ㄷ

25 CTA 2014

A, B 두 투자 사업은 사업 초기에 대부분의 비용이 발생하고, 사업 기간은 각각 5년, 10년이다. 그리고 2%의 할인율하에서 순현재가치(NPV)는 동일하며 내부수익률은 각각 5%와 3%이다. 다음 설명 중 옳지 않은 것은?

① A, B 모두 내부수익률이 할인율보다 높아서 사업 추진이 가능하다.
② 내부수익률로 보면 A가 B보다 높아서 A를 선택한다.
③ A의 순현재가치와 B의 순현재가치가 같아서 현재가치법으로는 투자의 우선순위를 결정할 수 없다.
④ 현재가치법에 따르면 할인율을 4%로 하면 B의 순현재가치가 A보다 커져서 B를 선택한다.
⑤ 투자계획의 크기가 서로 다른 상황에서는 내부수익률만으로 투자의 우선순위를 결정하는 경우 오류가 발생할 수 있다.

26 CTA 2023

공공사업의 비용-편익분석에 관한 설명으로 옳지 않은 것은?

① 사회적인 할인율이 높아질수록 초기에 편익이 집중되는 사업이 유리하다.
② 불완전경쟁시장에서는 재화의 시장가격이 기회비용을 적절히 반영하지 못하므로 잠재가격을 사용한다.
③ 공공사업으로 시장가격이 낮아지는 경우라면 증가된 소비자잉여가 편익에 포함되어야 한다.
④ 시장이자율이 사회적 할인율보다 높을 때 시장이자율을 할인율로 사용하면 공공사업의 경제성이 커질 수 있다.
⑤ 공공사업에서 발생하는 무형의 편익에 대한 평가가 매우 힘든 경우 비용효과분석(cost-effectiveness analysis)을 이용할 수 있다.

27 CTA 2024

공공사업의 비용-편익분석에 관한 설명으로 옳지 않은 것은?

① 무형적인 편익과 비용도 분석과정에서 모두 고려되어야 한다.
② 사회적 할인율이 높아질수록 사업 초기에 편익이 집중된 사업이 유리해진다.
③ 사업 기간이 긴 사업의 경우 나중에 발생하는 편익을 적절하게 평가하기 위해 낮은 할인율을 적용해야 한다.
④ 조세가 부과된 제품을 사업의 투입물로 사용하는 경우 이 조세를 비용 계산 시 제외해야 한다.
⑤ 공공투자로 인해 발생하는 위험이 다수의 사람들에게 분할될 경우에는 위험에 대한 고려를 할 필요가 없다.

28 CTA 2015

공공사업의 비용-편익분석에 관한 설명으로 옳지 않은 것은?

① 공공사업에 사용될 투입요소가 민간의 독점시장으로부터 제공된다면, 비용계산 시 독점 가격에서 독점이윤을 제외시켜야 한다.
② 투입요소에 간접세가 부과된 경우, 이 조세는 정부로 이전되기 때문에 비용계산 시 제외시켜야 한다.
③ 사회적 할인율이 높아질수록 초기에 편익이 집중되는 사업이 유리해진다.
④ 공공투자에 사용되는 자금의 기회비용은 그 자금을 어떤 방식으로 조달하였느냐에 따라 달라질 수 있다.
⑤ 시장이자율이 사회적 할인율보다 높을 때 시장이자율을 할인율로 사용하면 공공사업의 경제성이 커질 수 있다.

29 CTA 2011

기후 변화와 같은 매우 장기적인 현상과 관련된 사업의 비용-편익분석에서 일정한 기간 단위로 점차 감소하는 양(陽)의 사회적 할인율을 적용하자는 주장이 있다. 이러한 주장의 근거로 옳은 것은?

① 미래에 발생하는 비용과 편익을 더 높은 비중으로 반영하기 위한 것이다.
② 현재시점에서 미래세대에 대한 고려는 무의미하기 때문이다.
③ 비용-편익분석에서 나타나는 장기적인 편익의 불확실성과 위험을 반영하기 위한 것이다.
④ 미래에 발생하는 비용과 편익이 서로 다르기 때문이다.
⑤ 현재에 발생하는 비용과 편익을 더 높은 비중으로 반영하기 위한 것이다.

30 CTA 2009

비용-편익분석에 있어서 사회적 할인율에 관한 설명으로 옳지 않은 것은?

① 사회적 할인율은 자본시장이 완전할 때 자본의 한계생산성과 소비자의 시간선호율을 적절히 반영하고 있다.
② 공공투자가 가져오는 양(+)의 외부성을 고려하여 사회적 할인율을 민간의 할인율보다 낮게 결정할 필요가 있다.
③ 공공사업의 편익은 미래에 걸쳐 장기적으로 발생하기 때문에 사회적 할인율을 민간의 할인율보다 낮게 결정할 필요가 있다.
④ 공공투자의 경우 미래세대의 후생 증가분도 반영해야 하므로 사회적 할인율은 민간의 할인율보다 낮게 책정되는 것이 바람직하다.
⑤ 현실적으로 자본시장의 불완전성으로 인해 시장이자율을 공공사업의 할인율로 사용하는 것은 적절하지 않은 측면이 있다.

31 CTA 2021

특정 프로젝트의 비용과 편익이 불확실한 경우 활용하는 확실성등가(certainty equivalent)에 관한 설명으로 옳지 않은 것은?

① 확실성등가가 크면 클수록 더 위험회피적(risk averse)이다.
② 확실성등가를 산출하기 위해서는 프로젝트의 수익 분포뿐만 아니라 개인의 위험회피도에 대한 정보도 필요하다.
③ 위험중립적(risk neutral)인 개인의 경우 위험 프리미엄은 0이며 확실성등가는 기대소득과 일치한다.
④ 확실성등가는 프로젝트의 기대소득에서 위험 프리미엄을 공제한 금액을 말한다.
⑤ 위험회피적인 개인의 경우 위험한 기회로부터 기대소득보다 확실성등가가 항상 작다.

32 CTA 2018

세수의 소득탄력성이 $\frac{\triangle T}{\triangle Y} \cdot \frac{Y}{T} = 1.2$ 이고, 조세부담률은 $\frac{T}{Y} = 0.25$ 라고 가정한다. 여기서 $\triangle G = \triangle T$ 라고 할 때, 정부지출승수 값은? (단, T : 조세수입, Y : 국민소득, G : 정부지출)

① $\frac{3}{10}$
② 1
③ $\frac{5}{2}$
④ $\frac{10}{3}$
⑤ $\frac{24}{5}$

33 CTA 2009

정부가 가계의 세금부담을 2,000억원 감면하는 정책과 정부지출을 2,000억원 증가시키는 정책을 고려하고 있다. 정부가 각 정책을 실시할 경우 균형국민소득은 얼마나 증가하겠는가? (단, 구축효과는 없고, 한계소비성향은 0.75임)

① 세금감면인 경우 1,500억원, 정부지출인 경우 8,000억원
② 세금감면인 경우 1,500억원, 정부지출인 경우 1,500억원
③ 세금감면인 경우 8,000억원, 정부지출인 경우 8,000억원
④ 세금감면인 경우 6,000억원, 정부지출인 경우 8,000억원
⑤ 세금감면인 경우 6,000억원, 정부지출인 경우 1,500억원

CHAPTER 04 | 조세론의 기초 및 전가와 귀착

제1절 | 조세이론의 기초

01 CTA 2024 ☑ 확인 Check! ○ △ ✕

바람직한 조세가 갖추어야 할 조건으로 옳지 않은 것은?

① 능력에 따른 조세부담이 이루어지는 공평성의 원칙
② 조세를 통한 재정수입을 극대화하는 수입성의 원칙
③ 조세의 납부방법, 시기, 금액 등이 국민들이 이해할 수 있는 방식으로 제시되는 확실성의 원칙
④ 조세의 납부방법이 납세자에게 가장 편리한 방식으로 이루어지는 편의성의 원칙
⑤ 조세징수와 관련된 비용과 납세자의 경제활동에 주는 부담이 가장 적은 경제성의 원칙

02 CTA 2025 ☑ 확인 Check! ○ △ ✕

바람직한 조세가 갖추어야 할 원칙에 관한 내용이다. 어느 원칙에 해당되는가?

> 조세의 납부방법, 시기, 금액 등이 정해진 법률과 규정에 따라 국민들이 이해할 수 있는 방식으로 제시되어야 한다.

① 확실성의 원칙
② 공평성의 원칙
③ 경제성의 원칙
④ 중립성의 원칙
⑤ 신축성의 원칙

03 CTA 2009

바람직한 조세제도의 조건으로 볼 수 없는 것은?

① 조세구조는 조세수입의 극대화를 목표로 하는 것이어야 한다.
② 가급적 자원배분의 효율성 상실을 초래하지 않아야 한다.
③ 정부의 징세비용과 납세자의 납세협력비용이 최소화되도록 해야 한다.
④ 조세부담의 배분이 공평하게 이루어져야 한다.
⑤ 경제 여건의 변화에 따라 조세수입이 신축적으로 변하여 경제안정과 성장에 도움이 되어야 한다.

04 CTA 2018

세제개편 내용으로 자동안정화장치(built-in stabilzer)가 아닌 것은?

① 담배 소비세를 인상하였다.
② 소득세 최고세율 적용 과표구간을 확대하였다.
③ 저소득가구에 대한 근로장려금 지급을 확대하였다.
④ 법인세 최고 과표구간을 신설하여 세율을 인상하였다.
⑤ 소득세 최저세율 적용 과표구간을 축소하였다.

05 CTA 2018

다음은 아담 스미스의 국부론 내용의 일부이다. 현대의 조세이론 가운데 자원배분의 왜곡과 관련된 항목을 모두 고른 것은?

ㄱ. 조세 징수에 많은 수의 관리들이 필요해서 그들의 봉급이 조세수입의 대부분을 갉아먹고 또한 그들의 부수입이 국민들에게 추가적인 과세부담으로 되는 경우이다.
ㄴ. 조세가 국민들의 근면을 방해하고, 그들로 하여금 (많은 사람들을 먹여 살리고 고용할 수 있는) 어떤 산업부문에 종사하는 것을 단념하도록 만드는 경우이다.
ㄷ. 탈세를 시도하다가 실패하는 불행한 사람들에게 몰수 기타의 형벌을 부과함으로써, 조세가 그들을 종종 몰락시키고 그리하여 사회가 (그들의 자본 운용으로부터 얻을 수 있었을) 이익을 상실하게 되는 경우이다.
ㄹ. 국민들에게 조세 징수인의 빈번한 방문·짜증나는 조사를 받게 함으로써 조세가 국민들에게 수많은 불필요한 고통·번거로움·억압을 주는 경우이다.

① ㄴ
② ㄹ
③ ㄱ, ㄹ
④ ㄴ, ㄷ
⑤ ㄴ, ㄹ

06 CTA 2009

직접세와 간접세에 관한 설명으로 옳지 않은 것은?

① 직접세는 납세자와 담세자가 동일한 세금이다.
② 소득세와 법인세는 직접세의 예이다.
③ 부가가치세와 개별소비세는 간접세의 예이다.
④ 간접세는 수직적 공평성을 증진시킨다.
⑤ 현재 우리나라의 경우 조세(국세+지방세)수입에서 직접세가 차지하는 비중이 간접세보다 높다.

07 CTA 2013

우리나라의 현행 조세에 관한 설명으로 옳지 않은 것은?

① 부가가치세는 국세이다.
② 지역자원시설세는 목적세이다.
③ 레저세는 광역자치단체세이다.
④ 지방소비세는 기초지방자치단체가 징수하고 있다.
⑤ 국세의 세수가 지방세의 세수보다 크다.

08 CTA 2010

우리나라의 현행 세목에 관한 설명으로 옳지 않은 것은?

① 종합부동산세는 재산세의 일종이므로 지방세이다.
② 상속세 및 증여세는 자산과세의 일종이다.
③ 교통·에너지·환경세는 국세인 반면, 주행세는 지방세이다.
④ 농어촌특별세는 세수의 용도가 지정되어 있는 목적세이다.
⑤ 소득세 및 법인세는 소득과세의 일종이다.

09 CTA 2025

우리나라 조세에 관한 설명으로 옳지 않은 것은?

① 목적세는 특정분야 사업재원의 안정적인 확보에 기여한다.
② 지방세이면서 목적세로는 지방교육세가 있다.
③ 국세이면서 목적세로는 농어촌특별세가 있다.
④ 직접세로는 법인세가 있으며 간접세로는 부가가치세가 있다.
⑤ 간접세가 직접세에 비해서 소득분배의 개선에 유리하다.

10 CTA 2020

다음은 고령화가 급격히 진행되면서 복지지출이 지속적으로 증가하는 한 국가의 최근 10년간 조세부담률과 국민부담률의 추이이다. 이에 관한 해석으로 옳은 것을 모두 고른 것은?

구 분	2010	2011	2012	2013	2014	2015	2016	2017	2018	2019
조세부담률	18.4	18.7	18.2	18.0	18.5	18.4	18.6	18.4	18.5	18.6
국민부담률	24.2	24.8	24.7	25.7	26.4	27.5	28.3	29.0	29.4	30.1

ㄱ. 사회보장성 기여금 부담이 매년 증가하고 있다.
ㄴ. 최근 10년간 GDP증가율이 매년 1%로 표준화되었다고 할 때, 2014년 대비 2015년도의 조세의 세수탄력성(세수변화율/GDP변화율)은 1보다 크다.
ㄷ. 조세부담률이 전년도와 동일하다면, 조세수입은 경제성장률만큼 증가한다.

① ㄱ
② ㄱ, ㄴ
③ ㄱ, ㄷ
④ ㄴ, ㄷ
⑤ ㄱ, ㄴ, ㄷ

11 CTA 2024

우리나라 조세 중 목적세가 아닌 것은?

① 담배소비세
② 지방교육세
③ 지역자원시설세
④ 농어촌특별세
⑤ 교통・에너지・환경세

12 CTA 2023

우리나라 조세 중 지방세이면서 목적세에 해당하는 것은?

① 농어촌특별세
② 주민세
③ 지방교육세
④ 담배소비세
⑤ 문화재관람료

13 CTA 2020

우리나라 조세 중 지방세이면서 목적세인 것은?

① 레저세
② 교육세
③ 지역자원시설세
④ 농어촌특별세
⑤ 재산세

14 CTA 2015

목적세에 관한 설명으로 옳지 않은 것은?

① 조세수입이 특정용도에 사용되기로 정해진 세금이다.
② 특정분야 사업에 대해 어느 정도의 예산이 확보될 가능성이 크기 때문에 사업의 안정성이 보장된다.
③ 예산배분에 있어 칸막이가 발생하므로 다른 분야 예산사업의 재정위험이 목적세로 시행하는 사업에 파급되지 않는다.
④ 해당 조세수입이 어느 정부지출로 귀결되는지를 알 수 있다.
⑤ 공공서비스의 비용을 수혜자에게만 직접 부담시킴으로써 조세의 효율성을 제고시킨다.

15 CTA 2017

목적세에 관한 설명으로 옳지 않은 것은?

① 교육세, 교통·에너지·환경세 등을 예로 들 수 있다.
② 목적세 세수를 필요한 만큼 확보하지 못하면 보통세 세수를 전용해야 하는 문제가 발생할 수 있다.
③ 정부의 재원배분 과정을 자동화하여 정부예산의 효율성을 높인다.
④ 정부의 예산배분 과정에서 나타나는 정치적 갈등을 줄일 수 있다.
⑤ 정부재정 운영의 신축성을 떨어뜨린다.

16 CTA 2012

목적세에 관한 설명으로 옳은 것을 모두 고른 것은?

ㄱ. 세원과 지출이 연계되어 있어 재정 운용의 경직성이 초래될 수 있다.
ㄴ. 장기간 지속되는 특정 분야 또는 사업에 대한 예산을 안정적으로 확보하는 데 유리하다.
ㄷ. 현행 우리나라 지방세체계하에서 레저세는 목적세로 분류된다.
ㄹ. 목적세는 과세의 능력원칙을 구현하기 위한 조세이다.
ㅁ. 현행 우리나라 국세체계하에서 교통·에너지·환경세는 목적세로 분류된다.

① ㄱ, ㄴ, ㄷ
② ㄱ, ㄴ, ㄹ
③ ㄱ, ㄴ, ㅁ
④ ㄴ, ㄹ, ㅁ
⑤ ㄷ, ㄹ, ㅁ

17 CTA 2019

목적세에 관한 설명으로 옳지 않은 것은?

① 조세의 편익원칙에 기초한다.
② 특정분야 사업 재원의 안정성을 보장한다.
③ 전체 재정활동의 관점에서 효율성을 저해할 수 있다.
④ 우리나라의 목적세로는 종합부동산세를 들 수 있다.
⑤ 과세기한이 정해져 있는 것이 일반적이다.

18 CTA 2011

정액세(lump-sum tax)에 관한 설명으로 옳은 것은?

① 정액세의 부과는 상대가격을 변경시킨다.
② 정액세는 대체효과와 소득효과를 발생시킨다.
③ 정액세는 효율성과 공평성을 동시에 충족시키는 조세이다.
④ 정액세는 납세자의 경제적 의사결정에 교란을 초래하지 않는다.
⑤ 소득이 1,000만원인 납세자에게는 200만원을, 소득이 100만원인 납세자에게는 20만원을 정액으로 부과하는 소득세는 정액세의 일종이다.

19 CTA 2013

조세가 갖추어야 할 중요한 요소 중의 하나인 중립성에 관한 설명으로 옳지 않은 것은?

① 엄격한 의미에서 중립성이란 조세부과가 민간부문의 경제행위에 교란을 일으키지 않음을 의미한다.
② 조세가 부과될 때 사람들이 경제행위를 변화시키는 이유는 조세부담 회피와 관련이 있다.
③ 인두세는 장·단기적으로 경제행위에 영향을 미치지 않는 대표적인 중립세이다.
④ 완화된 개념에서 중립세란 소득효과만 있고 대체효과가 존재하지 않는 조세를 말한다.
⑤ 모든 조세가 반드시 경제행위를 왜곡시키는 것은 아니며, 오히려 민간부문의 왜곡된 경제 현실을 교정하는 경우도 있다.

20 CTA 2017

소득세 구조가 누진적인 경우가 아닌 것은?

① 면세점이 존재하고 선형조세함수일 경우
② 면세점은 없으나 한계세율이 소득에 따라 증가할 경우
③ 세수탄력성이 1보다 클 경우
④ 한계세율과 평균세율이 같을 경우
⑤ 한계세율은 일정하나 평균세율이 소득에 따라 증가할 경우

21 CTA 2013

조세에 관한 설명으로 옳지 않은 것은?

① 역진세는 평균세율이 한계세율보다 크므로 소득이 증가할 때 평균세율은 하락하고 한계세율은 상승한다.
② 정액세는 소득이 증가할수록 평균세율이 하락한다.
③ 정액세의 한계세율은 0이다.
④ 정액세는 역진적 세부담을 초래한다.
⑤ 조세의 초과부담은 평균세율보다 한계세율과 더 밀접하게 관련되어 있다.

22 CTA 2022

세수함수 $T = -400 + 0.5Y$에 관한 설명으로 옳은 것만을 고른 것은? (단, T : 세금, Y(소득) > 800 이다)

ㄱ. 소득 증가 시 평균세율 증가
ㄴ. 소득 크기에 관계없이 한계세율 일정
ㄷ. 세수탄력성 < 1
ㄹ. 한계세율 < 평균세율

① ㄱ, ㄴ
② ㄱ, ㄷ
③ ㄷ, ㄹ
④ ㄱ, ㄷ, ㄹ
⑤ ㄴ, ㄷ, ㄹ

23 CTA 2009

어떤 국가의 소득세 수입함수가 $T = -300 + 0.3M$이라고 할 때, 옳지 않은 것은? (단, T는 소득세이고 M은 소득이다)

① 이 국가의 소득세제는 선형의 소득세제이다.
② 이 국가의 소득세제는 누진성을 띠고 있다.
③ 소득 $M=500$원인 사람의 소득세는 0원이며 평균소득세율은 0%이다.
④ 소득 $M=3,000$원인 사람의 소득세는 600원이며 평균소득세율은 20%이다.
⑤ 소득 $M=5,000$원인 사람의 소득세는 1,200원이며 평균소득세율은 24%이다.

24 CTA 2016

다음과 같은 형태로 운영되는 소득세 과세체계에 관한 설명으로 옳지 않은 것은? (단, 부의 소득세는 고려하지 않는다)

$$T = (Y - 1,000) \times 0.3 \quad (T\text{는 세액}, Y\text{는 소득})$$

① 평균세율보다 한계세율이 항상 높다.
② 비례세에 비해 수직적 형평성을 개선하고 있다.
③ 소득공제액은 1,000이다.
④ 세액공제액은 300이다.
⑤ 누진세 체계를 가지고 있다.

25 CTA 2015

선형소득세제에 관한 설명으로 옳지 않은 것은?

세제1 : $T = 10 + 0.1Y$
세제2 : $T = 0.15Y$
세제3 : $T = -10 + 0.15Y$
[단, T : 조세수입, Y : 소득]

① 세제1의 조세수입의 소득탄력성이 세제2의 조세수입의 소득탄력성보다 작다.
② 세제2와 세제3은 동일한 한계세율을 가진다.
③ 세제3의 평균세율은 누진구조를 가지고 있다.
④ 세제3의 경우 면세점 이상의 소득자는 소득이 증가할수록 조세수입의 소득탄력성이 더 커진다.
⑤ 세제1과 세제3의 조세수입이 일치하는 지점에서 세제1이 세제3에 비해 조세수입의 소득탄력성이 작다.

26 CTA 2007

조세체계에 관한 설명 중 옳은 것은?

① 조세수입의 소득탄력성이 클수록 재정의 자동안정화기능은 작아진다.
② 한계세율이 평균세율보다 작으면 조세수입의 소득탄력성은 1보다 작다.
③ 선형 조세수입함수는 소득이 증가함에 따라 한계세율이 달라진다.
④ 선형 조세수입함수가 소득축을 통과하면 조세수입의 소득탄력성은 1보다 작다.
⑤ 조세수입의 소득탄력성은 조세의 누진도를 평가하는 데 도움이 되지 않는다.

27 CTA 2010

평균세율(세액/소득금액)의 변화로 조세의 누진성 여부를 판단할 때 옳지 않은 것은?

① 전 국민에게 동일 금액으로 소득세를 부과하는 경우 누진성이 강화된다.
② 주세처럼 역진적인 세목은 소득분배를 악화시킨다.
③ 고소득층이 많이 사용하는 사치품에 대한 개별소비세 과세로 소비세의 역진성을 완화할 수 있다.
④ 동일한 세수라면 누진성이 높은 경우가 소득분배를 더 많이 개선한다.
⑤ 역진적인 조세라도 세수를 저소득층 중심으로 사용하면 소득분배를 개선할 수 있다.

28 CTA 2023

소득세율이 소득구간에 따라 0원에서 1,200만원까지는 0%, 1,200만원 초과 3,000만원까지는 9%, 3,000만원 초과 5,000만원까지는 18%, 5,000만원 초과부터는 27%이다. K군의 총소득 5,500만원에서 각종 공제를 적용한 후 과세가능소득은 4,500만원이다. K군의 (A)한계세율과 (B)실효세율은? (단, 백분율(%)을 구할 때 소수점 셋째자리에서 반올림한다)

	A	B
①	9%	7.85%
②	9%	9.60%
③	18%	7.85%
④	18%	9.60%
⑤	27%	9.60%

29 CTA 2009

어떤 사회에 A, B 두 사람만 있다고 가정하자. A와 B의 조세의 소득탄력성은 각각 3과 1이다. 현재 A는 소득 5,000만원에 대하여 1,000만원의 조세를 납부하고, B는 소득 1,000만원에 대하여 100만원의 조세를 납부하고 있다. 이제 A의 소득이 8,000만원으로, B의 소득이 2,000만원으로 각각 증가한다면 정부의 조세수입은 얼마나 증가하겠는가?

① 1,100만원
② 1,900만원
③ 2,000만원
④ 2,900만원
⑤ 3,000만원

30 CTA 2008

소득세의 세부담과 관련된 견해 중 옳지 않은 것을 모두 고르면?

> 가. 누진세율 체계하에서는 고소득자의 납세액이 저소득자의 납세액보다 크다.
> 나. 비례세율 체계하에서는 고소득자의 납세액과 저소득자의 납세액이 같다.
> 다. 역진세율 체계하에서는 고소득자의 납세액이 저소득자의 납세액보다 작다.

① 가
② 다
③ 가, 나
④ 가, 다
⑤ 나, 다

31 CTA 2021

누진세에 관한 설명으로 옳지 않은 것은?

① 조세회피가 발생할 가능성이 있다.
② 경제적 효율성이 저해될 수 있다.
③ 조세를 소득의 함수로 나타내면 원점을 지나는 선형조세함수의 형태가 된다.
④ 정부로부터 제공받는 서비스의 정도와 관계없이 조세부담을 해야 한다.
⑤ 경기변동 시 자동안정화 기능을 한다.

32 CTA 2019

누진적 조세제도에 관한 설명으로 옳지 않은 것은?

① 누진세율구조로 조세제도가 복잡해질 경우, 제도에 허점이 발생하여 수직적 공평성이 저해될 수 있다.
② 누진세율구조는 경제적 활력을 줄여 효율성에 부정적 영향을 끼칠 수 있다.
③ 누진세를 도입할 경우, 두 과세기간의 평균소득이 동일한 자영업자와 근로소득자 사이에 수평적 공평성을 저해할 수 있다.
④ 편익원칙에 따를 때, 편익의 소득탄력성이 1보다 작을 경우 누진세의 도입은 공평하다.
⑤ 누진세율구조는 가처분소득의 평준화를 통해 수직적 불평등을 완화할 수 있다.

33 CTA 2022

누진세에 관한 찬반 의견으로 옳지 않은 것은?

① 조세제도를 복잡하게 만들어 탈세할 수 있는 구멍(loophole)을 제공할 수 있다고 반대한다.
② 경제의 활력을 떨어뜨리는 원인이 된다고 반대한다.
③ 능력원칙에 따라 경제적 능력이 큰 사람일수록 정부서비스 혜택을 많이 받기 때문에 찬성한다.
④ 사람들은 자신들의 미래가 불확실한 상황에서는 누진세를 찬성할 수 있다.
⑤ 밀(J. S. Mill)의 동등희생의 원칙에는 누진세를 찬성하는 논리가 제시되어 있다.

34 CTA 2024

조세부과 시 납세자들의 공평한 조세부담의 평가기준으로 적합한 것은?

ㄱ. 능력원칙
ㄴ. 중립성 원칙
ㄷ. 효율성 원칙
ㄹ. 편익원칙
ㅁ. 최소징세비 원칙

① ㄱ, ㄴ
② ㄱ, ㄹ
③ ㄴ, ㄷ
④ ㄴ, ㅁ
⑤ ㄷ, ㅁ

35 CTA 2022

공평과세에 관한 설명이 아닌 것은?

① 대기를 오염시키는 플라스틱 생산에 환경세를 부과해야 한다.
② 고소득자일수록 더 많은 조세를 부담해야 한다.
③ 부양가족이 많으면 부담능력이 적으니 조세를 적게 부담해야 한다.
④ 주행거리에 비례한 자동차세 부과는 편익원칙에 입각한 것이다.
⑤ 인근 공원 때문에 주택가격이 올랐다면 재산세를 더 많이 부담해야 한다.

36 CTA 2011

공평한 조세부담 원칙에 관한 설명으로 옳지 않은 것은?

① 납세자들의 무임승차 성향은 편익원칙의 실현을 어렵게 하는 원인이 될 수 있다.
② 동등희생(equal sacrifice)원칙은 편익원칙에 근거한 조세부담의 이론적 기초를 제공한다.
③ 편익원칙은 능력원칙에 비해 조세부담에 있어 납세자의 자발적 협조를 유도하기가 용이하다.
④ 능력원칙에 따르면, 똑같은 경제적 능력을 가진 사람들에게 동일한 금액의 조세를 부담시켜야 한다.
⑤ 능력원칙에 따르면, 서로 다른 경제적 능력을 가진 사람들에게 차등적인 금액의 조세를 부담시켜야 한다.

37 CTA 2012

조세부담 원칙에 관한 설명으로 옳지 않은 것은?

① 납세자가 공공서비스로부터 받은 편익에 비례하도록 조세를 부담하는 것이 공평하다고 보는 원칙이 있다.
② 공공서비스의 혜택이 어떻게 분배되고 있는지와 관계없이 납세자의 담세능력에 따라 조세부담이 분배되어야 공평하다고 보는 원칙이 있다.
③ 피구세(Pigouvian tax)는 능력원칙에 부합하는 조세이다.
④ 밀(J. S. Mill)은 공평한 과세의 원칙으로 동등희생의 원칙을 제시하였다.
⑤ 수평적 공평성과 수직적 공평성은 편익원칙보다는 능력원칙과 밀접하게 관련된다.

38 CTA 2024

조세의 공평성에 관한 설명으로 옳은 것은?

① 누진세의 도입은 2개 과세기간 이상의 평균소득이 동일한 개인사업자와 근로소득자 간의 수평적 공평성을 저해할 수 있다.
② 편익원칙에 따를 때, 누진세를 도입하는 경우 편익의 소득탄력성이 1보다 작으면 공평하다.
③ 납세 전후로 개인 간 효용수준의 순위가 변하는 것이 바람직하다.
④ 수평적 공평성의 개선을 위한 정책수단으로 포괄적 소득세는 바람직하지 않다.
⑤ 소득세율의 누진성 강화는 납세자들 간의 수직적 공평성을 저해하게 된다.

39 CTA 2025

공평과세의 원칙에 관한 설명으로 옳은 것은?

① 능력원칙에 의하면 아파트 가격이 올랐다면 재산세를 더 많이 부담해야 한다.
② 능력원칙은 빅셀(K. Wicksell)이 제시한 동등희생의 원칙이라는 재정이론에 그 근거가 있다.
③ 편익원칙에 따르면 상이한 경제적 능력을 가진 사람에게는 서로 다른 크기의 조세를 부과해야 한다.
④ 능력원칙에 따른 과세의 예로 통행료, 사용료 및 수수료가 해당된다.
⑤ 편익원칙은 밀(J. S. Mill)이 제공한 자발적 교환의 재정이론에서 이념적 기초를 찾을 수 있다.

40 CTA 2019

조세의 공평성에 관한 설명으로 옳지 않은 것은?

① 동일한 경제적 능력 소유자의 조세부담은 같아야 한다.
② 수평적 공평성은 어떤 사람들을 똑같은 능력의 소유자로 보아야 하는 문제가 있을 수 있다.
③ 납세 이후에도 개인의 효용수준의 순서는 변하지 않아야 한다.
④ 소득세율의 누진성 강화는 수직적 공평성을 저해한다.
⑤ 포괄적 소득세는 수평적 공평성 제고를 위해 바람직하다.

41 CTA 2016

조세의 근거학설 가운데 이익설에 관한 설명으로 옳지 않은 것은?

① 이익의 크기에 따라 조세를 부과하므로 근로의욕을 저해하지 않는다.
② 외부성이 있는 공공재의 공급재원 조달은 어렵다.
③ 공공서비스로부터의 편익에 비례해 부담하기 때문에 무임승차 문제가 발생할 수 없다.
④ 빅셀이 제시한 자발적 교환이론에 근거하고 있다.
⑤ 소득재분배를 위해 필요한 정부지출 재원을 조달하기 어렵다.

42 CTA 2018

조세의 근거학설인 이익설의 장점은?

① 조세가 갖는 강제성의 특징을 반영한다.
② 시장경제원리를 적용하기 때문에 조세부과가 용이하다.
③ 경제 불안정을 극복하기 위해 필요한 정부지출 재원 조달이 수월하다.
④ 외부성과 무관하게 공공재 공급재원을 조달할 수 있다.
⑤ 정부의 저소득층 지원을 위한 복지재원 확보가 유리하다.

43 CTA 2010

조세의 근거학설 중 이익설의 단점으로 옳지 않은 것은?

① 조세부과의 강제성을 설명하지 못한다.
② 공공재 공급과 조세부담을 연계하기 어려워 공공재를 효율적으로 공급하기 힘들다.
③ 불황 등 경제불안정 극복을 위해 필요한 정부지출 재원을 조달하기 쉽지 않다.
④ 외부성이 있는 공공재의 공급에 필요한 재원 조달이 어렵다.
⑤ 저소득층 지원을 위한 복지적 지출에 필요한 재원 마련이 곤란하다.

44 CTA 2019

공평과세에 관한 설명으로 옳지 않은 것은?

① 편익원칙은 빅셀(K. Wicksell), 린달(E. Lindahl) 등에 의해 발전되었는데, 이들은 조세를 자발적 교환에 대한 대가로 파악한다.
② 수수료, 통행료, 사용료는 편익원칙에 따른 과세의 예이다.
③ 능력원칙에 따르면 상이한 경제적 능력을 가진 사람에게는 상이한 크기의 조세를 부과해야 한다.
④ 밀(J. Mill)은 공평과세의 원칙으로 동등희생설을 주장한다.
⑤ 사뮤엘슨(P. Samuelson)에 의하면 동등절대희생의 원칙은 한계효용의 소득탄력성이 1보다 작은 경우에 누진과세를 정당화한다.

45 CTA 2012

공평과세에 관한 설명으로 옳은 것은?

① 조세부담이 누진적이면 자원배분이 효율적이라고 할 수 있다.
② 우리나라의 부가가치세는 조세부담이 누진적인 경향을 가진다.
③ 우리나라의 근로소득세는 이익설에 기초한 조세이다.
④ 모든 사람의 소득의 한계효용이 일정하다면 비례세가 비례희생균등의 원칙에 부합된다.
⑤ 한계희생균등의 원칙은 과세로 인해 희생된 효용의 비율이 모든 사람에게 동일해야 함을 의미한다.

46 CTA 2021

동등희생의 원칙에서 희생의 비율을 동등하게 하는 경우 누진세를 정당화하는 것으로 옳은 것은?

① 소득의 한계효용이 감소하고 직선이다.
② 한계효용의 소득탄력성이 1보다 크다.
③ 한계효용의 소득탄력성이 1보다 작다.
④ 소득의 한계효용이 일정하다.
⑤ 한계효용의 소득탄력성이 1이다.

47 CTA 2008

조세의 부담 구조와 관련된 설명 중 옳은 것은?

① 과세기간 동안의 개인별 소비액을 기준으로 과세하는 개인소비세의 경우 그 부담구조는 역진적이 된다.
② 편익원칙에 따른 과세를 채택할 경우 그 세율구조는 누진적이 된다.
③ 두 사람이 동일한 우하향하는 소득의 한계효용곡선을 가진다고 가정할 때 비례적 균등희생원칙에 따를 경우 비례세가 나타나게 된다.
④ 두 사람이 동일한 우하향하는 소득의 한계효용고선을 가진다고 가정할 때 한계적 균등희생원칙에 따를 경우 누진세가 나타나게 된다.
⑤ 부담능력에 따른 과세를 채택할 경우 소득이 유일한 부담능력의 척도가 된다.

48 CTA 2000

모든 사람의 효용함수가 동일하고 또 소득의 한계효용이 체감한다고 할 때, 균등한계희생설에서 누진세제를 요구하는 경우를 모두 고른 것은?

> 가. 한계효용의 소득탄력성이 1보다 클 때
> 나. 한계효용의 소득탄력성이 1과 같을 때
> 다. 한계효용의 소득탄력성이 1보다 작을 때

① 가
② 가, 나
③ 가, 다
④ 나, 다
⑤ 가, 나, 다

49 CTA 2019

조세부과 기준으로서 경제적 능력의 평가에 관한 설명으로 옳지 않은 것은?

① 소득을 평가기준으로 할 경우, 여가와 노동에 대한 개인의 선호를 반영하지 못하는 한계가 있다.
② 소비를 평가기준으로 할 경우, 누진과세가 불가능하다.
③ 소득을 평가기준으로 할 경우, 시장을 통하지 않고 취득된 귀속소득은 과세대상에 포함하기 어렵다.
④ 재산을 평가기준으로 할 경우, 재산 가치 평가의 어려움이 있다.
⑤ 소득을 평가기준으로 할 경우, 인플레이션 발생 시 실질적인 조세부담이 증가한다.

50 CTA 2012

자본이득을 실현기준으로 과세할 때 나타나는 동결효과(lock-in effect)로 인해 발생되는 문제점이 아닌 것은?

① 부동산의 장기보유 경향이 감소된다.
② 자본재의 생산성이 떨어진다.
③ 새로운 투자가 제약되고 자산의 효율적 배분이 저해된다.
④ 가계의 자산 선택이 왜곡된다.
⑤ 자산 이동이 억제됨으로써 자산시장의 공급이 위축된다.

제2절 | 조세의 전가와 귀착

01 CTA 2017

토지에 부과하는 조세부담이 자본화되어 토지가격이 하락했을 경우 다음 설명으로 옳은 것은?

① 토지처럼 공급이 고정되어 있는 자산에 과세를 하면 조세부담의 자본화가 발생할 수 있다.
② 자본화가 일어나면 조세부담은 누구에게도 귀착되지 않는다.
③ 토지가격은 부과된 조세의 현재가치보다 항상 크게 하락한다.
④ 토지임대사용자에게 모든 조세부담이 귀착된다.
⑤ 조세부과 후 토지구입자에게 모든 조세부담이 귀착된다.

02 CTA 2021

토지에 부과된 조세의 자본화(capitalization)에 관한 설명으로 옳은 것은?

① 자본화의 크기는 기간당 할인율에 비례한다.
② 세율이 높을수록 조세의 자본화 정도는 작아진다.
③ 조세부담은 토지임대사용자에게 귀착된다.
④ 토지가격의 변동 폭은 부과된 조세의 현재가치보다 크게 나타난다.
⑤ 토지와 같이 공급이 고정된 자산에 과세하면 미래 조세부담이 미리 예측되어 가격이 하락하는 현상을 말한다.

03 CTA 2010

토지공급이 고정되어 있을 때, 토지에 부과된 조세가 자본화(capitalization)되는 경우에 관한 설명으로 옳은 것은?

① 자본화의 결과로 토지가격은 상승한다.
② 자본화의 크기는 기간당 이자율에 비례한다.
③ 토지수요곡선이 비탄력적일수록 토지수요자의 조세부담이 증가한다.
④ 토지소유자가 토지에 부과된 조세를 모두 부담한다.
⑤ 세율이 낮을수록 조세의 자본화 정도는 커진다.

04 CTA 2011

완전경쟁시장에서 토지가격은 그 토지로부터 발생하는 임대료 수입 흐름의 현재가치와 같아진다. 이때 정부가 임대료 수입에 대해 과세하면 토지가격은 미래조세 부담흐름의 현재가치만큼 하락하게 된다. 이와 같은 현상과 조세의 실질적 부담자를 옳게 연결한 것은?

① 환원(tax capitalization) - 현재의 토지 소유자
② 소전(tax transformation) - 현재의 토지 소유자
③ 환원(tax capitalization) - 미래의 토지 구매자
④ 소전(tax transformation) - 미래의 토지 구매자
⑤ 전전(forward shifting) - 현재의 토지 소유자

05 CTA 2025

다음에서 설명하는 조세귀착은?

> 조세 그 자체만의 분배적 효과를 보는 가장 좋은 방법은 한 종류의 조세를 동일한 조세수입을 가져다주는 다른 종류의 조세로 대체했을 때 어떤 분배효과가 나오는가를 보는 것이다.

① 전방전가 조세귀착
② 후방전가 조세귀착
③ 균형예산 조세귀착
④ 차별적 조세귀착
⑤ 절대적 조세귀착

06 CTA 2021

다음에서 설명하는 조세귀착은?

> 일반적인 조세귀착은 시장에서 조세부담의 분배에 대해서만 고찰하지만, 궁극적으로는 조세부담뿐 아니라 정부의 세수지출로 인한 편익까지 함께 고려할 필요가 있다. 예컨대 동일한 액수의 세금을 낸다 하더라도, 세수지출로 인해 혜택을 받는 사람과 그렇지 못한 사람 사이의 실질적 조세부담 정도는 상이할 수밖에 없다. 따라서 보다 엄격한 조세귀착을 고려하기 위해서는 조세부담뿐 아니라 세수지출로 인한 편익까지 함께 고려해야 한다.

① 일반균형 조세귀착
② 부분균형 조세귀착
③ 균형예산 조세귀착
④ 절대적 조세귀착
⑤ 차별적 조세귀착

07 CTA 2020

조세에 관한 설명으로 옳은 것을 모두 고른 것은?

> ㄱ. 동등한 경제 상황에 있는 사람들에게 동등하게 과세하여야 한다는 것이 수직적 공평이며, 부자에게는 더 많은 세금을 부과하여야 한다는 것이 수평적 공평이라 한다.
> ㄴ. 조세의 중립성은 조세가 자원배분의 효율성을 왜곡시키지 않는 것을 의미하며, 조세의 간편성은 납세비용이나 조세행정의 부담을 줄이는 것을 의미한다.
> ㄷ. 조세부담의 귀착이란 법률상 납세의무자가 조세부담의 일부를 거래 상대방에게 일시적으로 이전하는 것을 말하며, 최종적으로 누가 조세를 부담할 것인가를 나타내는 것이 조세부담의 전가이다.
> ㄹ. 인두세는 단기적으로 대체효과가 발생하지 않는다는 점에서 왜곡이 없는 조세이지만, 소득에 대해 역진적이기 때문에 공평하다고 말할 수 없다.

① ㄴ
② ㄷ
③ ㄹ
④ ㄱ, ㄷ
⑤ ㄴ, ㄹ

08 CTA 2017

조세의 귀착에 관한 설명으로 옳지 않은 것은?

① 균형예산귀착은 다른 조세가 없다고 가정하고 특정 조세로 조달한 재원에 의한 정부지출 사업까지 고려하여 조세의 분배효과를 분석한다.
② 차별귀착은 모든 조세와 정부지출이 일정하게 유지된다고 가정하고 하나의 세금을 다른 세금으로 대체할 경우의 분배효과를 비교 분석한다.
③ 절대귀착은 다른 조세나 정부지출에 아무런 변화가 없다는 가정하에서 특정 조세의 분배효과를 분석한다.
④ 절대귀착은 균형예산귀착보다 정부지출이 분배에 미치는 효과를 파악할 때 더 적합한 분석방법이다.
⑤ 균형예산귀착은 정부가 부과하는 조세가 다수인 경우에는 분석이 용이하지 않다.

09 CTA 2012

조세부담의 전가와 귀착에 관한 설명으로 옳지 않은 것은?

① 조세부담의 전가란 법적으로 조세부담의 의무를 지고 있는 사람이 다른 사람에게 그 부담을 강제로 떠넘기는 것은 아니다.
② 기능별 소득분배 관점에서는 어떤 생산요소를 공급하느냐에 따라 사람들을 구분하고 각 그룹별로 세부담의 귀착을 분석한다.
③ 부가가치세를 동일한 세수의 법인세로 대체할 때 어떤 분배적 효과가 생기는지를 분석하는 것이 차별귀착(differential incidence)의 한 예이다.
④ 다른 조세나 지출에 아무런 변화가 없다는 전제하에서 특정 조세의 분배적 효과를 분석하는 것을 절대귀착(absolute incidence)이라고 한다.
⑤ 법인세를 부과하면 소비자에게도 세부담이 전가될 수 있는데, 이를 후방전가라고 한다.

10 CTA 2007

조세부담의 전가(shifting)와 귀착(incidence)에 관한 설명 중 옳지 않은 것은?

① 조세부담은 생산물이나 생산요소의 시장가격을 통하여 거래단계상 유통의 진행 또는 반대 방향으로 전가될 수 있다.
② 정부지출을 불변으로 두고, 한 종류의 조세를 같은 조세수입을 가져다주는 다른 종류의 조세로 대체했을 때의 분배효과를 분석하는 것을 예산귀착이라고 한다.
③ 조세부담의 전가란 조세부담이 경제적 관계에 따라 법률상 납세의무자로부터 다른 경제주체에게로 이전되는 것을 말한다.
④ 법인세의 부과는 조세부담의 전전(forward shifting) 및 후전(backward shifting)을 모두 발생시킬 수 있다.
⑤ 완전경쟁시장에서 종가세의 귀착은 소비자에게 부과되든 생산자에게 부과되든 경제적 효과 면에서 동일하다.

11 CTA 2005

다음 중 조세부담의 전가와 귀착에 관한 설명으로 옳지 않은 것은?

① 법적 귀착은 경제적 귀착과 다를 수 있다.
② 법인세 부담이 소비자에게로 전가되었다면 전전(forward shifting)이 발생한 것이다.
③ 조세를 납부해야 하는 생산자가 경영합리화 등을 통해 실질적으로 조세부담을 흡수하는 것을 소전(transformation)이라 한다.
④ 독점시장에 물품세가 부과되는 경우 소비자가격은 조세부과액 이상으로 증가될 수 없다.
⑤ 기업의 순수한 이윤에 대한 과세는 다른 경제주체로 전가되지 않는다.

12 CTA 2024

단위당 일정액의 물품세를 부과할 때, 조세의 전가와 귀착에 관한 설명으로 옳은 것은?

① 수요가 탄력적일수록 정부의 조세 수입은 증가한다.
② 공급이 탄력적일수록 조세부과에 따른 후생손실은 커진다.
③ 단위당 세액이 커지면 정부의 조세수입은 증가한다.
④ 상대적으로 탄력성이 높은 쪽의 조세부담이 상대적으로 커진다.
⑤ 수요가 완전비탄력적이면 생산자가 조세 전부를 부담한다.

13 CTA 2020

조세의 법적 귀착과 경제적 귀착이 일치하는 경우는?

① 수요곡선은 우상향하고 공급곡선은 우하향할 때, 소비자에게 과세하는 경우
② 수요곡선은 우하향하고 공급곡선은 우상향할 때, 생산자에게 과세하는 경우
③ 수요곡선은 수직이고 공급곡선은 우상향할 때, 소비자에게 과세하는 경우
④ 수요 및 공급의 탄력성이 모두 단위탄력적일 때, 생산자에게 과세하는 경우
⑤ 수요곡선은 우하향하고 공급곡선이 수평일 때, 생산자에게 과세하는 경우

14 CTA 2017

시장수요가 시장공급보다 탄력적인 재화가 있다고 할 때, 이 재화가 거래되는 경쟁적인 시장에서 물품세를 부과하거나 또는 가격보조를 할 경우 새로운 균형에서의 귀착으로 옳은 것을 모두 고른 것은?

> ㄱ. 수요자에게 물품세를 부과할 경우 상대적으로 수요자에게 조세가 더 많이 귀착될 것이다.
> ㄴ. 수요자에게 가격보조를 할 경우 상대적으로 수요자에게 보조금이 더 많이 귀착될 것이다.
> ㄷ. 공급자에게 물품세를 부과할 경우 상대적으로 공급자에게 조세가 더 많이 귀착될 것이다.
> ㄹ. 공급자에게 가격보조를 할 경우 상대적으로 공급자에게 보조금이 더 많이 귀착될 것이다.

① ㄱ
② ㄷ
③ ㄱ, ㄴ
④ ㄷ, ㄹ
⑤ ㄱ, ㄴ, ㄷ, ㄹ

15 CTA 2010

종량세를 부과하는 경우 조세의 초과부담 및 전가에 관한 설명으로 옳지 않은 것은?

① 공급곡선이 탄력적일수록 초과부담은 커지고, 공급자의 세부담은 작아진다.
② 수요곡선이 비탄력적일수록 초과부담은 작아지고, 공급자의 세부담은 커진다.
③ 공급곡선이 탄력적일수록 초과부담은 커지고, 수요자의 세부담은 커진다.
④ 수요곡선이 탄력적일수록 초과부담은 커지고, 수요자의 세부담은 작아진다.
⑤ 공급곡선이 비탄력적일수록 초과부담은 작아지고, 수요자의 세부담은 작아진다.

16 CTA 2011

조세에 관한 설명으로 옳은 것은?

① 소비자들이 쉽게 대체재를 구할 수 있는 상품의 공급자들이 생산량을 조절하기 어려울 경우, 그 상품에 부과되는 조세는 소비자에게 더 많이 귀착된다.
② 수요와 공급 중 하나가 탄력적이거나 모두 탄력적인 재화에 조세를 부과하면, 상대적으로 거래량은 적게 감소하고 사중손실(deadweight loss)은 커진다.
③ 수요에 비해 공급이 상대적으로 비탄력적일 때 조세를 부과하면, 공급량이 가격하락에 덜 민감하기 때문에 소비자들이 더 큰 조세부담을 지게 된다.
④ 정액세(lump-sum tax)는 모든 사람이 동일한 세액을 납부하므로 비례세 성격을 띠고 소득에 역진적이다.
⑤ 세율이 누진적으로 증가하는 소득세제는 납세자의 노동, 저축 및 투자유인을 왜곡시킬 수 있다.

17 CTA 2014

공급곡선이 우하향하는 상품에 종량세를 부과할 때 나타나는 현상으로 옳은 것은? (단, 이 상품은 정상재이고 공급곡선의 기울기가 상대적으로 더 완만하다)

① 소비자가격이 상승한다.
② 초과부담이 발생하지 않는다.
③ 소비자부담액은 조세부과액보다 작다.
④ 소비자잉여는 불변이다.
⑤ 상품거래량은 증가한다.

18 CTA 2014

수요곡선이 완전비탄력적이고 공급곡선이 탄력적인 상품에 종량세가 부과된 경우에 관한 설명으로 옳은 것은?

① 소비자가격이 단위당 세액만큼 상승한다.
② 조세의 부담은 모두 생산자에게 귀착된다.
③ 조세의 부담은 소비자와 생산자에게 동일하게 귀착된다.
④ 물품세는 중립세이므로 조세의 전가는 발생하지 않는다.
⑤ 과세에 따른 초과부담으로 인하여 생산자, 소비자 모두 과세액 이상을 부담한다.

19 CTA 2015

완전경쟁시장에서 수요곡선은 우하향하는 직선으로 주어져 있고 공급곡선은 완전탄력적이라고 가정할 때, 재화 한 단위당 종가세 t를 부과하는 경우에 관한 설명으로 옳지 않은 것은? (단, 부분균형분석을 전제로 함)

① 조세의 초과부담은 t의 제곱에 비례한다.
② 조세수입은 t의 제곱에 비례한다.
③ 수요가 가격탄력적일 때 세후 판매수입은 과세이전보다 줄어든다.
④ 세후 소비자가격은 과세이전에 비해 (세전가격×t)만큼 상승한다.
⑤ 과세 후 소비자 잉여가 감소한다.

20 CTA 2015

담배수요에 대한 흡연자들의 가격탄력성이 아래와 같을 때, 정부의 담배소비세 인상에 관한 설명으로 옳지 않은 것은? (단, 다른 조건은 일정하다고 가정)

〈담배수요 가격탄력성〉

구 분	청소년	성 인	전체 평균
저소득층	3.24	0.81	0.89
고소득층	2.76	0.80	0.85

① 청소년의 담배 지출액은 감소할 것이다.
② 성인의 담배 지출액은 증가할 것이다.
③ 두 소득계층으로부터의 조세수입은 증가할 것이다.
④ 청소년의 담배소비가 성인에 비해 상대적으로 많이 감소할 것이다.
⑤ 저소득층 전체의 담배소비가 고소득층 전체에 비해 상대적으로 더 적게 감소할 것이다.

21 CTA 2013

두 상품 X와 Y가 완전대체재일 경우 상품 Y에 조세가 부과되면 조세부담은 누구에게 귀착되는가?

① Y재의 공급자에게 전부 귀착된다.
② X재와 Y재의 공급자에게 귀착된다.
③ X재의 공급자에게 전부 귀착된다.
④ X재의 수요자에게 전부 귀착된다.
⑤ X재와 Y재의 수요자에게 귀착된다.

22 CTA 2010

국민건강증진을 위하여 담배소비세를 인상한다고 할 때 예상되는 효과로 옳은 것은?

① 담배소비가 가격비탄력적일 때, 세수는 증가하지만 담배소비를 줄이는 효과는 크지 않다.
② 담배소비가 가격비탄력적일 때, 세수와 담배소비 모두 감소하는 효과가 있다.
③ 담배소비가 가격비탄력적일 때, 세수는 감소하지만 담배소비는 오히려 증가하는 효과가 있다.
④ 담배소비가 가격탄력적일 때, 세수와 담배소비 모두 증가하는 효과가 있다.
⑤ 담배소비가 가격탄력적일 때, 세수는 변함이 없지만 담배소비는 증가하는 효과가 있다.

23 CTA 2023

수요함수가 $Q = 120 - 2P$이고 공급함수가 $Q = P$인 완전경쟁시장을 고려하자. 정부가 단위당 12원의 물품세를 소비자에게 부과할 때, 그중 생산자의 부담액은?

① 0원
② 4원
③ 6원
④ 8원
⑤ 12원

24 CTA 2024

커피우유의 수요함수와 공급함수가 각각 $Q_d = 50 - 2P$, $Q_s = 3P - 20$이다. 정부가 단위당 10원의 물품세를 생산자에게 부과하는 경우, 다음 설명으로 옳지 않은 것은?

① 물품세 총액은 120원이다.
② 물품세 부과 전 균형가격은 14원, 균형거래량은 22이다.
③ 물품세 부과 이후 균형가격은 20원, 균형거래량은 10이다.
④ 소비자와 생산자 조세부담은 각각 단위당 6원과 4원이다.
⑤ 사회적 후생손실은 60원이다.

25 CTA 2021

완전경쟁시장 개별기업의 수요함수는 $P = 220 - Q$이고, 공급곡선은 $P = 40 + 2Q$이다. 이때 60의 종량세를 공급에 부과할 경우 발생하는 영향에 관한 설명으로 옳지 않은 것은?

① 시장가격은 160에서 180으로 상승한다.
② 종량세 과세에 따른 초과부담은 1,200이다.
③ 시장의 거래량은 60에서 40으로 줄어든다.
④ 종량세 부과로 발생하는 조세수입은 2,400이다.
⑤ 소비자에게 귀착되는 종량세 부담은 800이다.

26 CTA 2014

수요함수와 공급함수가 각각 다음과 같다. 생산자에게 개당 200원의 종량세를 부과하면 소비자와 생산자가 각각 부담해야 하는 세금의 크기는 얼마인가? (단, P : 가격, Q : 수량)

- 공급함수 : $P = Q$
- 수요함수 : $P = 2,000 - Q$

	소비자	생산자
①	20원	180원
②	50원	150원
③	100원	100원
④	150원	50원
⑤	180원	20원

27 CTA 2013

어떤 상품에 25%의 종가세율로 생산자 측에 과세한 후 판매량은 50이고, 판매가격도 50이 되었다. 이 기업의 한계비용은 40으로 일정하고, 수요곡선의 기울기는 -1이라고 할 때, 조세수입의 크기는?

① 100
② 200
③ 250
④ 500
⑤ 550

28 CTA 2010

완전경쟁시장에서 수요곡선은 $P = 2,000 - 2Q$이며, 공급곡선은 완전탄력적이다(P는 가격, Q는 수량). 세전 균형가격이 1,000원이라고 할 때 단위당 100원의 종량세를 부과한 결과로 옳지 않은 것은?

① 소비자가격은 1,100원이다.
② 수요량은 450이다.
③ 소득효과가 없다면 초과부담은 2,500원이다.
④ 세수는 45,000원이다.
⑤ 판매수입은 489,500원이다.

29 CTA 2017

부분균형분석을 따를 때 조세귀착에 관한 설명으로 옳지 않은 것은?

① 물품세의 법적 귀착과 경제적 귀착은 항상 동일한 결과를 나타낸다.
② 물품세 부과에 따른 소비자에로의 조세귀착은 공급의 가격탄력성이 수요의 가격탄력성보다 클수록 더 커진다.
③ 노동수요의 탄력성이 무한히 큰 경우 근로소득세를 부과하면 세부담은 노동자에게 모두 귀착된다.
④ 완전개방경제에서 자본에 대한 과세는 전적으로 자본의 사용자에게 귀착된다.
⑤ 조세귀착의 부분균형분석은 특정한 시장에서 부과된 조세가 다른 시장에 영향을 미치지 않고 그 시장에서만 영향을 미친다는 가정 하에서 분배효과를 측정한다.

30

생산요소의 조세귀착에 관한 부분균형분석적 설명으로 옳은 것은?

① 노동의 수요탄력성이 무한히 클 경우 근로소득세는 고용주가 모두 부담한다.
② 자본에 과세하는 경우 자본의 개방도가 높을수록 자본공급자의 부담은 높아진다.
③ 공급이 고정되어 있는 토지에 대한 과세는 토지의 현재 소유자에게 귀착된다.
④ 토지의 공급이 신축적일 경우 토지에 대한 과세는 완전한 자본화를 가져온다.
⑤ 노동의 공급탄력성이 매우 작을 경우 근로소득세는 고용주가 대부분 부담한다.

31

생산요소 과세의 귀착에 관한 설명으로 옳지 않은 것은?

① 근로소득세는 종가세의 일종으로 근로소득세가 부과되면, 근로자가 받는 순임금률은 낮아진다.
② 근로자의 임금이 근로소득세만큼 낮아지기 때문에 근로소득세 부과는 전액 근로자에게 귀착된다고 볼 수 있다.
③ 소규모 개방경제하에서는 자본공급곡선이 수평선이 되므로 자본에 대한 과세는 조세를 포함한 자본의 수익률을 과세폭만큼 상승시킨다.
④ 소규모 개방경제하에서 자본에 과세하면 자본의 공급자가 얻는 세후수익률에는 변화가 없고 전액 자본사용자에게 귀착된다.
⑤ 조세의 자본화란 자산의 가격이 미래에 발생될 조세부담의 현재가치만큼 하락함을 뜻하는 것으로 자산의 공급이 신축적이라면 완전한 자본화는 발생하지 않는다.

32

조세의 귀착에 관한 설명으로 옳은 것은?

① 개방경제에서 국가 간 자본이동이 완전한 경우, 자본에 대한 과세는 전적으로 자본수요자에게 귀착된다.
② 생산요소의 공급이 완전비탄력적인 경우, 그 생산요소에 대한 조세는 수요자와 공급자 모두에게 귀착된다.
③ 완전경쟁시장 상품에 과세할 때, 공급곡선이 불변이면 수요곡선이 탄력적일수록 소비자의 조세부담이 증가한다.
④ 물품세가 부과될 때, 독점기업일지라도 부과된 세금 이상을 소비자에게 전가시킬 수 없다.
⑤ 램지(Ramsey)규칙은 조세부담을 최소화하기 위한 정책기준이다.

33 CTA 2012

이윤세에 관한 설명으로 옳지 않은 것은?

① 이윤세 부과는 독점기업의 균형생산량을 감소시킨다.
② 이윤세 부과는 완전경쟁기업의 단기 균형생산량에는 영향을 미치지 않는다.
③ 이윤세 부과는 완전경쟁기업의 단기 균형가격에는 영향을 미치지 않는다.
④ 이윤세 부과는 완전경쟁기업의 장기 균형생산량에는 영향을 미치지 않는다.
⑤ 이윤세는 경제적 이윤에 부과되는 것이다.

34 CTA 2023

단위당 생산비가 57원으로 일정한 독점기업에게 판매단위당 9원의 판매세를 부과한다고 하자. 시장수요곡선이 우하향하는 직선일 때, 독점기업이 부담하는 단위당 판매세에 관한 설명으로 옳은 것은?

① 독점기업과 소비자가 나누어 부담한다.
② 공급의 가격탄력성이 작을수록 독점기업의 부담이 커진다.
③ 독점기업에게 부과하였으므로 9원 모두 독점기업이 부담한다.
④ 공급의 가격탄력성이 무한대이고 따라서 모든 세금을 소비자에게 전가할 수 있으므로 독점기업은 0원을 부담한다.
⑤ 수요의 가격탄력성이 작을수록 독점기업의 부담이 커진다.

35 CTA 2021

조세의 전가와 귀착에 관한 설명으로 옳지 않은 것은?

① 독점시장의 경우 조세부담은 소비자에게 모두 전가되지는 않는다.
② 법인세의 법적 부담자는 기업이지만 법인세 과세로 인해 상품가격이 인상된다면 소비자에게도 세부담이 전가된다.
③ 국민연금제도에서 기여금은 법적으로는 고용주와 근로자가 $\frac{1}{2}$씩 부담하지만 실질적인 부담은 노동의 수요 및 공급의 임금탄력성에 따라 결정된다.
④ 독점시장에서는 공급곡선의 형태에 따라 귀착은 달라진다.
⑤ 독점시장에서 종량세와 종가세가 미치는 효과는 상이하다.

36 CTA 2018

비용불변의 독점기업에서 생산하는 제품에 종가세를 부과할 때 나타나는 효과로 옳은 것은? (단, 수요곡선은 선형이며 우하향한다)

① 비용불변이기 때문에 소비자가격은 변동하지 않는다.
② 종가세의 부담은 소비자와 생산자가 분담한다.
③ 소비자잉여는 불변이다.
④ 독점기업이기 때문에 이윤을 줄이지 않고 대응할 수 있어 독점이윤은 불변이다.
⑤ 가격상승은 부과된 단위당 세액보다 크다.

37 CTA 2016

독점적 경쟁시장하의 개별 기업에 대한 과세의 효과에 관한 설명으로 옳은 것은?

① 독점적 경쟁시장의 상품에 과세한 경우, 기업이 충성고객을 확보하였을 때는 전가가 어렵다.
② 독점적 경쟁시장의 상품에 과세한 경우, 상품에 이질성이 높으면 전가가 어렵다.
③ 독점적 경쟁시장의 기업에 대한 이윤세 부과는 기업의 이윤극대화 행위에 영향을 주지 못한다.
④ 완전경쟁시장 개별 기업의 상품에 과세한 경우에 비해 전가가 어렵다.
⑤ 독점적 경쟁시장의 상품에 과세한 경우, 상품에 동질성이 높으면 전가가 용이하다.

38 CTA 2014

독점시장에서 시장수요곡선은 $Q = 30 - P$이고, 총비용곡선은 $TC = \frac{1}{2}Q^2 + 3$일 때 단위당 6의 물품세를 부과할 때, 소비자잉여의 변화의 크기는? (단, P : 가격, Q : 수량)

① 15
② 18
③ 25
④ 30
⑤ 35

39 CTA 2012

시장수요곡선이 $Q = 160 - P$, 독점자의 평균비용곡선이 $AC = 40 + Q$라고 할 때 독점이윤을 극대화하는 산출량(Q^*), 가격(P^*), 소비자잉여(S^*)는 얼마인가?

① $Q^* = 30$, $P^* = 130$, $S^* = 400$
② $Q^* = 30$, $P^* = 130$, $S^* = 450$
③ $Q^* = 40$, $P^* = 120$, $S^* = 450$
④ $Q^* = 40$, $P^* = 120$, $S^* = 800$
⑤ $Q^* = 60$, $P^* = 100$, $S^* = 1,800$

40 CTA 2020

다음은 순수독점의 형태로 운영되고 있는 시장의 수요함수이다.

$$Q = 200 - 4P$$

그리고 이 시장의 독점공급자인 A사의 총비용함수는 다음과 같다.

$$TC = \frac{1}{4}Q^2 + 10Q + 75$$

정부가 소비자에게 단위당 10만큼의 물품세를 부과한다고 할 때, 다음 설명으로 옳은 것을 모두 고른 것은? (단, Q는 수량, P는 가격, TC는 총비용이다)

ㄱ. 독점공급자는 조세부담을 전가시킬 수 있으므로 세금은 모두 소비자가 부담한다.
ㄴ. 독점공급자의 조세부담이 소비자의 조세부담보다 3배 더 크다.
ㄷ. 조세부담의 크기는 소비자와 공급자가 동일하다.
ㄹ. 독점공급자의 조세부담이 소비자의 조세부담의 $\frac{1}{3}$이다.
ㅁ. 동일한 세금을 소비자 대신 공급자에게 부과해도 조세부담 귀착의 결과는 같다.

① ㄱ, ㄴ
② ㄱ, ㄷ
③ ㄴ, ㄷ
④ ㄴ, ㅁ
⑤ ㄹ, ㅁ

41 CTA 2011

이윤극대화를 추구하는 어떤 독점기업의 비용함수는 $C = 16 + Q^2$이고, 수요함수는 $P = 20 - Q$이다(단, Q : 수요량, P : 가격). 정부가 재화 한 단위당 4원씩의 조세를 이 기업 또는 소비자에게 부과한다고 가정할 때, 옳은 것을 모두 고른 것은?

> ㄱ. 조세가 부과되기 전, 독점기업은 재화 한 단위당 15원의 가격에 5단위를 판매한다.
> ㄴ. 조세가 독점기업에 부과되는 경우, 이 기업은 재화 한 단위당 16원의 가격에 4단위를 판매하므로 조세의 $\frac{3}{4}$을 부담한다.
> ㄷ. 조세가 소비자에게 부과되는 경우, 소비자는 재화 한 단위당 12원의 가격에 4단위를 구매한다.
> ㄹ. 조세가 독점기업에 부과될 때, 소비자는 자신에게 부과되는 경우에 비해 부담을 덜 지게 된다.

① ㄱ, ㄴ
② ㄷ, ㄹ
③ ㄱ, ㄴ, ㄷ
④ ㄴ, ㄷ, ㄹ
⑤ ㄱ, ㄴ, ㄷ, ㄹ

42 CTA 2010

하버거(Harberger)의 일반균형 귀착분석모형(2 재화, 2 생산요소)에서 노동집약적인 재화에만 개별소비세를 부과할 경우의 조세귀착에 관한 설명으로 옳지 않은 것은?

① 원천(source) 측면에서 보면 노동자는 자본가보다 상대적으로 높은 조세부담을 지게 된다.
② 노동과 자본 사이의 대체탄력성이 클수록 상대적으로 노동자의 조세부담이 더 커질 것이다.
③ 과세대상 재화에 대한 수요의 가격탄력성이 클수록 노동자가 상대적으로 더 큰 조세부담을 지게 된다.
④ 소비자들의 선호가 동일하지 않을 경우 원천 측면뿐만 아니라 사용 측면(use)에서도 조세부담을 고려해야 한다.
⑤ 두 재화 사이의 요소집약도의 차이가 클수록 노동자가 상대적으로 더 큰 조세부담을 지게 된다.

43 CTA 2013

2 생산요소 − 2 상품인 경제(A. Harberger 모형)에서 한 상품에만 물품세를 부과하면 그 상품의 생산과정에 집약적으로 사용되는 생산요소의 상대가격을 떨어뜨리는 결과를 가져온다. 이때 상대가격 변화 및 물품세 귀착에 관한 설명으로 옳지 않은 것은?

① 두 산업 간 요소집약도의 차이가 클수록 상대가격비율은 더 큰 폭으로 변화한다.
② 조세부과의 대상이 된 상품에 대한 수요의 가격탄력성이 클수록 상대가격의 변화가 더 커진다.
③ 원천(source) 측면에서 보면 물품세가 부과된 산업에서 집약적으로 사용되고 있는 생산요소의 공급자에게 부담이 귀착된다.
④ 생산요소 간 대체탄력성이 작을수록 상대가격의 변화는 작아진다.
⑤ 사용(use) 측면에서 보면 과세되는 상품을 상대적으로 더 많이 소비하고 있는 사람일수록 더 많은 부담을 지게 된다.

44 CTA 2012

생산요소공급이 가변적일 경우, 노동집약적인 산업에 물품세를 부과할 때 나타나는 효과로 옳지 않은 것은?

① 생산요소공급이 고정되었을 때보다 자본의 상대가격 변동에 미치는 효과가 줄어든다.
② 노동공급이 감소된다.
③ 노동과 자본의 대체탄력성이 작을수록 요소의 상대가격 변화가 크다.
④ 생산요소공급이 고정되었을 때보다 노동의 상대가격은 더 크게 하락한다.
⑤ 산업 간 요소집약도의 차이가 클수록 요소의 상대가격 변화가 크다.

45 CTA 2008

두 재화 X와 Y가 생산되고 소비되는 경제를 생각하자. 각 재화는 자본(K)과 노동(L)을 이용하여 1차 동차의 생산기술을 통해 생산된다. 경제 내의 자본량과 노동량은 각각 K와 L로 주어져 있고, 두 재화의 생산에 완전고용되고 있다. 모든 시장은 완전경쟁적이며, 두 재화의 가격은 각각 P_X와 P_Y이다. 재화 X는 상대적으로 노동집약적인 방법으로 생산된다. 소비자들의 선호는 동일하다. X재에 대해서만 물품세 t_X가 부과될 경우 그 효과에 관한 설명 중 옳지 않은 것은?

① 균형조건은 $MRS_{XY} = \dfrac{(1+t_X)P_X}{P_Y} = (1+t_X)MRT_{XY}$가 된다.
② 생산요소 사이의 대체탄력성이 작을수록 요소상대가격의 변화폭이 커지게 된다.
③ 조세가 부과되기 이전과 비교하여 노동의 상대가격은 하락하는 반면 자본의 상대가격은 상승한다.
④ X재에 대한 수요의 가격탄력성이 작을수록 생산요소의 상대가격 변화 정도는 커진다.
⑤ 두 재화의 생산에 있어서 요소집약도의 차이가 클수록 상대가격의 비율은 더 큰 폭으로 변화한다.

46 CTA 2014

X, Y 두 산업으로 구성된 경제에서 생산요소공급이 가변적인 경우, 노동집약적인 X재 산업에 물품세를 부과할 때 나타나는 효과로 옳지 않은 것은? (단, 요소시장과 생산물시장은 완전경쟁적이며, r : 자본의 가격, w : 임금률이다)

① X재 산업의 임금률은 하락한다.
② X재 산업에 물품세가 부과되었을 때 대체효과가 소득효과보다 크다면 노동공급량은 감소한다.
③ 물품세 부과에 따라 X재 상대가격이 상승하기 때문에 X재를 더 많이 소비하는 사람일수록 부담이 증가한다.
④ 생산요소공급이 고정적인 경우와 비교하면 물품세가 자본과 노동의 상대가격 $\left(\dfrac{w}{r}\right)$에 미치는 효과는 줄어든다.
⑤ 생산요소공급이 가변적이면 고정적인 경우에 비해 노동자본비율 $\left(\dfrac{L}{K}\right)$이 더 크게 상승한다.

47 CTA 2009

두 재화(X재, Y재), 두 생산요소(노동, 자본)가 존재하는 하버거(Harberger)모형에서 자본집약적인 X재에만 상품세를 부과할 경우의 효과에 관한 설명으로 옳지 않은 것은?

① X재의 상대가격은 상승하고, Y재의 상대가격은 하락한다.
② X재의 소비는 감소하고, Y재의 소비는 증가한다.
③ X재의 생산은 감소하고, Y재의 생산은 증가하나.
④ X재의 자본투입량이 감소하고, Y재의 노동투입량이 증가한다.
⑤ 자본의 상대가격은 상승한다.

48 CTA 2018

하버거(A. Harberger)는 조세 귀착에 관한 일반균형모형에서 다음과 같이 가정하였다. 이러한 경우에 나타나는 현상으로 옳지 않은 것은?

> ㄱ. 두 재화 X, Y가 있으며, 생산기술은 일차 동차(선형 동차)이고 X는 자본집약적 부문이고 Y는 노동집약적 부문이다.
> ㄴ. 모든 시장은 완전경쟁이고 노동과 자본의 총량은 일정하고 부문 간 요소 이동성이 완전하다.

① X부문과 Y부문의 노동에 대한 동률의 조세는 그 부담이 모두 노동에 귀착된다.
② X재화에 물품세를 부과하면 노동에 대비한 자본의 상대가격을 높이게 된다.
③ X부문의 자본에 대한 과세는 산출효과를 통해 노동에 대비한 자본의 상대가격을 낮추게 된다.
④ X부문의 자본에 대한 과세는 요소대체효과를 통해 노동에 대비한 자본의 상대가격을 낮추게 된다.
⑤ Y부문의 노동에 대한 과세 시 산출효과와 요소대체효과는 서로 같은 방향으로 작용한다.

49 CTA 2022

하버거(A. Harberger)는 아래 가정하에 조세귀착의 일반균형모형을 분석하였다. 이 경우에 나타나는 현상으로 옳은 것은?

> • 두 재화 X, Y가 있으며, 생산기술은 1차동차(선형동차)이고 X와 Y의 요소집약도는 동일하다.
> • 모든 시장은 완전경쟁이고 노동과 자본의 부존량은 주어져 있고, 이 생산요소들은 완전한 이동성을 갖는다.

① X부문과 Y부문에 대한 동일 세율의 물품세는 노동의 상대가격을 낮추게 된다.
② X부문에 물품세를 부과하면 노동에 대비한 자본의 상대가격을 높이게 된다.
③ X부문의 자본에 대한 과세는 산출효과를 통해 노동에 대비한 자본의 상대가격을 낮추게 된다.
④ X부문의 자본에 대한 과세는 요소대체효과를 통해 노동에 대비한 자본의 상대가격을 낮추게 된다.
⑤ Y부문의 노동에 대한 과세 시 산출효과와 요소대체효과는 서로 같은 방향으로 작용한다.

CHAPTER 05 | 조세의 초과부담 및 최적과세론

제1절 | 조세의 효율성(초과부담)

01 CTA 2024

조세의 초과부담에 관한 설명으로 옳지 않은 것은?

① 수요의 가격탄력성이 클수록 초과부담은 커진다.
② 세율이 높아지면 초과부담이 늘어나고 조세수입도 늘어난다.
③ 정액세(lump-sum tax) 부과는 초과부담을 발생시키지 않는다.
④ 완전보완재인 두 재화 중 한 재화에 대한 과세는 초과부담을 발생시키지 않는다.
⑤ 초과부담을 정확히 측정하려면 보상수요곡선을 이용해야 한다.

02 CTA 2023

조세의 초과부담에 관한 설명으로 옳은 것은?

① 초과부담은 조세수입에서 사회후생 감소분을 차감한 것이다.
② 초과부담은 주로 조세부담의 전가 때문에 발생한다.
③ 세율이 높으면 조세수입이 늘어나지만 초과부담은 줄어든다.
④ 수요의 가격탄력성이 클수록 초과부담은 오히려 작아진다.
⑤ 정액세(lump-sum tax) 부과는 초과부담을 발생시키지 않는다.

03 CTA 2020

조세의 초과부담에 관한 설명으로 옳은 것은?

① 다른 조건이 일정하면, 대체재가 많은 재화에 과세하면 그렇지 않은 경우에 비해 초과부담이 작다.
② 조세수입에서 후생감소분을 차감한 것이다.
③ 가격변화에 둔감한 재화에 대한 과세는 상대적으로 초과부담을 작게 발생시킨다.
④ 정액세(lump-sum tax) 부과는 소득효과가 없기 때문에 초과부담을 발생시키지 않는다.
⑤ 두 재화가 완전보완재인 경우 그중 한 재화에 대한 과세는 초과부담을 발생시킨다.

04 CTA 2021

조세의 초과부담에 관한 설명으로 옳은 것은?

① 조세부과 시 발생하는 소득변화에 의해 나타나는 납세자 선택의 왜곡현상을 의미한다.
② 서로 다른 재화에 대해 조세징수액이 같으면 초과부담의 크기는 동일하게 나타난다.
③ 초과부담은 조세부과로 인해 상대가격이 변하는 경우 대체효과에 의해 나타난다.
④ 조세부과로 인하여 소득효과와 대체효과가 상반된 방향으로 작용하여 상쇄되면 수요량의 변화가 없게 되어 초과부담은 발생하지 않는다.
⑤ 초과부담은 조세부과로 인해 발생하는 소비자잉여와 생산자잉여의 감소분을 합한 것이다.

05 CTA 2010

하버거 삼각형(Harberger's triangle)에 관한 설명으로 옳은 것은?

① 외부불경제가 존재할 때 피구세를 부과하면 자중손실(deadweight loss)은 감소한다.
② 자중손실의 크기는 세율의 제곱근에 비례한다.
③ 대체재가 많은 상품일수록 세금을 부과하면 자중손실은 감소한다.
④ 자중손실의 크기를 정확하게 측정하기 위해서는 보통수요곡선(ordinary demand curve)이 필요하다.
⑤ 공급곡선이 탄력적일수록 자중손실은 감소한다.

06 CTA 2018

다음 그림은 재화 A, 재화 B가 존재하는 경제에서 납세자의 예산선과 무차별곡선(i, ii)을 나타내고 있다. 과세 이전의 예산선은 $\overline{B_0 A_0}$이고, 과세 이후의 예산선은 $\overline{B_0 A_1}$이다. 과세 이전과 과세 이후 납세자의 효용극대화 점은 각각 E_0, E_1이다. 과세 이전 예산선과 동일한 기울기를 가지면서 과세 이후 효용극대화 점을 지나는 무차별곡선에 접하는 예산선은 $\overline{B_2 A_2}$로 주어져 있다. 이때 초과부담은?

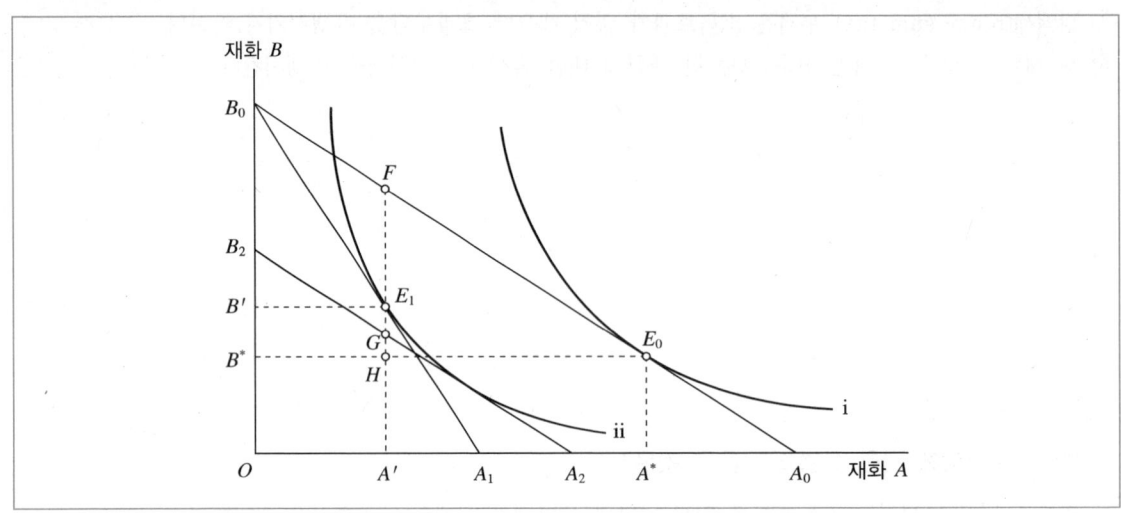

① $\overline{FE_1}$
② $\overline{FG}$
③ $\overline{FH}$
④ $\overline{E_1 G}$
⑤ $\overline{E_1 H}$

07 CTA 2021

물품세(excise tax)의 초과부담에 관한 설명으로 옳지 않은 것은?

① 물품세의 최적과세는 초과부담을 최소화시키는 과세를 의미한다.
② 물품세의 초과부담은 소비자가 지불하는 가격과 생산자가 수취하는 가격이 달라지기 때문에 발생한다.
③ 물품세의 초과부담은 수요의 가격탄력성이 클수록 증가한다.
④ 보상수요의 가격탄력성이 0인 경우에는 물품세 부과로 인한 가격 상승이 보상수요량에 아무런 변화도 주지 않고 초과부담도 없다.
⑤ 어떤 재화의 시장에서 공급곡선이 수평이고 수요곡선이 우하향하며 직선인 경우 재화의 초기 균형가격은 P_1, 물품세의 세율은 t, 물품세 과세 이전과 이후의 균형소비량(산출량)은 각각 Q_1과 Q_2, 그리고 보상수요의 가격탄력성을 e로 나타내면 물품세의 과세로 인한 초과부담은 $\frac{1}{2}e(P_1 Q_2)t^2$이 된다.

08 CTA 2008

탄력성을 제외한 다른 모든 조건이 동일하다고 할 때(예 : 동일한 세금부과), 다음 상황 가운데 조세의 초과부담이 가장 작은 조합은?

① 탄력적인 수요곡선과 공급곡선
② 비탄력적인 수요곡선과 탄력적인 공급곡선
③ 탄력적인 수요곡선과 비탄력적인 공급곡선
④ 비탄력적인 수요곡선과 공급곡선
⑤ 완전탄력적인 수요곡선과 완전비탄력적인 공급곡선

09 CTA 2013

조세의 초과부담에 관한 설명으로 옳지 않은 것은?

① 완전보완재인 두 상품 X와 Y 중에서 상품 Y에 종가세를 부과할 때 초과부담은 존재하지 않는다.
② 보상수요곡선의 탄력성이 클수록 대체효과는 크게 되고 초과부담은 커진다.
③ 수요곡선과 공급곡선이 비탄력적일수록 조세수입은 작아진다.
④ 공급곡선이 완전비탄력적이고, 수요곡선이 우하향할 경우 조세의 초과부담은 없다.
⑤ 세율이 높을수록, 상품의 거래액이 클수록 초과부담은 커진다.

10 CTA 2015

조세의 부과로 인해 발생하는 초과부담에 관한 설명으로 옳지 않은 것은?

① 완전보완재인 두 재화 중 어느 하나에 물품세를 부과할 경우 초과부담의 크기는 세율에 비례하여 커진다.
② 수요가 완전비탄력적일 때 물품세를 부과하더라도 해당 시장에서 초과부담은 발생하지 않는다.
③ 종가세가 부과될 경우, 초과부담은 수요의 가격탄력성이 크거나 재화의 거래액이 많을수록 증가한다.
④ 초과부담은 대체효과에 의해서만 발생하기 때문에 초과부담을 분석하기 위해서는 소득효과가 제거된 보상수요곡선을 사용해야 한다.
⑤ 독립적인 관계에 있는 두 재화에 물품세를 부과할 때 발생하는 초과부담은 대체관계에 있을 때에 비해 더 커진다.

11 CTA 2017

조세의 효율성에 관한 설명으로 옳지 않은 것은?

① 조세에 의한 초과부담은 소득효과와는 관련이 없고 대체효과에 의해서 유발된다.
② 조세부과가 초래하는 초과부담을 측정할 때는 보상수요곡선을 사용하여야 한다.
③ 정액세는 납세자의 경제 행위와는 무관하게 세금을 부과하기 때문에 조세에 의한 왜곡이 일어나지 않는다.
④ 이미 조세를 부과하고 있는 상태에서 새로운 조세를 부과하면 소비자들은 부담이 추가되어 항상 효용은 줄어든다.
⑤ 2기간 생애주기모형(two-period life-cycle model)에서 이자소득세는 없고 매기의 소비가 정상재라면 근로소득세가 부과되어도 대체효과에 의한 초과부담은 발생하지 않는다.

12 CTA 2020

일반적으로 조세는 시장의 자원배분을 왜곡하여 초과부담을 발생시킨다. 다음 중 조세의 초과부담이 발생하지 않을 상황을 모두 고른 것은?

> ㄱ. 고가부동산 거래에 고율 과세하는 경우
> ㄴ. 부유층이 주로 소비하는 재화에 10%의 소비세를 부과하는 경우
> ㄷ. 대기오염을 발생시키는 제품의 사회적 최적생산수준에서 한계환경피해비용과 세율이 같아지도록 과세하는 경우
> ㄹ. 공급은 완전비탄력적이고 수요는 완전탄력적일 때, 생산자에게 과세하는 경우

① ㄱ, ㄴ
② ㄱ, ㄷ
③ ㄴ, ㄷ
④ ㄴ, ㄹ
⑤ ㄷ, ㄹ

13 CTA 2017

X재와 Y재를 소비하는 어떤 사회에서 과세에 따른 초과부담에 관한 설명으로 옳은 것은?

① 조세수입이 동일한 경우, 두 재화보다는 한 재화에 세금을 부과할 때 초과부담은 작아진다.
② 개별물품세가 부과되어도 수요량이 변하지 않으면 초과부담은 존재하지 않는다.
③ 현금보조는 부(−)의 조세의 일종이므로 초과부담이 발생한다.
④ 두 재화가 대체관계인 경우, X재에 조세가 부과된 상태에서 Y재에 조세를 부과하면 Y재의 과세에 따른 왜곡의 발생으로 반드시 경제 전체의 초과부담은 늘어난다.
⑤ 두 재화가 완전보완재인 경우, 한 재화에 과세하면 경제 전체의 초과부담은 0(zero)이다.

14 CTA 2008

다음은 조세의 형태와 관련된 일반론적 효율성에 입각한 견해들이다. 옳은 것은?

> 가. 종가세는 상대가격에 영향을 주지 않으므로 효율성 면에서 바람직하다.
> 나. 종량세는 양(量)을 기준으로 과세하기 때문에 상대가격에 영향을 주지 않으며, 따라서 효율성 면에서 바람직하다.
> 다. 정액세(lump-sum tax)는 소비자의 최적 소비결정에 영향을 미치지 못한다는 차원에서 중립적이라 할 수 있으며, 효율성 측면에서 바람직하다.

① 가
② 나
③ 다
④ 가, 나
⑤ 나, 다

15 CTA 2022

근로소득세의 초과부담을 커지게 하는 경우가 아닌 것은?

① 근로소득세율이 높아지는 경우
② 임금률이 높아지는 경우
③ 임금총액이 커지는 경우
④ 노동수요곡선의 탄력성이 작아지는 경우
⑤ 보상노동공급곡선의 탄력성이 커지는 경우

16 CTA 2014

근로소득세의 후생비용을 결정하는 요인에 관한 설명으로 옳지 않은 것은?

① 근로소득세율이 높을수록 후생비용이 크다.
② 임금률이 높을수록 후생비용이 크다.
③ 임금총액이 클수록 후생비용이 크다.
④ 보상노동공급곡선의 탄력성이 클수록 후생비용이 크다.
⑤ 노동수요곡선의 탄력성이 작을수록 후생비용이 크다.

17 CTA 2019

근로소득세의 초과부담에 관한 설명으로 옳지 않은 것은?

① 초과부담은 세율이 높을수록 커지며, 노동공급의 탄력성이 낮을수록 커진다.
② 개인에 대한 근로소득세의 초과부담은 대체효과가 클수록 증가한다.
③ 초과부담 측정은 임금률의 변화가 초래하는 소득효과를 제외한 보상된 노동공급곡선을 이용해야 한다.
④ 대체효과에 따른 노동공급 변화가 초래하는 후생 순손실을 의미한다.
⑤ 노동공급량 감소에 따른 노동공급자의 잉여 감소분에서 조세수입을 제외한 것이다.

18 CTA 2020

한 개인은 소득 M으로 사치재 X와 필수재 Y만을 소비한다. 이 사람의 예산선 기울기에 영향을 미치는 설명은?

① 사치재인 X에 고율의 소비세가 부과되었다.
② 소득에 정액세가 부과되었다.
③ 현금보조금을 받았다.
④ 소득보전 정책에 따라 납부소득세만큼 환급받았다.
⑤ X와 Y에 단일세율의 종가세가 부과되었다.

19 CTA 2025

초과부담에 관한 설명으로 옳지 않은 것은?

① 물품세 부과 시 초과부담은 한계대체율(MRS)과 한계생산변환율(MRT)이 달라 효율적인 자원배분의 조건이 충족되지 않아서 발생한다.
② 물품세 부과로 인한 초과부담은 소비자 지불가격과 생산자 수취가격이 달라지기 때문에 발생한다.
③ 조세부과로 인한 초과부담은 상대가격의 변화로 인한 소득효과와 대체효과가 서로 반대방향으로 작용하게 되면 발생하지 않는다.
④ 램지규칙에 의하면 과세로 인한 초과부담을 최소화하기 위해서는 재화 간 조세수입의 한계초과부담이 일치하도록 세율을 정해야 한다.
⑤ 초과부담은 과세로 인한 소비자와 생산자의 후생감소분에서 조세수입을 차감해서 구할 수 있다.

20 CTA 2025

어떤 재화의 한계비용은 50이고, 보상수요곡선은 $P = 100 - Q$이다. 재화의 공급자에게 단위당 20의 조세를 부과하였을 때, 다음 설명으로 옳지 않은 것은? (단, P는 가격, Q는 수량이다)

① 조세수입은 600이다.
② 비효율성계수는 $\frac{3}{4}$이다.
③ 소비자잉여의 감소는 800이다.
④ 과세로 인한 공급자의 판매량 감소는 20이다.
⑤ 과세로 조세부담은 소비자에게 전가된다.

21 CTA 2017

어떤 재화의 시장 수요곡선과 공급곡선이 각각 $Q^D = 1,000 - 5P$, $Q^S = 50$ 이라고 가정한다. 정부가 이 재화 1단위당 100원의 세금을 소비자에게 부과했을 경우, 사중적 손실(deadweight loss)은? (단, Q^D는 수요함수, Q^S는 공급함수, P는 가격이다)

① 0
② 100
③ 250
④ 1,000
⑤ 2,500

22 CTA 2021

시장균형에서 A상품의 소비량이 1,000이고 가격이 1,000이며, 수요와 공급의 가격탄력성이 각각 $\frac{1}{10}$, $\frac{1}{10}$이다. 10%의 종가세가 부과되었을 때, 조세로 인한 사중손실의 크기는?

① 10
② 50
③ 100
④ 250
⑤ 500

23 CTA 2000

노동의 시장공급곡선은 우상향의 직선이고 노동에 대한 시장수요는 완전탄력적인 어떤 노동시장에서 현재의 총임금지급액은 10조원이고 이때의 노동공급의 (보상)가격탄력성은 0.5라고 하자. 이제 정부가 임금에 대하여 20%의 근로소득세를 부과하기로 결정한 경우 이 조치가 경제에 미치는 초과부담(excess burden)의 크기는 얼마가 되겠는가?

① 500억원
② 1,000억원
③ 2,000억원
④ 3,000억원
⑤ 5,000억원

24 CTA 2008

다음은 어느 재화의 시장수요와 공급함수를 나타낸 것이다. (단, 보상수요곡선과 시장수요곡선이 일치한다고 가정한다)

$$P = 100 - 2Q^D$$
$$P = 10 + 3Q^S$$

정부가 이 재화에 단위당 10씩의 세금을 부과했을 때, 정부의 조세수입과 조세의 초과부담 비율은 얼마인가?

① 16 : 1
② 18 : 1
③ 20 : 1
④ 22 : 1
⑤ 24 : 1

25 CTA 2009

다음은 도서대여업 시장의 수요와 공급곡선을 각각 나타낸 것이다.

$$P = 25 - Q_D$$
$$P = 7 + 2Q_S$$

정부가 도서대여업을 장려하기 위해 단위당 3만큼의 보조금을 지급한다고 가정하자. 이때 정부가 투입해야 하는 보조금과 이 보조금에 의한 초과부담의 비율은? (단, Q_D는 수요량, Q_S는 공급량, P는 가격임)

① 12 : 1
② 13 : 1
③ 14 : 1
④ 15 : 1
⑤ 16 : 1

26 CTA 2018

A재의 한계비용은 100이고, 보상수요곡선은 $P = 200 - 2Q_a$이다. A재의 공급자에게 단위당 20의 조세를 부과하였을 때 비효율성계수(coefficient of inefficiency)는? (단, Q_a : A재의 수량)

① 0.115
② 0.125
③ 0.135
④ 0.145
⑤ 0.250

27 CTA 2012

맥주의 보상수요곡선이 $Q_d = 200 - P$이고 공급곡선(Q_s)은 $P = 100$일 때, 정부가 생산자에게 맥주 단위당 20의 물품세를 부과한다고 가정하자. 이 경우 나타나는 비효율성계수(coefficient of inefficiency)는? (단, 모든 가격의 단위는 원이다)

① $\frac{1}{8}$
② $\frac{1}{4}$
③ $\frac{1}{2}$
④ 1
⑤ 2

28 CTA 2018

다음 그림은 어떤 재화에 대한 우하향하는 수요곡선과 수평인 공급곡선을 나타내고 있다. 이 재화에 정부가 상품 한 단위당 k만큼의 보조금을 지급하여 보조금 이후의 공급곡선은 S'으로 나타나고 있다. 이러한 보조금이 가지는 초과부담은 무엇으로 표시되는가?

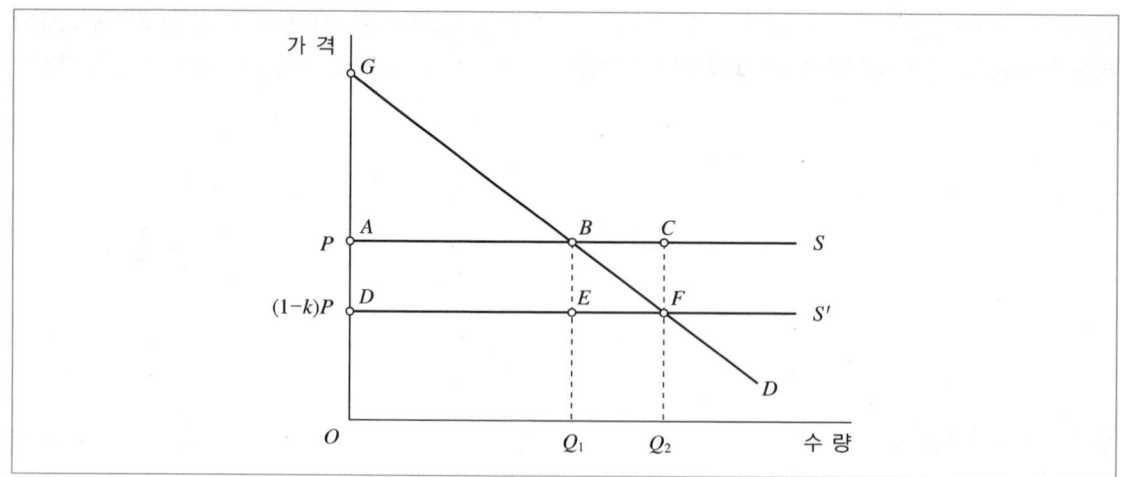

① 초과부담은 0이다.
② 삼각형 BCF
③ 삼각형 BEF
④ 삼각형 GBA
⑤ 사각형 $ABFD$

29 　CTA 2014

요소의 투입이 고정적일 때 다음 중 가장 효율적인 조세는? (단, X재 : 여가보완재, Y재 : 여가대체재)

① 비례적으로 부과하는 근로소득세
② X재에 대한 물품세
③ Y재에 대한 물품세
④ X재에 대한 높은 세율의 개별소비세
⑤ Y재에 대한 낮은 세율의 개별소비세

30 　CTA 2000

자동차, 식료품, 여가의 세 가지 상품만 존재하는 경제에서 조세의 효율성에 대한 설명으로 옳은 것은?

① 소득세는 자동차, 식료품에만 같은 세율을 부과하는 물품세와 실질적으로 동일한 효과를 갖는다.
② 자동차에만 부과되는 물품세는 자동차와 식료품의 상대가격만을 변화시키므로 비왜곡적이다.
③ 자동차와 식료품에 똑같은 비율로 부과되는 물품세는 비왜곡적이다.
④ 소득세는 여가와 다른 상품의 상대가격만을 변경시키기 때문에 두 상품에 각기 다른 세율로 부과되는 물품세에 비해 덜 왜곡적이다.
⑤ 이 경제에서 소득세는 대체효과를 일으키지 않는다.

31 CTA 2018

X재, Y재, 여가 간의 선택에 조세부과가 미치는 효과로 옳지 않은 것은? (단, X재 : 여가와 보완재, Y재 : 노동과 보완재)

① X재에 대한 개별소비세는 X재와 여가 간의 선택에 영향을 미친다.
② Y재에 대한 개별소비세는 Y재와 여가 간의 선택에 영향을 미친다.
③ 일반소비세, 소득세, 개별소비세 가운데 어느 쪽이 더 효율적인가는 단정하기 어렵다.
④ X재에 중과하는 개별소비세는 여가에 간접적으로 과세할 수 있기 때문에 보다 효율적이다.
⑤ 정액세(lump-sum tax)는 초과부담을 수반하지 않기 때문에 형평성 측면에서 우월한 조세이다.

32 CTA 2012

누진적인 근로소득세 부과가 초과부담을 초래하는 이유로 옳은 것은?

① 납세자의 경제능력에 관계없이 차등 과세하기 때문이다.
② 세부담의 영향으로 납세자의 소득수준이 증가하기 때문이다.
③ 평균세율이 소득증가에 따라 하락하기 때문이다.
④ 여가를 과세대상에 포함시키는 것이 현실적으로 불가능하기 때문이다.
⑤ 소득 불평등도를 악화시키기 때문이다.

33 CTA 2016

주어진 소득으로 개인이 재화를 선택하는 데 있어서 중립성을 저해하는 과세방식은?

① 소득세만 부과한다.
② 소득세를 부과한 이후에 특정 재화에 물품세를 부과한다.
③ 소득세와 일반소비세를 부과한다.
④ 모든 재화에 대해 동일한 물품세를 동시에 부과한다.
⑤ 소득효과만 있고 대체효과가 존재하지 않는 조세를 부과한다.

제2절 | 최적과세론

01 CTA 2023

최적물품세를 도출한 램지규칙에 관한 설명으로 옳지 않은 것은?

① 램지규칙은 효율성 측면만을 고려한 과세원칙이다.
② 램지규칙이 성립하기 위해서는 두 재화 간의 관계가 독립적이어야 한다.
③ 램지규칙은 재화 간 조세수입의 한계 초과부담을 일치시키는 과정에서 도출된다.
④ 생활필수품에 낮은 세율을 부과하는 것이 램지규칙에 부합하고, 사회적으로도 바람직하다.
⑤ 램지규칙에 의하면, 수요의 가격탄력성에 반비례하도록 각 재화에 세율을 부과하여야 효율적이다.

02 CTA 2015

램지원칙에 관한 설명으로 옳은 것은?

① 램지원칙에 따르면, 수요의 가격탄력성이 0인 재화가 있다면 이 재화에 대해서만 조세를 부과해도 된다.
② 램지원칙이 성립하기 위해서는 각각의 재화가 대체관계에 있어야 한다.
③ 수요의 가격탄력성이 큰 재화일수록 낮은 세율을 적용하는 것이 형평성의 관점에서 바람직하다.
④ 램지원칙에 따르면, 각 재화에 대해 단일 세율로 물품세를 부과하는 것이 효율적이다.
⑤ 필수품에는 낮게 과세하는 것이 램지원칙에 부합할 뿐 아니라, 사회적으로도 바람직하다.

03 CTA 2018

램지원칙과 역탄력성원칙에 관한 설명으로 옳지 않은 것은?

① 램지원칙은 효율성을 고려한 과세 원칙이다.
② 역탄력성원칙이 램지원칙에 비해 일반적인 원칙이다.
③ 역탄력성원칙에 따르면 효율성을 제고하기 위해서 수요의 가격탄력성에 반비례하게 과세하여야 한다.
④ 역탄력성원칙에 따르면 필수재에 대해서는 높은 세율로 과세하여야 한다.
⑤ 램지원칙에 따르면 모든 상품의 보상수요량에 똑같은 비율의 감소가 일어나도록 세율 구조를 만들어야 한다.

04 CTA 2010

여러 재화에 대한 간접세 과세를 설명하는 것으로 옳지 않은 것은?

① 램지원칙에 따라 과세하면 초과부담의 총합을 극소화한다.
② 수요의 가격탄력성이 큰 재화에 대해 상대적으로 높은 세율로 과세하면 효율성은 감소한다.
③ 역탄력성법칙(inverse elasticity rule)은 형평성을 고려하지 않는 과세원칙이다.
④ 모든 재화에 동일한 세율을 적용할 때 효율성이 극대화된다.
⑤ 램지원칙에 따르면 모든 재화의 수요량이 동일한 비율로 감소하도록 세율구조를 만들어야 한다.

05 CTA 2019

최적물품세에 관한 설명으로 옳지 않은 것은?

① 램지규칙은 주어진 조세수입 목표를 달성하는 가운데 초과부담을 최소화할 때 실현된다.
② 램지규칙에 따른 최적의 세율구조는 보상수요곡선을 전제로 한다.
③ 콜렛-헤이그(Corlett-Hague) 규칙은 해당 재화 수요의 가격탄력성에 따라 차등적인 물품세를 부과해야 성립한다.
④ 역탄력성 규칙은 역진성을 초래하는 한계가 있다.
⑤ 램지규칙은 재화 간 조세수입의 한계초과부담을 일치시키는 과정에서 도출된다.

06 CTA 2009

물품세에 관한 램지(Ramsey)규칙의 내용으로 옳지 않은 것은?

① 각 재화에 부과하는 물품세로부터 초래되는 초과부담의 총합을 극소화하기 위해서는 각 상품에서 거둬들이는 조세수입의 한계초과부담이 서로 같아지도록 세율을 결정해야 한다.
② 조세제도로부터 나오는 총초과부담을 극소화하기 위해서는 모든 상품의 수요량에 똑같은 비율의 감소가 일어나도록 세율구조를 만들어야 한다.
③ 램지규칙이 도출되려면 각 상품이 독립적인 관계에 있다는 가정이 필요하다.
④ 모든 상품에 대해 동일한 세율로 과세하면 최적물품세가 된다.
⑤ 램지규칙에 따라 조세체계를 구축하면 공평성을 해칠 수 있다.

07 CTA 2014

최적물품세에 관한 설명으로 옳지 않은 것은?

① 램지규칙은 파레토 효율적 조세가 아닌 차선의 조세를 찾는 이론이다.
② 램지규칙에 따르면 최적물품세는 모든 상품의 소비 감소량이 같도록 부과되어야 한다.
③ 램지규칙에 따르면 상품수요의 가격탄력성에 반비례하도록 세율을 설정하는 것이 효율적이다.
④ 콜렛-헤이그(Corlett-Hague) 규칙에 따르면 여가와 보완관계에 있는 상품에 높은 세율을 부과하여야 한다.
⑤ 과세 후 총초과부담을 극소화하기 위하여 각 상품에서 거두어들이는 조세수입의 한계초과부담이 서로 같아지도록 세율을 결정하여야 한다.

08 CTA 2012

최적조세제도에 관한 설명으로 옳지 않은 것은?

① 콜렛-헤이그(Corlett-Hague) 규칙은 각 상품에 적용되는 물품세의 세율을 수요의 가격탄력성에 반비례하도록 정하는 것이다.
② 지출세(expenditure tax)는 누진과세가 가능하다.
③ 일반적으로 소득세와 지출세는 저축이 과세대상이 되느냐의 여부에서 차이가 있다.
④ 칼도(N. Kaldor)는 임금소득에 대해 과세하는 것보다 소비행위에 과세하는 것이 더 바람직하다고 주장하였다.
⑤ 최적물품세이론은 공평성보다는 효율성 관점에서 접근하고 있다.

09 CTA 2007

최적물품세에 관한 설명 중 옳지 않은 것은?

① 램지법칙에 의하면 재화의 보상수요량이 동일한 비율로 감소되도록 모든 재화에 조세를 부과하여야 한다.
② 어떤 재화의 보상수요가 완전비탄력적인 경우 모든 조세를 그 재화에 부과하는 것이 최적이 된다.
③ 이질적 소비자경제에서 도출된 최적물품세는 탄력성과 소득의 사회적 한계가치를 고려한다.
④ 주어진 조세수입 목표를 달성하면서 자원배분의 왜곡을 가져오지 않는 조세구조이다.
⑤ 최적물품세 구조에서는 각 상품에서 거둬들이는 조세수입의 한계초과부담(marg-inal excess burden)이 서로 동일하도록 세율이 결정된다.

10. 최적과세론에 관한 설명으로 옳은 것은?

① 램지원칙에 의하면, 생활필수품은 수요가 가격에 대해서 비탄력적이기 때문에 상대적으로 높은 세율이 부과되게 된다.
② 램지원칙에 의하면, 수요의 가격 탄력성과 관계없이 모든 재화에 대해서 동일한 세율이 적용된다.
③ 램지원칙에 의하면, 사치품은 수요가 가격에 대해서 탄력적이기 때문에 상대적으로 높은 세율이 부과된다.
④ 스턴(N. Stern)의 최적선형누진세에 따르면, 공평성을 선호할수록 최고한계세율이 낮아진다.
⑤ 램지원칙은 공평성의 제고를 위한 과세원칙이다.

11.

다음은 각 재화들의 가격탄력성에 대한 가상의 분석결과라고 한다. 최적물품세율에 대한 램지원칙에 입각하여 판단할 때, 가장 높은 세율이 부과되어야 하는 재화는?

구 분	① 청바지	② 운동화	③ 디지털카메라	④ 고급평면 TV	⑤ 스포츠카
탄력성	0.6	0.9	1.6	4.3	9.7

12.

두 재화 A와 B의 보상수요의 가격탄력성은 각각 3과 0.3이다. A재 가격은 1,000원, B재 가격은 500원이다. A재의 가격에 10%의 세금을 부과하였을 때, 효율성 상실을 극소화하기 위해서는 B재에 얼마만큼의 세금을 부과하여야 하는가? (단, A, B 두 재화는 서로 독립재이며 두 재화의 공급곡선은 완전탄력적이다)

① 10원
② 50원
③ 100원
④ 250원
⑤ 500원

13 CTA 2003

정부는 (보상)수요의 가격탄력성이 1.2인 A상품과 0.4인 B상품에 대하여 특별소비세를 부과하려고 한다. A상품과 B상품이 소비에 있어서 서로 독립적 관계에 있다고 할 때 조세부과로 인한 총초과부담을 가장 극소화하는 세율구조는?

① A상품에 대한 세율 : B상품에 대한 세율 = 1 : 4
② A상품에 대한 세율 : B상품에 대한 세율 = 1 : 3
③ A상품에 대한 세율 : B상품에 대한 세율 = 1 : 1
④ A상품에 대한 세율 : B상품에 대한 세율 = 3 : 1
⑤ A상품에 대한 세율 : B상품에 대한 세율 = 4 : 1

14 CTA 2013

최적조세에 관한 설명으로 옳지 않은 것은?

① 파레토 최적 조건을 위반하지 않으면서 세수를 거둘 수 있는 조세는 정액세(lump-sum tax)이다.
② 역탄력성법칙에 의하면 각 상품에 대한 최적 세율은 수요의 가격탄력성에 반비례하도록 책정되어야 한다.
③ 램지(F. Ramsey)규칙에 따르면 최적조세제도는 모든 상품의 수요를 같은 비율로 감축시키는 조세체계이다.
④ 최적소비과세는 효율성을 충족하지만 형평성을 저해할 수 있다.
⑤ 소득계층 간 소비패턴에 큰 차이가 있다면 가난한 사람이 주로 사용하는 상품에 높은 세율을 부과할 때 재분배 효과를 기대할 수 있다.

15 CTA 2020

콜렛-헤이그(Corlett-Hague) 조세원칙에 관한 설명으로 옳지 않은 것은?

① 여가에 보완적인 상품과 서비스에 대한 과세를 통해 간접적으로 여가에 과세가 가능하다.
② 효율성 제고를 위해서는 여가에 대해서도 과세를 해야 한다.
③ 여가에 대한 직접적인 과세가 불가능한 경우에 대한 원칙이다.
④ 여가에 보완적인 상품에 대해 보다 높은 세율로 과세하는 것이 바람직하다.
⑤ 동일한 세율을 적용하는 소득세가 세율의 차등을 두는 물품세보다 우월할 수 있다는 것을 의미한다.

16 CTA 2011

조세의 효율성에 관한 설명으로 옳은 것을 모두 고른 것은?

> ㄱ. 여가를 포함한 모든 상품에 동일한 세율로 조세를 부과하면 정액세(lump-sum tax)와 동등해진다.
> ㄴ. 여가를 포함한 모든 상품에 동일한 세율로 조세를 부과하면 초과부담이 발생하지 않는다.
> ㄷ. 콜렛-헤이그(Corlett-Hague) 법칙에 따르면, 세율은 그 상품의 소득탄력성에 반비례하여야 한다.
> ㄹ. 독점시장에서 평균비용과 한계비용이 동일하고 수요곡선이 우하향하는 직선일 경우, 단위당 종량세 t를 부과하면 가격은 $\frac{1}{2}t$만큼 상승한다.

① ㄱ, ㄴ
② ㄷ, ㄹ
③ ㄱ, ㄴ, ㄷ
④ ㄱ, ㄴ, ㄹ
⑤ ㄴ, ㄷ, ㄹ

17 CTA 2004

콜렛(W. Corlett)-헤이그(D. Hague) 규칙에 대한 설명 중 옳지 않은 것은?

① 여가와 보완적인 상품에 더 높은 세율을 적용하는 것이 바람직하다는 주장이다.
② 물품세가 초과부담을 가져오는 주요한 이유는 여가에 대한 직접과세가 불가능하기 때문이라는 사실에 착안하고 있다.
③ 소득세 대신에 동일한 세수를 가져다주는 간접세를 부과하면 사회후생이 늘어날 수 있다는 의미를 함축하고 있다.
④ 세율에 차등을 두는 물품세제도가 동일한 세율을 적용하는 물품세보다 우월할 수 있다는 것을 의미하기도 한다.
⑤ 효율성 측면뿐만 아니라 공평성 측면에서도 소득세와 간접세의 우월성을 판단하는데 기여하고 있다.

18 CTA 2013

선형누진소득세 구조에 관한 설명으로 옳지 않은 것은?

① 면세점 소득 이상의 구간에서 한계세율은 일정하다.
② 면세점 소득 이상의 구간에서 소득이 증가할수록 평균세율이 증가한다.
③ 면세점 소득에서는 한계세율과 평균세율이 일치한다.
④ 동일한 효용을 유지하는 경우 선형누진소득세의 초과부담이 비례소득세의 초과부담보다 크다.
⑤ 면세점 소득 이상의 구간에서 한계세율은 평균세율보다 언제나 크다.

19 CTA 2010

소득세에 관한 설명으로 옳지 않은 것은?

① 누진적인 소득세는 경기변동에 따라 자동안정화기능을 한다.
② 누진적인 소득세의 경우 동일한 소득수준에서 한계세율은 평균세율보다 항상 크다.
③ 한계세율은 세액공제에 의해 영향을 받는다.
④ 선형누진세의 경우 한계세율은 소득수준에 관계없이 항상 일정하다.
⑤ 한계세율이 증가할 때 대체효과는 근로의욕을 감퇴시킨다.

20 CTA 2019

선형누진세와 비선형누진세에 관한 설명으로 옳지 않은 것은?

① 한계세율이 평균세율보다 높다.
② 비선형누진세는 한계세율과 평균세율이 동시에 변화한다.
③ 선형누진세는 한계세율과 평균세율이 변화하지 않는다.
④ 선형누진세는 비선형누진세에 비해 상대적으로 고소득층에 유리할 수도 있다.
⑤ 선형누진세는 면세점을 두고 있다.

21 CTA 2017

멀리즈(J. Mirrlees)가 분석한 최적비선형소득세와 관련된 내용으로 옳지 않은 것은?

① 효율과 공평을 함께 고려한다.
② 노동의 공급을 늘리는 유인 기능의 성격을 지닌다.
③ 최고소득구간에 대한 한계소득세율은 0(zero)이다.
④ 한계소득세율은 항상 1보다 작다.
⑤ 임금률이 낮은 개인이 높은 개인보다 더 큰 효용을 누릴 수도 있다.

22 CTA 2016

스턴(N. Stern)이 주장한 소득세의 최적과세에 관한 설명으로 옳은 것을 모두 고른 것은?

> ㄱ. 불평등에 대한 혐오감지표의 절댓값이 낮을수록 최적소득세율은 낮다.
> ㄴ. 조세수입 목표가 클수록 최적소득세율은 높다.
> ㄷ. 면세점 이상인 소득자에 대해서 최적선형소득세는 최적비선형소득세에 비해 수직적 공평을 제고하는 데 상대적으로 효과적이지 않다.

① ㄱ   ② ㄴ
③ ㄱ, ㄴ   ④ ㄴ, ㄷ
⑤ ㄱ, ㄴ, ㄷ

23 CTA 2005

스턴(N. Stern)은 최적선형누진소득세에서 최적한계세율이 여러 요인에 의해 영향을 받는다고 하였다. 스턴이 최적선형누진소득세에서 주장한 최적한계세율과 각종 요인과의 관계를 틀리게 설명한 것은?

① 최적한계세율은 평등성에 대한 선호도와 정(正)의 관계에 있다.
② 최적한계세율은 노동공급의 탄력성과 역(逆)의 관계에 있다.
③ 최적한계세율은 조세수입과 정(正)의 관계에 있다.
④ 최적한계세율은 각 개인 간의 능력 차이와 역(逆)의 관계에 있다.
⑤ 최적한계세율은 사회후생함수의 형태에 따라 달라진다.

24

최적소득세의 누진성과 효율성에 관한 설명으로 옳지 않은 것은?

① 소득수준의 상승에 따라 평균세율이 상승하면 누진성이 커진다.
② 조세의 소득탄력성이 클수록 누진적이다.
③ 선형누진세의 한계세율이 높을수록 초과부담이 커지고, 정액증여(lump-sum grant)가 클수록 재분배효과가 커진다.
④ 스턴(N. Stern)에 따르면, 평등성에 대한 선호가 강할수록 최적소득세율은 높게 설정된다.
⑤ 스턴에 따르면, 소득과 여가 간 대체탄력성이 클수록 최적소득세율은 커진다.

25

최적조세이론이 주는 시사점으로 옳지 않은 것은?

① 사드카(Sadka)와 시어드(Searde)에 의하면 비선형 최적과세하에서 최고소득수준의 한계세율은 0이다.
② 콜렛-헤이그(Corlett-Hague) 원칙에 따르면 여행사의 서비스에 대한 세율이 업무용 컴퓨터에 대한 세율보다 높아야 한다.
③ 에지워드(Edgeworth)모형에 의한 최적소득세는 급진적인 누진세를 의미하므로, 부자에 대한 세금이 사실상 100%가 되어야 한다.
④ 스턴(Stern)의 최적과세모형에 의하면 노동공급의 탄력성이 작을수록 높은 세율을 책정하여야 한다.
⑤ 롤스(Rawls) 사회후생함수에서 근로유인이 고려될 경우 최적 세율은 100%가 되어야 한다.

26 CTA 2024

알링햄-샌드모(M. Allingham & A. Sandmo)의 탈세모형에 관한 설명으로 옳지 않은 것은?

① 불확실성 하의 기대효용 극대화 관점에서 탈세 행위를 분석하고 있다.
② 납세자가 절대위험기피도 체감의 특성을 가진다고 가정한다.
③ 세율 상승이 소득효과와 대체효과를 발생시켜 탈루소득을 더 크게 만든다고 분석하였다.
④ 세율을 합리적인 수준으로 유지하고 감사의 확률이나 벌금률 조정을 탈세 방지의 수단으로 활용하는 것이 더 바람직하다.
⑤ 행정비용을 절약한다는 측면에서 감사의 확률보다 벌금률을 높이는 것이 더 바람직한 탈세방지 수단이다.

27 CTA 2022

알링햄-샌드모(M. Allingham & A. Sandmo)의 탈세모형에 관한 설명으로 옳은 것은?

① 세율 인상에 따른 대체효과는 탈루소득을 줄이는 방향으로 작용한다.
② 절대위험기피도가 체감하는 개인은 세율이 오르면 소득효과로 탈루소득의 크기를 줄인다.
③ 탈세로 인한 심리적 비용이 클수록 탈세 규모는 감소한다.
④ 절세행위는 불법성을 특징으로 한다는 점에서 조세회피와 구별된다.
⑤ 탈세의 편익은 세율로 표현될 수 있으며, 감사받을 확률의 증가나 벌금률의 증가가 탈루소득을 분명하게 늘린다.

28 CTA 2019

알링햄-샌드모(M. Allingham & A. Sandmo)의 탈세모형에 관한 설명으로 옳지 않은 것은?

① 세율 인상에 따른 대체효과는 탈루소득을 줄이는 방향으로 작용한다.
② 탈세행위는 불법성을 특징으로 한다는 점에서 조세회피와 구별된다.
③ 탈세방지수단으로 적발 확률의 증가와 벌금 인상을 고려할 때, 행정비용 측면에서는 높은 벌금의 부과가 바람직하다.
④ 절대위험기피도 체감의 특성을 가진 납세자를 가정한다.
⑤ 탈세행위는 수평적 공평성뿐 아니라 수직적 공평성에도 부정적 효과를 낳는다.

29 CTA 2020

탈세와 절세에 관한 설명으로 옳지 않은 것은?

① 절세는 합법적으로 세금을 절약하는 것이다.
② 알링햄-샌드모(M. Allingham & A. Sandmo)에 따르면, 탈세의 편익은 세율로 표현될 수 있으며, 세율이 낮을수록 탈세는 늘어나게 된다.
③ 절대위험기피도가 체감하는 개인은 세율이 오르면 탈루소득의 크기를 줄인다.
④ 탈세로 인한 심리적 비용이 클수록 탈세 규모는 감소한다.
⑤ 알링햄-샌드모에 따르면, 세율을 일정한 수준에서 유지하고 감사확률과 벌금을 적절하게 조절하여 탈세를 방지하는 것이 바람직하다.

30 CTA 2023

다음 중 탈세의 부정적 효과를 모두 고른 것은?

ㄱ. 자원배분의 왜곡 초래
ㄴ. 지하경제 비대
ㄷ. 조세부담의 불공평 초래
ㄹ. 경제정책 효과의 불확실 초래

① ㄱ, ㄴ, ㄷ
② ㄱ, ㄴ, ㄹ
③ ㄱ, ㄷ, ㄹ
④ ㄴ, ㄷ, ㄹ
⑤ ㄱ, ㄴ, ㄷ, ㄹ

31 CTA 2018

다음 중 탈세에 관한 설명으로 옳지 않은 것은?

① 탈세에 대한 벌금률을 높이면 탈세는 감소한다.
② 세무감사의 확률을 높이면 탈세는 감소한다.
③ 임금소득에 비해 자영업 소득의 탈세율이 높은 경우가 많다.
④ 귀속소득을 보고하지 않아 탈세가 되는 경우가 많다.
⑤ 세율 인상의 대체효과는 탈루소득을 증가시킨다.

32 CTA 2015

탈세에 관한 설명으로 옳지 않은 것은?

① 탈세는 법률을 위반해 가면서 조세부담을 줄인다는 점에서 조세회피와 구별된다.
② 세무조사를 받을 확률이나 벌금률을 높이는 것은 탈세를 줄이는데 기여할 수 있다.
③ 세율을 인상할 경우 일반적으로 대체효과에 의해 탈세가 줄어드는 경향이 있다.
④ 조세제도가 자신을 불공평하게 대우했다고 느끼는 사람일수록 탈세행위를 할 가능성이 커진다.
⑤ 탈세 규모가 커질수록 지하경제가 확대된다.

33 CTA 2010

납세순응비용(tax compliance cost)을 증가시키는 효과가 상대적으로 작은 경우는?

① 세액공제
② 소득공제
③ 부과과세
④ 원천징수
⑤ 종합소득세

CHAPTER 06 | 개별조세이론 및 조세의 경제적 효과

제1절 | 개별조세이론

01 CTA 2018

개인소득세에 관한 설명으로 옳지 않은 것은?

① 헤이그-사이먼즈(Haig-Simons) 소득은 두 시점 사이에서 발생하는 경제적 능력 순증가의 화폐가치이다.
② 우리나라는 가구단위가 아닌 개인단위로 개인소득세를 과세하고 있다.
③ 감면 총규모를 유지하면서 소득공제를 세액공제로 변경하는 경우 수직적 형평성은 개선된다.
④ 우리나라의 소득세제는 실현주의를 기본 원칙으로 채택하고 있다.
⑤ 누진적인 소득세하에서 인플레이션은 실질조세부담을 낮추는 효과를 가진다.

02 CTA 2011

헤이그-사이먼즈(Haig-Simons)의 포괄적 소득에 관한 설명으로 옳지 않은 것은?

① 소득은 일정 기간 동안 발생한 개인의 경제적 능력의 순증가분을 말한다.
② 납세자의 경제적 능력을 증가시키더라도 실현되지 않은 부분은 소득에 포함시키지 않는다.
③ 과거에 축적된 부는 소득에서 제외한다.
④ 각종 공제제도는 포괄적 소득세를 제도화하는 과정에서 나타나는 문제점을 보완하기 위해 도입된 것이다.
⑤ 발생원천과 사용용도가 다른 소득이더라도 동일하게 취급한다.

03 CTA 2015

헤이그-사이먼즈(Haig-Simons)의 포괄적 소득세제에 관한 설명으로 옳은 것은?

① 소득의 발생 사실만으로 과세하는 것은 적절하지 않다는 실현주의에 근거한 소득이다.
② 소비지출과 순가치(개인 잠재소비능력) 증가분의 합을 과세대상으로 삼아야 한다는 입장이다.
③ 포괄적 소득세제는 수평적 공평성을 저해시킨다.
④ 배당금이나 자본이득을 다르게 취급하고, 여가나 내구성 자산으로부터의 귀속소득은 과세대상에서 제외한다.
⑤ 편익원칙에 충실한 과세방식이다.

04 CTA 2025

소득세에 관한 설명으로 옳은 것은?

① 헤이그-사이먼즈(Haig-Simons)의 포괄소득세제는 능력원칙에 기반한 과세방식이다.
② 여가가 정상재일 때, 근로소득세의 부과에 따른 노동공급은 대체효과에 의해서 증가한다.
③ 소득의 증가에 따라서 평균세율이 한계세율보다 클수록 누진성이 증가하게 된다.
④ 소득공제는 세액공제보다 한계세율이 낮은 저소득층에 유리하다.
⑤ 헤이그-사이먼즈의 포괄적 소득 정의에 의하면, 개인의 경제적 능력의 증가는 소득으로 실현된 경우에만 소득세의 과세 대상이 된다.

05 CTA 2015

소득에 관한 설명으로 옳지 않은 것은?

① 소득은 노동시장에서 여가와 노동에 대한 선택의 결과를 반영할 수 있기 때문에 동일한 예산집합을 가지는 두 사람의 경제적 능력을 달리 취급하는 경우가 발생한다.
② 현행의 소득세제는 실현주의 원칙에 기반을 두면서 부분적으로 예외를 인정하고 있다.
③ 다른 조건이 일정할 때, 인플레이션으로 인해 명목소득이 증가하는 경우 소득세 부담이 증가한다.
④ 대부분의 나라에서 요소소득은 과세대상으로 하고 있지만, 이전소득의 경우에는 많은 부분을 비과세대상으로 처리하고 있다.
⑤ 귀속소득(imputed income)에 대한 과세가 대부분의 나라에서 이루어지고 있다.

06 CTA 2018

개인소득세의 소득공제와 세액공제에 관한 설명으로 옳지 않은 것은?

① 누진세율 구조인 경우 세액공제의 실제 조세 감면 효과는 대상자의 소득이 클수록 크게 나타난다.
② 소득공제는 담세능력에 따라 과세하고자 하는 것이다.
③ 소득공제를 실시하면 파레토 효율성 조건 중의 하나인 교환의 조건을 충족하지 못한다.
④ 개인들의 수요에 대한 가격탄력성이 각각 다른 상황에서 특정 경제행위의 장려가 조세감면의 목표라면 소득공제가 세액공제보다 효과적일 수 있다.
⑤ 현재 우리나라 세액공제 사례로 의료비, 정치후원금 등이 있다.

07 CTA 2022

개인소득세의 감면제도에 관한 설명으로 옳지 않은 것은?

① 감면 총규모가 일정할 때, 소득공제를 세액공제로 변경하면 수직적 공평성은 악화된다.
② 누진세율 구조에서 소득공제의 실제 조세감면 효과는 대상자의 소득이 클수록 크게 나타난다.
③ 어떤 재화 구입비의 소득공제는 해당 재화의 상대가격 변화를 가져올 수 있다.
④ 우리나라의 경우 교육비는 세액공제 대상이다.
⑤ 세액공제의 결정액은 한계세율과 관계없다.

08 CTA 2018

다음 그림은 과세표준과 세율의 관계를 표시하고 있다. 이에 관한 설명으로 옳은 것은?

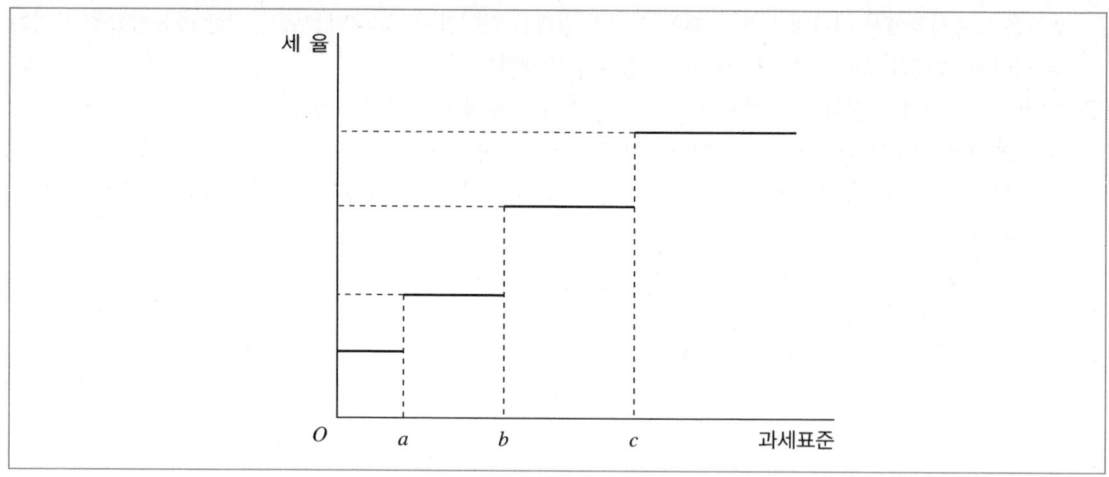

① 과세표준이 a를 초과할 때 비로소 누진세가 나타난다.
② 평균세율은 과세표준의 구간에 따라 계단식으로 증가한다.
③ 과세표준이 전 구간에 걸쳐 평균세율은 한계세율보다 낮다.
④ 과세표준이 c를 초과하면 평균세율은 더 이상 증가하지 않는다.
⑤ 과세표준의 전 구간에서 세액공제가 증가하면 한계세율은 감소한다.

09 CTA 2015

아래의 표에 나타난 우리나라의 소득세율 체계에 관한 설명으로 옳은 것은? (단, 다른 조건은 일정하다고 가정)

과세표준	세 율
1,200만원 이하	6%
1,200만원 초과~4,600만원 이하	15%
4,600만원 초과~8,800만원 이하	24%
8,800만원 초과~1.5억원 이하	35%
1.5억원 초과	38%

① 세액공제의 증가에 따라 한계세율이 감소한다.
② 과세표준 1.5억원 초과구간에서 평균세율은 더 이상 오르지 않는다.
③ 동일한 과세표준 구간에서 조세수입의 소득탄력성은 평균세율에 비례한다.
④ 최저 과세표준 구간의 세율만 하락할 경우, 모든 구간의 납세자 부담이 감소하지는 않는다.
⑤ 과세표준이 1,200만원을 초과하면 평균세율이 한계세율보다 낮다.

10 CTA 2016

소득구간별 세율이 아래와 같을 때, 연금저축에 대하여 400만원까지 소득공제혜택이 주어지던 것이 400만원까지에 대하여 10%의 세액공제로 전환되었다고 가정할 경우의 효과로 옳은 것은?

구 분	세 율
저소득층	5%
중소득층	15%
고소득층	30%

① 중소득자의 혜택이 상대적으로 증가한다.
② 저소득층의 연금저축이 감소할 것이다.
③ 저축금액에 관계없이 모든 계층에게 같은 금액의 세제혜택이 주어진다.
④ 고소득층의 혜택이 상대적으로 더 감소한다.
⑤ 소득분배 개선효과는 없다.

11 CTA 2016

A국의 소득을 소득계층별, 소득형태별로 정리한 표에 관한 해석으로 옳지 않은 것은? (단, 소득공제는 없다)

구 분	총소득(%)	노동소득(%)	자산소득(%)	기타소득(%)
상위(1~10%)	29.4	31.2	96.9	66.3
중위(11~60%)	51.0	54.3	3.1	33.7
하위(61~100%)	19.6	14.5	0.0	0.0
소득형태별 점유율(%)	100.0	86.0	3.0	11.0

① 동일한 세율로 세수를 극대화하려면 자산 및 기타소득에 과세하는 것이 효과적이다.
② 자산소득을 갖고 있는 사람들은 대부분 상위소득자라 할 수 있다.
③ 국가 전체로 보면 노동소득에서 발생하는 금액이 제일 크다.
④ 효과적인 소득재분배를 위해서는 금융소득과 부동산(임대, 양도)소득에 중과세할 필요가 있다.
⑤ 조세의 효율성 측면에서 판단하자면 동일한 조세 수입 가정하에 모든 소득에 단일세율로 과세하는 것이 좋다.

12 CTA 2017

근로소득세율이 다음과 같다고 한다.

구 간	근로소득(단위 : 만원)	세 율(%)
(1)	1,200 이하	6
(2)	1,200 초과~4,600 이하	15
(3)	4,600 초과~8,800 이하	24
(4)	8,800 초과~15,000 이하	35
(5)	15,000 초과~50,000 이하	38
(6)	50,000 초과	40

이때 구간 (3)인 4,600만원 초과~8,800만원 이하에 해당하는 세율을 현재의 24%에서 30%로 인상할 경우 다음 중 옳은 것을 모두 고른 것은?

ㄱ. 구간 (1)~(3)에 속하는 사람들의 평균세율이 내려간다.
ㄴ. 구간 (4)~(6)에 속하는 사람들의 노동공급 선택에 왜곡이 발생한다.
ㄷ. 구간 (4)~(6)에 속하는 사람들의 평균세율이 올라간다.

① ㄱ
② ㄴ
③ ㄷ
④ ㄱ, ㄴ
⑤ ㄴ, ㄷ

13 CTA 2020

개인소득세는 누진세이고, 과세단위는 개인단위 과세와 부부합산 과세가 있다. 이러한 과세단위가 가지는 특징에 관한 설명으로 옳지 않은 것은?

① 개인단위 과세는 각 납세자의 지불능력을 잘 반영하는 특징을 가지고 있다.
② 부부합산 과세는 가족이 경제활동의 기본 단위라는 인식에 기반하고 있다.
③ 부부합산 과세의 경우, 주소득원과 그 배우자가 각각 직면한 한계세율은 동일하다.
④ 개인단위 과세의 경우, 주소득원과 그 배우자가 각각 직면한 한계세율은 상이하다.
⑤ 비탄력적인 부문에 높은 세율을 부과한다는 램지원칙에 개인단위 과세보다 부부합산 과세가 더 잘 부합한다.

14 CTA 2017

로젠(H. Rosen)이 제시한 바람직한 소득세의 조건과 관련된 설명으로 옳지 않은 것은?

① 동일한 소득의 가족에게는 똑같은 세금을 부과하는 수평적 공평성이 충족되어야 한다.
② 합산과세방식은 가족 간 수직적 공평성 조건을 충족하나 수평적 공평성과 결혼중립성 조건은 충족하지 못한다.
③ 결혼 여부가 두 개인의 조세부담을 변화시켜서는 안 된다.
④ 납세자 간 분리과세방식은 결혼중립성 조건을 충족하나 가족 간 수평적 공평성은 충족하지 못한다.
⑤ 소득이 증가함에 따라 한계소득세율이 증가하는 수직적 공평성이 충족되어야 한다.

15 CTA 2020

A와 B, C와 D는 각각 부부이며, 두 가구의 소득과 소득세액은 다음의 표와 같다. 이에 관한 설명으로 옳은 것을 모두 고른 것은?

가 구		개인소득	개인소득세액	가구 총소득	개인소득세액 합계	가구합산 시 세액
1	A	1억원	4천만원	1억2천만원	4천1백만원	4천9백만원
	B	2천만원	1백만원			
2	C	6천만원	1천2백만원	1억2천만원	2천4백만원	4천9백만원
	D	6천만원	1천2백만원			

ㄱ. 가구합산을 하는 경우, 결혼세(marriage tax)의 문제가 발생한다.
ㄴ. 세율 체계의 누진성, 조세부담의 수평적 형평성, 결혼에 대한 중립성은 동시에 만족될 수 없다.
ㄷ. 결혼세의 문제는 세율체계의 누진성 때문에 발생한다.

① ㄱ
② ㄱ, ㄴ
③ ㄱ, ㄷ
④ ㄴ, ㄷ
⑤ ㄱ, ㄴ, ㄷ

16 CTA 2023

우리나라의 소득세와 부가가치세에 관한 설명으로 옳은 것은?

① 다른 조건이 일정할 때 인플레이션으로 명목소득이 증가하게 되면 소득세 부담은 감소하게 된다.
② 개인소득세는 가구단위가 아닌 개인단위로 부과하고 있다.
③ 부가가치세는 최종단계의 부가가치에만 과세되어 수직적 통합을 방지하는 효과가 있다.
④ 비례소득세는 수직적 공평성을 개선하게 된다.
⑤ 이자소득세를 부과할 경우, 소득효과는 저축의욕을 떨어뜨린다.

17 CTA 2022

한계세율이 소득액 5,000만원까지는 10%, 5,000만원 초과금액에 대해서는 30%일 때, 두 부부의 소득과 소득세액은 아래와 같다(단, 소득공제는 없다).

부부		개인소득	과세단위별 소득세액	
			개인기준	가족기준
A	유○○ 이○○	0.5억원 1.5억원	500만원 3,500만원	5,000만원
B	박○○ 진○○	1억원 1억원	2,000만원 2,000만원	5,000만원

다른 조건이 일정할 때, 두 부부의 과세방식을 개인기준에서 가족기준으로 변경할 경우의 결과로 옳은 것은?

① A부부 - 결혼중립성 충족
② B부부 - 결혼중립성 충족
③ A부부 - 수평적 공평성 미충족
④ B부부 - 수평적 공평성 미충족
⑤ A부부 - 수평적 공평성 충족

18 CTA 2017

인플레이션율이 3%, 명목이자율이 5%일 경우 20%의 이자소득세율이 적용된다면 납세 후 실질수익률은?

① 1%
② 2%
③ 3%
④ 4%
⑤ 5%

19 CTA 2017

A국과 B국 모두 개인소득세를 도입하고 있다. A국은 비례세율구조이고, B국은 누진세율구조이다. 명목소득과 물가가 같은 비율로 상승한다고 할 때, 세법이 변화하지 않는 경우에 A국과 B국의 실질조세 징수액은?

① A국, B국 모두 증가한다.
② A국은 감소하나 B국은 증가한다.
③ A국은 증가하나 B국은 감소한다.
④ A국은 변화가 없고 B국은 증가한다.
⑤ A국은 증가하고 B국은 변화가 없다.

20 CTA 2012

어떤 사람의 소득이 2,000만원, 소득세율은 30%, 정액증여(lump-sum grant)가 500만원이라고 하자. 이때 선형누진세에 의한 조세부담액은?

① 100만원
② 200만원
③ 450만원
④ 600만원
⑤ 750만원

21 CTA 2020

경제 내 모든 가격이 동일한 율로 인상되는 인플레이션이 발생할 경우, 실질적인 조세부담이 영향을 받지 않는 것은?

① 면세점 이상 구간에 대해서만 단일세율을 적용하는 소득세
② 기업 이윤에 대한 단일세율의 과세
③ 누진적인 개인소득세
④ 누진적인 양도소득세
⑤ 누진적인 재산세

22 CTA 2022

인플레이션의 영향에 관한 설명으로 옳지 않은 것은?

① 누진소득세에서 실질조세부담을 증가시킨다.
② 국가채무의 실질가치를 감소시킨다.
③ 기업 차입금의 실질가치를 떨어뜨려 기업에 유리하다.
④ 선형누진 소득세에서는 실질적인 조세부담을 증가시키지 않는다.
⑤ 감가상각의 실질가치를 떨어뜨림으로써 법인세의 실질적 부담을 커지게 한다.

23 CTA 2015

지출세와 소득세에 관한 설명으로 옳지 않은 것은? (단, 부분균형분석을 전제로 함)

① 지출세 시행 시 현재소비와 미래소비에 관한 예산선의 기울기는 소득세 시행 시의 예산선의 기울기와 다르지 않다.
② 지출세 지지자들은 소득세가 시점 간 자원배분 과정에서 교란을 일으키게 되어 비효율성의 원인이 된다고 주장한다.
③ 효율성 측면에서 소득세와 지출세를 비교한 결과 지출세가 우월하다.
④ 개인이 사회에 기여하는 것보다는 사회로부터 가져가는 것을 기준으로 과세하는 것이 바람직하다는 점에서 지출세가 선호된다.
⑤ 소득세제하에서는 동일한 경제적 능력의 소유자도 저축성향이 큰 사람일수록 더 무거운 조세부담을 지게 되므로 수평적 공평성을 저해한다.

24 CTA 2011

지출세(expenditure tax)에 관한 설명으로 옳지 않은 것은?

① 호황기에 소비지출을 억제시키는 자동안정화기능을 한다.
② 일반소비세인 부가가치세와 마찬가지로 물세이다.
③ 소득 파악이 쉽지 않은 고소득층의 소득에도 실질적으로 과세할 수 있다.
④ 개인의 총소비액에서 인적공제 또는 비인적공제 등을 적용할 수 있어 실질적으로 소득세와 유사하게 설계할 수 있다.
⑤ 소득세와 달리 과세대상 기간에 적립한 저축에 대한 이중과세 문제가 발생하지 않는다.

25 CTA 2014

소비를 위해서 지출한 금액에 따라 부과하는 지출세(expenditure tax)에 관한 설명으로 옳지 않은 것은?

① 자동차와 같은 내구성 소비재를 구입하는 경우 연도별 지출 규모의 산정이 어렵다.
② 지출세는 저축을 과세대상에서 제외함에 따라 부유층에 유리한 세제라는 인식이 있다.
③ 지출세는 현재소비보다 미래소비를 우대하는 경향이 있다.
④ 지출세는 간접세의 일종으로 소득재분배 측면에서 역진성 문제를 야기할 수 있다.
⑤ 칼도(Kaldor)는 지출세가 사회로부터 가져가는 행위에 대해 과세하는 것이므로 공평성 측면에서 바람직하다고 주장했다.

26 CTA 2021

법인세와 소득세를 통합하는 방식 중에서 완전통합방식에 해당하는 것은?

① 자본이득방식(capital gains method)
② 법인방식(corporation method)
③ 귀속제도(imputation system)
④ 차등세율제도(split rate system)
⑤ 배당세액공제제도(dividend gross-up method)

27 CTA 2012

법인세의 성격과 존립 논쟁에 관한 설명으로 옳지 않은 것은?

① 통합주의 견해는 법인세를 폐지하자는 것이다.
② 절대주의 견해에 따르면 법인세 폐지는 기업의 사내유보에 대한 과세를 강화한다.
③ 법인세를 소득세와 완전 통합하는 방식 중 자본이득방식은 법인세를 철폐하고 실현되지 않은 부분을 포함한 모든 자본이득에 소득세를 부과하는 것이다.
④ 우리나라에서는 법인세의 이중과세 문제를 완화하기 위하여 배당세액공제제도를 시행하고 있다.
⑤ 법인세 반대론자들은 법인세에는 이중과세 문제가 발생한다고 주장한다.

28 CTA 2024

법인세와 소득세의 통합에 관한 설명으로 옳은 것을 모두 고른 것은?

> ㄱ. 자본이득방식(capital gains method) – 법인세를 폐지하고 실현여부와 관계없이 모든 자본이득에 소득세를 부과하는 방식으로 부분통합에 해당된다.
> ㄴ. 조합방식(partnership method) – 배당이나 사내유보를 구분하지 않고 법인의 이윤을 모두 주주에게 귀속시켜 개인소득세로 부과하는 방식으로 완전통합에 해당된다.
> ㄷ. 배당세액공제제도(dividend gross-up method) – 법인의 모든 이윤에 대해 법인세를 부과한 다음, 법인세 중 배당부분에 해당하는 금액을 개인소득세에서 세액공제해주는 방식으로 완전통합에 해당된다.
> ㄹ. 차등세율제도(split rate system) – 법인의 이윤 중 배당금으로 지급되는 부분에 대해서는 사내유보가 되는 부분보다 더 낮은 법인세율을 적용해주는 방식으로 부분통합에 해당된다.

① ㄱ, ㄴ ② ㄱ, ㄷ
③ ㄴ, ㄷ ④ ㄴ, ㄹ
⑤ ㄴ, ㄷ, ㄹ

29 CTA 2013

법인세 개혁 방안의 하나로 거론되는 완전통합방식에 대하여 완전통합 옹호론자들이 주장하는 효율성 개선 효과로 옳은 것을 모두 고른 것은?

> ㄱ. 재원조달에 있어서 부채로의 편향을 제거할 수 있다.
> ㄴ. 완전통합으로 효율성이 개선되더라도 법인세 납세자 전체의 후생은 불변이다.
> ㄷ. 법인과 비법인부문 간 자원배분의 왜곡이 제거될 수 있다.
> ㄹ. 조세로 인한 저축의사결정 왜곡이 감소하게 될 것이다.

① ㄱ, ㄴ
② ㄱ, ㄷ, ㄹ
③ ㄱ, ㄹ
④ ㄴ, ㄷ
⑤ ㄴ, ㄷ, ㄹ

30 CTA 2013

인플레이션이 법인세에 미치는 영향 및 교정방안에 관한 설명으로 옳지 않은 것은?

① 인플레이션으로 감가상각의 실질가치가 떨어지는 현상이 생기면 법인세의 실질적 부담은 커지게 된다.
② 재고처리에 선입선출법을 적용할 경우, 인플레이션은 기업의 장부상 이윤을 과대평가시켜 기업의 법인세 부담이 무거워진다.
③ 법인이 투자재원을 차입으로 충당하는 경우 인플레이션은 차입의 실질가치를 떨어뜨림으로써 기업에 이득을 준다.
④ 인플레이션이 발생하면 각종 자본재 가격의 평균 상승폭을 측정해 감가상각의 허용폭을 이에 맞춰 늘려주는 방식으로 실질세율 상승 현상을 교정할 수 있다.
⑤ 인플레이션이 발생하면 각종 자본재 가격 상승률을 감안해 법인세제에서 허용해주는 내용연수를 늘려서 교정해 주어야 한다.

31

법인세에 관한 설명으로 옳지 않은 것은?

① 법인세는 과세의 공평성과 자원배분의 효율성을 달성하기 위해 소득세와의 통합이 논의된다.
② 인플레이션은 감가상각의 실질가치를 떨어뜨림으로써 법인의 실질적 조세부담을 크게 한다.
③ 정부는 법인세제상의 감가상각이 정상적인 속도보다 빠르게 진행되는 것을 허용함으로써 법인세의 탈세유인을 축소시키고자 한다.
④ 법인세는 법인에 부과되는 조세로서 귀착자가 누구인지 불분명하다.
⑤ 법인세의 성격에는 법인부문에 투자된 자본에 대한 과세, 경제적 이윤에 대한 과세 등의 견해가 있다.

32

법인세에 관한 설명으로 옳지 않은 것은?

① 현행 법인세제에서 허용하고 있는 정액법, 정률법 등에 따른 감가상각은 경제적 감가상각과 차이가 난다.
② 법인세가 경제적 이윤에 대한 과세 성격을 갖는다면 조세부담은 전적으로 주주에게 귀착된다.
③ 법인세가 경제적 이윤에 대한 과세 성격을 갖는다면 초과부담이 발생하지 않는다.
④ 법인세가 법인부문에 투입된 자본에 대한 과세이고, 법인부문이 노동집약적이라면 조세부담이 자본가에게 전가된다.
⑤ 법인세가 법인부문에 투입된 자본에 대한 과세라고 볼 때 요소대체효과는 부문 간 요소집약도 차이에 상관없이 자본의 상대가격을 떨어뜨린다.

33

법인세액 결정에 관한 설명으로 옳지 않은 것은?

① 법인세는 자기자본보다 타인자본을 우대한다.
② 투자세액공제는 설비투자금액의 일정 비율을 공제하는 방식으로 이루어진다.
③ 물가가 상승하면 차입금의 실질이자부담이 줄어 절세효과가 나타난다.
④ 감가상각액이 늘어나면 법인세액이 줄어든다.
⑤ 법인소득을 주주에게 배당하면 법인세액이 줄어든다.

34 CTA 2022

법인세에 관한 설명으로 옳지 않은 것은?

① 법인소득을 과세대상으로 한다.
② 선입선출법에 따르면 인플레이션은 법인세 부담에 영향을 미친다.
③ 우리나라에서는 기업의 부채비중을 높이는 것이 법인세 절감에 유리하다.
④ 자본재 구입에 가속상각을 도입하면 투자에 불리하다.
⑤ 법인세 과세로 인해 상품가격이 인상된다면 소비자에게도 세부담이 전가된 것이다.

35 CTA 2015

법인세에 관한 설명으로 옳지 않은 것은?

① 법인세 부과는 재화가격의 인상을 통해서 일부 또는 전부가 소비자에게 전가될 수 있다.
② 법인세 부과는 동일한 소득에 대한 이중과세의 문제를 지니고 있다.
③ 법인세가 경제적 이윤에 대한 과세가 되기 위해서는 당기순이익이 경제적 이윤과 같아야 한다.
④ 법인세 부과는 기업의 재원 조달방식으로 차입보다 유상증자를 더 선호하게 할 것이다.
⑤ 명목법인세율과 실효법인세율과의 차이는 정부의 법인기업에 대한 지원의 정도를 의미한다.

36 CTA 2023

법인세에 관한 설명으로 옳은 것은?

① 우리나라의 현행 법인세 최고세율은 22%이다.
② 인플레이션이 있을 경우 감가상각공제의 현재가치는 증가하므로 법인세 부담은 감소하게 된다.
③ 자기자본에 대한 귀속이자를 경비로 인정해 주지 않는 법인세제 상의 특성이 법인들로 하여금 유상증자에 대한 의존도를 높이는 유인이 될 수 있다.
④ 법인세가 경제적 이윤에 대한 과세가 되기 위해서는 당기순이익이 경제적 이윤보다 커야 한다.
⑤ 법인세가 이윤에 대한 과세의 성격을 가지게 되는 경우에는 그 부담은 소유주인 주주에게 귀착된다.

37 CTA 2025

우리나라의 부가가치세와 법인세에 관한 설명으로 옳은 것은?

① 수출품에 대한 부가가치세 영세율은 매출액에 대한 부가가치세가 없다는 의미이므로 매입세액공제를 하지 않는다.
② 부가가치세는 생산단계마다 추가된 부가가치에 대해서만 과세하므로 수직적 통합을 촉진하는 효과가 있다.
③ 부가가치세 면세대상 상품의 경우에는 중간단계에서 납부한 매입세액을 공제하지 않는다.
④ 경제적 이윤에 대한 법인세과세방식은 기업의 생산결정을 왜곡하게 된다.
⑤ 타인자본에 대해서만 이자비용공제를 허용하는 법인세는 투자재원조달방식의 왜곡을 가져오지 않는다.

38 CTA 2021

부가가치세에 관한 설명으로 옳지 않은 것은?

① 각 생산단계에서 추가된 부가가치에만 과세되어 수직적 통합을 방지하는 효과가 있다.
② 영세율을 통해 수출품에 대해 조세를 효과적으로 환급해 줄 수 있다.
③ 소비형 부가가치세는 투자를 촉진하는 장점이 있다.
④ 매입세액 공제방식은 탈세를 방지할 수 있다.
⑤ 어떤 상품이 면세의 대상인 경우 중간단계에서 납부한 부가가치세까지 환급해 준다.

39 CTA 2012

상품의 거래단계마다 일정 세율을 부과하는 다단계거래세(multi-stage turnover tax)와 부가가치세의 차이에 관한 설명으로 옳은 것을 모두 고른 것은?

> ㄱ. 다단계거래세는 부가가치세에 비해 수평적 통합을 부추긴다.
> ㄴ. 부가가치세는 다단계거래세에 비해 탈세의 유인을 줄인다.
> ㄷ. 소비형 부가가치세는 자본재를 과세대상에서 제외시킨다.
> ㄹ. 다단계거래세는 역진적이나, 부가가치세는 누진적이다.
> ㅁ. 다단계거래세는 부가가치세와 달리 수출상품에 대한 환급세액을 정확히 파악하기 어렵게 만든다.

① ㄱ, ㄴ, ㄷ
② ㄱ, ㄴ, ㄹ
③ ㄴ, ㄷ, ㅁ
④ ㄴ, ㄹ, ㅁ
⑤ ㄷ, ㄹ, ㅁ

40 CTA 2015

부가가치세에 관한 설명으로 옳은 것은?

① 각 생산단계에서 발생하는 총 판매액을 과세대상으로 한다.
② 모든 물품에 대하여 동일비율로 과세한다는 점에서 중립세의 성격을 가진다.
③ 생필품에 단일 세율로 부과할 경우 소득분배에 역진적이다.
④ 기업 간 수직통합을 부추긴다는 문제가 있다.
⑤ 부가가치세 면세 품목에는 영세율이 적용된다.

41 CTA 2022

부가가치세에 관한 설명으로 옳지 않은 것은?

① 단일세율의 부가가치세는 조세부담이 역진적이다.
② 각 거래단계의 부가가치에 과세된다.
③ 우리나라는 수출품에 영세율을 적용하고 있다.
④ 우리나라는 매입세액공제방식을 따른다.
⑤ 우리나라는 총소득형 부가가치세를 채택하고 있다.

42 CTA 2011

부가가치세에 관한 설명으로 옳은 것을 모두 고른 것은?

> ㄱ. 부가가치세의 주요 도입배경으로는 다단계거래세제에서 나타날 수 있는 수직적 통합을 이용한 조세회피 방지와 수출품에 대한 소비세 환급을 통한 수출촉진 등을 들 수 있다.
> ㄴ. 부가가치세는 모든 소비재에 대해 단일세율을 적용함으로써 저소득층의 조세부담을 상대적으로 낮추게 된다.
> ㄷ. 어떤 상품이 부가가치세 면세 대상인 경우, 중간단계에서 이미 납부한 부가가치세는 환급해준다.
> ㄹ. 어떤 상품에 영세율이 적용되는 경우, 그 이전 단계에서 납부한 부가가치세는 전액 환급해준다.

① ㄱ, ㄴ
② ㄱ, ㄷ
③ ㄱ, ㄹ
④ ㄴ, ㄹ
⑤ ㄷ, ㄹ

43 CTA 2018

조세에 관한 설명으로 옳지 않은 것은?

① 법인세의 과세대상은 법인이윤과 배당소득이다.
② 부가가치세의 면세제도는 형평성을 증진시키는 효과가 있다.
③ 직접세의 예로 소득세를 들 수 있고, 간접세의 예로 부가가치세를 들 수 있다.
④ 소득세는 노동과 여가의 선택에 대해서 중립적으로 작용하지 않는다.
⑤ 부가가치세는 직접세에 비해 조세저항이 낮아 세수확보에 유리하다.

44 CTA 2017

우리나라 부가가치세에 관한 설명으로 옳지 않은 것은?

① 현재 우리나라 세목 가운데 세수입이 가장 크다.
② 기초생활필수품은 영세율 대상이다.
③ 일반적으로 소득세에 비해 조세저항이 작다.
④ 수출품에 대한 영세율 적용은 완전면세 효과를 나타낸다.
⑤ 재화와 용역(서비스)의 생산·유통과정에서 창출되는 부가가치가 과세대상이다.

45 CTA 2016

우리나라 소득세 및 부가가치세 체계에서 면세자 비율을 낮추기 위한 방안으로 옳지 않은 것을 모두 고른 것은? (단, 향후 경제성장률과 물가상승률은 모두 양의 값이며 경제성장률이 더 높다. 현재의 소득공제 항목은 모두 존치된다)

> ㄱ. 소비활력 제고를 위해 간이과세자의 간이과세 적용요건을 완화한다.
> ㄴ. 면세점을 현재 수준으로 유지한다.
> ㄷ. 저출산 문제에 대응하기 위해 다자녀 가정의 인적공제를 확대한다.
> ㄹ. 개인연금저축의 공제액을 확대한다.

① ㄱ, ㄴ
② ㄴ, ㄷ
③ ㄷ, ㄹ
④ ㄱ, ㄴ, ㄹ
⑤ ㄱ, ㄷ, ㄹ

46 CTA 2024

우리나라의 법인세와 부가가치세에 관한 설명으로 옳은 것은?

① 부가가치세는 조세부담이 누진적이다.
② 수출품의 부가가치세 부담은 국내 판매용 제품과 동일하다.
③ 기업의 부채비중을 높이는 것이 법인세 절감에 유리하다.
④ 기업이 자본재 구입 시에 투자세액공제를 적용하면 법인세 부담이 증가한다.
⑤ 법인세는 법인의 자산을 과세대상으로 한다.

47 CTA 2018

부동산 관련 조세에 관한 설명으로 옳은 것은?

① 우리나라의 재산세와 종합부동산세는 부동산 거래 시 부과된다.
② 부동산 보유세 인상 시 미래의 보유세 부담이 집값에 반영되어 집값이 상승하는 현상을 조세의 자본화라고 한다.
③ 보유세 인상의 실제적인 부담은 보유세 인상 이후 부동산 구입자가 모두 부담하게 된다.
④ 우리나라의 양도소득세는 부동산 양도 시 발생하는 차익에 대해 과세하는 지방세이다.
⑤ 부동산 공급이 완전비탄력적인 경우 부동산에 대한 과세는 초과부담을 발생시키지 않는다.

48 CTA 2021

부동산 관련 조세에 관한 설명으로 옳지 않은 것은?

① 부동산의 공급탄력성이 0이면 과세에 따른 초과부담이 발생하지 않는다.
② 부동산 보유세 인상 시 조세의 자본화에 의하여 부동산 가격이 상승하게 된다.
③ 우리나라의 부동산 취득 시 내는 조세로는 지방세인 취득세가 있다.
④ 우리나라의 재산세와 종합부동산세는 부동산 보유 시 부과된다.
⑤ 우리나라의 양도소득세는 부동산 양도 시 발생하는 차익에 대해서 과세하는 국세다.

49 CTA 2016

재산세와 같은 일반적인 자산과세(property tax)에 관한 설명으로 옳지 않은 것은?

① 자산과세의 세부담자는 자산소유자이지만, 주로 물건을 기준으로 과세되기 때문에 대물세로 간주한다.
② 자산수익률이 노동수익률보다 높은 경우, 자산과세의 강화는 소득분배 불평등도를 완화시킨다.
③ 자산과세를 지방세의 근간으로 하면 지역 간 재정불균형을 심화시킬 수 있다.
④ 이론적으로 동결효과(lock-in effect)로 인하여 부동산 거래를 활성화시킨다.
⑤ 능력원칙과 편익원칙을 모두 구현할 수 있는 과세방식이다.

제2절 | 조세의 경제적 효과

01 CTA 2023

근로소득세 부과가 노동시장에 미치는 효과에 관한 설명으로 옳지 않은 것은?

① 여가가 정상재일 경우 소득효과가 대체효과보다 크면 후방굴절형 노동공급곡선이 될 것이다.
② 여가가 정상재일 경우 비례소득세 부과로 인한 소득효과가 대체효과보다 작다면 노동공급은 줄어든다.
③ 여가가 정상재일 경우 누진소득세 부과가 노동공급에 미치는 영향은 비례소득세 부과와 유사하지만 고소득자에게 유리하다.
④ 여가가 열등재일 경우 비례소득세를 부과하면 노동공급은 감소한다.
⑤ 여가가 열등재일 경우 정액세(lump-sum tax)를 부과하면 소득효과만 존재하여 노동공급은 감소한다.

02 CTA 2018

근로소득세 부과가 노동공급에 미치는 영향으로 옳은 것은?

① 여가가 정상재일 경우, 소득효과와 대체효과 모두 노동공급을 증가시키므로 총노동공급은 증가한다.
② 여가가 정상재일 경우, 소득효과로 노동공급이 증가하고, 대체효과로 노동공급이 감소하여 총노동공급의 변화는 알 수 없다.
③ 여가가 열등재일 경우, 소득효과와 대체효과 모두 노동공급을 증가시키므로 총노동공급은 증가한다.
④ 여가가 열등재일 경우, 소득효과로 노동공급이 감소하고, 대체효과로 노동공급이 증가하여 총노동공급의 변화는 알 수 없다.
⑤ 여가가 열등재일 경우, 소득효과로 노동공급이 증가하고 대체효과로 노동공급이 감소하여 총노동공급의 변화는 알 수 없다.

03 CTA 2021

근로소득에 비례소득세를 부과하는 경우 나타나는 효과에 관한 설명으로 옳지 않은 것은? (단, 여가는 정상재이고, 근로소득만 존재한다)

① 초과부담은 세율이 높아질수록 커진다.
② 노동공급곡선이 우상향이면 시장임금률은 상승한다.
③ 노동공급곡선이 수직이면 전부 근로자에게 귀착된다.
④ 실질소득의 감소로 노동공급을 증가시키려는 소득효과가 나타난다.
⑤ 대체효과와 소득효과가 동일하여 노동공급이 일정하면 순임금률과 시장임금률은 동일하다.

04 CTA 2014

근로소득세가 노동공급에 미치는 영향에 관한 설명으로 옳지 않은 것은?

① 비례적인 근로소득세가 부과될 때 여가가 정상재라면 대체효과는 노동공급을 감소시키나 소득효과는 노동공급을 증가시킨다.
② 여가가 열등재일 때 근로소득세가 부과되면 대체효과가 소득효과보다 커서 노동공급이 증가한다.
③ 근로소득세가 노동공급에 미치는 영향을 분석하는 방법은 계량적 추정, 설문조사, 실험 등이 있다.
④ 여가가 정상재일 때 대체효과가 소득효과에 의해 거의 상쇄되면 노동공급곡선은 수직선에 가까운 형태를 보인다.
⑤ 실증연구결과에 따르면 가계의 주 근로소득자(primary worker)들의 세율에 대한 노동공급탄력성은 비탄력적인 반면, 보조 근로소득자(secondary worker)들의 노동공급탄력성은 상당히 탄력적이다.

05 CTA 2017

임금이 상승할 때 처음에는 우상향하다가 일정 임금 수준 이상에서 후방굴절 형태를 갖는 노동공급곡선과 관련된 설명으로 옳은 것은? (단, 여가는 정상재라 가정한다)

① 후방굴절 구간에서는 대체효과가 소득효과보다 크다.
② 임금과 노동공급이 정(+)의 관계인 구간에서는 근로소득세를 증가시키면 노동공급은 증가한다.
③ 후방굴절 구간에서 근로소득세를 증가시키면 노동공급은 증가한다.
④ 근로소득세 과세는 초과부담을 초래하지 않는다.
⑤ 근로소득세 납부 후 임금율은 상승한다.

06　CTA 2016

근로소득세가 노동공급에 미치는 영향으로 옳은 것은?

① 여가가 정상재일 때, 비례소득세 부과로 인한 대체효과가 소득효과보다 크면 노동공급은 늘어난다.
② 여가가 정상재일 때, 비례소득세와 동일한 조세수입을 가져다주는 비왜곡적인 정액세를 부과하는 경우 노동공급에 미치는 효과는 동일하다.
③ 여가가 열등재일 때, 비례소득세 부과로 인한 대체효과가 소득효과보다 크면 노동공급은 늘어난다.
④ 여가가 열등재일 때, 비례소득세와 동일한 조세수입을 가져다주는 비왜곡적인 정액세를 부과하는 경우 노동공급에 미치는 효과는 동일하다.
⑤ 여가가 열등재일 때, 비왜곡적인 정액세를 부과하는 경우 소득효과만 존재하여 노동공급은 감소한다.

07　CTA 2025

근로소득세 부과가 노동시장에 미치는 효과에 관한 설명으로 옳은 것을 모두 고른 것은?

> ㄱ. 여가가 정상재이고 소득효과가 대체효과보다 작으면 노동공급곡선은 후방굴절형이다.
> ㄴ. 여가가 정상재이고 비례소득세 부과로 대체효과가 소득효과보다 크다면 노동공급은 늘어난다.
> ㄷ. 여가가 열등재일 때 중립세로 부과하면 소득효과만 존재한다.

① ㄱ　　　　　　　　　　　② ㄷ
③ ㄱ, ㄴ　　　　　　　　　④ ㄴ, ㄷ
⑤ ㄱ, ㄴ, ㄷ

08　CTA 2015

시간당 임금률 W_0를 받고 있던 근로자가 여가와 소득 사이에서 선택하는 상황을 가정하자. 여가와 소득에 관한 무차별곡선은 원점에 대해 볼록한 일반적 형태이며, 여가는 열등재이다. 세율 t로 비례소득세가 부과된 경우 소득세가 노동공급에 미치는 효과에 관한 설명으로 옳은 것은?

① 순임금률은 $(1+t)W_0$로 상승한다.
② 소득효과는 노동공급량을 감소시킨다.
③ 대체효과는 노동공급량을 증가시킨다.
④ 대체효과가 소득효과보다 크면 노동공급량을 늘리는 방향으로 작용한다.
⑤ 노동공급곡선은 우하향하는 형태를 가진다.

09 CTA 2012

우리나라는 근로소득세 최고세율을 35%에서 38%로 인상하였다. 이때 발생할 수 있는 변화에 관한 설명으로 옳지 않은 것은? (단, 여가는 정상재이다)

① 소득효과와 대체효과가 정확하게 상쇄되면 노동공급은 불변이다.
② 세율인상으로 인한 소득효과가 대체효과보다 크면 고소득층의 노동공급이 감소한다.
③ 노동공급곡선이 후방굴절되는 구간에서는 세율인상으로 노동공급이 증가한다.
④ 세율인상으로 초과부담이 증가한다.
⑤ 세율인상에도 불구하고, 고소득층의 노동공급량 감소에 따라 세수 증대가 이루어지지 않을 수 있다.

10 CTA 2011

여가-소득 간의 선택모형에서 조세가 개인의 노동공급 의사결정에 미치는 영향에 관한 설명으로 옳은 것은? (단, 여가는 정상재이다)

① 비례적 근로소득세율인상은 여가의 가격을 상승시킨다.
② 근로소득세를 인상하면 소득효과는 노동공급을 증가시키는 반면, 대체효과는 노동공급을 감소시킨다.
③ 누진적 소득세의 경우, 여가의 가격을 나타내는 예산선의 기울기가 일정하다.
④ 일반적으로 근로소득세율이 낮을 때, 세율인상은 노동공급을 감소시키지만 근로소득세율이 높을 때 세율인상은 노동공급을 증가시킨다.
⑤ 세율인상의 효과는 임금률 상승의 효과와 동일하다.

11 CTA 2017

근로소득세 부과가 노동시장에 미치는 효과에 관한 설명으로 옳은 것은?

① 여가가 정상재일 경우 임금변화에 따른 소득효과가 대체효과보다 작다면 후방굴절형 노동공급곡선이 될 것이다.
② 여가가 열등재일 경우 비례소득세를 부과하면 노동공급량은 감소한다.
③ 여가가 정상재일 경우 비례소득세를 부과하면 대체효과는 노동공급을 늘리는 방향으로 작용하고 소득효과는 노동공급을 줄이는 방향으로 작용한다.
④ 여가가 정상재일 경우 누진소득세 부과가 노동공급에 미치는 영향은 비례소득세 부과와 유사하지만 고소득자에게 유리하다.
⑤ 여가가 정상재일 경우 선형누진소득세의 평균세율이 비례소득세와 동일하다면 노동공급에 미치는 효과는 동일하다.

12 CTA 2014

정부가 세수 증대를 목적으로 비과세인 금융상품의 일부를 과세대상으로 전환하였다. 이 정책이 해당 금융상품을 보유하고 있는 개인의 노동공급에 미치는 효과에 관한 설명으로 옳은 것은? (단, 여가는 정상재이다)

① 여가는 감소하게 된다.
② 대체효과는 노동공급을 증가시킨다.
③ 대체효과는 노동공급을 감소시킨다.
④ 비과세 금융상품에 대한 신규 과세로 임금률이 변화한다.
⑤ 소득효과는 노동공급을 감소시킨다.

13 CTA 2024

하루 $\overline{T}(\overline{T} \leq 24)$시간을 노동($H$)과 여가($L$)에 배분하는 근로자의 근로소득은 M, 시간당 임금률은 w이다. 세율 t의 근로소득세가 부과될 경우 다음 설명으로 옳지 않은 것은? (단, 근로소득 이외의 여타 소득은 없다고 가정한다. 그래프의 가로축은 여가이고 세로축은 근로소득이다)

① 세금 부과 전의 예산선은 $M = w(\overline{T} - L)$이다.
② 세금 부과 후 예산선의 세로축 절편은 $(1-t)w\overline{T}$이다.
③ 여가가 정상재라면, 노동공급은 증가, 감소 또는 불변일 수 있다.
④ 여가가 정상재라면, 대체효과가 소득효과보다 클 경우 노동공급은 증가한다.
⑤ 여가가 열등재라면, 대체효과와 소득효과 모두 노동공급을 감소시킨다.

14 CTA 2022

이자소득세 부과의 효과에 관한 내용으로 옳은 것의 개수는? (단, 현재소비와 미래소비는 모두 정상재이다)

ㄱ. 저축을 감소시키는 소득효과와 저축을 증가시키는 대체효과를 동시에 발생시킨다.
ㄴ. 저축에 대한 영향은 시점 간 자원배분모형을 이용하여 분석될 수 있다.
ㄷ. 미래소비보다 현재소비가 유리한 여건이 제공될 수 있다.
ㄹ. 현재소비는 대체효과에 의해 증가하고 소득효과에 의해 감소한다.
ㅁ. 민간저축은 증가할 수도 감소할 수도 있다.

① 1개 ② 2개
③ 3개 ④ 4개
⑤ 5개

15 CTA 2025

이자소득세 부과의 효과로 옳지 않은 것은? (단, 현재소비와 미래소비는 모두 정상재이다)

① 국민저축은 그 변화를 알 수 없다.
② 현재소비에 미치는 영향은 소득효과와 대체효과의 상대적인 크기에 의해 결정된다.
③ 소득효과에 의해 현재소비가 감소한다.
④ 이자소득세의 부과에 의한 소득효과는 저축의욕을 줄어들게 한다.
⑤ 현재소비는 대체효과에 의해 증가하고 소득효과에 의해 감소한다.

16 CTA 2023

시점 간(inter-temporal) 소비선택모형에서 이자소득세의 부과에 관한 설명으로 옳은 것은? (단, 무차별곡선은 원점에 대해 강볼록하며, 미래소득은 영(0)이다. 그리고 현재소비와 미래소비는 모두 정상재이다)

① 이자소득세 부과 시 현재소비의 상대가격은 상승하게 된다.
② 이자소득세 부과 시 저축은 반드시 감소하게 된다.
③ 이자소득세 부과 시 민간저축은 감소하나 총저축의 증감여부는 불분명하다.
④ 현재소비에 미치는 영향은 소득효과와 대체효과의 상대적인 크기에 의해 결정된다.
⑤ 미래소비에 미치는 영향은 소득효과와 대체효과의 상대적인 크기에 의해 결정된다.

17 CTA 2018

이자소득세 부과의 효과로 옳지 않은 것은? (단, 현재소비와 미래소비는 모두 정상재이다)

① 이자소득세 부과 시 민간저축과 정부저축의 합은 그 변화를 알 수 없다.
② 이자소득세가 부과되면 미래소비의 가격이 상승하는 효과를 가진다.
③ 이자소득세 부과 시 민간저축은 증가할 수도 감소할 수도 있다.
④ 이자소득세 부과 시 현재소비는 대체효과에 의해 증가하고 소득효과에 의해 감소한다.
⑤ 이자소득세 부과 시 미래소비에 주는 영향은 대체효과와 소득효과로 나눠지는데 이들 두 효과는 서로 반대 방향으로 작동한다.

18 CTA 2013

단순 2기간 생애주기모형에서 이자소득세만을 부과하는 경우 개인의 저축에 미치는 영향을 옳지 않은 것은? (단, 현재소비와 미래소비는 정상재, 무차별곡선은 원점에 대해 볼록, 이자율은 양(+)으로 주어져 있음)

① 이자소득세는 초과부담을 초래하지 않는다.
② 이자소득세 부과에 따른 소득효과는 일정 수준의 미래소비를 유지하기 위하여 저축을 증가시키는 것을 말한다.
③ 소득효과가 대체효과를 압도하는 경우 저축이 증가한다.
④ 대체효과는 현재소비를 증가시킨다.
⑤ 납세 후 이자율이 인하되어 현재소비의 상대가격을 하락시킨다.

19 CTA 2024

시점 간(inter-temporal) 소비선택모형을 이용하여 이자소득세 부과가 개별 소비자에게 미치는 영향으로 옳은 설명을 모두 고른 것은? (단, 무차별곡선은 원점에 대해 강볼록하며, 미래소득은 영(0)이다. 그리고 현재소비와 미래소비 모두 정상재이다)

> ㄱ. 미래소비로 표시한 현재소비의 상대가격이 하락한다.
> ㄴ. 대체효과에 의해 현재소비가 증가하므로 저축은 감소한다.
> ㄷ. 소득효과에 의해 현재소비가 감소하고 미래소비도 감소한다.
> ㄹ. 실질소득이 감소하므로 효용수준은 감소한다.

① ㄱ, ㄴ, ㄷ   ② ㄱ, ㄴ, ㄹ
③ ㄱ, ㄷ, ㄹ   ④ ㄴ, ㄷ, ㄹ
⑤ ㄱ, ㄴ, ㄷ, ㄹ

20 CTA 2014

소득세 부과가 가계의 저축에 미치는 영향으로 옳지 않은 것은?

① 저축에 대한 조세의 영향은 시점 간 자원배분모형을 이용하고 분석될 수 있다.
② 근로소득세로 인해 가처분소득이 감소할 때 대체효과가 발생한다.
③ 이자소득세는 저축을 감소시키는 대체효과와 저축을 증가시키는 소득효과를 동시에 발생시킨다.
④ 근로소득세 부과 시 세수의 전부를 정부저축으로 할당하면 경제전체의 저축은 증가한다.
⑤ 이자소득세로 인해 미래소비보다 현재소비가 유리한 여건이 제공될 수 있다.

21 CTA 2024

소득세에 관한 설명으로 옳은 것은?

① 현재소비가 정상재인 경우에 이자소득세의 부과에 의한 소득효과는 저축의욕을 줄어들게 한다.
② 비례소득세는 조세부담의 수직적 공평성을 향상시킨다.
③ 선형누진세는 소득의 증가에 따라서 평균세율은 올라가지만 한계세율은 변화하지 않는다.
④ 소득공제는 조세의 부담에 있어서 저소득층이 고소득층에 비해 유리하다.
⑤ 세액공제의 도입은 한계세율의 증가를 초래하게 된다.

22 CTA 2011

두 기간을 사는 어떤 개인의 기간선택모형(inter-temporal choice model)을 이용하여 조세가 저축에 미치는 영향을 파악하고자 한다. 1기는 일을 하는 기간으로서 소득이 발생하며, 2기는 은퇴 후 기간으로서 소득이 없다고 가정한다. 이 개인이 1기에 발생한 소득 가운데 일부는 소비하며, 나머지 일부를 2기에 사용하기 위하여 저축한다고 할 때, 관련된 설명으로 옳지 않은 것은? (단, 두 기간 간 이자율은 r이고, 차입은 없다)

① 어떤 개인의 2기의 소비수준을 과세 전과 동일하게 유지하고자 한다면, 이자소득세율을 인상할 경우 현재소비를 줄이고 저축을 늘리게 된다.
② 이자소득에 t의 세율로 과세하면 저축의 수익률은 $r \times (1-t)$가 된다.
③ 이자소득과세는 1기 소비를 늘리고 저축을 줄인다.
④ 저축에 대한 조세가 부과되기 이전에는 1기 소비의 가격은 $(1+r)$이 된다.
⑤ 이자소득세율인상과 이자율 인하는 이론적으로 저축에 미치는 효과가 동일하다.

23 CTA 2021

투자자들이 자산유형별로 상이한 위험과 기대수익률을 고려하여 수익률을 극대화하도록 자산을 구성한다고 한다. 투자의 안전성이 정상재이고 투자자의 위험회피도가 체증적인 경우, 수익에 대한 비례소득세 부과가 투자자의 자산구성에 미치는 효과에 관한 설명으로 옳은 것은?

① 기대수익률이 하락하여 안전성에 대한 기회비용이 증가함으로써, 위험자산의 비중은 작아진다.
② 완전손실상계제도가 있는 경우, 위험자산의 비중은 커진다.
③ 완전손실상계제도가 있는 경우, 투자 수익과는 달리 손실에 대해 정부와 투자자가 공동 부담하도록 한다.
④ 손실상계제도를 전혀 허용하지 않는 경우, 위험자산의 비중에는 영향이 없다.
⑤ 손실상계제도를 전혀 허용하지 않는 경우, 소득효과가 대체효과보다 큰 경우에 한해 위험자산의 비중은 감소한다.

24 CTA 2025

위험자산에 대한 투자에서 투자의 안전성이 정상재이고, 투자자의 위험부담행위의 소득탄력성이 0보다 작으면, 수익에 대한 비례소득세 부과가 투자자의 자산구성에 미치는 효과에 관한 설명으로 옳은 것은?

① 완전손실보상제도가 있는 경우, 위험자산의 비중은 작아진다.
② 완전손실보상제도 하에 정부의 위험부담 비용이 민간부문과 같다면, 조세의 부과는 사회후생을 증진시킨다.
③ 손실보상제도를 전혀 허용하지 않는 경우, 소득효과가 대체효과보다 큰 경우에 위험자산의 비중은 증가한다.
④ 손실보상제도를 전혀 허용하지 않는 경우, 대체효과는 위험자산의 비중을 늘린다.
⑤ 완전손실보상제도가 있는 경우, 투자 수익과는 달리 손실에 대해 정부와 투자자가 공동 부담하도록 한다.

25 CTA 2016

안전자산과 위험자산으로 구성되어 있는 경제에서 안전자산의 수익률은 0이며, 개인은 수익극대화를 추구한다. 위험자산에 비례소득세를 부과하고 손실 보상을 전혀 해주지 않는 경우의 설명으로 옳은 것은?

① 위험부담 행위의 소득탄력성이 양이면, 소득효과는 위험자산에 대한 투자를 줄이고 대체효과는 위험자산에 대한 투자를 늘려 총효과는 불확실하다.
② 위험부담 행위의 소득탄력성이 음이면, 소득효과와 대체효과 모두 위험자산에 대한 투자를 늘린다.
③ 위험부담 행위의 소득탄력성이 양이면, 소득효과와 대체효과 모두 위험자산에 대한 투자를 줄인다.
④ 위험부담 행위의 소득탄력성이 음이면, 소득효과와 대체효과 모두 위험자산에 대한 투자를 줄인다.
⑤ 위험부담 행위의 소득탄력성이 양이면, 소득효과와 대체효과가 발생하지 않아 위험자산에 대한 투자는 불변이다.

26 CTA 2022

조겐슨(D. Jorgenson)의 신고전파 투자이론에 관한 설명으로 옳지 않은 것은?

① 자본의 사용자비용이 적을수록 투자가 증가한다.
② 생산요소 간에 대체탄력성이 작으면 자본스톡의 사용자비용탄력성이 낮아질 수 있다.
③ 자본스톡의 사용자비용탄력성이 작을수록 법인세가 기업의 투자에 미치는 영향이 크다.
④ 법인세의 경우 자본재 구입비용은 즉시상각하고, 지급이자에 대한 비용공제는 불허하면 투자에 대해 중립적이다.
⑤ 자기자본의 귀속이자비용과 차입금에 대한 이자공제가 허용되고 세법상 감가상각률과 경제적 감가상각률이 일치할 경우 법인세는 투자에 영향을 미치지 않는다.

27 CTA 2021

조겐슨(D. Jorgenson)의 신고전학파 투자이론에 관한 설명으로 옳지 않은 것은?

① 중요한 투자결정요인은 자본의 사용자비용이다.
② 자본의 사용자비용이 낮아지면 투자는 늘어난다.
③ 자본의 사용자비용에는 포기된 다른 투자로 인한 기회비용도 포함된다.
④ 자본재 구입비용은 즉시 비용처리하고, 지급이자에 대한 비용공제는 허용하지 않는 경우 법인세는 투자에 중립적이다.
⑤ 자기자본의 귀속이자비용이 공제되지 않아도, 차입금에 대한 이자공제가 허용되고 세법상 감가상각률과 경제적 감가상각률이 일치하면 법인세는 투자에 영향을 미치지 않는다.

28 CTA 2019

조세와 기업의 투자에 관한 설명으로 옳지 않은 것은?

① 신고전파 투자이론에 따르면 자본의 사용자 비용이 적을수록 투자가 증가한다.
② 자본스톡의 사용자비용탄력성이 클수록 조세정책이 기업의 투자에 미치는 영향이 크다.
③ 토빈의 q이론에 따를 경우, 자본의 대체비용이 클수록 투자가 줄어든다.
④ 자본의 사용자 비용과 관련된 한계실효세율 측정은 세전수익률을 세후수익률로 나누어서 구할 수 있다.
⑤ 투자를 촉진하기 위한 방법으로는 가속상각 제도의 채택, 투자세액공제 허용 등이 있다.

29 CTA 2024

조세와 기업의 투자에 관한 설명으로 옳지 않은 것은?

① 자본의 사용자비용은 기업이 자본재를 보유하고 사용하는 데 소요되는 기회비용으로 해석할 수 있다.
② 가속감가상각을 채택하면 자본의 사용자비용을 낮춰 투자가 증가한다.
③ 자본스톡의 사용자비용탄력성이 작을수록 조세제도상 투자 유인책의 효과는 커진다.
④ 한계적인 투자계획에서 나오는 세전 실질수익률과 이 투자계획의 재원을 제공한 저축자에게 지급되는 세후 실질수익률이 같으면 한계실효세율은 영(0)이 된다.
⑤ 한계실효세율이 높을수록 투자가 위축된다.

30 CTA 2025

조세와 기업의 투자에 관한 설명으로 옳지 않은 것은?

① 신고전파 투자이론에 의하면 자본의 사용자비용이 적을수록 투자가 증가한다.
② 자본스톡의 사용자비용탄력성이 작을수록 조세정책이 기업의 투자에 미치는 영향이 작다.
③ 신고전파 투자이론에서 자본재 구입비용은 즉시 비용처리하고, 지급이자에 대한 비용공제를 허용하지 않는 경우 법인세는 투자에 중립적이다.
④ 한계실효세율이 음(−)이면 조세의 존재가 투자를 촉진하는 결과를 가져온다.
⑤ 부채를 통한 투자의 경우 한계실효세율이 음(−)의 값을 갖는 것은 현행 조세제도가 부채의존도를 줄이는 효과를 갖는다는 뜻이다.

31 CTA 2015

법인세 부과가 기업의 투자행위에 미치는 영향에 관한 설명으로 옳은 것은?

① 한계실효세율이 음(−)의 값을 가지는 경우, 법인세 부과가 투자행위를 위축시킬 수 있다.
② 법인세가 부과된 후 자본의 사용자비용이 감소하면 법인세 부과가 투자행위를 위축시킨다고 해석할 수 있다.
③ 투자세액공제나 가속상각제도의 채택은 자본의 사용자비용을 증가시킨다.
④ 자본의 사용자비용과 관련된 한계실효세율 측정은 세후수익률을 세전수익률로 나누어서 구할 수 있다.
⑤ 법인세가 부과된 후 자본의 사용자비용에 변화가 없으면 투자행위에 중립적이라고 해석할 수 있다.

32 CTA 2023

자본의 사용자 비용(user cost of capital)을 낮추어 투자를 촉진할 수 있는 조세정책이 아닌 것은?

① 가속상각제도
② 투자세액공제
③ 특정기간조세 감면
④ 법인세율 인하
⑤ 근로소득세 감면

33 CTA 2018

법인세에 관한 설명으로 옳지 않은 것은?

① 경제적 이윤에 대해 과세하는 형태의 법인세는 기업의 생산 결정을 왜곡하지 않는다.
② 법인세 부과로 인해 법인소득 단계와 개인소득 단계에서 이중과세하는 문제가 발생한다.
③ 우리나라 법인세율은 여러 세율로 구성된 누진구조로 되어 있다.
④ 타인자본에 대해서만 이자비용 공제를 허용하는 법인세는 투자재원 조달 방식에 왜곡을 가져오지 않는다.
⑤ 국가 간의 조세경쟁이 존재하는 경우 투자를 유치하기 위해 각 국은 법인세율을 낮춘다.

34 CTA 2020

법인세 과세표준 계산 시 타인자본에 대한 이자지불액만 공제된다고 하자. 이러한 과세방식으로 인한 법인의 의사결정에 관한 설명으로 옳은 것은?

① 자기자본에 비해 차입을 선호한다.
② 배당금에 비해 사내유보를 선호한다.
③ 회사채 발행을 기피한다.
④ 현금자산 보유를 기피한다.
⑤ 부동산 보유를 기피한다.

35 CTA 2017

어떤 기업이 자본재에 투자하려고 한다. 이때 첫 해에 이 투자에 대해 전액 감가상각을 허용하는 경우(A)와 이자비용의 손금처리를 부인하는 경우(B)로 구분할 때, A와 B가 각각 이 투자에 미치는 영향은?

	A	B
①	투자 촉진	투자 촉진
②	투자 촉진	투자 위축
③	투자 위축	투자 촉진
④	투자 불변	투자 불변
⑤	투자 불변	투자 위축

36 CTA 2013

회계상 감가상각이 경제적 감가상각과 같은 경우 법인세에 관한 설명으로 옳지 않은 것은?

① 법인세의 과세대상은 법인의 자기자본에 대한 정상적인 보수와 경제적 이윤을 합한 것이다.
② 100% 차입경영인 경우에는 경제적 이윤과 세전 당기순이익은 다르다.
③ 100% 차입경영인 경우에는 법인세가 기업의 노동수요에 영향을 주지 않는다.
④ 100% 자기자본을 사용한 경우에 법인세는 법인에 사용된 자본에 대한 세금이 된다.
⑤ 100% 자기자본을 사용한 경우에 법인세는 비법인기업에 투자되는 자본에 영향을 준다.

37 CTA 2013

법인세 부과에도 불구하고 중립성이 보장되는 경우로 옳지 않은 것은?

① 진정한 경제적 감가상각과 금융비용 전액 공제를 허용하는 경우
② 현금의 흐름 혹은 직접적 비용을 기준으로 과세하는 경우
③ 자본비용상각의 현재가치가 자본구입가격과 일치하는 경우
④ 적자가 발생할 때 손실액을 다음 해로 이월해주는 경우
⑤ 조세가 자본의 사용자비용을 변화시키지 않는 경우

38 CTA 2023

한계실효세율(marginal effective tax rate)에 관한 설명으로 옳은 것을 모두 고른 것은?

ㄱ. 투자수익에 조세가 부과되지 않으면 한계실효세율은 0이다.
ㄴ. 한계실효세율이 낮을수록 투자에 유리하다.
ㄷ. 한계실효세율이 음(-)인 경우, 조세가 투자를 촉진하는 결과를 가져온다.

① ㄱ
② ㄱ, ㄴ
③ ㄱ, ㄷ
④ ㄴ, ㄷ
⑤ ㄱ, ㄴ, ㄷ

39 CTA 2019

법인세에 관한 설명으로 옳지 않은 것은?

① 우리나라 법인세 제도에서는 기업의 부채가 클수록 법인세 부담이 줄어든다.
② 모딜리아니-밀러(F. Modigliani & M. Miller)의 제1명제는 기업 가치 극대화를 위한 최적 자본구조가 존재하지 않는다는 것이다.
③ 우리나라의 현행 법인세 법정 최고세율은 24%이다.
④ 인플레이션에 의해 감가상각공제의 실질가치가 떨어지면 법인세 부담이 가벼워진다.
⑤ 소득세와 법인세의 통합은 효율성뿐 아니라 공평성의 차원에서도 논의된다.

40 CTA 2025

모딜리아니-밀러(Modigliani-Miller)의 제1명제에 관한 설명으로 옳은 것을 모두 고른 것은?

ㄱ. 기업의 가치를 극대화하는 최적 자본구조의 존재를 입증한 것이다.
ㄴ. 기업의 수익에 조세를 부과하지 않는 것을 가정한다.
ㄷ. 경영자와 주주 간에 주인-대리인 문제가 있다고 가정한다.
ㄹ. 모든 투자자와 경영자가 같은 정보를 가지고 있음을 가정한다.
ㅁ. 기업의 파산과 관련한 비용은 발생하지 않는다.

① ㄱ, ㄴ, ㄷ
② ㄴ, ㄹ, ㅁ
③ ㄷ, ㄹ, ㅁ
④ ㄱ, ㄴ, ㄷ, ㄹ
⑤ ㄱ, ㄴ, ㄹ, ㅁ

CHAPTER 07 | 재정학의 기타주제

제1절 | 소득분배 및 사회보장

01 CTA 2024 ☑ 확인 Check! ○ △ ✕

소득 분배에 관한 설명으로 옳지 않은 것은?

① 평등주의적 견해에 따르면 개인의 정당한 권리가 침해될 가능성이 있다.
② 공리주의적 견해에 따르면 불균등한 분배상태를 정당화시켜 줄 수도 있다.
③ 롤스(J. Rawls)의 견해에 따르면 다른 사람들의 자유와 양립할 수 있는 한에서의 자유에 대한 동등한 권리가 최소극대화원칙보다 우선시된다.
④ 러너(A. Lerner)의 동등확률 가정에 따르면 사람들의 효용함수가 서로 달라도 균등분배가 최적이다.
⑤ 노직(R. Nozick)의 견해에 따르면 균등한 분배가 실현된다면 절차의 정당성은 무시될 수 있다.

02 CTA 2023 ☑ 확인 Check! ○ △ ✕

최적 분배에 관한 설명으로 옳지 않은 것은?

① 공리주의적 견해에 의하면 바람직한 분배란 그 사회의 총체적 후생을 극대화할 수 있는 분배이어야 한다.
② 평등주의적 견해에 의하면 모든 사람에게 평등하게 분배하는 것이 정의롭다.
③ 롤즈(J. Rawls)는 사회의 가장 가난한 사람의 후생을 극대화하도록 분배하는 것이 그 사회의 후생을 극대화하는 것이라 하였다.
④ 자유주의적 견해에 의하면 정부의 간섭 없이 자유로운 시장의 힘에 의해 결정된 분배상태가 가장 바람직하다.
⑤ 러너(A. Lerner)에 의하면 사람들의 효용함수가 서로 다르면 동등확률 하에서도 균등분배는 최적이 될 수 없다.

03 CTA 2011

소득분배에 관한 설명으로 옳지 않은 것은?

① 공리주의적인 관점에서는 노동공급이 비탄력적인 경우, 소득재분배로 인한 왜곡이 크기 때문에 소득재분배를 원하지 않는다.
② 롤스(J. Rawls)의 최소극대화 기준을 나타내는 사회무차별곡선의 모양은 L자형이다.
③ 노직(R. Nozick)은 개인들의 경제활동으로 창출된 소득분배상태를 교정하는 것보다 그 분배 상태가 형성되는 과정을 중시한다.
④ 평등주의적인 사회후생함수에서 도출된 사회무차별곡선은 평등주의적 성향이 강할수록 원점에 대해 더욱 볼록한 모양을 갖는다.
⑤ 쿠즈네츠(S. Kuznets)의 U자 가설은 세로축에 소득분배의 균등도를, 가로축에 경제발전단계 또는 1인당 국민소득을 표시한 평면에서 설명된다.

04 CTA 2021

분배에 대한 공리주의적 주장으로 옳지 않은 것은?

① 가장 바람직한 분배 상태는 최소극대화의 원칙을 따른다.
② 바람직한 분배가 모든 사람이 동일한 효용함수를 가지지 않을 때에도 나타날 수 있다.
③ 벤담(J. Bentham)은 사회 전체의 후생을 극대화하는 분배가 가장 바람직하다고 보았다.
④ 불균등한 소득분배도 정당화될 수 있다.
⑤ 효용함수는 소득의 한계효용이 체감한다는 가정이 필요하다.

05 CTA 2012

분배의 정의 및 이론에 관한 설명으로 옳지 않은 것은?

① 평등주의적 정의관의 문제점 중 하나는 개인의 정당한 권리가 침해될 가능성이 있다는 것이다.
② 에지워드(F. Edgeworth)의 최적분배이론에서 전제된 가정 중 심각한 문제는 소득의 한계효용이 일정하다는 것이다.
③ 에지워드는 사회후생이 극대화되기 위해서는 완전히 균등한 분배가 이루어져야 한다고 주장한다.
④ 러너(A. Lerner)는 사람들의 효용함수가 다르다 해도 모든 사람이 특정 효용함수를 가질 확률이 같다는 가정하에서 균등한 분배가 최적임을 주장하였다.
⑤ 러너는 기대효용 관점에서 균등한 분배 상태와 불균등한 분배 상태를 비교할 때 균등한 분배 상태에서의 기대효용이 더 크다는 것을 입증하였다.

06 CTA 2020

소득세 누진구조에 대한 에지워스(F. Edgeworth) 최적분배모형에서는 다음과 같은 가정을 하였다. 이 모형에 관한 해석으로 옳지 않은 것은?

> 가정 1 : 주어진 세수를 충족시키면서 개인들의 효용의 합을 극대화하는 형태로 최적 소득세를 결정한다.
> 가정 2 : 개인들은 자신의 소득에만 의존하는 동일한 효용함수를 가지며, 효용함수는 한계효용 체감의 특성을 보여주고 있다.
> 가정 3 : 사회 전체의 가용한 소득은 고정되어 있다.

① 가정 1은 공리주의적인 사회후생함수를 가정하였음을 의미한다.
② 가정 2는 이타적인 효용함수를 배제하고 있음을 의미한다.
③ 가정 3은 분배상태가 변화할 때 총소득의 크기가 달라질 수 있다는 점에서 비현실적이라는 비판을 받고 있다.
④ 가장 높은 소득자로부터 세금을 거두어 가장 낮은 소득자에게 재분배하는 경우 사회후생은 증가하게 된다.
⑤ 가정 2로 인해 최적 소득세는 모든 사회 구성원의 소득 균등화까지 이르지는 못한다.

07 CTA 2015

A와 B의 효용함수가 $U_A = 20Y_A^2 - Y_A + 3$, $U_B = 30Y_B^2 - Y_B + 2$로 주어져있다(Y_A와 Y_B는 각각 A와 B의 소득). 공리주의에 의한 최적 배분을 달성하기 위해서 총소득 100을 두 사람 사이에 어떻게 나누어야 적합한가? 기출 수정

① $Y_A = 40$, $Y_B = 60$
② $Y_A = 50$, $Y_B = 50$
③ $Y_A = 60$, $Y_B = 40$
④ $Y_A = 70$, $Y_B = 30$
⑤ $Y_A = 80$, $Y_B = 20$

08 CTA 2012

어떤 사회가 롤스(J. Rawls)의 사회후생함수를 선택한 경우에 관한 설명으로 옳지 않은 것은?

① 원초적 위치(original position)라는 가상적 상황에서 출발하고 있다.
② 부자와 가난한 사람의 소득을 전부 합친 후 절반씩 나누어 가지면 사회후생은 증가한다.
③ 이 사회는 소득재분배정책을 위험에 대비하는 보험정책으로 간주한다.
④ 이 사회에서는 소득 중간계층에 대한 감세정책으로 사회후생이 증가하지 않는다.
⑤ 복권당첨으로 부자의 소득이 증가하면 사회후생은 감소한다.

09 CTA 2016

조세를 통한 소득재분배효과에 관한 설명으로 옳지 않은 것은?

① 누진세 구조의 개인소득세는 저소득층의 소득을 직접 증가시키는 것은 아니지만 소득분배 개선효과를 나타낸다.
② 소비세의 과세대상을 사치품으로 한정하여 부과한다면 고소득층이 세금부담을 주로 할 것이므로 소득분배 개선효과를 나타낸다.
③ 한계세율이 점증하는 누진소득세 체계에서 소득공제를 도입하면 고소득층의 세후 소득을 감소시킨다.
④ 법인세의 세부담이 소비자에게 전가된다면 소득분배가 악화된다.
⑤ 자산소득 지니계수가 높은 나라에서는 자산소득에 높은 세율로 과세하면 소득분배 개선효과를 나타낸다.

10 CTA 2012

불평등 발생의 원인과 대책에 관한 설명으로 옳지 않은 것은?

① 불평등을 발생시키는 원인들은 크게 개인적 요인과 사회적 요인으로 구분될 수 있다.
② 불평등의 원인으로 유전적 요인, 교육적 환경 차이, 경제적 환경 차이 등이 있다.
③ 앳킨슨(A. Atkinson)지수에서 소득분배가 불균등할수록 균등분배대등소득과 평균소득과의 격차가 커진다.
④ 블라인더(A. Blinder)는 실업문제의 우선해결에 중점을 두는 경제안정화정책은 빈곤층보다 중산층 이상의 고소득층에 유리하다고 보았다.
⑤ 불평등 현상을 완화하기 위하여 정부는 누진세제와 각종 사회보장제도를 시행한다.

11 CTA 2021

소득분배의 불평등도 측정에 관한 설명으로 옳은 것은?

① 지니(Gini)계수 : 0과 1 사이의 값을 가지며, 1에 가까울수록 소득이 평등하게 분배되었음을 나타낸다.
② 달튼(H. Dalton)의 평등지수 : 0과 1 사이의 값을 가지며, 1에 가까울수록 소득이 평등하게 분배되었음을 나타낸다.
③ 앳킨슨(A. Atkinson)지수 : -1과 1 사이의 값을 가지며, 1이면 소득이 완전 평등하게 분배되었음을 나타낸다.
④ 5분위배율 : 하위 20%에 속하는 사람들의 소득점유비율을 상위 20%에 속하는 사람들의 소득점유비율로 나눈 값이다.
⑤ 십분위분배율 : 상위 40%에 속하는 사람들의 소득점유비율을 하위 20%에 속하는 사람들의 소득점유비율로 나눈 값이다.

12 CTA 2017

소득불평등도 지수에 관한 설명으로 옳지 않은 것은?

① 앳킨슨(A. Atkinson)지수는 소득분배에 대한 사회적 가치판단에 따라서 크기가 달라진다.
② 로렌츠(M. Lorenz)곡선은 하위 몇 %에 속하는 사람들이 전체 소득에서 차지하는 비율을 나타내는 점들의 궤적이다.
③ 지니계수(Gini coefficient)는 로렌츠곡선을 이용해서 계산할 수 있다.
④ 지니계수는 전체 인구의 평균적인 소득격차의 개념을 활용하고 있다.
⑤ 달튼(H. Dalton)의 평등지수는 1에 가까울수록 불평등한 상태를 의미한다.

13 CTA 2020

소득의 불평등도 측정에 관한 설명으로 옳지 않은 것은?

① 두 로렌츠곡선이 서로 교차하는 경우, 소득 불평등도를 서로 비교할 수 없다.
② 지니계수는 대각선과 로렌츠곡선 사이의 면적을 로렌츠곡선 아래의 면적으로 나눈 값이다.
③ 균등분배 대등소득과 평균 소득이 일치하면 앳킨슨지수는 0이 된다.
④ 5분위배율은 소득분배의 불평등도가 커질수록 값이 커진다.
⑤ 달튼(H. Dalton)의 평등지수는 0에 가까울수록 불평등한 상태를 의미한다.

14 CTA 2023

다음 중 소득 분배상태가 완전 균등인 경우 그 값이 0인 경우를 모두 고른 것은?

ㄱ. 5분위분배율
ㄴ. 10분위분배율
ㄷ. 지니계수
ㄹ. 앳킨슨지수
ㅁ. 달튼지수

① ㄱ, ㄴ
② ㄴ, ㄷ
③ ㄷ, ㄹ
④ ㄱ, ㄴ, ㄹ
⑤ ㄷ, ㄹ, ㅁ

15 CTA 2019

소득분배에 관한 설명으로 옳지 않은 것은?

① 상위 20%의 소득이 서로 같은 A, B국이 있을 때, A국의 10분위분배율이 $\frac{1}{2}$이고 B국의 5분위배율이 2라면, 하위 20%의 소득은 A국이 B국보다 크다.
② 지니계수는 값이 클수록 소득분배가 불평등함을 의미한다.
③ 사회무차별곡선이 원점에 대해 볼록할수록, 해당 사회에 대한 앳킨슨지수(Atkinson index)는 높게 나타난다.
④ 조세 체계의 누진성을 강화하면 5분위배율은 하락한다.
⑤ 소득이 완벽히 평준화된 사회에서 로렌츠곡선은 대각선이 된다.

16 CTA 2025

사회의 분배 상태를 나타내는 불평등 지수에 관한 설명으로 옳지 않은 것은?

① 모두 동일한 소득을 가지고 있다면 5분위배율의 값은 1이다.
② 가치판단이 달라도 동일한 소득분배상태라면 앳킨슨지수의 값은 동일하다.
③ 지니계수는 0에서부터 1까지 값을 가지며 0에 가까울수록 평등한 분배를 뜻한다.
④ 앳킨슨지수는 0에서부터 1까지 값을 가지며 0에 가까울수록 평등한 분배를 뜻한다.
⑤ 두 사회의 로렌츠곡선이 교차한다면 로렌츠곡선만으로는 두 사회의 소득 불평등도를 비교할 수 없다.

17 CTA 2017

로렌츠(M. Lorenz)곡선에 관한 설명으로 옳지 않은 것은?

① 두 지역의 로렌츠곡선이 서로 교차한다면 두 지역의 소득분배 평등도의 비교가 어렵다.
② 소득분배의 평등도에 대한 서수적인 평가를 나타낸다.
③ 로렌츠곡선이 대각선에 가까이 위치할수록 보다 평등한 분배를 나타낸다.
④ 사회 구성원이 똑같은 소득을 나누어 갖는 균등분배를 평등한 소득분배로 전제한다.
⑤ 셋 이상의 곡선을 동시에 비교할 수 없다.

18 CTA 2013

A, B 두 사회는 구성원 수도 같고, 전체 소득도 같다고 한다. 원점에서 수평축의 중간점까지는 A의 로렌츠곡선이 B의 로렌츠곡선 아래에 있고, 중간점에서 마지막까지는 A의 로렌츠곡선이 B의 로렌츠곡선 위에 있다. 이에 관한 설명으로 옳은 것은?

① A의 지니계수가 B의 지니계수보다 크다.
② B의 지니계수가 A의 지니계수보다 크다.
③ 두 로렌츠곡선의 교차점에서는 A와 B의 소득점유율이 상이하다.
④ A의 로렌츠곡선상 한 점의 좌표가 (20, 10)이라면, 하위소득자 10%가 전체 소득에서 20%를 점유하는 것을 나타낸다.
⑤ 상대적으로 A는 B보다 중간점 이하의 소득계층에서 소득편차가 크다.

19 CTA 2015

다음 로렌츠곡선에 관한 설명으로 옳지 않은 것은? (단, 전체 인구는 불변이라고 가정)

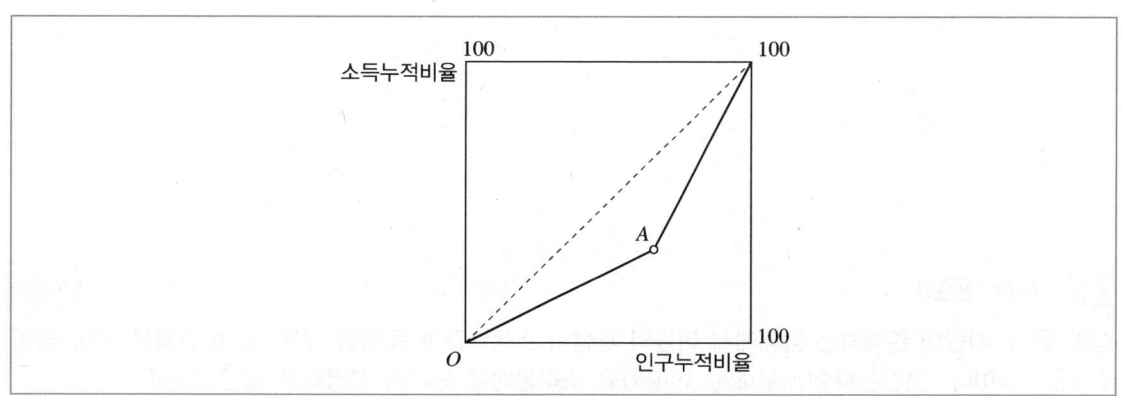

① 로렌츠곡선상의 A점이 원점을 지나는 대각선에서 멀어질수록 지니계수가 커진다.
② 이 사회에는 두 개의 소득계층이 존재한다.
③ 로렌츠곡선을 구성하는 두 개 직선의 기울기 차이가 커질수록 계층 간 소득격차가 작아진다.
④ 각 소득계층 내에서 개인의 소득수준은 모두 같다.
⑤ 저소득계층의 소득점유비중과 인구비중이 동시에 증가할 경우 지니계수는 커질 수 있다.

20 CTA 2012

한 나라의 소득분포가 제1오분위 8%, 제2오분위 10%, 제3오분위 20%, 제4오분위 26%, 제5오분위 36%로 주어졌을 때 십분위분배율은?

① 0.25
② 0.30
③ 0.50
④ 1.00
⑤ 2.00

21 CTA 2024

사회 A, B, C는 모두 두 사람으로 구성되어 있으며 개인1의 소득(Y_1)이 개인2의 소득(Y_2)의 4배이다. 사회후생함수가 $SW_A = Y_1 + Y_2$, $SW_B = \min\{Y_1, Y_2\}$, $SW_C = Y_1^{\frac{1}{2}} Y_2^{\frac{1}{2}}$ 이라고 할 때, 다음 설명 중 옳지 않은 것은?

① 사회 B의 앳킨슨지수는 사회 A보다 높다.
② 사회 C의 앳킨슨지수는 사회 A보다 높다.
③ 사회 B의 앳킨슨지수는 사회 C보다 높다.
④ 균등분배대등소득은 사회 C가 가장 크다.
⑤ 앳킨슨지수로 판단할 때 가장 불균등한 분배가 이루어지고 있는 사회는 B이다.

22 CTA 2018

갑과 을 두 사람이 존재하는 경제에서 이들의 후생이 소득수준과 동일할 경우, 갑의 소득은 400, 을의 소득은 100이다. 앳킨슨지수(Atkinson index)로 소득분배를 평가한 설명으로 옳은 것은?

① 롤즈의 사회후생함수인 경우 앳킨슨지수는 0이다.
② 롤즈의 사회후생함수인 경우 앳킨슨지수는 0.4이다.
③ 롤즈의 사회후생함수인 경우 앳킨슨지수는 1이다.
④ 공리주의 사회후생함수인 경우 앳킨슨지수는 1이다.
⑤ 공리주의 사회후생함수인 경우 앳킨슨지수는 0이다.

23 CTA 2024

앳킨슨지수에 관한 설명으로 옳지 않은 것은?

① 1에 가까울수록 분배상태가 불균등함을 의미한다.
② 분배의 불평등성에 대한 명백한 가치판단을 전제로 한다.
③ 공리주의 사회후생함수의 경우 균등분배대등소득이 평균소득보다 작다.
④ 소득분배가 완전히 균등하다면 균등분배대등소득과 평균소득이 일치한다.
⑤ 동일한 분배상태라도 사회후생함수에 따라 지수의 크기는 달라질 수 있다.

24 CTA 2022

앳킨슨(A. Atkinson)지수에 관한 설명으로 옳지 않은 것은?

① 사회후생함수에 의한 가치판단을 명시적으로 전제하여 소득불평등을 측정한다.
② 불균등한 분배가 사회후생을 떨어뜨리는 정도가 클수록 균등분배대등소득과 1인당 평균소득 간 격차는 줄어든다.
③ 균등분배대등소득과 1인당 평균소득이 같으면 앳킨슨지수는 영(0)의 값을 갖는다.
④ 동일한 분배상태라도 보는 사람에 따라 균등분배대등소득이 달라질 수 있으므로 앳킨슨지수의 값은 여러 가지로 측정될 수 있다.
⑤ 앳킨슨지수는 0에서 1 사이의 값을 갖는다.

25 CTA 2022

소득재분배정책에 관한 설명으로 옳지 않은 것은?

① 로렌츠곡선을 완전히 평등한 분배를 나타내는 대각선으로 접근시키는 역할을 한다.
② 상속 및 증여세는 세입 측면의 소득재분배정책 성격을 갖는다.
③ 현금보조, 물품보조 등을 활용하는 방식으로 시행될 수 있다.
④ 로렌츠곡선, 지니계수, 앳킨슨지수로 분배의 불평등을 평가함에 있어서는 가치판단이 개입된다.
⑤ 지니계수가 커지면 소득분배의 개선으로 본다.

26 CTA 2024

부의 소득세제에 관한 설명으로 옳은 것을 모두 고른 것은? (단, $S = m - tE$, S : 보조금, m : 기초수당, t : 한계세율, E : 스스로 번 소득)

ㄱ. 재원이 고정되어 있는 상황에서 기초수당을 올리려면 한계세율도 올려야한다.
ㄴ. 비범주적(noncategorical) 보조금이므로 수혜 대상에 대한 자격심사가 필요 없다.
ㄷ. 소득의 재분배 효과는 한계세율이 낮을수록 커진다.
ㄹ. 한계세율이 높을수록 근로의욕은 낮아진다.
ㅁ. 여가가 정상재일 경우 소득효과와 대체효과 모두 노동공급을 감소시키는 방향으로 작용한다.

① ㄱ, ㄴ
② ㄱ, ㄷ
③ ㄴ, ㄷ, ㄹ
④ ㄱ, ㄴ, ㄹ, ㅁ
⑤ ㄴ, ㄷ, ㄹ, ㅁ

27 CTA 2019

부(−)의 소득세제에서, 한계세율을 t, 모든 사람에게 최소한으로 보장되는 소득인 기초수당을 m 이라고 할 때, 보조금은 $S = m - tE$(단, E는 스스로 번 소득)이다. 부의 소득세에 관한 설명으로 옳은 것을 모두 고른 것은?

ㄱ. 누진적 소득세제의 논리적 연장이다.
ㄴ. 소득세의 납부과정에서 정부로부터 보조를 받는 형식을 취한다.
ㄷ. 어떤 사람이 스스로 벌어들인 소득이 $\frac{m}{t}$ 이면, 보조금은 0(zero)이다.
ㄹ. 재분배효과는 m이 클수록 커진다.
ㅁ. t가 클수록 근로의욕이 커진다.

① ㄷ, ㅁ
② ㄱ, ㄴ, ㄷ
③ ㄴ, ㄹ, ㅁ
④ ㄱ, ㄴ, ㄷ, ㄹ
⑤ ㄱ, ㄴ, ㄷ, ㄹ, ㅁ

28 CTA 2021

부의 소득세제(negative income tax)가 $S = a - tE$로 주어졌을 때 다음 설명으로 옳지 않은 것은? (단, S : 보조금, a : 기초수당, t : 한계세율, E : 스스로 벌어들인 소득)

① a가 50만원, t가 0.2일 때 E가 250만원이면 보조금 혜택이 중단된다.
② a가 50만원, t가 0.25일 때 보조금을 받기 위해서 E는 200만원 미만이어야 한다.
③ 다른 조건이 일정할 때, t가 인하되면 조세부담이 줄어들어 보조금도 같이 줄어든다.
④ 정부가 선택할 수 있는 정책변수는 a와 t이다.
⑤ 다른 조건이 일정할 때, a가 클수록 재분배효과가 증가한다.

29 CTA 2015

음(-)의 소득세제(negative income tax)가 $S = b - tE$로 주어졌을 때의 설명으로 옳지 않은 것은? (단, S : 보조금, b : 기초수당, t : 한계세율, E : 스스로 벌어들인 소득)

① b가 30만원, t가 0.1일 때, E가 300만원이면 보조금 혜택이 중단된다.
② 일반적으로 이 제도를 설계할 때의 기본적인 선택변수는 b와 t이다.
③ b가 30만원, t가 0.2일 때 보조금을 받기 위해서 E는 150만원 미만이어야 한다.
④ 다른 조건이 일정할 때, b가 클수록 재분배효과가 작아진다.
⑤ 다른 조건이 일정할 때, t가 인하되면 보조금이 늘어난다.

30 CTA 2013

부(-)의 소득세제에서 과세표준이 Y(소득)일 때 조세함수는 $T = -200 + 0.2Y$이다. 이때 옳지 않은 것은?

① 평균세율이 일정하다.
② 한계세율이 일정하다.
③ Y가 800이면 납부할 세금은 없다.
④ Y가 500이면 세후에 소득은 증가한다.
⑤ Y가 2,000이면 세금은 200이다.

31 CTA 2019

우리나라의 근로장려세제에 관한 설명으로 옳지 않은 것은?

① 기초생활보장 등 각종 복지지원에서 제외되는 저소득근로자에게 생계비 등을 보조해 주는 제도이다.
② 근로장려금은 가구 구성과 소득수준에 따라 달라진다.
③ 소득수준이 높은 가구일수록 소득 1원 증가에 따른 가처분소득 증가분은 줄어드는 방식을 취한다.
④ 근로빈곤층의 노동공급에 미치는 영향을 최소화하면서 생계안정을 지원하는 제도이다.
⑤ 개인의 노동공급에 미치는 영향을 분석하면 소득효과 없이 대체효과가 존재하여 노동공급은 소폭 줄어든다.

32 CTA 2020

다음은 근로장려세제와 관련한 어떤 연구의 실증분석 결과이다.

(가) 한부모 여성가구주(single mother)의 노동공급은 증가하였다.
(나) 부부의 경우, 주소득자의 노동공급에는 거의 영향을 미치지 못했으나, 부소득자의 노동공급은 크게 감소하였다.
(다) 근로장려세제 대상자들 전체의 노동공급에는 별다른 변화가 없었다.

실증분석 결과에 대해 유추 가능한 다음의 해석으로 옳은 것을 모두 고른 것은?

ㄱ. (가)의 해석 : 한부모 여성가구주들은 제도 도입 전에 주로 무노동계층이었거나, 점증구간에 속해 있었을 것이다.
ㄴ. (나)의 해석 : 가구 주소득자의 노동공급의 임금탄력성은 매우 작은 반면, 부소득자의 임금탄력성은 클 것이다.
ㄷ. (다)의 해석 : 당초의 의도와는 달리 정책도입 후 실제로 노동공급 증가량과 노동공급 감소량은 대체로 비슷하게 발생하였다.

① ㄱ
② ㄱ, ㄴ
③ ㄱ, ㄷ
④ ㄴ, ㄷ
⑤ ㄱ, ㄴ, ㄷ

33 CTA 2024

우리나라의 근로장려세제에 관한 설명으로 옳은 것은?

① 기초생활보장제도의 수혜대상이 되는 무소득자의 생계안정과 근로유인 제공을 위한 제도이다.
② 가구의 구성원에 관계없이 동일한 지원혜택을 운영하고 있다.
③ 기초생활보장제도와 같은 공공부조 프로그램보다 근로의욕 촉진효과가 더 크다.
④ 근로소득이 증가함에 따라 근로장려금이 감소하는 점감구간에서의 대체효과는 노동공급을 증가시키는 방향으로 작용한다.
⑤ 암묵적 한계세율이 영(0)인 구간에서는 대체효과가 소득효과보다 크다.

34 CTA 2014

A국은 2014년부터 아래 그림과 같이 근로장려세제를 도입하기로 했다. 정부가 근로소득 1,100만원까지는 근로장려세를 100원당 40원씩 지급하고, 근로소득 1,500만원에서 3,700만원까지는 100원당 20원씩 줄여 지급한다. A국의 2014년에 예상되는 노동공급과 관련한 설명으로 옳은 것은? (단, 여가는 정상재이다)

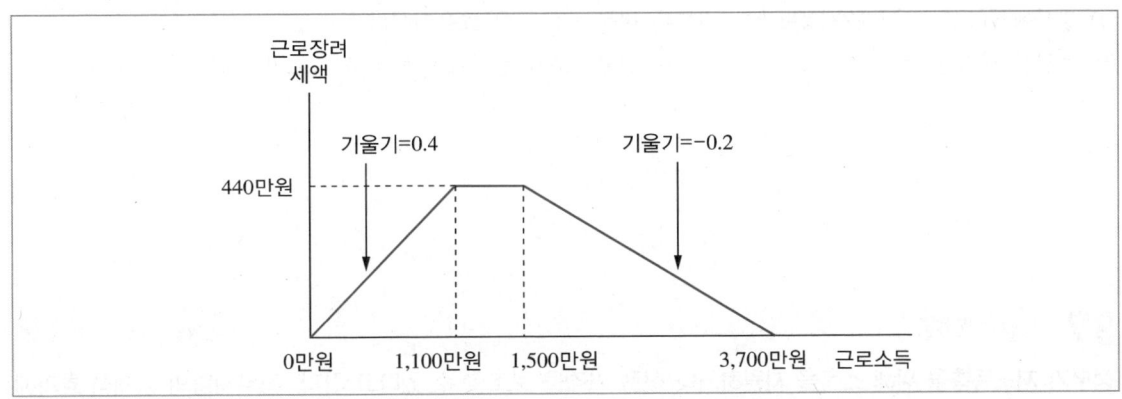

① 2013년 노동시장에 전혀 참여하지 않았던 사람은 소득효과의 크기에 따라 노동시장의 참여 여부를 결정한다.
② 근로소득이 600만원인 사람은 대체효과가 소득효과보다 크면 노동공급을 감소시킬 것이다.
③ 근로소득이 1,300만원인 샤람은 소득효과만 존재하므로 노동공급을 증가시킬 것이다.
④ 근로소득이 2,500만원인 사람은 대체효과와 소득효과 모두 노동공급을 감소시킬 것이다.
⑤ 근로소득이 5,000만원인 사람은 노동공급을 감소시킬 것이다.

35 CTA 2024

정부가 저소득층을 위해 다양한 유형의 보조금을 지원할 수 있다. 보조금 유형에 관한 설명으로 옳은 것을 모두 고른 것은? (단, 무차별곡선은 원점에 대해 강볼록한 형태이다)

> ㄱ. 정책 목표가 해당 현물의 소비 증대라면 현금보조보다 현물보조가 더 효과적이다.
> ㄴ. 수혜자의 선호를 존중한다면 현물보조보다 현금보조가 더 효과적이다.
> ㄷ. 현물보조보다 현금보조의 경우 더 높은 행정 및 운영비용이 발생한다.
> ㄹ. 가격보조가 비효율성을 일으키는 원인은 상대가격구조가 변하기 때문이다.
> ㅁ. 현금보조의 단점은 부정수급과 바람직하지 않은 상품의 오남용이다.

① ㄱ, ㄴ, ㄷ
② ㄱ, ㄷ, ㅁ
③ ㄱ, ㄴ, ㄷ, ㄹ
④ ㄱ, ㄴ, ㄹ, ㅁ
⑤ ㄴ, ㄷ, ㄹ, ㅁ

36 CTA 2023

현물보조에 관한 설명으로 옳지 않은 것은?

① 현물보조가 현금보조에 비하여 정책 목적 달성에 효율적이다.
② 현물보조 대상은 주로 해당 현물의 소비가 바람직하다고 생각하는 가치재들이다.
③ 현물보조는 현금보조에 비하여 높은 행정비용과 운영비용을 수반한다.
④ 생산에서 규모의 경제가 성립하는 재화는 현물보조가 더 효율적이다.
⑤ 동일한 재정을 투입하는 경우 일반적으로 현물보조가 현금보조에 비하여 소비자 만족도가 높다.

37 CTA 2015

정부가 저소득층을 위해 소득을 지원하거나 식품 가격을 보조할 수 있다고 하자. 정부지출의 경제적 효과에 관한 설명으로 옳지 않은 것은? (단, 저소득층의 무차별곡선은 원점에 대해 볼록한 일반적 형태를 가짐)

① 정책목표가 개인들의 효용 증대에 있다면, 소득지원 정책보다는 가격보조 정책이 더 효과적이다.
② 가격보조 정책의 경우 소득효과와 대체효과가 동시에 발생한다.
③ 가격보조 정책이 비효율성을 일으키는 원인은 상대가격구조가 변하기 때문이다.
④ 소득지원 정책은 소득효과만 발생시키므로 자원배분의 비효율성을 유발하지 않는다.
⑤ 정책목표가 대상자의 식품소비 증대에 있다면, 가격보조 정책이 소득지원 정책보다 더 효과적이다.

38 CTA 2013

정부는 저소득층에 대한 에너지 복지정책으로 전력, 등유 등 특정 에너지로 교환할 수 있는 바우처 정책 또는 동일한 수준의 에너지를 구입할 수 있는 현금지급 정책의 도입을 고려하고 있다. 이에 관한 설명으로 옳지 않은 것은? (단, 모든 재화는 정상재이며, 바우처 환매는 불가능함)

① 두 정책에서 저소득층의 예산선은 서로 다르게 나타난다.
② 바우처 정책은 에너지 소비뿐만 아니라 다른 재화에 대한 소비를 증가시킬 수 있다.
③ 바우처 정책은 현금지급 정책에 비하여 상대적으로 선택 가능한 재화의 조합이 적다.
④ 바우처 정책은 정부가 일종의 가부장적 역할을 하여 소비자주권에 개입하는 사례로 볼 수 있다.
⑤ 바우처 정책의 경우 소득효과만 발생하지만 현금지급 정책의 경우 에너지 가격체계의 변화를 발생시켜 대체효과도 추가적으로 나타나게 된다.

39 CTA 2014

가격보조에 관한 설명으로 옳지 않은 것은?

① 소비자에게 가격보조를 하면 상품의 가격이 인상될 수 있다.
② 소비자에게 가격보조를 하거나 생산자에게 가격보조를 하거나 소비증대 효과는 동일하다.
③ 가격보조로 인하여 소비가 증대되어도 후생비용은 발생하지 않는다.
④ 가격보조는 소비촉진 효과를 기대하고 도입한다.
⑤ 가격보조는 상품 한 단위당 정액으로 보조하거나 가격의 일정 비율을 보조하는 방법이 있다.

40 CTA 2016

정부가 정량보조의 형태로 소규모 임대아파트를 지역주민들에게 무상으로 제공하는 경우 경제적 효과로 옳은 것을 모두 고른 것은?

ㄱ. 무주택자의 입장에서는 정액임대료를 지원하는 것에 비해 후생면에서 더 우월하다.
ㄴ. 대형평수 주택소유자의 입장에서는 정액임대료를 지원하는 것에 비해 후생면에서 더 열등하다.
ㄷ. 식품을 정량보조로 지급하는 것과 동일한 효과를 갖는다.

① ㄱ
② ㄴ
③ ㄱ, ㄴ
④ ㄴ, ㄷ
⑤ ㄱ, ㄴ, ㄷ

41　CTA 2016

정부가 저소득층 아동을 위하여 실시하는 사립학교용 교육바우처제도에 관한 설명으로 옳지 않은 것은?

① 사립초등학교 지원율을 높일 것이다.
② 사립과 공립초등학교 간 선택의 폭이 늘어날 것이다.
③ 사립초등학교의 신설이 늘어날 것이다.
④ 사립과 공립초등학교 간 경쟁이 높아질 것이다.
⑤ 공립초등학교의 신설이 늘어날 것이다.

42　CTA 2012

정부가 재분배정책의 일환으로 저소득자에 대한 사회복지 정액보조금을 늘리면서, 한편으로는 고소득자의 한계세율을 높였을 때 나타날 수 있는 현상으로 옳지 않은 것은? (단, 여가는 정상재이다)

① 저소득자 후생 증가
② 고소득자 후생 감소
③ 저소득자 노동공급 증가
④ 대체효과로 인한 고소득자 노동공급 감소
⑤ 초과부담 증가

43　CTA 2020

사회보험과 공공부조에 관한 설명으로 옳지 않은 것은?

① 사회보험으로 국민기초생활보장제도의 재원을 충당한다.
② 공공부조는 원칙적으로 정부의 예산으로 충당한다.
③ 부과방식의 사회보험은 수지균형을 원칙으로 한다.
④ 공공부조의 수혜 대상 결정은 소득·재산조사를 근거로 한다.
⑤ 사회보험의 재원은 원칙적으로 보험료로 충당한다.

44 CTA 2022

소득분배의 불평등을 완화하는 정책으로 옳은 것만을 고른 것은?

ㄱ. 교육기회 확대
ㄴ. 누진세제
ㄷ. 인두세 강화
ㄹ. 복권제도 활성화

① ㄱ, ㄴ
② ㄷ, ㄹ
③ ㄱ, ㄴ, ㄷ
④ ㄴ, ㄷ, ㄹ
⑤ ㄱ, ㄴ, ㄷ, ㄹ

45 CTA 2014

소득재분배정책에 관한 설명으로 옳지 않은 것은?

① 소비세를 재원으로 한 공공부조는 소득재분배 수단이 될 수 없다.
② 소비세보다 소득세를 징수하는 것이 소득분배의 공평성을 높일 수 있다.
③ 공공부조는 국가의 도움에 의존하려는 성향을 갖게 하는 문제점이 있다.
④ 부의 소득세 제도는 일정 수준 이하 저소득층의 가처분소득을 증가시키는 효과가 있다.
⑤ 절대빈곤층을 대상으로 하는 공공부조는 대표적인 소득재분배정책이다.

46 CTA 2021

우리나라에서 시행 중인 소득재분배정책에 관한 설명으로 옳지 않은 것은?

① 국민기초생활보장제도는 절대빈곤선을 기준으로 수급 대상자를 선정한다.
② 근로장려세제는 근로빈곤층(working poor)에게 생계안정지원과 동시에 근로 유인을 위한 제도이다.
③ 공공부조는 일반 국민이 납부한 세금을 재원으로 저소득계층을 지원하는 프로그램이다.
④ 우리나라에서 운용 중인 사회보험은 국민연금, 건강보험, 고용보험, 산재보험, 노인장기요양보험이 있다.
⑤ 사회보험제도는 가입자들이 납부한 보험료를 기본 재원으로 운영된다.

47 CTA 2019

소득재분배정책에 관한 설명으로 옳지 않은 것은?

① 우리나라의 4대 사회보험은 국민연금, 건강보험, 고용보험, 산재보험이다.
② 소득세의 누진세율제도는 소득 계층 간 가처분소득의 격차를 줄이는 역할을 한다.
③ 사회보험제도는 보험료를 납부한 사람만, 그리고 공공부조 프로그램은 세금을 납부한 사람에게만 혜택을 준다.
④ 근로장려세제는 근로빈곤층(working poor) 지원을 위한 제도이다.
⑤ 국민기초생활보장제도는 근로능력의 유무에 관계없이 월소득이 최저생계비에 미치지 못할 경우 정부가 보조해 주는 제도이다.

48 CTA 2025

우리나라 재분배정책에 관한 설명으로 옳은 것은?

① 국민기초생활보장제도는 우리나라 대표적인 공공부조제도이다.
② 공공부조는 기여한 국민만이 혜택을 받을 수 있다.
③ 부가가치세는 조세를 이용한 대표적인 재분배정책이다.
④ 사회보험은 기여 여부와 무관하게 모든 국민이 혜택을 받을 수 있다.
⑤ 근로장려세제는 근로에 참여한 모든 근로자를 돕기 위한 제도이다.

49 CTA 2022

사회보험과 관련된 내용만을 모두 고른 것은?

ㄱ. 정부의 재정수입 달성
ㄴ. 시장실패의 보완
ㄷ. 보험료에 의한 재원 조달
ㄹ. 정부의 온정적 간섭주의

① ㄱ, ㄴ
② ㄱ, ㄹ
③ ㄴ, ㄷ
④ ㄱ, ㄴ, ㄷ
⑤ ㄴ, ㄷ, ㄹ

50 CTA 2021

연금보험을 사회보험 형태로 운영하는 이유로 옳은 것을 모두 고른 것은?

ㄱ. 재정수입 확보
ㄴ. 세대 내 소득재분배
ㄷ. 시장실패 보완
ㄹ. 온정적 간섭주의

① ㄱ, ㄴ, ㄷ ② ㄱ, ㄴ, ㄹ
③ ㄱ, ㄷ, ㄹ ④ ㄴ, ㄷ, ㄹ
⑤ ㄱ, ㄴ, ㄷ, ㄹ

51 CTA 2023

우리나라의 사회보장제도 운영에 관한 설명으로 옳은 것은?

① 차상위계층이라 함은 소득이 최저생계비 130% 이하인 가구를 말한다.
② 기초연금제도 운영에 필요한 재원은 국민연금 보험료로 충당한다.
③ 국민기초생활보장제도 수급자로서 급여를 받기 위해서는 부양의무자가 없거나 있어도 부양이 불가능하여야 하며, 자산조사 결과 최저생계비 이하이어야 한다.
④ 사업장(직장)가입자의 모든 사회보험료는 고용주와 근로자가 각각 절반씩 분담한다.
⑤ 건강보험제도 운영에 필요한 재원은 가입자 및 사용자로부터 징수한 보험료와 정부지원금으로 충당한다.

52 CTA 2023

우리나라의 사회보험제도에 관한 설명으로 옳지 않은 것은?

① 우리나라에서 시행 중인 사회보험은 연금보험, 건강보험, 산재보험, 고용보험, 노인장기요양보험으로 5가지이다.
② 사회보험제도의 도입으로 역선택을 방지할 수 있다.
③ 우리나라 의료보장제도는 국민보건 서비스 방식이다.
④ 사회보험제도의 운영에 필요한 재원 조달방식에는 적립방식과 부과방식의 두 가지가 있다.
⑤ 국민연금은 현금급여, 건강보험은 현물급여가 원칙이다.

53 　CTA 2015

사회보장 및 사회보험 관련 설명으로 옳은 것은 모두 몇 개인가?

> ㄱ. 절대빈곤의 기준소득은 중위소득이다.
> ㄴ. 빈곤갭(poverty gap)은 빈곤가구의 소득수준을 빈곤선 수준까지 끌어올리는데 필요한 총소득이다.
> ㄷ. 도덕적 해이로 인해 실업급여가 많을수록 실직기간이 길어질 수 있다.
> ㄹ. 국민연금의 재원 조달방식 중 부과방식은 적립방식에 비해 지불능력이 더 안정적이다.
> ㅁ. 근로장려세제는 공적 부조의 문제 중 하나인 근로의욕의 저하를 해결하기 위하여 도입한 세제이다.

① 0개　　② 1개
③ 2개　　④ 3개
⑤ 4개

54 　CTA 2020

빈곤에 관한 아래의 정의식에 근거하여 다음 설명으로 옳은 것을 모두 고른 것은?

> ○ 빈곤율 = $\dfrac{빈곤층의\ 인구}{전체인구}$
>
> ○ 빈곤갭 = 빈곤층 인구수 × (빈곤선 − 빈곤층 인구의 평균소득)
>
> ○ 소득갭비율 = $\dfrac{(빈곤선 - 빈곤층\ 인구의\ 평균소득)}{빈곤선}$

> ㄱ. 빈곤율은 빈곤 완화를 위해 필요한 재원규모에 대한 정보를 알려주지 못한다.
> ㄴ. 빈곤갭은 빈곤층 내부의 소득재분배에 영향을 받지 않는다.
> ㄷ. 소득갭비율은 정부의 정책으로 빈곤층 인구의 평균소득을 증가시키면 늘어난다.

① ㄱ　　② ㄱ, ㄴ
③ ㄱ, ㄷ　　④ ㄴ, ㄷ
⑤ ㄱ, ㄴ, ㄷ

55 CTA 2018

연금제도에 관한 설명으로 옳지 않은 것은?

① 노후소득의 감소에 대비한 사회보험제도이다.
② 사회보험으로 운용하는 이유는 역선택 문제가 있기 때문이다.
③ 우리나라의 국민연금은 적립방식이 아닌 부과방식으로 도입되었다.
④ 연금제도가 가지는 재산대체효과는 민간저축을 줄이는 방향으로 작용한다.
⑤ 부과방식의 연금이 운용되게 되면 세대 간 소득이전이 발생할 수 있다.

56 CTA 2012

사회보험제도에 관한 설명으로 옳지 않은 것은?

① 고용보험, 건강보험 등이 대표적인 예이다.
② 소득재분배의 기능도 있다.
③ 소비평탄화(consumption smoothing) 효과가 있다.
④ 국민연금제도의 재산대체효과는 저축을 줄이는 방향으로 작용한다.
⑤ 사적 보험제도와는 달리 도덕적 해이는 발생하지 않는다.

57 CTA 2016

공적연금보험제도 도입이 민간저축에 미치는 영향에 관한 설명으로 옳지 않은 것은? (단, 다른 조건은 일정하다고 가정한다)

① 노후대비에 대한 인식이 더욱 제고되어 민간저축은 증가한다.
② 연금보험료를 납부하게 되면 개인의 가처분소득 감소로 민간저축은 감소한다.
③ 평생에 걸친 소비의 현재가치는 소득의 현재가치와 같다는 조건하에서 자산대체효과는 민간저축을 감소시킨다.
④ 상속효과에 따르면 민간저축은 증가할 것이다.
⑤ 공적연금보험제도의 실시로 발생하는 은퇴효과는 민간저축을 감소시킨다.

58 CTA 2017

연금제도의 경제적 효과에 관한 설명으로 옳지 않은 것은?

① 연금제도는 노동공급과 노동수요의 증대를 가져와 경제성장에 기여하게 된다.
② 적립방식의 연금제도는 일반적으로 세대 내의 구성원 간에 부(wealth)의 이전을 초래한다.
③ 연금급여에 대한 기대로 조기에 퇴직하는 퇴직효과(retirement effect)는 개인저축을 늘리는 작용을 한다.
④ 연금제도는 저축의 중요성을 일깨우는 인식효과(recognition effect)를 가져오며 이는 개인저축을 늘리는 작용을 한다.
⑤ 연금급여에 대한 기대는 개인저축을 줄이는 자산대체효과(wealth substitution effect)를 발생시킨다.

59 CTA 2013

적립방식의 국민연금제도 도입이 미치는 경제적 효과에 관한 이론적 설명으로 옳지 않은 것은?

① 국민연금제도를 도입하면 재산대체효과(wealth substitution effect)로 국민저축이 줄어든다.
② 국민연금제도가 도입되면 은퇴효과로 자발적인 저축이 증가한다.
③ 국민연금제도가 도입되면 상속효과로 자발적인 저축이 증가한다.
④ 국민연금제도가 도입될 때 나타나는 소득효과는 노년층의 노동공급을 줄이게 된다.
⑤ 국민연금제도 도입이 초래하는 대체효과가 노동시장에 미치는 효과는 불분명하다.

60 CTA 2024

국민연금제도에 관한 설명으로 옳지 않은 것은?

① 민간보험시장에서 발생하는 역선택 문제를 해소할 수 있다.
② 재원을 적립방식으로 충당하면 세대 간 공평성 문제가 발생한다.
③ 자산대체효과가 은퇴효과보다 작다면 개인 저축이 증가한다.
④ 국민연금에 의한 소득효과는 노동공급을 감소시킨다.
⑤ 세대 내의 재분배 문제는 재원조달방식과 무관하다.

61

우리나라의 연금보험제도에 관한 설명으로 옳지 않은 것은?

① 일반국민이 가입하는 국민연금과 공무원, 군인, 사립학교 교직원이 가입하는 직역연금으로 구분된다.
② 국민연금은 기여원칙에 따른 적립방식을 채택하고 있으나 완전적립방식이 아니어서 세대 내 재분배 효과뿐만 아니라 세대 간 재분배효과도 발생한다.
③ 국민연금은 18세 이상 60세 미만으로 대한민국 국민이면 국외거주자도 가입할 수 있다.
④ 국민연금의 연금급여에는 노령연금, 장애연금, 유족연금이 있다.
⑤ 국민연금 보험료는 기준소득월액에 보험료율을 곱하여 산정한다.

62

우리나라의 국민연금제도에 관한 설명으로 옳은 것은?

① 우리나라의 국민연금제도는 국내에 거주하는 16세 이상 60세 미만의 국민이면 가입이 가능하다.
② 공무원, 군인, 사립학교 교원 등은 별도의 연금제도에 가입하지만, 본인이 원하면 국민연금에도 동시 가입이 가능하다.
③ 우리나라 국민연금은 적립방식을 취하는데, 납부된 보험료로 기금을 조성하고 기금과 운용수익으로 연금을 지급한다.
④ 사업장 가입자의 연금보험료 중 기여금은 가입자 본인이, 부담금은 사용자가 부담하는데, 그 금액은 각각 기준소득월액의 5.0%이다.
⑤ 국민연금제도 도입에 따른 은퇴효과와 상속효과는 자발적인 저축을 감소시킨다.

63 CTA 2020

국민연금의 재정적자를 줄이기 위한 조치와 효과로 옳지 않은 것은?

① 보험료율의 인상은 저소득근로자들에게 부담이 되지 않는다.
② 보험료율의 인상은 개인들의 현재 가처분소득을 줄일 것이다.
③ 보험료 부과 상한이 월 급여 400만원에서 450만원으로 인상된다면 월 급여 200만원인 근로자의 납입보험료는 영향을 받지 않는다.
④ 연금수급연령의 상향 조정은 단기적으로 연금수급자 수를 줄인다.
⑤ 연금수급연령이 65세이고 평균수명이 80세라고 가정할 때, 연금수급연령을 1년 상향 조정하면 재정적자를 줄일 수 있다.

64 CTA 2022

우리나라의 국민연금제도에 관한 설명으로 옳지 않은 것은?

① 1988년에 시행되었다.
② 최초 법적 기반은 1973년에 제정된 「국민복지연금법」이다.
③ 사업장가입자 한 사람당 기준소득월액의 9%씩 국민연금 보험료로 납부되고 있다.
④ 2022년부터 1인 이상 근무하는 전체 사업장이 국민연금 가입대상으로 확대되었다.
⑤ 65세 이상 노령층에 대해 소득수준 등을 감안하여 지급되는 기초연금은 국민연금을 보완하는 측면이 있다.

65 CTA 2021

공적연금과 사적연금에 관한 설명으로 옳지 않은 것은?

① 인플레이션이 있는 경우 공적연금과 달리 사적연금에는 인플레이션에 조정된 연금이 지급된다.
② 공적연금은 사적연금 시장에서 나타날 수 있는 역선택 문제를 해결할 수 있다.
③ 공적연금은 사적연금보다 준비금을 적게 보유할 수 있다.
④ 사적연금은 공적연금에 비해 수요자의 다양한 요구에 대응하기 용이하다.
⑤ 공적연금은 위험의 공동 부담이라는 측면에서 사적연금 시장에서 나타날 수 있는 도덕적 해이 문제를 해결할 수 있다.

66 CTA 2016

우리나라 고용보험제도는 보험료를 일정기간 납부하면 실직 시 일정기간 실업급여로 지급하게 된다. 이의 경제적 효과로 옳은 것은?

① 구직활동을 하지 않게 한다.
② 자발적 실업자에게도 지급된다.
③ 도덕적 해이는 발생하지 않는다.
④ 경기가 좋아지면 실업급여의 지급이 늘어난다.
⑤ 소득대체율이 높을수록 구직노력을 덜 하게 하는 유인이 발생한다.

67 CTA 2014

고용보험제도(실업보험제도) 실시의 영향으로 옳지 않은 것은?

① 불황일 때 유효수요를 줄여 경기를 위축시킨다.
② 고용보험의 급여수준이 증가하면 실업기간이 늘어나는 경향이 있다.
③ 고용보험 지급기간이 장기간인 국가일수록 실업률이 높아지는 경향이 있다.
④ 직업탐색 기간이 길어져 직업숙련도 및 기술에 보다 적합한 직업을 찾을 수 있다.
⑤ 고용이 안정적인 집단은 그렇지 않은 집단과 비교하여 상대적으로 불리할 수 있다.

68 CTA 2024

우리나라 국민건강보험제도에 관한 설명으로 옳지 않은 것은?

① 정부의 개입 정도가 국민보건서비스방식보다 강하다.
② 공동보험은 의료서비스 소비에서 발생하는 도덕적 해이를 부분적으로 제거할 수 있다.
③ 강제보험이므로 민간보험시장에서 발생하는 역선택 문제를 해소할 수 있다.
④ 넓은 의미에서 사회보험방식에 기초하고 있다.
⑤ 조세제도에서 의료비지출에 세액공제를 적용하는 것은 공평성과 관련이 있다.

69 CTA 2017

의료보험제도에서 포괄수가제와 행위별수가제에 관한 다음 설명으로 옳은 것을 모두 고른 것은?

ㄱ. 포괄수가제의 경우 행위별수가제에 비해 과잉진료 행위가 줄어든다.
ㄴ. 포괄수가제의 경우 행위별수가제에 비해 의료서비스 품질의 저하가 우려된다.
ㄷ. 포괄수가제에 비해 행위별수가제는 의학 발전에 부정적이다.

① ㄱ
② ㄱ, ㄴ
③ ㄱ, ㄷ
④ ㄴ, ㄷ
⑤ ㄱ, ㄴ, ㄷ

70 CTA 2014

우리나라 건강보험제도에 관한 설명으로 옳은 것은?

ㄱ. 일반적으로 역선택 문제가 발생한다.
ㄴ. 진료비는 건강보험에서 전액 부담하는 것이 효율성 측면에서 바람직하다.
ㄷ. 건강보험 당연지정제가 폐지된다면 의료시장의 양극화가 일어날 수 있다.
ㄹ. 건강보험을 통해 제공되는 의료서비스는 외부성이 높은 서비스이다.

① ㄱ, ㄴ
② ㄴ, ㄷ
③ ㄴ, ㄹ
④ ㄷ, ㄹ
⑤ ㄱ, ㄷ, ㄹ

제2절 | 공공요금의 이론

01 CTA 2014

비용체감산업에 관한 설명으로 옳지 않은 것은?

① 비용체감산업에서는 평균비용보다 한계비용이 낮다.
② 비용체감산업은 장기평균비용이 감소하는 특징을 나타낸다.
③ 한계비용가격설정방식에 따르면 손실이 발생하지 않는다.
④ 비용체감산업은 시간이 경과함에 따라 자연독점화하는 경향을 보인다.
⑤ 비용체감산업은 초기에 대규모 설비투자가 요구되는 경향이 있다.

02 CTA 2023

자연독점인 공기업의 공공요금 결정에 관한 설명으로 옳은 것은?

① 규모의 경제가 존재하는 경우 하나의 공기업에서 생산하는 것이 더 낮은 비용으로 생산할 수 있다.
② 민간기업이 생산하고 가격규제를 하지 않으면 사회적 최적생산량 달성이 가능하다.
③ 공공서비스의 경우 이부가격제도(two-part tariff)를 적용하면 결손을 줄일 수 있으나, 효율적 생산량에 도달하는 것은 불가능하다.
④ 한계비용가격설정을 사용하는 경우 해당 공기업의 경제적 이윤은 양(+)이 된다.
⑤ 평균비용가격설정을 사용하는 경우 해당 공기업의 경제적 이윤은 음(-)이 된다.

03 CTA 2025

자연독점인 공기업의 공공요금 결정이론에 관한 설명으로 옳지 않은 것은?

① 한계비용 가격설정방법으로 요금을 결정하면, 공공서비스 공급량은 효율적이다.
② 한계비용 가격설정방법으로 요금을 결정하면, 공공서비스를 생산하는 기관은 손실을 볼 수 있다.
③ 평균비용 가격설정방법으로 요금을 결정하면, 공공서비스 공급량은 비효율적이다.
④ 평균비용 가격설정방법으로 요금을 결정하면, 공공서비스를 생산하는 기관은 손실을 보지 않는다.
⑤ 램지(F. Ramsey)의 원칙에 따르면 수요의 가격탄력성이 작을수록 가격을 한계비용에 가깝게 설정할 때 효율성이 제고된다.

04 CTA 2019

공공요금과 관련된 설명으로 옳지 않은 것은?

① 일반적으로 공공부문이 생산하는 재화나 서비스의 한계비용가격설정은 효율적인 결과를 초래할 수 없다.
② 전기, 수도 등 사용재의 성격을 갖는 재화나 서비스의 경우에는 조세보다 공공요금을 부과함으로써 자원배분의 효율성을 높일 수 있다.
③ 규모의 경제가 작용하는 재화나 서비스의 경우에는 한계비용에 따라 가격을 설정한다면 손실이 발생할 수 있다.
④ 램지가격설정방식은 효율성을 달성할 수 있으나 분배상 문제를 일으킬 수 있다.
⑤ 공공요금 설정에서 분배적 측면을 고려한 낮은 가격책정은 정부의 재정부담을 증가시킬 수 있다.

05 CTA 2021

공공서비스의 가격설정 이론에 관한 설명으로 옳은 것은?

① 더 많이 소비하는 사람이 더 많은 비용을 부담해야 한다는 원칙을 적용해야 한다.
② 외부성이 존재하는 경우 한계비용과 일치하는 수준에서 가격이 설정되어야 한다.
③ 기존시설에 대한 초과 수요가 존재하는 경우 평균비용에서 경제적 지대를 제외한 수준에서 가격이 설정되어야 한다.
④ 규모의 경제가 존재하는 경우 한계비용과 일치하는 수준에서 가격이 설정되면 효율적인 배분을 달성할 수 있다.
⑤ 램지(F. Ramsey)의 원칙에 따르면 수요의 가격탄력성이 작을수록 가격을 한계비용에 가깝게 설정할 때 효율성이 제고된다.

06 CTA 2016

규모에 대한 수확체증인 공공서비스 공급에 있어서 가격을 한계비용과 같도록 설정함으로써 발생하는 손실을 해결하기 위한 방안으로 옳지 않은 것은?

① 일반 세원으로 손실을 충당한다.
② 공공서비스의 평균비용으로 공공서비스가격을 결정한다.
③ 소비자가 사용하는 양에 따라 다른 가격을 설정한다.
④ 소비자로 하여금 일정한 금액을 지불하게 한 다음 소비자가 구입하는 양에 비례하여 추가적인 가격을 설정한다.
⑤ 한계수입과 한계비용이 같은 점을 공공서비스가격으로 한다.

07 CTA 2024

공공요금이론에 관한 설명으로 옳은 것은?

① 수요가 가격에 대해 비탄력적인 필수품에 대한 램지가격설정은 분배 측면에서 문제를 일으킬 수 있다.
② 시설용량에 제한이 있는 시설에 초과수요가 발생하는 경우 한계비용에서 경제적 지대를 차감한 수준에서 가격을 결정해야 효율적이다.
③ 공공요금은 소비과정에서의 효율성은 높여주나 생산과정에서의 효율성 개선과는 무관하다.
④ 공평성의 관점에서 보면 능력원칙에 입각하여 요금을 부과해야 한다.
⑤ 규모의 경제가 존재하는 경우 평균비용가격설정은 사회적 최적수준에 비해 과대생산을 유발한다.

08 CTA 2022

공공요금 이론에 관한 설명으로 옳은 것을 모두 고른 것은?

ㄱ. 최대부하가격설정에서 비성수기에는 공공요금을 한계비용에 일치시키는 것이 효율적이다.
ㄴ. 공공부문이 생산하는 재화나 서비스의 한계비용가격설정은 일반적으로 효율적인 자원배분을 실현할 수 없다.
ㄷ. 공공서비스의 경우 이부가격제도(two-part tariff)를 적용하면 결손을 줄일 수 있다.
ㄹ. 램지가격설정방식은 분배상 문제를 일으킬 수 있다.
ㅁ. 규모의 경제가 존재할 경우 여러 공기업에서 생산하는 것이 바람직하다.

① ㄱ, ㄴ, ㄷ
② ㄱ, ㄷ, ㄹ
③ ㄱ, ㄹ, ㅁ
④ ㄴ, ㄷ, ㄹ
⑤ ㄷ, ㄹ, ㅁ

09 CTA 2014

기존 시설에 대한 초과수요가 존재할 경우 이 시설을 가장 효율적으로 이용할 수 있도록 공공요금을 책정하는 방법은?

① 평균비용과 일치시키는 공공요금
② 평균비용에서 경제적 지대를 제외한 공공요금
③ 장기한계비용과 일치시키는 공공요금
④ 경제적 지대만큼의 공공요금
⑤ 한계비용에 경제적 지대를 추가한 공공요금

10 CTA 2015

공공요금에 관한 설명으로 옳지 않은 것은?

① 공공요금을 정부가 관리하는 중요한 이유 중의 하나는 관련 공기업이 자연독점 성격을 가지기 때문이다.
② 평균비용곡선이 우하향하는 경우, 한계비용가격설정방식은 평균비용가격설정방식에 비해 사업 손실을 줄일 수 있다.
③ 한계비용가격설정방식을 적용할 경우, 공기업의 손실을 보전하는 방법으로 차별요금제와 이부요금제를 고려할 수 있다.
④ 이부요금제는 서비스 이용 기회에 대한 기본요금과 소비량에 대한 사용요금으로 구성된다.
⑤ 최대부하가격설정방식(peak-load pricing)이란 수요의 변동을 평준화시킴으로써 설비를 최적으로 이용하는 것을 목적으로 한다.

11 CTA 2012

공공요금 결정원리에 관한 설명으로 옳지 않은 것은?

① 공기업이 동일한 서비스 공급에 대해 차별가격을 적용하여, 수요의 가격탄력성이 높은 그룹에는 낮은 가격을, 낮은 그룹에는 높은 가격을 적용함으로써 효율성 상실을 최소화할 수 있다.
② 이부요금제는 서비스 이용기회 제공에 대해 부과하는 고정요금과 실제 소비량에 대해 부과하는 종량요금으로 구성된다.
③ 이부요금제는 전화, 전기, 가스처럼 관로나 선을 통해 서비스를 공급하는 경우에 주로 적용된다.
④ 최대부하가격 결정원리는 성수기와 비수기에 따라 요금을 달리함으로써 수요의 변동폭을 줄여, 설비의 최적 이용을 실현하기 위한 것이다.
⑤ 이부요금제에서 관로나 선을 통해 공급된 서비스는 수요의 가격탄력성이 높기 때문에 기업이 고정요금 인상을 통해 부담을 이용자에게 전가시킬 수 있다.

12 CTA 2017

오이(W. Y. Oi)에 의해 제시된 최적이부요금에 관한 설명으로 옳지 않은 것은?

① 총요금 중에서 고정수수료와 사용단위당 요금 사이의 비중은 재화를 공급받는 소비자들의 고정 수수료에 대한 탄력성에 의존한다.
② 램지의 가격설정방식에서 적용된 역탄력성 법칙과 유사하다.
③ 고정수수료에 대한 탄력성이 클수록 고정수수료를 낮게 책정하고 사용요금을 높게 책정하면 효율성이 증가한다.
④ 단일요금 부과의 경우에 비하여 더 높은 효율성을 달성할 수 있다.
⑤ 최적이부요금은 비용함수와 수요함수만을 이용하면 산출할 수 있다.

13 CTA 2011

공공부문이 공급하는 재화나 서비스에 대한 공공요금 부과와 관련된 설명으로 옳지 않은 것은?

① 공공요금 부과의 정당성은 공공요금이 가격기능을 수행하게 하여 자원배분의 효율성을 높이는 데 있다.
② 비용체감산업의 경우, 한계비용가격설정방식을 적용하면 효율성을 달성하지만 손실이 발생한다.
③ 비용체감산업의 경우, 평균비용가격설정방식을 적용하면 손실은 발생하지 않지만 과소 생산으로 인한 비효율이 발생한다.
④ 램지가격설정원칙에 따르면, 비효율성을 최소화시키기 위해서는 수요의 가격탄력성이 클수록 가격과 한계비용의 격차는 상대적으로 더 크게 설정되어야 한다.
⑤ 공공요금 부과를 통해서 소득재분배 목표를 달성하려는 정책은 효율성을 저해시킬 뿐만 아니라 손실보전 문제를 발생시킬 우려가 있다.

제3절 | 공채론

01 CTA 2015

국가채무에 관한 설명으로 옳지 않은 것은?

① 인플레이션은 국가채무의 실질가치를 감소시킨다.
② 이자율 상승은 국가채무의 일부를 자동적으로 갚아주는 효과를 가진다.
③ 리카도의 대등정리가 현실에서 성립할지라도 국채 발행은 여전히 미래세대의 부담으로 남는다.
④ 기술진보와 생산성의 증대로 미래세대가 현재세대보다 더 풍요로운 생활을 즐길 수 있다면, 국채에 의해 재원을 조달하는 것이 정당화될 수 있다.
⑤ 일반적으로 국채 발행은 어느 정도 구축효과를 통해 민간부문의 투자를 위축시킬 수 있다.

02 CTA 2014

국채발행에 관한 설명으로 옳지 않은 것은?

① 이자율 상승은 국채의 시장가치를 하락시켜 정부부채를 줄이는 효과가 있다.
② 국채발행이 증가하면 이자율이 상승하고, 원화 환율이 하락하여 경상수지가 악화된다.
③ 러너로 대표되는 국채에 관한 전통적인 견해에 따르면, 내부채무의 경우 미래세대로 부담이 전가되지 않는다.
④ 리카도 대등정리에 의하면, 국채를 발행하는 경우 민간소비가 증가하여 총수요가 증가한다.
⑤ 리카도 대등정리가 성립하면, 국채상환에 대비한 저축이 증가하여 이자율이 오르지 않아서 구축효과가 발생하지 않는다.

03 CTA 2025

정부지출 증대를 위한 국채발행이 경제에 미치는 영향으로 옳은 것을 모두 고른 것은?

> ㄱ. 국채가 전액 시중에서 소화될 경우, 이자율이 상승하고 민간투자가 억제되는 현상을 구축효과라고 한다.
> ㄴ. 통화주의자는 호황기보다 경기 침체기에 구축효과가 더 크게 발생한다고 주장한다.
> ㄷ. 중앙은행이 국채를 인수하면 통화량이 증가하여 인플레이션이 유발된다.
> ㄹ. 중앙은행이 국채를 인수하면 시중에서 소화되는 경우보다 총수요 증대효과가 더 크다.

① ㄴ, ㄹ
② ㄱ, ㄴ, ㄷ
③ ㄱ, ㄷ, ㄹ
④ ㄴ, ㄷ, ㄹ
⑤ ㄱ, ㄴ, ㄷ, ㄹ

04 CTA 2025

국가부채에 관한 설명으로 옳지 않은 것은?

① 리카도 대등정리가 성립하면, 국채상환에 대비한 저축이 증가하여 이자율이 오르지 않아 구축효과가 발생하지 않는다.
② 국채발행이 증가하면 이자율이 상승하고, 환율(₩/$)이 하락하여 경상수지가 악화된다.
③ 러너(A. Lerner)의 국채에 관한 전통적인 견해에 따르면, 외부채무의 경우 미래세대로 부담이 전가된다.
④ 이자율 하락은 국채의 시장가치를 하락시켜 정부부채를 감소시키는 효과가 있다.
⑤ 중복세대모형에 따르면, 국가채무는 미래세대로 부담이 전가된다.

05 CTA 2011

공채에 관한 설명으로 옳지 않은 것은? (단, 다른 조건은 일정하다고 가정한다)

① 리카르도(D. Ricardo)의 대등정리(equivalence theorem)에 따르면, 재정지출 재원을 공채발행으로 조달하는 경우와 조세로 조달하는 경우의 경제적 효과는 동일하다.
② 러너(A. Lerner)에 따르면, 외부채무(external debt)는 정부지출 재원을 민간부문에서 조달하기 때문에 미래세대의 부담이 늘어나지 않는다.
③ 공채발행에 따른 재정지출의 증가가 민간투자를 감소시키는 현상을 구축효과라고 한다.
④ 이자율에 영향을 주지 않을 만큼 민간부문에 여유자금이 충분할 경우, 정부의 공채발행을 통한 재원조달로 인하여 구축효과가 발생하지 않는다.
⑤ 공채발행의 증가는 이자율의 상승을 초래하여 무역수지를 악화시킬 수 있다.

06 CTA 2023

재정적자의 경제적 효과에 관한 설명으로 옳은 것은?

① 통화주의학파는 국채발행이 구축효과를 가져와서 총수요를 증가시킨다고 하였다.
② 케인즈학파는 국채발행을 통해 조세부담을 경감시켜도 총수요는 변화가 없다고 하였다.
③ 리카르도(D. Ricardo)는 재정적자를 국채로 충당하면 총수요를 감소시킨다고 하였다.
④ 배로(R. Barro)는 정부지출이 일정하다면 재정적자를 조세로 조달하든 국채로 조달하든 총수요에 영향을 미치지 않는다고 하였다.
⑤ 러너(A. Lerner)는 외부채무는 미래세대의 부담을 증가시키지 않는다고 하였다.

07 CTA 2012

리카도(D. Ricardo)의 대등정리에 관한 설명으로 옳지 않은 것은?

① 국채발행의 부담이 미래세대로 전가되지 않는다.
② 국채발행이 국민저축과 투자에 영향을 미치지 않는다.
③ 개인들은 공공부문의 부채를 정확하게 파악하여 의사결정을 한다.
④ 개인들은 원하는 차입을 아무런 제한 없이 조달할 수 있다는 자본시장의 완전성을 전제로 한다.
⑤ 재정적자가 증가하면 민간저축이 감소한다.

08 CTA 2020

국가채무에 관한 설명으로 옳지 않은 것은?

① 리카도 대등정리가 성립하면, 국채상환에 대비한 저축이 증가하여 이자율이 오르지 않아서 구축효과가 발생하지 않는다.
② 국채발행이 증가하면 이자율이 상승하고, 원화 환율이 하락하여 경상수지가 악화된다.
③ 러너(A. Lerner)로 대표되는 국채에 관한 전통적인 견해에 따르면, 내부채무의 경우 미래세대로 부담이 전가된다.
④ 이자율 하락은 국채의 시장가치를 상승시켜 정부부채를 증가시키는 효과가 있다.
⑤ 중복세대모형에 따르면, 국가 채무는 미래세대로 부담이 전가된다.

09 CTA 2019

공채에 관한 설명으로 옳지 않은 것은?

① 고전파경제학에서는 균형재정을 바람직한 것으로 보았기 때문에 공채발행을 부정적으로 인식하고 있다.
② 케인스경제학에서는 적자재정에 따른 공채발행을 보다 적극적으로 수용하고 있다.
③ 재원 조달 측면에서 볼 때 '리카도(D. Ricardo)의 대등정리'가 적용되면 조세에 비해 공채발행으로 더 큰 총수요증가를 기대할 수 있다.
④ '이용 시 지불원칙(pay-as-you-use principle)'에 의하면 정부의 투자지출에는 공채발행이 바람직하다.
⑤ 공채발행은 그 목적과 달리 결과적으로 소득재분배를 유발할 가능성이 있다.

10 CTA 2021

정부의 세금 인하로 인해 발생하는 경제적 효과로 옳지 않은 것은?

① 가처분소득이 늘어나 화폐 수요가 증가한다.
② 소비지출이 증가하므로 총수요 곡선이 오른쪽으로 이동한다.
③ 리카르도(D. Ricardo)의 대등정리에 따르면 세금 인하로 인해 발생하는 재정적자를 국채로 충당할 때 총수요에 아무런 영향을 끼치지 않는다.
④ 구축 효과가 없다는 가정하에 세금 감면액과 정부지출 증가액이 동일한 크기라면 두 정책의 총수요 효과는 동일하다.
⑤ 구축 효과가 없다는 가정하에 정부지출을 줄이는 만큼 세금을 감면하면 재정적자의 변화 없이 총수요를 감소시킨다.

11 CTA 2013

특정 회계연도의 정부지출은 300조원, 정부수입은 270조원이어서 30조원을 국채로 조달하였다. 정부수입은 모두 조세 형태이며, 재정적자는 전액 국채로 충당한다고 가정할 경우, 리카도(D. Ricardo) 대등정리에 부합하는 것으로 옳은 것은?

① 정부지출이 증가하면 총수요가 영향을 받는다.
② 정부지출수준은 그대로 유지한 채 감세를 통해 정부수입을 축소시키면 경기를 부양하는 효과가 있다.
③ 정부지출이 증가할 때 구축효과로 인하여 총수요는 영향을 받지 않는다.
④ 경기 침체기에는 조세보다 국채로 정부지출 재원을 조달하는 것이 효과적이다.
⑤ 경기 호황기에는 조세보다 국채로 정부지출 재원을 조달하는 것이 효과적이다.

12 CTA 2022

재정적자의 경제적 효과에 관한 설명으로 옳은 것을 모두 고른 것은?

ㄱ. 통화주의학파 : 경제 불황기에는 호황기에 비해 구축효과가 크게 나타난다.
ㄴ. 케인즈학파 : 국채발행을 통해 재정적자를 충당하면 승수효과만큼 총수요 증가를 가져온다.
ㄷ. 리카르도(D. Ricardo)의 대등정리 : 재정적자를 국채로 충당할 때 총수요에 아무런 영향을 끼치지 않는다.
ㄹ. 러너(A. Lerner) : 내부채무는 미래세대의 부담을 증가시킨다.
ㅁ. 배로(R. Barro) : 적자재정이 국민저축과 투자에 전혀 영향을 미치지 않는다.

① ㄱ, ㄴ, ㄷ
② ㄱ, ㄴ, ㄹ
③ ㄴ, ㄷ, ㄹ
④ ㄴ, ㄷ, ㅁ
⑤ ㄷ, ㄹ, ㅁ

13 CTA 2018

정부지출 증대를 위한 공채발행이 경제에 미치는 영향에 관한 설명으로 옳은 것은?

① 공채를 전액 중앙은행이 인수할 경우, 경기가 과열된 상태에서는 인플레이션을 억제하는 효과가 있다.
② 공채를 전액 중앙은행이 인수할 경우, 화폐공급량이 감소하기 때문에 유효수요 증대효과는 없다.
③ 공채가 전액 시중에서 소화될 경우, 이자율이 상승하고, 민간투자가 억제되는 현상을 구축효과라고 한다.
④ 공채의 잔액이 증가함에 따라 민간의 소비지출이 감소하는 현상을 러너효과라고 한다.
⑤ 공채가 전액 시중에서 소화될 경우, 중앙은행이 인수할 경우보다 유효수요의 증대효과가 크다.

14 CTA 2024

정부지출 증대를 위한 국채발행이 경제에 미치는 영향으로 옳지 않은 것은?

① 통화주의자는 경기 침체기보다 호황기에 구축효과가 더 크게 발생한다고 주장한다.
② 국채발행으로 이자율이 상승하는데, 이로 인해 자본유입이 발생하면 환율이 평가절하되어 경상수지가 개선된다.
③ 국채가 전액 시중에서 소화될 경우, 민간투자가 위축되는 구축효과가 발생한다.
④ 중앙은행이 국채를 인수하면 통화량이 증가하여 인플레이션이 유발된다.
⑤ 중앙은행이 국채를 인수하면 시중에서 소화되는 경우보다 총수요 증대효과가 더 크다.

15 CTA 2019

경제안정을 위한 재정의 총수요관리에 관한 설명으로 옳지 않은 것은?

① 총수요관리를 위한 재정정책의 유형으로는 자동안정장치(built-in stabilizer), 공식에 의한 신축성(formular flexibility), 재량적 재정정책(discretionary fiscal policy) 등이 있다.
② 자동안정장치의 대표적인 정책수단으로는 누진세제도와 실업보험제도 등이 있다.
③ 자동안정장치는 시차문제에서 재량적 재정정책에 비해 더 나은 정책수단이라 할 수 있다.
④ 재량적 재정정책은 자동안정장치에 비해 총수요관리에 보다 능동적으로 대처할 수 있다.
⑤ 자동안정장치는 불황기일 경우 재정긴축, 호황기일 경우 재정확장으로 작동된다.

제4절 | 지방재정

01 CTA 2022

지방분권에 관한 설명으로 옳지 않은 것을 모두 고른 것은?

ㄱ. 자치단체 간 경쟁을 유발하여 효율적인 생산을 촉진한다.
ㄴ. 중앙정부의 교부금으로 인해 지방의 재정자립도가 높아진다.
ㄷ. 지역 간 재정능력의 불균형으로 지역 간 격차가 커질 수 있다.
ㄹ. 오우츠(W. Oates)의 분권화 정리는 지방공공재 공급에 있어서 규모의 경제가 있고, 인접 지역으로의 외부성이 없는 경우에 성립한다.
ㅁ. 지방분권제도가 중앙집권제도보다 지방공공재에 대한 정보를 획득하는 비용이 높다.

① ㄱ, ㄴ, ㄷ
② ㄱ, ㄴ, ㄹ
③ ㄴ, ㄷ, ㄹ
④ ㄴ, ㄹ, ㅁ
⑤ ㄷ, ㄹ, ㅁ

02 CTA 2021

지방분권제도에 관한 설명으로 옳지 않은 것은?

① 지역의 특성을 반영한 제도의 도입이 용이하다.
② 지역주민의 욕구를 반영한 행정을 실현할 수 있다.
③ 자치단체 간 경쟁을 유발하여 효율적인 생산을 촉진한다.
④ 중앙정부의 교부금으로 인해 지방의 재정자립도가 높아진다.
⑤ 지역 간 재정능력의 불균형으로 지역 간 격차가 커질 수 있다.

03 CTA 2020

지방분권제도가 중앙집권제도보다 더 바람직한 경우에 관한 설명으로 옳은 것은?

① 세금 징수에 있어서 규모의 경제가 존재한다.
② 공공재 공급에 있어서 규모의 경제가 존재한다.
③ 공공재에 대한 선호가 모든 지역에서 동일하다.
④ 주민들의 지역 간 이동비용이 낮다.
⑤ 공공재와 세금에 대한 정보를 획득하는 비용이 높다.

04 CTA 2024

지방분권에 관한 설명으로 옳지 않은 것은?

① 티부(C. Tiebout)모형은 지방정부에 필요한 재원으로 재산세를 상정하고 있다.
② 분권화로 지역들의 특성이 차별화되고 주민들이 자신들이 원하는 지역으로의 이동이 자유로워지면 주민들의 후생이 증가할 수 있다.
③ 어떤 한 지역의 공공재 공급이 다른 지역에 경제적 영향을 주는 외부성이 있는 경우에는 공공재 공급에 비효율성이 발생할 수 있다.
④ 국방이나 우편서비스 등은 외부성과 규모의 경제 등으로 중앙정부에서 공급하는 것이 효율적이다.
⑤ 지방정부가 보조금을 받아서 공공재를 공급하는 경우에는 중앙집권화의 정도가 과대평가된다.

05 CTA 2016

재정연방체제이론에 따른 중앙정부와 지방정부 간 기능배분에 관한 설명으로 옳지 않은 것은?

① 공공재 공급효과가 미치는 공간적 범위에 따라 중앙정부와 지방정부가 공급해야 할 공공재를 구분해야 한다.
② 조세부담-편익 연계가 강한 공공재는 지방정부가, 그렇지 않은 공공재는 중앙정부가 공급하는 것이 바람직하다.
③ 무임승차의 가능성이 높은 공공재의 경우에는 중앙정부가, 그렇지 않은 공공재는 지방정부가 공급하는 것이 바람직하다.
④ 국방과 외교는 중앙정부가, 쓰레기 수거와 거리청소는 지방정부가 공급하는 것이 바람직하다.
⑤ 부정적 외부성이 존재하는 공공재는 중앙정부가, 긍정적 외부성이 존재하는 공공재는 지방정부가 공급하는 것이 바람직하다.

06 CTA 2020

분권화된 체제에서의 지방세에 관한 설명으로 옳지 않은 것은?

① 지역발전을 위한 조세경쟁이 발생한다.
② 조세수출이 발생한다.
③ 지방세율 차이로 인해 지역의 물가가 달라질 수 있다.
④ 지역 간 형평성을 위해서는 지방세율이 동일해야 한다.
⑤ 지방세는 주로 이동성이 작은 자산에 과세하는 것이 바람직하다.

07 CTA 2015

분권화된 재정제도의 장·단점에 관한 설명으로 옳지 않은 것은?

① 지방공공재 공급과정에서 인근 자치단체 간에 발생하는 외부성을 해결하기 어렵다.
② 주민들이 자신이 원하는 공공재를 공급하는 자치단체로 이동할 유인을 제공함으로써 지방정부 간 경쟁을 촉진시킨다.
③ 지방정부가 중앙정부보다 지역 내 공공부문의 자원배분에 필요한 지역 내 수요를 파악하는 데 유리하다.
④ 이동성이 높은 생산요소에 무거운 세금을 부과할 수 있기 때문에 조세징수상의 효율성이 증가한다.
⑤ 지방정부 간 조세경쟁으로 인해 조세제도가 비효율적으로 운영될 가능성이 있다.

08 CTA 2019

지방분권에 관한 설명으로 옳지 않은 것은?

① 정부부문의 총지출 중 중앙정부의 직접적 지출이 차지하는 비율을 중앙집권화율이라 하며, 분권수준을 파악하는 지표로 사용한다.
② 오우츠(W. Oates)는 공공재 공급비용이 동일하다면, 지방공공재는 중앙정부보다 지방정부가 공급하는 것이 효율적일 수 있다고 주장하였다.
③ 오우츠의 분권화 정리는 공공재 공급에 있어서 규모의 경제가 있고, 인접 지역으로의 외부성이 없는 경우에 성립한다.
④ 티부(C. Tiebout)는 개인들의 지역 간 이동이 자유롭다면, 개인들이 선호하는 지방정부를 선택하는 '발에 의한 투표'를 주장하였다.
⑤ 티부모형은 지방정부의 재원은 재산세로 충당하는 것을 상정하고 있다.

09 CTA 2023

지방분권에 관한 설명으로 옳지 않은 것은?

① 지방분권의 정도를 간접적으로 파악할 수 있는 중앙집권화율은 중앙정부의 지출을 지방정부의 지출로 나누어 계산한다.
② 지방자치단체 간의 경쟁을 촉진하여 공공서비스의 효율적인 생산을 유도한다.
③ 티부(C. Tiebout)모형은 공공재 공급의 재원으로 재산세를 상정하고 있다.
④ 중앙집권제도에 비해 공공재와 세금에 대한 정보확보비용이 증가하게 된다.
⑤ 오우츠(W. Oates)에 의하면 공공재 공급비용이 동일하다면 지방공공재는 지방정부가 공급하는 것이 효율적이다.

10 CTA 2011

지방재정과 관련한 설명으로 옳지 않은 것은?

① 오우츠(W. Oates)의 분권화정리에 따르면, 지방정부에 의한 지방공공재 공급이 주민들의 선호를 더 잘 반영할 수 있다.
② 공공재가 공간적 파급효과(spillover effect)를 발생시킬 경우, 지방정부가 공급하는 것이 효율적이다.
③ 티부(C. Tiebout)모형에 따르면, 지방공공재의 경우 분권적인 배분체계에서 효율적인 자원배분을 실현할 수 있다.
④ 경제정책의 세 가지 목표인 경제안정, 소득재분배, 자원배분 중 지방정부에서는 자원배분의 역할이 강조된다.
⑤ 지방재정조정제도의 주요 목적은 수평적 재정형평성 및 수직적 재정형평성의 제고에 있다.

11 CTA 2012

중앙정부와 지방정부의 재정기능에 관한 설명으로 옳지 않은 것은?

① 티부(C. Tiebout)는 주민이 자유롭게 거주지를 선택할 수 있다면 지방공공재가 효율적으로 공급될 수 있다고 하였다.
② 공공재로부터 편익의 귀속지역이 전국적인 경우에는 중앙정부가, 지방단위에 그치는 경우에는 지방정부가 공급하는 것이 바람직하다.
③ 지역 간 공공재에 대한 선호가 이질적인 경우 중앙정부가 일률적으로 공급하는 것이 효율적이다.
④ 공공재 공급에 있어서 규모의 경제가 발생하는 경우 중앙정부가 공급하는 것이 바람직하다.
⑤ 소득재분배 기능은 전국적인 수준에서 시행되어야 하므로 중앙정부가 맡는 것이 바람직하다.

12 CTA 2021

티부(C. Tiebout) 가설에 관한 설명으로 옳지 않은 것은?

① 개인의 완전한 이동성이 보장되어야 한다.
② 지방정부가 취한 행동이 외부성을 발생시키지 않아야 한다.
③ 상이한 재정 프로그램을 제공하는 지역사회의 수가 충분히 많아야 한다.
④ 각 지역사회가 공급하는 재화와 조세에 대해 주민이 완전한 정보를 가지고 있어야 한다.
⑤ 공공재의 생산 규모가 증가할수록 단위당 생산비용이 하락하는 규모의 경제가 발생하여야 한다.

13 CTA 2014

티부 가설(Tiebout hypothesis)에 관한 설명으로 옳지 않은 것은?

① 지방공공재는 비례재산세에 의해 조달된다고 가정한다.
② 지방공공재의 외부효과가 존재하더라도 티부 가설은 성립한다.
③ 발에 의한 투표(voting with the feet)에 의해 지방공공재에 대한 선호를 표출한다.
④ 티부 가설이 성립하기 위해서는 충분히 많은 지역들이 존재해야 한다.
⑤ 균형 상태에서는 지방공공재에 대한 선호가 비슷한 사람들끼리 모여 산다.

14

지방분권제도에 관한 설명으로 옳지 않은 것은?

① 정부부문의 총지출 중 중앙정부의 총지출이 차지하는 비율을 중앙집권화율이라 하며, 분권 수준을 파악하는 지표로 사용한다.
② 오우츠(W. Oates)는 공공재 공급비용이 동일하다면, 지역공공재는 중앙정부보다 지방정부가 공급하는 것이 효율적일 수 있다고 주장하였다.
③ 분권화로 지방정부는 각 지역의 특성에 부합하는 다양한 정책들을 시도할 수 있다.
④ 분권화로 지역들이 차별성을 가지고, 여러 지역 중에서 투표자가 자신이 원하는 곳을 선택할 수 있다면 결과적으로 후생이 증가될 수 있다.
⑤ 티부(C. Tiebout)는 여러 개의 지역사회가 존재하고 개인들이 '발에 의한 투표'를 하면 지역공공재의 배분이 효율적으로 이루어지는 모형을 제시했다.

15

중앙정부가 지방정부에 제공하는 교부금에 관한 설명으로 옳지 않은 것은?

① 보조금이 지급될 때, 지방세가 줄어들어 민간지출이 증가하는 현상을 끈끈이 효과라 한다.
② 대응교부금은 공공재 선택에서 대체효과를 발생시키기 때문에 비효율적이다.
③ 무조건부 교부금은 소득효과만을 발생시키기 때문에 비효율을 억제할 수 있다.
④ 우리나라에서 국고보조금은 조건부 교부금의 성격을 가진다.
⑤ 무조건부 교부금은 대응교부금에 비해 지방자치단체의 후생수준 증가 측면에서 우월하다.

16

이전지출에 관한 설명으로 옳지 않은 것은?

① 이전지출이란 기초연금처럼 정부가 일방적으로 소득을 이전해주는 성격의 지출을 말한다.
② 소득보조, 가격보조, 현물보조로 나눌 수 있다.
③ 소득보조는 상대가격 변화를 초래하지 않아 대체효과는 발생하지 않는다.
④ 가격보조는 소득효과와 대체효과를 일으킨다.
⑤ 소득보조는 가격보조에 비하여 해당상품의 소비를 촉진하는 효과가 더 크다.

17 CTA 2013

지방재정에 있어서 교부금(grants)에 관한 설명으로 옳지 않은 것은?

① 범주적 교부금(categorical grants)은 중앙정부가 특정한 조건을 달고 지방정부에 제공하는 교부금이다.
② 대응교부금(matching grants)은 지방정부가 어떤 사업을 수행할 경우 비용의 일정 부분을 중앙정부가 부담하는 방식으로 교부금을 지급하는 방식이다.
③ 비대응교부금(non-matching grants)은 대응교부금과 달리 아무런 대응조건 없이 중앙정부가 교부하는 교부금이다.
④ 대응교부금은 가격보조에 해당하고 비대응교부금은 소득보조에 해당한다고 볼 수 있다.
⑤ 무조건 교부금(unconditional grants)은 중앙정부가 지방정부와 세입을 공유한다는 입장에서 아무런 조건 없이 제공하는 교부금을 뜻한다.

18 CTA 2022

지방재정조정제도인 보조금제도에 관한 설명으로 옳지 않은 것은?

① 무조건부보조금은 사적재와 공공서비스 간 선택에서 소득효과를 발생시킨다.
② 대응보조금은 사적재와 공공서비스 선택에서 대체효과를 발생시키기 때문에 비효율성을 유발한다.
③ 대응보조금은 사적재와 공공서비스 선택에서 소득효과와 대체효과로 인해 공공서비스 소비량의 변화를 알 수 없다.
④ 보조금으로 끈끈이 효과가 나타나면 지방정부의 지출이 늘어난다.
⑤ 비대응보조금은 지역주민의 사적재 소비를 늘리는 방향으로 영향을 미칠 수 있다.

19 CTA 2024

중앙정부가 지방재정조정제도를 통해서 지방정부에 재원을 이전하는 교부금의 유형별 경제적 효과에 관한 설명으로 옳은 것은? (단, 공공재와 사용재는 정상재이며, 지역주민들의 무차별곡선은 원점에 대해 강볼록함을 가정한다)

① 조건부 비대응교부금의 경우에는 지역주민들의 공공재 소비와 후생수준이 증가하게 된다.
② 무조건부 교부금의 경우에는 지역주민들의 소득감소와 조세부담의 증가를 가져오게 된다.
③ 지역주민들의 공공재 소비규모와 후생수준은 교부금의 유형과 관련이 없다.
④ 무조건부 교부금의 경우에는 소득효과로 지역주민들의 공공재의 소비를 증가시키지만 사용재의 소비는 감소하게 된다.
⑤ 조건부 대응교부금의 경우에는 소득효과와 대체효과에 의해서 지역주민들의 공공재의 소비 증가 여부를 알 수 없다.

20 CTA 2020

정부 간 재원 이전제도인 교부금에 관한 설명으로 옳지 않은 것은?

① 보조금이 지급될 경우, 지방세가 줄어들어 그로 인해 민간지출이 증가하기보다 지방정부의 지출이 더 많이 늘어나는 현상을 끈끈이 효과로 볼 수 있다.
② 대응교부금의 경우, 공공재 선택에서 대체효과를 발생시키기 때문에 비효율적이다.
③ 무조건부교부금의 경우, 소득효과만을 발생시키기 때문에 비효율을 억제할 수 있다.
④ 우리나라의 국고보조금과 보통교부세는 조건부교부금이다.
⑤ 지방자치단체의 후생수준 증가라는 측면에서 볼 때, 무조건부교부금은 최소한 대응교부금보다 우월하다.

21 CTA 2023

우리나라의 지방재정에 관한 설명으로 옳지 않은 것은?

① 지방세 규모는 국세 규모보다 작다.
② 중앙정부는 법률로 국세를 신설할 수 있으며 지방자치단체는 법률에 관계없이 조례로 지역에 필요한 지방세목을 신설할 수 있다.
③ 지방재정조정제도에서 조정교부금제도는 상위지방자치단체가 하위지방자치단체에 지원하는 제도이다.
④ 지방교부세는 재원의 사용 용도가 정해져 있지 않다.
⑤ 부동산 경기변동은 지방재정의 규모와 안정성에 영향을 주게 된다.

22 CTA 2024

우리나라 지방교부세와 국고보조금에 관한 설명으로 옳은 것은?

① 지방교부세는 대응교부금이다.
② 국고보조금은 무조건부 교부금이다.
③ 국고보조금은 지방정부의 자체재원이다.
④ 지방정부의 자율적인 재정운영을 위해서는 지방교부세가 국고보조금보다 바람직하다.
⑤ 지방교부세와 국고보조금은 지방정부의 재정자립도를 개선하는 효과가 있다.

23 CTA 2016

중앙정부의 지방자치단체에 대한 교부금 지원이 초래하는 끈끈이 효과(flypaper effect)에 관한 설명으로 옳지 않은 것은?

① 지방정부의 공공재 지출증대 효과는 중앙정부의 정액교부금 지원을 통한 경우가 중앙정부의 조세감면-주민소득증가에 의한 경우보다 효과가 더 크다.
② 중앙정부의 교부금으로 인해 지방공공재의 생산비가 하락한 것으로 주민들이 인식하는 경향이 있다.
③ 지역주민이 중앙정부의 교부금 지원에 따른 한계조세가격의 하락으로 인식하는 재정착각에 빠질 수 있다.
④ 관료들이 중앙정부로부터 교부금을 받았다는 사실을 공개할 때 나타나는 현상이다.
⑤ 지방자치단체 관료들의 예산극대화 동기와 무관하지 않다.

MEMO

제3편
정답 및 해설

제1장　재정학의 개요
제2장　외부성, 공공재, 공공선택이론
제3장　공공지출이론
제4장　조세론의 기초 및 전가와 귀착
제5장　조세의 초과부담 및 최적과세론
제6장　개별조세이론 및 조세의 경제적 효과
제7장　재정학의 기타주제

CHAPTER 01 | 재정학의 개요

제1절 | 재정학의 기초

01
답 ②

해설

② [×] 시차문제에 있어서 <u>자동안정장치(built-in stabilizer)가 재량적 재정정책(discretionary fiscal policy)에 비해 나은</u> 정책수단이다. 자동안정장치란 경기 변동에 따라 가계의 소비 수준이 변하는 것을 상쇄하기 위하여 정부가 별도의 조치를 취하지 않더라도 조세나 정부 지출을 자동적으로 변화시키는 것을 말한다. 이에 반해 재량적 재정정책이란 정부가 예산을 편성하고 집행하는 과정에서 적극적으로 개입하여 경제를 조절하는 정책이다.

02
답 ⑤

해설

⑤ [×] 케인즈(J. M. Keynes)가 제시한 최적조세이론은 <u>효율성과 공평성의 관점에서 사회후생을 극대화할 수 있는 조세구조</u>에 관한 이론이다.

제2절 | 경제적 효율성과 시장실패

01
답 ⑤

해설

ㄱ. [○] 생산가능곡선은 생산계약곡선을 재화공간으로 옮긴 곡선으로 모든 점에서 생산이 파레토 효율적으로 이루어진다. 그러므로, 생산가능곡선상의 한 점에서 생산이 이루어지고 있다면 생산 측면의 효율성은 만족된다.

ㄴ. [○] 두 소비자 1과 2의 한계대체율이 $MRS^1(x_1,\ y_1) = MRS^2(x_2,\ y_2) = 2$으로 일치하므로 소비의 파레토 효율성은 만족된다.

ㄷ. [○] 한계대체율과 한계변환율이 $MRS_{XY} = 2 > MRT_{XY} = 1$로 일치하지 않으므로 경제 전체적으로 생산과 소비의 종합적인 파레토 효율성은 만족되지 않는다. 단, 이런 경우 X재 생산량을 증가시키고 Y재 생산량을 감소시키면 파레토 개선이 가능하다.

02

답 ②

┃해설┃

(1) 두 소비자의 한계대체율은 $MRS_{xy} = \dfrac{y}{x}$ 로 동일하다. 두 소비자의 효용함수가 $u^i(x_i,\ y_i) = x_i y_i$ 로 동일하기 때문이다.

(2) 파레토 개선이 가능하지 않은 것은 파레토 효율성을 의미한다. 파레토 효율성이란 어느 누구의 후생을 감소시키지 않고서는 다른 개인의 효용을 증가시키는 것이 불가능한 경우를 말하며, 문제에서는 소비와 관련한 파레토 효율성을 묻고 있으므로 $MRS_{xy}^A = MRS_{xy}^B$ 를 만족하는 부존자원을 확인한다.

구 분	MRS_{xy}^1	MRS_{xy}^2	$MRS_{xy}^1 = MRS_{xy}^2$ 일치 여부
ㄱ	$\dfrac{3}{6} = \dfrac{1}{2}$	$\dfrac{17}{34} = \dfrac{1}{2}$	$MRS_{xy}^1 = MRS_{xy}^2$
ㄴ	$\dfrac{8}{16} = \dfrac{1}{2}$	$\dfrac{11}{22} = \dfrac{1}{2}$	$MRS_{xy}^1 = MRS_{xy}^2$
ㄷ	$\dfrac{10}{24} = \dfrac{5}{12}$	$\dfrac{10}{16} = \dfrac{5}{8}$	$MRS_{xy}^1 < MRS_{xy}^2$
ㄹ	$\dfrac{19}{38} = \dfrac{1}{2}$	$\dfrac{1}{2} = \dfrac{1}{2}$	$MRS_{xy}^1 = MRS_{xy}^2$

(3) ㄴ의 경우 두 소비자의 한계대체율이 일치하지만, 경제전체의 x재 부존량은 40단위, y재 부존량은 20단위임을 확인했을 때, x재의 합이 38단위이고 y재의 합이 19단위로 경제전체의 부존량에 미달하는 것을 알 수 있다.

∴ ㄴ은 파레토 개선이 가능한 상태이므로 ㄱ, ㄹ일 때만 파레토 개선이 가능하지 않은(=파레토 효율성 달성) 경우에 해당한다.

03

답 ①

┃해설┃

(1) 조세부과 이전의 균형 조건

$$MRS_{XY} = \frac{P_X}{P_Y} = \frac{MC_X}{MC_Y} = MRT_{XY}$$

(2) X재의 가격이 $(1+t_X)P_X$로 상승하므로 $MRS_{XY} = \dfrac{(1+t_X)P_X}{P_Y}$ 가 성립한다.

(3) 따라서, X재에 조세부과(t_X)한 이후의 균형 조건은 다음과 같다.

$$MRS_{XY} = \frac{(1+t_X)P_X}{P_Y} = \frac{(1+t_X)MC_X}{MC_Y} = (1+t_X)MRT_{XY}$$
$$\rightarrow MRS_{XY} = (1+t_X)MRT_{XY}$$

04

답 ②

┃해설┃

(1) A와 B 두 사람의 한계대체율

① $MRS^A_{HC} = \dfrac{MU^A_H}{MU^A_C} = \dfrac{1}{\dfrac{2}{\sqrt{C_A}}} = \dfrac{1}{2}\sqrt{C_A}$

② $MRS^B_{HC} = \dfrac{MU^B_H}{MU^B_C} = \dfrac{1}{\dfrac{1}{\sqrt{C_B}}} = \sqrt{C_B}$

(2) 계약곡선상에서의 A와 B 두 사람의 한계대체율
계약곡선은 두 사람의 무차별곡선이 접하는 점들의 궤적이므로 두 사람의 한계대체율은 일치한다.

$\dfrac{1}{2}\sqrt{C_A} = \sqrt{C_B}$

$\quad\quad = C_A = 4C_B$

∴ 두 사람의 무차별곡선은 A의 커피 소비량이 B의 커피 소비량의 4배가 되는 점에서 접하여 계약곡선은 수평선의 형태로 도출됨을 알 수 있다.

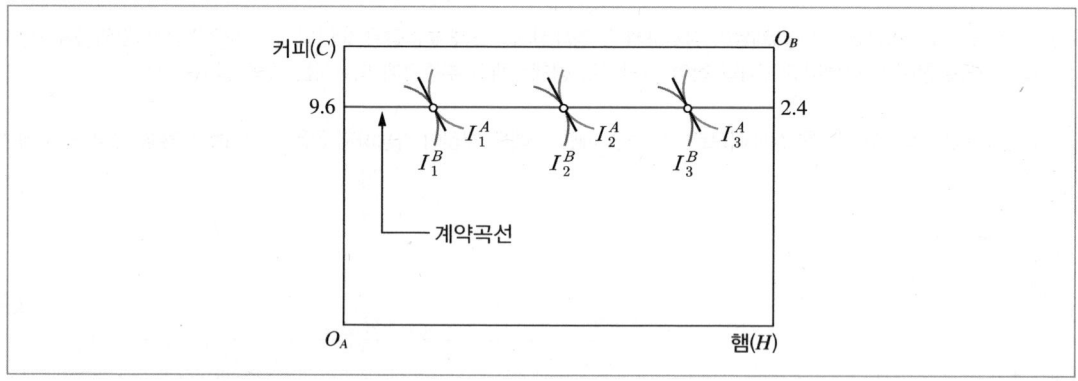

05

답 ③

┃해설┃

(1) 계약곡선

x재와 y재의 전체 공급량은 각각 10이므로 에지워스박스는 정사각형으로 나타나며, B의 무차별곡선을 180도 회전하면 에지워스박스가 만들어진다. 계약곡선은 A와 B의 원점을 연결한 우상향하는 대각선으로 나타난다.

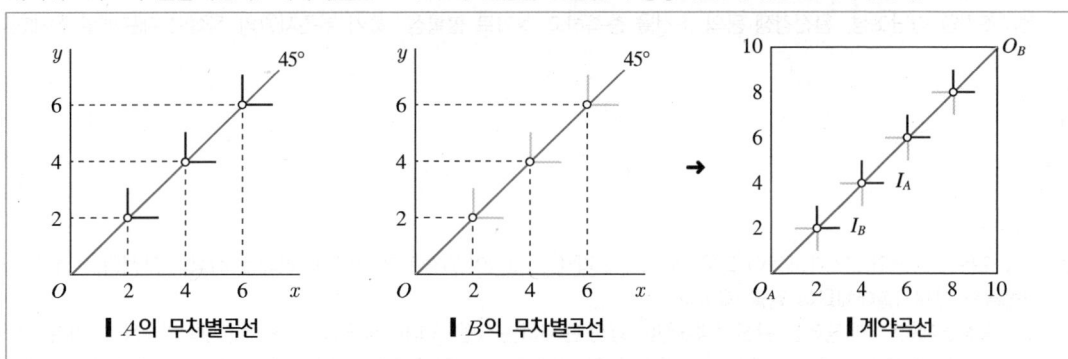

※ 무차별곡선 : 제시된 A와 B의 효용함수는 레온티에프 효용함수(x재와 y재가 완전보완재 관계)로 무차별곡선은 원점을 지나는 45°선상에서 꺾어지는 L자 형태이다.

(2) 효용가능곡선

A의 원점 O_A에서 x재 10단위와 y재 10단위를 모두 B가 소비하므로 B의 효용은 10, A의 효용은 0이다. 여기에서 A가 소비하는 x재와 y재의 양을 1단위씩 증가시키고, B가 소비하는 x재와 y재의 양을 1단위씩 감소시키면 B의 효용은 1만큼씩 감소하고, A의 효용은 1만큼씩 증가한다. 따라서, 효용가능곡선은 절편이 10이고 기울기가 -1인 우하향의 직선형태로 도출된다($U_b = 10 - U_a$).

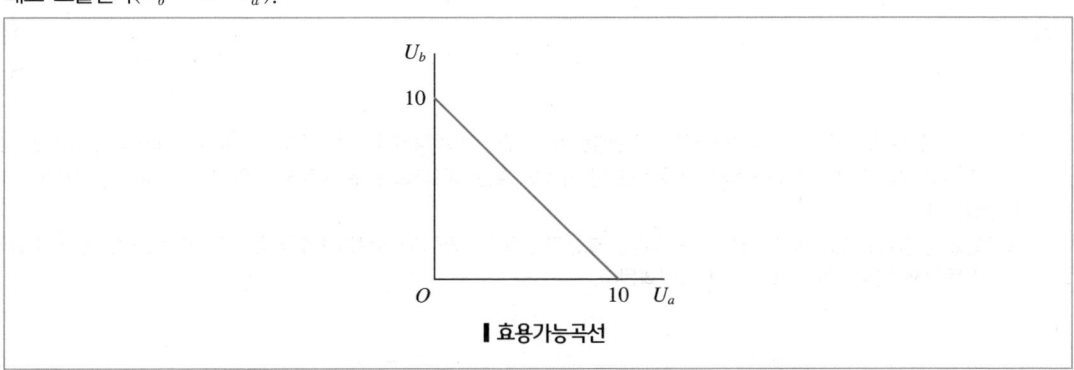

┃효용가능곡선

06   답 ①

해설

ㄴ. [×] 제2정리는 공평성 달성을 위해 효율성을 희생할 필요가 없다라는 의미를 갖는다. 즉, 후생경제학의 제2정리는 효율성과 공평성의 문제가 서로 분리될 수 있음을 의미한다.
ㄷ. [×] 후생경제학의 제1정리는 소비자 선호의 볼록성과 무관하게 성립한다. 후생경제학의 제2정리는 후생경제학 제1정리의 전제조건인 강단조성, 완전경쟁 등의 조건을 충족하고 추가로 볼록성, 초기 부존자원의 적절한 재분배를 전제한다.

07   답 ③

해설

① [×] 모든 사람들의 한계대체율이 같을 때 <u>소비의 파레토 최적</u>이 달성된다. 생산의 파레토 최적이 달성되는 경우는 모든 사람들의 한계기술대체율이 같을 때이다.
② [×] 후생경제학의 제1정리는 완전경쟁균형이 항상 존재하는 것을 <u>의미하지 않는다</u>. 후생경제학의 1정리는 모든 개인의 선호체계가 강단조성을 지니고 외부성·공공재 등의 시장실패 요인이 존재하지 않는다라는 조건이 있어야 일반경쟁균형의 자원배분이 파레토 효율적이다.
④ [×] 후생경제학의 제2정리는 일정한 조건하에서 초기 부존자원을 적절하게 재분배함으로써 공평성을 달성할 수 있으며, <u>효율성을 희생할 필요는 없다</u>. 여기서 일정한 조건이란 모든 개인들의 선호가 연속적이고, 강단조성 및 볼록성을 충족하는 것을 말한다.
⑤ [×] 칼도(N. Kaldor) 보상기준에 따르면, 어떤 정책이 사회후생을 증대시키기 위해서는 그 정책 시행으로 <u>효율성만 고려된다</u>.

08   답 ②

해설

ㄱ. [×] 효용가능경계상의 각 점에서는 <u>모두 자원배분이 파레토 효율적이다</u>. 단, 사회후생을 극대화한다는 보장은 없다.
ㄷ. [×] 효용가능경계상에서 모든 점들은 자원배분이 파레토 효율적이므로 일부 점에서만 아닌 <u>모든 점에서</u> $MRS = MRT$가 성립한다.
ㅁ. [×] <u>효율과 공평을 동시에 달성시킬 수 없다</u>. 효용가능경계(UPF)와 사회무차별곡선(SIC)이 접하는 점에서 효율과 공평이 동시에 달성되어 사회후생이 극대화된다.

09 답 ④

┃해설┃

(1) 소비자 1과 2의 효용함수가 $u(x, y) = xy$로 동일하므로 한계대체율도 $MRS_{xy} = \dfrac{y}{x}$로 동일하다.

$MRS_{xy}^1 = MRS_{xy}^2$가 성립하려면 두 소비자의 x재와 y재의 소비량 비율$\left(\dfrac{y}{x}\right)$이 같아야 하므로 계약곡선은 대각선의 형태로 나타난다.

(2) 후생경제학의 제1정리에 의해, 소비자 1의 초기 부존이 $(0, 20)$, 소비자 2의 초기 부존이 $(40, 10)$이므로 초기 부존점은 E이다. 초기 부존점이 계약곡선의 바깥에 위치하더라도 자유로운 교환을 통해 계약곡선상의 한 점으로 이동하므로 일반경쟁균형에서는 $MRS_{xy}^1 = MRS_{xy}^2 = \dfrac{P_x}{P_y}$가 성립한다.

(3) 후생경제학의 제2정리에 의해, 두 소비자가 공평하게 x재 20단위와 y재 15단위를 소비하는 I점이 일반경쟁균형이 되도록 하려면 계약곡선의 중점에 해당하는 I점에서 두 소비자의 한계대체율이 $MRS_{xy} = \dfrac{y}{x} = \dfrac{15}{20} = \dfrac{3}{4}$이므로 새로운 초기 부존에서 자유로운 교환을 통해 I점으로 이동할 때의 상대가격도 $\dfrac{P_x}{P_y} = \dfrac{3}{4}$이 되어야 한다. 즉, 새로운 초기 부존이 F점, G점 혹은 H점처럼 $\dfrac{P_x}{P_y} = \dfrac{3}{4}$을 충족하는 두 소비자의 무차별곡선의 접선상에 위치해야 I점에서 $MRS_{xy}^1 = MRS_{xy}^2 = \dfrac{P_x}{P_y}$가 성립하고, I점이 일반경쟁균형이 된다.

(4) I점에서 그은 무차별곡선의 접선은 계약곡선과 교차하는 대각선의 형태이므로 식을 구해보면 $y = -\dfrac{3}{4}x + 30$이고, 이 식을 정리하면 $3x + 4y = 120$이다. 따라서, 소비자 1의 경우 $3x + 4y = (3 \times 16) + (4 \times 18) = 120$, 소비자 2의 경우 $3x + 4y = (3 \times 24) + (4 \times 12) = 120$이다.

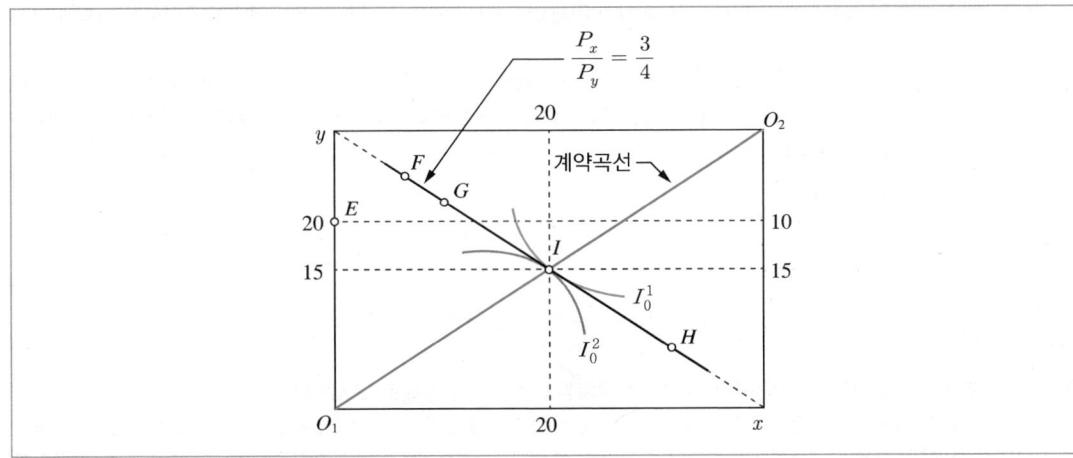

10 답 ②

해설

① [O] 레온티에프(Leontief)의 생산함수는 $Q = \min\{aL, bK\}$ 이며, 등량곡선이 L자로 롤즈(J. Rawls)와 동일한 형태를 가진다.
② [X] 평등주의 사회후생함수는 부자에게는 낮은 가중치, 가난한 자에게는 높은 가중치를 부여하며, 소득재분배에 관심있는 함수이다.

11 답 ③

해설

② [O] 사회후생함수는 개인들의 선호를 사회선호로 전환하는 과정에서 개인들 간의 효용을 서로 비교할 수 있다고 가정한다. 이 말은 개인들의 효용을 기수적으로 측정할 수 있음을 뜻한다.
③ [X] 평등주의 사회후생함수는 <u>부자에게는 낮은 가중치, 가난한 자에게는 높은 가중치를 부여하게 된다</u>.
④ [O] 공리주의의 후생극대화 조건은 $MU_A = MU_B$로 각 개인소득의 한계효용이 같아야 한다.
⑤ [O] 사회후생극대화는 효용가능경계(UPF)와 사회무차별곡선(SIC)이 접하는 점에서 발생하며, 사회후생을 극대화시키는 배분은 파레토 효율을 달성한다.

12 답 ⑤

해설

① [O] 효용가능경계상에 있다면 파레토 효율적이다. 다만, 파레토 효율적인 점들이라 하더라도 어떤 점은 다른 점에 비해 더 공평한 분배를 나타낸다. 사회후생을 극대화하기 위해서는 효율성뿐만 아니라 이러한 분배의 공평성을 동시에 고려해야 한다.
② [O], ⑤ [X] <u>평등주의적 사회후생함수는 부자에게는 낮은 가중치, 가난한 자에게는 높은 가중치를 부여하며</u>, 사회무차별곡선은 원점에 대해 볼록한 형태이다. 이때 평등주의적 성향이 극단적으로 강하면 가난한 자의 가중치를 100% 부여하는 롤즈의 사회무차별곡선 형태를 가진다.

13 답 ①

해설

① [X] 롤즈(J. Rawls)적 가치판단에 기초한 사회무차별곡선은 <u>L자 형태</u>로 표시된다.
② [O] 사회후생함수는 개인들의 선호를 사회선호로 전환하는 과정에서 개인들 간의 효용을 서로 비교할 수 있다고 가정한다. 이 말은 개인들의 효용을 기수적으로 측정할 수 있음을 뜻한다. 사회후생함수는 개인의 기수적 효용수준을 집약하여 사회후생의 수준을 하나의 구체적인 숫자로 나타내준다. 그러므로 사회후생함수가 설정되면 수준의 정도를 알아낼 수 있으며, 그것이 개선인지의 여부도 판정할 수 있다.

③ [O] 사회무차별곡선(사회후생함수)과 효용가능경계를 이용하여 바람직한 자원배분(사회후생극대화시키는 배분)을 도출할 수 있다.
④ [O] 사회 구성원들의 가치판단에따라 공리주의, 평등주의, 롤즈, 최상층우대, 버그슨-사무엘슨 사회후생함수의 유형이 선택될 수 있다.
⑤ [O] 애로우(K. Arrow)의 불가능성정리에 의하면 사회의 여러 상태를 비교·평가할 수 있는 합리적이고도 민주적인 사회후생함수(사회적 선호체계)가 존재하지 않는다고 하였다. 그렇지만 센(A. Sen)에 따르면 불가능성정리가 입증되었다고 하더라도 제한된 수의 선택가능성 사이에 서열을 매길 수 있는 합리적이고 민주적인 사회적 선호체계의 도출이 가능하다.

14

답 ①

해설

① [X] 사회가 어떠한 가치기준을 선택하느냐에 따라 사회후생함수의 형태가 정해지기는 하나, <u>그 자체가 사회가 어떠한 가치기준을 선택할 것인가에 대한 해답을 제공해주지는 못한다.</u>
② [O] 사회후생함수는 개인들의 선호를 사회선호로 전환하는 과정에서 개인들 간의 효용을 서로 비교할 수 있다고 가정한다. 이 말은 개인들의 효용을 기수적으로 측정할 수 있음을 뜻한다.
③ [O] 공리주의의 후생극대화 조건은 $MU_A = MU_B$으로 각 개인소득의 한계효용이 같아야 한다.
⑤ [O] 효용가능경계상에 있다면 파레토 효율적이다. 다만, 파레토 효율적인 점들이라 하더라도 어떤 점은 다른 점에 비해 더 공평한 분배를 나타낸다. 사회후생을 극대화하기 위해서는 효율성뿐만 아니라 이러한 분배의 공평성을 동시에 고려해야 한다. 그러나 효율과 공평이 우연히 달성된 경우를 제외하고는 사회후생극대화 배분에 이르는 것이 사실상 불가능하다.

15

답 ②

해설

문제에서 제시한 사회후생함수 $W = \min\{U_A, U_B\}$는 롤즈의 사회후생함수이며, 후생극대화 조건은 $U_A = U_B$이다.

(1) 사회후생극대화가 이루어지려면 다음의 두 식이 성립해야 한다.
   ① $3\sqrt{X_A} = \sqrt{X_B}$
   ② $X_A + X_B = 1,000$
   → 두 식을 연립해서 풀면 $X_A = 100$, $X_B = 900$

(2) 위에서 구한 X_A, X_B의 값을 사회후생함수에 대입하여 사회후생의 극댓값을 도출한다.
   $W = \min\{3\sqrt{X_A}, \sqrt{X_B}\}$
   $\quad = \min\{3\sqrt{100}, \sqrt{900}\}$
   $\quad = 30$

16
답 ④

┃해설┃

① [○] 미지수가 2개인 사용재인 경우 연립방정식으로 풀이
  - 후생극대화 조건 : $U_A = U_B$
    → $3\sqrt{X_A} = \sqrt{X_B}$
    → $9X_A = X_B$
  - $9X_A = X_B$을 문제에서 주어진 총량 $X_A + X_B = 1,000$에 대입
    → $10X_A = 1,000$
    → $X_A = 100$, $X_B = 900$
  - $X_A = 100$, $X_B = 900$를 롤즈의 사회후생함수에 대입
    $W = \min\{3\sqrt{X_A}, \sqrt{X_B}\}$
    $= \min\{3\sqrt{100}, \sqrt{900}\}$
    $= \min\{30, 30\}$
    ∴ 30

② [○] 문제에서 가정한 $W = \min\{3\sqrt{X_A}, \sqrt{X_B}\}$는 롤즈적 사회후생함수이다.

④ [×] $U_A = 3\sqrt{X_A}$, $U_B = \sqrt{X_B}$의 각각의 효용함수에 동일한 수를 대입했을 때, A가 크다. 따라서 롤즈는 작은 수에 의해 결정되므로 사회후생수준은 A가 아닌 B의 효용에 의해 결정된다.

17
답 ⑤

┃해설┃

(1) A와 B의 한계효용

  ① A : $MU_A = \dfrac{3}{2\sqrt{X_a}}$

  ② B : $MU_B = \dfrac{1}{2\sqrt{X_b}}$

  → 한계효용이 모두 체감함을 알 수 있다.

(2) 한계효용이 체감하는 경우 공리주의 사회후생극대화 조건($MU_A = MU_B$)

  ① $MU_A = MU_B$ → $\dfrac{3}{2\sqrt{X_a}} = \dfrac{1}{2\sqrt{X_b}}$

  ② $X_a + X_b = 1,000$

  ③ ①과 ②를 연립하면, $X_a = 900$, $X_b = 100$

(3) (2)에서 구한 $X_a = 900$, $X_b = 100$을 사회후생함수($W = U_A + U_B$)에 대입
    $W = 3\sqrt{X_a} + \sqrt{X_b}$
    $= 3\sqrt{900} + \sqrt{100}$
    $= 100$

18

답 ⑤

해설

⑤ [×] 공리주의적 사회후생함수의 후생극대화 조건은 $MU_A = MU_B$으로, 각 개인소득의 한계효용이 서로 같아야 한다.

19

답 ⑤

해설

② [O] 앳킨슨(A. Atkinson)의 확장된 공리주의 사회후생함수 $W = \frac{1}{\alpha}\sum_{i=1}^{n} w_i^\alpha$ 에서 α의 크기에 따라 무수한 효용분배의 선호도를 반영하는 사회후생함수를 만들 수 있다. $\alpha < 1$인 경우에는 개인효용의 합뿐만 아니라 소득분배도 사회후생에 영향을 미친다. $\alpha = 1$인 경우에는 $W = \sum_{i=1}^{n} w_i$이므로 벤담의 공리주의 사회후생함수와 일치하여 사회의 후생수준이 개인의 효용의 합에만 영향을 받는다.

⑤ [×] 애로우(K. Arrow)는 합리적인 사회적 선호체계를 갖춘 사회후생함수가 존재하지 않음을 입증했다. 애로우는 개인들의 선호를 사회선호로 바꾸는 과정에서 이상적인 사회후생함수가 갖춰야 할 5가지 조건을 제시하였는데, 이러한 조건을 모두 충족하는 이상적인 사회후생함수는 존재하지 않는다고 하였다.

20

답 ②

해설

사회후생함수가 $W^A = U_1 + U_2$일 때의 사회무차별곡선 SIC^A는 기울기(절댓값)가 1인 우하향의 직선이고,
$W^B = \min\{U_1, U_2\}$일 때의 사회무차별곡선 SIC^B는 원점을 통과하는 45°선상에서 꺾어진 L자 형태이고,
$W^C = U_1 U_2$일 때 사회무차별곡선 SIC^C는 원점에 대해 볼록한 형태이다.

ㄱ. [O], ㄹ. [×] 그림 〈a〉에서 보는 것처럼 SIC^B는 원점을 지나는 45°선상에서 꺾어진 L자 형태이므로 A와 B는 원점을 지나는 45°선상에서만 일치한다. 원점을 지나는 45°선상에서는 SIC^C의 기울기(절댓값)도 SIC^A의 기울기(절댓값)와 동일한 1이므로 A와 B가 일치하면 C도 반드시 일치한다. 즉, 세 접점이 모두 일치할 수도 있다.

※ 원점을 지나는 45°선상에서 $U_1 = U_2$이므로 SIC^C의 기울기(절댓값)는 $\frac{U_2}{U_1} = 1$이 된다.

ㄴ. [O] 그림 〈b〉에서 보는 것처럼 A와 C는 원점을 지나는 45°선상에서만 일치한다. 그러므로 A와 C가 일치하면 B도 반드시 일치한다.

ㄷ. [×] 그림 〈c〉에서 보는 것처럼 효용가능경계가 꺾어진 직선 형태로 주어져 있다면 B와 C가 일치하더라도 A는 일치하지 않을 수 있다.

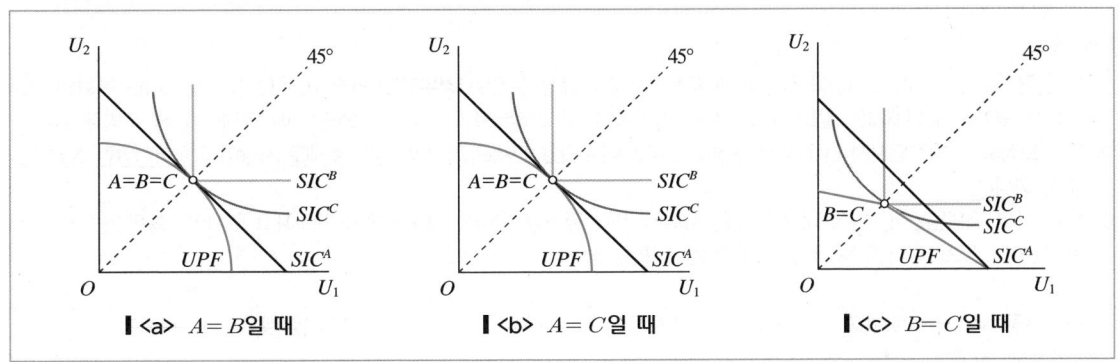

〈a〉 A = B일 때   〈b〉 A = C일 때   〈c〉 B = C일 때

21

답 ②

┃해설┃
① [○] 공리주의 사회후생함수는 $W = U_A + U_B$으로 개인의 효용을 더한 것으로 정의된다.
② [×] 평등주의적 가치관에 따르면, 사회후생을 결정할 때 효용수준이 높은 사람에게는 낮은 가중치, 효용수준이 낮은 사람에게는 높은 가중치를 적용해야 한다.
③ [○] 롤스에 따르면, 가난한 자의 가중치는 100%이고 부자의 가중치가 0%이어야 한다. 즉, 사회구성원들 중에서 효용수준이 가장 낮은 사람의 효용이 그 사회의 후생수준이라고 본다.
④ [○] 애로우는 이상적인 사회후생함수가 갖춰야 할 5가지 조건(완비성과 이행성, 비제한성, 파레토 원칙, 무관한 선택대안으로부터의 독립성, 비독재성)을 제시하였지만 이를 모두 갖춘 합리적 기준이 존재하지 않음을 입증하였다(불가능성 정리).

22

답 ①

┃해설┃
애로우(K. Arrow)의 불가능성 정리에서 사회적 선호체계가 가져야 할 바람직한 속성은 ① 완비성(완전성)과 이행성 ② 비제한성(보편성) ③ 파레토 원칙 ④ 무관한 선택대안으로부터의 독립성(IIA) ⑤ 비독재성이 있다.

23

답 ②

┃해설┃
① [×] 개인 간의 효용을 직접 비교하지 않고 우회적으로 어떤 변화가 사회후생의 개선인지 여부를 평가한다.
③ [×] 어떤 변화를 통해 이득을 얻는 사람에 의해 평가된 이득의 가치가 손해를 보는 사람에 의해 평가된 손해의 가치보다 크면 그 변화는 사회후생의 개선이다.
④ [×] 보상의 원칙은 당사자 간 잠재적 보상이 이루어지는 것을 전제로 한다.
⑤ [×] 파레토 기준에서 개선이면 사회구성원 중 누구의 효용도 감소하지 않으면서 최소한 1명 이상의 효용이 증가한 것이므로 칼도-힉스 기준에서도 개선으로 판단된다. 즉, 모든 파레토 개선은 보상원리를 충족한다.
  ※ 그러나 보상원리를 충족한다 하더라도 파레토 기준에서 반드시 개선인 것은 아니다.

24

답 ③

┃해설┃
① [○] 현실에서는 파레토 기준을 적용할 때 개선이라고 판단할 수 있는 경우가 거의 없고, 현실에서 일어나는 변화의 개선 여부를 평가하기 위해서는 칼도-힉스 기준(칼도기준)이나 스키토프스키 기준 보상원리에 의해 판단할 수밖에 없다.
③ [×] 보상의 원칙은 당사자 간 잠재적 보상이 이루어지는 것을 전제로 하기 때문에, 실제로 보상이 이루어져야만 성립하는 것이 아니다.
⑤ [○] 사회 구성원들이 1원에 대해 똑같은 사회적 가치 평가를 한다고 암묵적으로 가정하고 있지만, 실제로는 사회 각 구성원이 1원으로부터 얻는 효용이 다르다는 비판을 받는다.

25 답 ④

해설

①, ② [×] 누군가의 희생 없이는 어떤 사람의 후생 증대가 불가능하고, 최적의 자원배분을 실현하게 되어 더 이상 파레토 개선이 불가능한 상태는 파레토 효율성에 대한 설명이다.
③ [×] 칼도-힉스의 보상기준은 잠재적 보상이 이루어질 것을 요구한다.
④ [○] 칼도-힉스의 기준은 '이득을 얻는 사람의 이득' > '손해를 보는 사람의 손해'인 경우, 이득을 얻는 사람이 손해를 보는 사람에게 잠재적으로 보상을 해주고도 남을 때, 이를 개선으로 판단하는 것(잠재적 파레토 개선)을 말한다.
⑤ [×] 개선 여부 판단의 기준은 이득을 얻거나 손해를 보는 사람의 수가 아닌 이득액과 손해액 기준으로 판단한다.

26 답 ③

해설

① [○] 효용가능곡선상의 모든 점은 교환(소비)이 파레토 효율적으로 이루어지는 점이므로, 교차하지 않는 경우 보상기준이 충족되면 잠재적으로 사회후생이 증가될 수 있다.
② [○] 스키토프스키 기준은 효용가능곡선이 변할 때 발생할 수 있는 칼도-힉스 기준의 모순을 보완하기 위해 칼도-힉스 기준을 이중으로 적용하여 개선여부를 판단하는 방법이다.
③ [×] 파레토 기준은 칼도-힉스의 보상기준을 충족하지 않는다. 파레토 기준이 성립되면 칼도-힉스의 기준이 성립하지만 칼도-힉스의 기준이 성립한 경우 파레토 기준이 성립한다고는 볼 수 없다.
⑤ [○] 힉스 기준은 칼도 기준과 거의 동일하여 칼도-힉스 기준이라 일컫는다.

27 답 ⑤

해설

① [○] 불완전한 경쟁(독점)은 기업이 이윤극대화를 추구할 때 과소생산($P > MC$)이 발생하여 시장실패가 일어날 수 있다.
② [○] 공공재는 비경합성과 비배제성이라는 특성에 의해서 시장실패가 발생하게 된다.
③ [○] 시장실패는 정부개입의 충분조건이 아닌 필요조건에 해당한다. 즉, 시장실패로 인해 정부가 반드시 개입해야하는 것은 아니다.
④ [○] 완전한 조건부 상품시장이 존재하는 경우에는 자원배분의 효율성이 달성될 수 있다. 하지만 현실에서는 정보의 비대칭성으로 인해 존재하지 않는다.
⑤ [×] 외부불경제로 사회적 최적 생산량보다 과다 생산되는 경우에 발생한다. 사회적 최적 생산량보다 과소 생산되는 경우는 외부경제에 해당한다.

28   답 ①

┃해설┃
① [×] 시장실패는 정부개입의 <u>필요조건</u>을 제공한다. 즉, 시장실패로 인해 정부가 반드시 개입해야하는 것은 아니다.

29   답 ③

┃해설┃
① [○] 소수의 기업이 참여하는 불완전한 경쟁시장(독점)에서 기업이 이윤극대화를 추구할 때 과소생산($P > MC$)이 발생하여 시장실패가 일어날 수 있다.
② [○] 생산의 외부불경제로 A기업의 생산이 B기업 생산에 미치는 영향이 A기업에서 생산한 재화의 시장가격에 반영되지 않는 경우 과다 생산으로 인한 시장실패가 발생한다.
③ [×] 생산의 외부불경제에 대한 설명으로 사회적 비용(SMC)이 사적비용(PMC)보다 클 경우 기업의 사적 생산량은 사회적으로 효율적인 생산량보다 <u>크</u>다.
④ [○] 경제주체들 간에 비대칭적 정보가 존재할 경우 역선택과 도덕적 해이로 인해 시장실패가 발생한다.
⑤ [○] 무임승차는 공공재의 특성인 비배제성으로 인해 나타나는 문제이다. 이는 과소 생산으로 인해 시장실패가 발생한다.

30   답 ③

┃해설┃
① [○] 어떤 한 기업이 해당 시장에 유일한 생산자로 참여하여 이윤극대화를 추구하는 것은 독점하는 경우에 해당하며, 이는 과소 생산으로 인한 시장실패가 발생한다.
② [○] 어떤 한 기업이 생산요소시장의 유일한 수요자로 행동하여 해당 요소를 구매하는 수요독점의 경우에도 ①의 생산독점과 마찬가지로 시장실패가 발생한다.
③ [×] 외부경제로 인하여 사회적 최적 생산량보다 <u>과소 생산</u>되는 경우에 발생한다. 과다 생산되는 경우는 외부불경제에 해당한다.
④ [○] 경제주체들 간에 비대칭적 정보가 존재하는 경우 역선택과 도덕적 해이로 시장실패가 발생하고, 경제현상에 대한 불확실성이 존재할 경우에도 마찬가지로 시장실패가 발생한다.
⑤ [○] 완전한 조건부 상품시장이 갖추어져 있지 못한 경우 시장실패가 발생한다.

31   답 ③

┃해설┃

ㄱ. [×] 시장실패는 정부개입의 필요조건이다. 시장실패를 교정하기 위한 정부개입이 오히려 민간부분의 의사결정을 왜곡시켜 자원배분의 효율성을 악화시킬수도 있으므로(정부실패의 가능성) 시장실패로 인해 정부가 반드시 개입해야하는 것은 아니다.

ㄴ. [×] 자연독점에 대한 평균비용가격설정은 독점으로 인한 비효율을 제거할 수 없다.

구 분	내 용
한계비용가격설정 ($P=MC$)	• 수요곡선과 한계비용곡선이 교차하는 점에서 가격 설정 • 완전경쟁과 마찬가지로 $P=MC$가 성립하므로 자원배분의 효율성 충족 • 규모의 경제가 존재하는 경우 적자 발생($P<AC$)
평균비용가격설정 ($P=AC$)	• 수요곡선과 평균비용곡선이 교차하는 점에서 가격 설정 • $P=AC$이므로 적자가 발생하지 않음 • 과소생산에 따른 자원배분의 비효율성 초래($P>MC$)

ㄷ. [○] 정액세(lump-sum tax)는 대체효과를 발생시키지 않으므로 민간부문의 의사결정을 왜곡하지 않는다.

ㄹ. [○] 사회보험은 국민연금, 의료보험, 산재보험, 고용보험 등 4대보험 등의 종류가 있다. 이는 사회적 위험으로부터 보호하기 위한 의무적인 제도로 시장실패를 보완하는 기능을 수행한다.

ㅁ. [×] 공공재는 비배제성과 비경합성의 특성으로 인하여 시장실패가 발생하게 된다.

32   답 ①

┃해설┃

① [×] 전 국민에게 국민연금을 강제 가입하도록 할 경우 일찍 은퇴할 가능성이 높은 사람만 가입하는 역선택 문제를 해결할 수 있다.

② [○] 중립세(=정액세)는 대체효과를 발생시키지 않으므로 민간부문의 의사결정을 왜곡하지 않는다.

③ [○] 시장실패는 정부개입의 충분조건이 아닌 필요조건이다. 시장실패를 교정하기 위한 정부개입이 오히려 민간부문의 의사결정을 왜곡시켜 자원배분의 효율성을 악화시킬수도 있으므로(정부실패의 가능성) 시장실패로 인해 정부가 반드시 개입해야하는 것은 아니다.

④ [○] 정부실패는 시장실패를 교정하기 위한 정부개입이 오히려 민간부분의 의사결정을 왜곡시켜 자원배분의 효율성을 악화시키는 것을 말한다. 발생 원인에는 정보의 불완전성, 민간부분의 반응변화, 시차의 가변성, 정치적 과정에서의 제약, 관료들의 행태 등이 있다.

⑤ [○] 자연독점기업에 대한 한계비용가격설정은 완전경쟁과 마찬가지로 $P=MC$가 성립하므로 독점으로 인한 자원배분의 비효율성을 제거할 수 있다.

33 답 ①

해설

① [×] 시장에 존재하는 위험과 불확실성에서 완전한 조건부 상품시장이 존재한다면 자원배분의 효율성을 달성할 수 있다. 그러나 현실에서는 정보의 비대칭성으로 인해 완전한 조건부 상품시장이 존재하지 않는다. 따라서 정보의 비대칭성을 해결하기 위해서는 공제제도·보험제도의 실시, 정보의 확산 등의 방안을 통해 <u>도덕적 해이와 역선택을 축소해야 한다</u>.

34 답 ①

해설

① [×] 카페 주인이 카페에 설치된 CCTV를 확인하여 직원의 업무 태도를 감시하는 것은 사후적 특성(계약 체결 이후)이므로, 도덕적 해이의 해결방안에 해당한다.
②~⑤ [O] 역선택은 정보수준이 낮은 측이 바람직하지 않은 상대방과 거래할 가능성이 높아지는 현상으로, 감추어진 특성(사전적 특성)이다. 대학 졸업장 제출, 가입의무화, 자격증 획득, 품질보증 모두 역선택 문제를 완화시키는 방안에 해당한다.

35 답 ⑤

해설

⑤ [×] 의료보험에 기초공제제도를 도입하는 것은 역선택이 아니라 도덕적 해이를 감소시키는 방안이다. 보험시장에서 기초공제제도 외에 공동보험을 도입하는 것도 도덕적 해이를 감소시킬 수 있다.

36 답 ③

해설

① [×] 의료보험에 가입한 사람이 부주의하게 행동하여 부상 발생률이 증가하는 경우는 도덕적 해이에 해당한다.
② [×] 주택의 임차인보다 주택소유자가 집을 더 잘 관리한다는 것은 바람직한 행동을 하는 주택소유자일 뿐 역선택과는 무관한 내용이다.
③ [O] 중고차시장에서 상태가 나쁜 자동차가 주로 거래되는 경우는 역선택의 대표적인 예이다.
④, ⑤ [×] 외부성에 대한 내용이다. 외부성이란 어떤 경제주체의 행동이 다른 경제주체에게 영향을 주어 다른 경제주체가 이득을 얻거나 피해를 입어 자원배분의 비효율성을 야기하는 것을 말한다.

37

답 ②

| 해설 |

①, ③ [O] 의료보험에 가입한 이후 건강관리를 철저히 하지 않고, 본인부담 진료비가 줄어들어 병원에 자주 가는 것은 정보수준이 높은 측이 바람직하지 않은 행동을 하는 것이므로 도덕적 해이에 해당한다.
② [O] 건강관리를 등한시하는 사람의 가입이 증가하는 것은 가입단계(계약 체결 이전)를 의미하므로 역선택에 해당한다.
④ [O] 의료보험 가입자는 보험료를 납부한 만큼 추가적인 혜택을 얻기 위해 기회만 있으면 의료서비스를 소비하려고 한다. 따라서, 고가의 치료방식을 선호하는 경향으로 인하여 보험금 지출이 늘어난다.
⑤ [O] 의료서비스에 대한 실제비용보다 환자의 지불액이 낮으면, 환자는 의료서비스를 과다하게 소비하려는 경향이 발생하게 된다.

38

답 ⑤

| 해설 |

ㄱ, ㄷ. [O] 일정 금액 및 일정 비율만을 의료보험에서 지불하는 공동보험제도와 기초공제제도는 보험시장에서 도덕적 해이를 해결할 수 있는 대표적인 방안이다.
ㄴ. [O] 영리병원제도를 도입하게 되면 대부분 의료서비스를 환자가 직접 부담하게 되므로 의료서비스를 과다 소비하게 되는 행동(도덕적 해이)이 줄어들 것이다.
ㄹ. [O] 도덕적 해이는 정보의 비대칭성 때문에 발생하므로 정보가 확산되면 도덕적 해이를 줄일 수 있다.

39

답 ②

| 해설 |

① [O] 파레토 효율성에 관한 설명이다. 파레토 효율성이란 어느 누구의 후생을 감소시키지 않고서는 다른 개인의 효용을 증가시키는 것이 불가능한 경우를 말하며, 더 이상 파레토 개선이 불가능한 상태이다.
② [X] 후생경제학의 제1정리에서는 시장이 완전경쟁이라면 자원은 효율적으로 배분됨을 보여주는데, 아담스미스의 '보이지 않는 손'이 달성됨을 의미한다.
③ [O] 공공재는 비배제성의 특징으로 가격을 설정할 수 없기 때문에 시장실패의 원인이 될 수 있다.
④ [O] 중립세를 제외한 조세부과는 민간부문의 의사결정을 왜곡하여 자원배분의 비효율성을 초래할 수 있다.
⑤ [O] 도덕적 해이는 정보의 비대칭성하에서 정보수준이 높은 측이 바람직하지 않은 행동을 하는 것을 말한다. 이는 자원배분의 비효율성을 초래한다.

40   답 ③

┃해설┃
② [○] 정보의 비대칭성 하에 역선택과 도덕적 해이가 발생하고 이는 자원배분의 비효율성을 초래하는 요인이 된다.
③ [×] 어떤 자원배분 상태에 <u>더 이상 파레토 개선이 불가능해야</u> 그 상태는 효율적이다.
④ [○] 영기준예산제도는 예산을 편성할 때 전년도 예산에 기초하지 않고 영(0)을 기준으로 원점에서 재검토한 뒤 예산을 편성하는 방법으로, 점증주의예산에서 탈피하여 효율적 자원배분을 제고할 수 있는 제도이다.
⑤ [○] 공공부문이 공급하는 재화나 서비스에 공공요금을 부과하면 효율적인 생산수준의 선택 및 효율적 수준의 소비가 이루어질 수 있다. 예를들어, 공공부문이 생산·공급하는 재화나 서비스에 공공요금이 부과되면, 공공요금을 통해 전달된 한계편익에 관한 정보가 공공부문으로 하여금 효율적 생산수준을 선택할 수 있게 해준다. 또한 수도나 전기 등이 무료 공급되면 무분별한 소비가 일어나지만, 적절한 가격이 부과되면 효율적 수준의 소비가 이루어질 수 있다.

41   답 ④

┃해설┃
② [○] 후생경제학 제1정리는 모든 개인의 선호체계가 강단조성을 지니고 외부성·공공재 등의 시장실패 요인이 존재하지 않는다면 일반경쟁균형의 자원배분은 파레토 효율적이다.
④ [×] 외부효과로 인한 비효율성은 <u>피구세 부과</u>를 통해 해결할 수 있다. 중립세는 비효율성(초과부담)을 발생시키지 않는 세금을 말한다.

42   답 ③

┃해설┃
① [○] 시장실패는 정부개입의 충분조건이 아닌 필요조건에 해당한다.
② [○] 중립세는 비효율성(초과부담), 즉 민간부문의 의사결정을 교란시키지 않는다.
③ [×] 비용체감산업에 대한 평균비용 가격설정은 $P=AC$이므로 손실(적자)발생의 문제는 해결하지만 $P>MC$이므로 비효율성을 제거할 수 <u>없다</u>.
④ [○] 중고차 구입 시 정보 수준이 낮으면 바람직하지 않은 상대방과 거래할 가능성이 높아지는데 이를 역선택이라 한다. 이를 해결하기 위해 중고차 정비이력(신호발송)을 의무화하면 정보비대칭으로 인한 시장실패를 완화할 수 있다.

CHAPTER 02 | 외부성·공공재·공공선택이론

제1절 | 외부성

01
답 ⑤

해설

⑤ [×] 코즈 정리에 따르면 외부성 관련 거래비용이 <u>작을수록</u> 협상이 용이하다. 이외에도 코즈 정리가 성립하기 어려운 경우에는 외부성 측정의 어려움, 이해당사자 구분의 불분명, 정보의 비대칭성, 당사자 간의 협상능력 차이가 있다.

02
답 ①

해설

① [×] 부정적 외부성이 있는 경우에 정부가 교정세를 부과하면 효율적 자원배분을 이룰 수 <u>있다</u>. 교정세를 부과하면 과다생산이 최적수준으로 감소하여 초과부담이 사라진다.
② [○] 연구기관의 연구개발 활동은 긍정적 외부성(외부경제)의 특성을 가지고 있다.
⑤ [○] 양봉업자가 인근 과수원의 생산에 영향을 주는 것은 시장의 가격기구를 통하지 않고 제3자인 과수원의 생산자에게 유리한 영향을 준 것에 해당한다.

03
답 ④

해설

ㄱ. [×] 자원배분의 비효율성이 <u>발생한다</u>. 실질적 외부성(기술적 외부성)이 존재하면 사회 전체에 유리 또는 불리한 영향을 미치지만 이러한 영향이 시장의 가격기구를 통해 정확히 반영되지 않으므로 과소 또는 과다 생산이 이루어진다.
ㄴ. [○] 화학공장이 강 상류에 폐수를 방출한 경우는 시장의 가격기구를 통하지 않은 실질적 외부성이며, 생산의 부정적 외부성에 해당한다.
ㄷ. [×] 대규모 건설공사로 인한 건축자재 가격 상승으로 다른 건축업자가 피해를 입은 것은 시장의 가격기구를 통해서 제3자에게 불리한 영향을 미친 것으로 <u>금전적 외부성</u>에 해당한다.
ㄹ. [○] 양봉업이 인근 과수원의 생산에 영향을 미친 것은 시장의 가격기구를 통하지 않은 실질적 외부성이며, 생산의 긍정적 외부성에 해당한다.

04 답 ②

해설
① [○] 양봉업자가 과수원의 이웃에 사과 수확량이 증가하도록 긍정적인 영향을 미친 것은 외부경제에 해당한다.
② [×] 기업이 생산 과정에서 제3자에게 끼친 손해는 외부불경제에 해당한다. 이 경우에 손해를 전부 보상한다면 제3자에게 미치는 영향이 기업의 생산비용에 반영되어 외부성이 내부화된다.
③ [○] 사회적 비용이 사적 비용보다 큰 경우 생산의 외부불경제에 해당하며, 이 기업의 균형생산량은 최적생산량보다 많다.
④ [○] 생산의 외부불경제에 해당한다.
⑤ [○] 소비의 긍정적 외부성인 경우 사회적 편익이 사적 편익보다 크다.

05 답 ④

해설
ㄱ. [○] 문제에서 주어진 그림은 $SMB > PMB$이므로, 소비측면에서 긍정적 외부성이 존재하는 경우를 나타낸다.
ㄴ. [○] 시장균형은 PMB와 $S(=PMC)$가 교차하는 B점에서 Q_1으로 결정되고, 사회적 최적 생산량은 SMB와 $S(=PMC)$가 교차하는 C점에서 Q_E로 결정되어 시장의 균형생산량은 사회적으로는 과소하다.
ㄷ. ㅁ. [○] 생산량이 Q_1에서 Q_E로 증가하면 사회적 편익이 SMB 하방의 □AQ_1Q_EC의 면적만큼 증가하나, 사회적 비용이 공급곡선($S=PMC$) 하방의 □BQ_1Q_EC의 면적만큼 증가하므로 사회적 순이득은 △ABC 면적이 된다. 따라서 시장의 균형생산량이 Q_1으로 결정됨에 따라 발생하는 사회적 후생비용의 크기도 △ABC의 면적이 된다.
ㄹ. [×] 시장균형에서는 생산량을 변화시키려는 경쟁적 힘($Q_1 \to Q_E$)이 작용하지 않는다. 따라서 보조금 지급을 통해 외부성을 내부화해야 한다.

06 답 ③

해설
③ [×] 금전적 외부성이 존재하면 자원배분의 왜곡이 발생하지 않고, 소득분배에만 영향을 미친다. 시장기구를 통해 한 사람의 피해가 다른 사람의 이익과 상쇄되므로 사회 구성원 간의 소득분배에만 영향을 미칠 뿐, 자원배분의 효율성에는 영향을 미치지 않기 때문이다.

07 답 ④

해설
④ [×] 코즈 정리는 외부성 문제 해결에 있어서 효율성만 고려할 뿐 형평성은 고려하지 않는다.

08 답 ②

해설

② [×] 야생동물에 대한 재산권을 동물 판매업자에게 부여한 결과 남획이 줄어들었다. 이는 재산권을 누구에게 부여하는가에 따라 소득분배에는 영향을 미치고 자원배분의 효율성에는 영향을 미치지 않는다.

09 답 ④

해설

④ [×] 환경세(조세) 부과가 아니라 당사자 간의 자발적 협상을 통해 효율적 자원배분을 이룰 수 있다. 코즈 정리는 한쪽에게만 책임을 지게 하는 것은 효율적 자원배분을 이룰 수 없다고 보고, 외부성의 본질적 성격은 상호성에 있다고 본다.

10 답 ①

해설

① [×] 재산권을 어느 기업에게 부여하는지와 상관없이 두 기업 간의 자발적인 협상을 통해 오염물질 배출량이 최적 수준이 된다.
③ [O] 코즈 정리가 성립하려면 협상으로부터 얻는 이득이 협상에 드는 비용보다 커야만 한다. 협상비용이 과다하면 코즈 정리가 성립하기 어렵다.
④ [O] 코즈 정리는 재산권이 누구에게 부여되는지가 소득분배에 영향을 미친다.
⑤ [O] 코즈 정리가 성립하려면 재산권 부여와 관련된 분배상태의 변화가 자원배분에 영향을 미치지 않아야 한다. 즉, 재산권 부여와 관련된 소득효과가 없어야 하는데, 이는 부의 변화가 편익곡선이나 비용곡선을 이동시키지 않음을 의미한다.

11 답 ④

해설

(1) 목장 주인에게 재산권이 주어진 경우
    목장 주인에게 재산권이 주어지는 경우 목장 주인은 소를 방목할 것이다. 이때 이웃 농부는 500만원의 농작물 피해를 입게 되고, 피해를 막기 위해서 울타리 설치를 하려고 할 것이다. 하지만 울타리 설치비용이 농작물 피해액보다 크므로 농부는 울타리 설치를 포기할 것이다.

(2) 농부에게 재산권이 주어진 경우
    농부에게 재산권이 주어지는 경우 농부는 목장 주인에게 울타리를 설치하도록 요구하거나 농작물 피해액을 보상해달라고 할 것이다. 목장 주인은 상대적으로 비용이 적게 드는 농작물 피해액을 선택할 것이다.

따라서, ④ 해당 권리가 누구에게 주어지든 울타리는 설치되지 않는다.

12

답 ⑤

│해설│

① [○] 강의 소유권이 A에게 있고 양자 간에 협상이 이루어지지 않는다면 A는 한계편익이 0이 될 때까지 생산할 것이므로 $MB_A = 90 - \frac{1}{2}Q = 0$으로 두면 $Q = 180$으로 계산된다. A가 180단위를 생산할 때의 총편익은 한계편익곡선 하방의 $\triangle(a+b+c)$의 면적이므로 $8,100(= \frac{1}{2} \times 90 \times 180)$이고, B의 총비용은 한계비용곡선 하방의 $\triangle(b+c+d)$의 면적이므로 $4,050(= \frac{1}{2} \times 180 \times 45)$이다.

② [○] 만약 강의 소유권이 B에게 있고 양자 간에 협상이 이루어지지 않는다면 B는 A가 생산을 하지 못하도록 할 것이므로 A의 생산량이 0이 된다. 그러므로 이 경우에는 A의 총편익과 B의 총비용이 모두 0이 된다.

③ [○] 이 경제에서 사회적으로 바람직한 생산량은 A의 한계편익과 B의 한계비용이 일치하는 수준이므로 $MB_A = MC_B$로 두면 $90 - \frac{1}{2}Q = \frac{1}{4}Q \rightarrow \frac{3}{4}Q = 90$이므로 $Q^* = 120$으로 계산된다. A가 120단위의 재화를 생산할 때의 총편익은 한계편익곡선 하방의 $\square(a+b)$의 면적에 해당하므로 $7,200\{= \frac{1}{2} \times (90+30) \times 120\}$이고, B의 총비용은 한계비용곡선 하방의 $\triangle b$의 면적이므로, $1,800(= \frac{1}{2} \times 120 \times 30)$이다.

④ [○] 강의 소유권이 A에게 있을 때 A의 생산량을 180단위에서 사회적 최적 생산량인 120단위로 줄이는 대가로 요구하는 최소금액은 $\triangle c$의 면적에 해당하는 $900(= \frac{1}{2} \times 30 \times 60)$이고, B가 지불할 용의가 있는 최대금액은 $\square(c+d)$의 면적에 해당하는 $2,250\{= \frac{1}{2} \times (30+45) \times 60\}$이다. 그러므로 양자 간의 협상이 성립하여 사회적으로 바람직한 생산량이 달성된다면 A가 B로부터 받는 보상의 범위는 최소 900 이상, 최대 2,250 이하가 된다.

⑤ [×] 강의 소유권이 B에게 있을 때 B가 사회적 최적 생산량인 120단위의 생산을 허용하는 대가로 요구하는 최소금액은 $\triangle b$의 면적에 해당하는 $1,800(= \frac{1}{2} \times 30 \times 120)$이고, A가 지불할 용의가 있는 최대금액은 $\square(a+b)$의 면적에 해당하는 $7,200\{= \frac{1}{2} \times (90+30) \times 120\}$이다. 그러므로 양자 간의 협상이 성립하여 사회적으로 바람직한 생산량이 달성된다면 B가 A로부터 받는 보상의 범위는 최소 1,800 이상, 최대 7,200 이하가 된다.

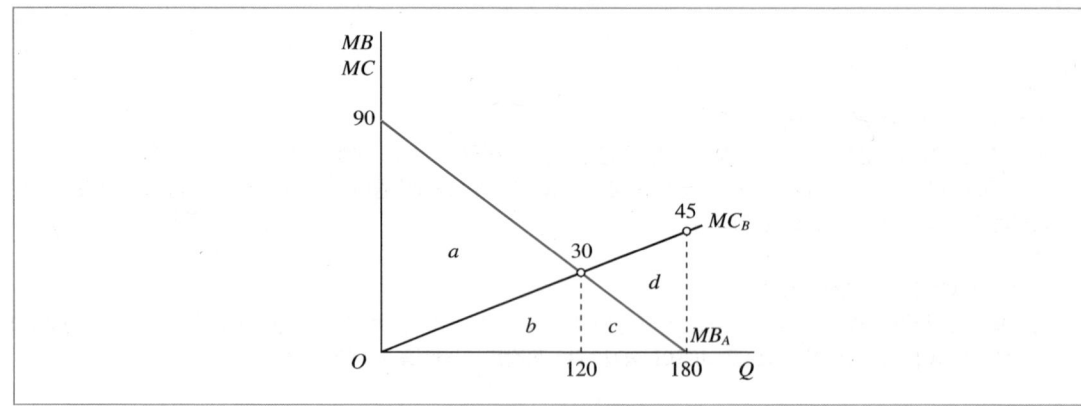

13

답 ③

┃해설┃

① [✗] 갑이 재산권을 가지고 있을 경우, 을이 100을 갑에게 제공하면 자발적 협상이 타결될 수 있다. 을이 80을 제공하면 갑이 최적생산량 280을 생산할 경우 줄어드는 편익이 100이므로, 갑은 생산량을 줄일 유인이 없다.
② [✗] 갑이 재산권을 가지고 있을 경우, 자발적 협상이 타결되면 갑의 생산량은 감소한다.
③ [○] 갑이 재산권을 가지고 있을 경우, 자발적 협상이 타결되면 갑의 최대 후생은 갑의 순편익($A+B$)과 을로부터 받는 최대보상금액($C+D$)이 된다. 따라서 22,600이 된다.
④ [✗] 을이 재산권을 가지고 있을 경우, 갑이 을에게 최소 2,800(=생산량 280개×을이 받는 한계피해비용 10)을 제공하면 자발적 협상이 타결될 수 있다.
⑤ [✗] 을이 재산권을 가지고 있을 경우, 자발적 협상이 타결되지 않으면 갑의 생산량은 0이다. 을이 재산권을 가지고 있다면, 갑에게 생산하지 못하게 할 것이다.

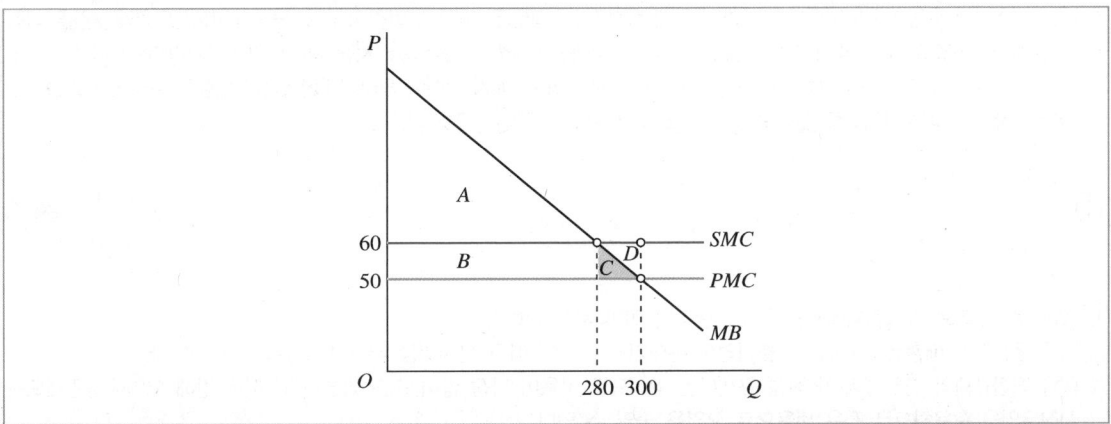

구 분	갑	을
현재 생산량	$200 - \frac{1}{2}Q = 50$, $Q = 300$	
사회적 생산량	$200 - \frac{1}{2}Q = 60$, $Q = 280$	
협상 제시자	을	갑
협상방법	갑의 줄어드는 편익 만큼 최소 제시(C)	을이 받는 피해 만큼 최소 제시(B)
협상금액	• 최소 보상금액 : C • 최대 보상금액 : $C+D$	• 최소 보상금액 : B • 최대 보상금액 : $A+B$

14

답 ⑤

해설

① [O] 정부가 적절한 오염배출의 총량을 미리 정하고 난 후 오염배출 총량에 해당하는 만큼 오염배출권을 발행한다.
②, ③ [O]
- 오염배출권 가격 > 오염 감축비용 : 오염배출권 매각
  오염배출권을 매각하는 기업은 스스로 오염물질을 줄여야 하므로 오염물질을 줄이는데 드는 한계비용이 점차 증가하다가 그 한계비용이 오염배출권의 시장가격과 같아지면 오염배출권 매각으로부터 이득을 볼 여지가 사라진다.
- 오염배출권 가격 < 오염 감축비용 : 오염배출권 매입
  오염매출권을 매입하는 기업은 오염물질을 줄이는데 드는 비용이 점점 줄어들다가 그 한계비용이 오염배출권의 시장가격과 같아지면 오염배출권 매입으로부터 이득을 볼 여지가 사라진다.
  ∴ 배출권시장의 균형에서는 오염배출권 거래를 통해서 각 기업의 한계비용이 같아진다.

④ [O] 배출권의 총량이 정해지면 각 기업의 한계비용이 오염배출권 가격에 비하여 낮고 높음에 따라 오염배출권을 매각 또는 매입을 하므로 효율적 배분이 가능하다. 즉, 오염배출권시장이 창출되어 시장기능에 의해 자원배분이 이루어진다.
⑤ [×] ④번 지문과 연계하여 이해하면 된다. 각 기업의 매각 또는 매입 거래에 의하여 오염배출권시장이 창출되어 효율적인 자원의 배분이 이루어지므로 환경오염 감축 효과가 확실한 것이 장점이다.

15

답 ②

해설

① [O] 우리나라는 배출권거래제도가 2014년부터 이미 시행 중이다.
② [×] 온실가스 배출권거래제는 개별기업의 온실가스 저감에 따른 한계비용 격차가 클수록 효과적이다.
③ [O] 직접규제의 경우 정부가 직접 규제하는 방식으로 비용이 가장 많이 드는 방법이다. 이에 반해 오염배출권제도는 시장유인을 활용하므로 적은 비용으로 오염을 줄일 수 있다.
⑤ [O] 온실가스 배출권거래제는 오염물질 배출량이 과다한 기업(규제 대상 기업)의 온실가스 저감기술 개발을 유인할 수 있다.

16

답 ②

해설

① [O] 정부가 적절한 오염배출의 총량을 미리 정하고 발행하므로 배출권시장의 균형에서는 개별기업이 결정한 배출량의 합이 정부가 설정한 목표배출량과 일치한다.
② [×] 정부가 오염배출의 총량을 미리 정하고 발행하면 각 기업은 한계비용과 오염배출권의 시장가격을 비교하여 매입 또는 매각을 하므로 정부는 총배출량을 설정할 때 개별기업의 한계저감비용에 관한 정보를 필요로 하지 않는다.
③ [O] 환경세를 부과하는 경우 새로운 세율을 산정하는 등 많은 노력이 필요하지만 오염배출권거래제도는 시장기능 활용을 통해 자동조정이 이루어져 상대적으로 경제 상황의 변화에 쉽게 적응할 수 있다.
④, ⑤ [O]
- 오염배출권 가격 > 오염 감축비용 : 오염배출권 매각
  오염배출권을 매각하는 기업은 스스로 오염물질을 줄여야 하므로 오염물질을 줄이는데 드는 한계비용이 점차 증가하다가 그 한계비용이 오염배출권의 시장가격과 같아지면 오염배출권 매각으로부터 이득을 볼 여지가 사라진다.
- 오염배출권 가격 < 오염 감축비용 : 오염배출권 매입
  오염매출권을 매입하는 기업은 오염물질을 줄이는데 드는 비용이 점점 줄어들다가 그 한계비용이 오염배출권의 시장가격과 같아지면 오염배출권 매입으로부터 이득을 볼 여지가 사라진다.
  ∴ 배출권시장의 균형에서는 오염배출권 거래를 통해서 각 기업의 한계비용이 같아진다.

17

답 ②

┃해설┃
① [O] 오염은 생산의 외부불경제가 발생하는 것에 해당한다. 따라서 오염의 최적수준은 오염감축의 사회적 한계비용과 오염의 사회적 한계피해와 같아지는 점에서 결정된다.
② [×], ⑤ [O] 오염에 대한 과세는 기업들이 스스로 오염을 억제할 유인을 주므로 오염 발생 기업에 대한 과세는 <u>오염감축기술의 개발을 오히려 촉진하게 한다.</u>
③ [O] 오염배출권제도는 정부가 미리 정한 총량에 의하여 각 기업의 오염감축비용에 따라 매각 또는 매입함으로써 오염의 배출량을 조절한다. 따라서 오염은 기업 간 오염감축비용을 고려하여 통제하는 것이 합리적이다.
④ [O] 코즈 정리에 의하면, 재산권이 설정이 되는 경우 당사자 간의 자발적 협상을 통해 오염의 최적 수준을 달성할 수 있다.

18

답 ③

┃해설┃
(1) 두 기업의 한계저감비용
① 기업 A : $C(q_A) = 40 + \frac{1}{2}q_A^2$, ∴ $MC_A = q_A$
② 기업 B : $C(q_B) = 30 + q_B^2$, ∴ $MC_B = 2q_B$

(2) 감축해야 하는 오염배출량
현재 기업 A와 B가 각각 500단위의 오염을 배출하고 있으므로 총오염배출량은 1,000단위이다. 총배출량을 30% 줄여야 하므로 $q_A + q_B = 300 (= 1,000단위 \times 30\%)$이 성립한다.

(3) 각 기업의 한계비용 및 감축해야 하는 오염배출량
① $q_A = 2q_B$
② $q_A + q_B = 300$
∴ $q_B = 100$, $q_A = 200$

(4) 배출권의 가격과 배출권 거래량
기업 A에 총 400단위의 오염배출권을 무료로 할당했으므로 기업 A는 기업 B에게 100을 매각하고, 기업 B에는 300단위의 오염배출권을 무료로 할당했으므로 기업 B는 기업 A로부터 100을 매입한다. 이 경우 균형거래량 100을 각 기업의 한계비용식에 대입하면 균형가격은 200이다.

19 답 ①

┃해설┃
① [×] 외부성은 재화의 생산, 분배 또는 소비에 있어서 직접 참여하지 않은 사람에게 유리하거나 불리한 효과를 미치는 것을 말한다. 따라서 외부성은 생산 측면 뿐만 아니라 <u>소비 측면에서도 나타날 수 있다</u>.
④ [○] 배출권거래제는 시장기능을 활용하여 오염배출권의 자유로운 거래를 허용하는 것이므로 공해물질에 대한 시장을 조성한 것으로 볼 수 있다.
⑤ [○] 코즈 정리에 의하면 재산권 설정이 이루어지는 경우 자발적 협상에 의해 자원배분의 효율성을 달성할 수 있다. 이때 재산권이 누구에게 부여되는지는 자원배분의 효율성에는 영향을 미치지 않고, 소득분배에는 영향을 미친다.

20 답 ⑤

┃해설┃
ㄱ. [○] 코즈 정리
ㄴ. [○] 오염배출권제도
ㄷ. [○] 피구세(환경세)
ㄹ. [○] 정부직접규제

21 답 ③

┃해설┃
③ [○] 오염을 발생시킨 기업 제품으로 인해 대기오염이 되는 경우 외부불경제가 발생한 사례에 해당한다. 이 경우 대기오염을 감축시킬 목적으로 오염발생 기업 제품에 과세하는 경우 사회적 최적 생산량 수준에서의 한계피해액 만큼 부과했을 때 생산량이 최적 수준으로 감소하여 초과부담이 사라지고 효율성을 충족하게 된다.

22 답 ②

┃해설┃
외부성의 해결방안(외부효과를 내부화하기 위한 시장 메커니즘)에는 사적 해결방안인 합병, 코즈 정리와 공적 해결방안인 오염배출권제도, 조세와 보조금, 정부의 직접규제를 들 수 있다. 거래 가능 어획 쿼터제의 경우 무형의 권리를 시장에서 거래한다는 의미에서 개념상 배출권거래제와 동일하다고 볼 수 있다.

23　답 ④

해설

④ [×] 조세 부과(피구세)에 비하여 보조금 지급(감산보조금)에 따른 생산량 감소의 크기는 <u>단기적으로는 동일하나 장기적으로는 동일하지 않다</u>.

24　답 ⑤

해설

①, ② [○] 금전적 외부성은 시장기구를 통해 한 사람의 피해가 다른 사람의 이익과 상쇄되므로 사회 구성원 간의 소득분배에만 영향을 미칠 뿐, 자원배분의 효율성에는 영향을 미치지 않는다. 반면 실질적 외부성(기술적 외부성)은 자원배분의 효율성에 영향을 미친다.
③ [○] 외부성이란 재화의 생산, 분배 또는 소비에 있어서 직접 참여하지 않은 사람에게 유리하거나 불리한 효과를 미치는 것을 말한다. 따라서 외부성은 생산과정은 물론 소비과정에서도 발생한다.
⑤ [×] 이로운 외부성이 존재하면 해당 재화의 생산량은 사회적 최적 수준보다 <u>과소</u> 생산되는 경향이 있다. 반면 해로운 외부성이 존재하면 해당 재화의 생산량은 사회적 최적 수준보다 과다 생산되는 경향이 있다.

25　답 ⑤

해설

① [×] 외부성의 해결방안(외부성 내부화)에는 <u>사적 해결방안인 합병, 코즈 정리와 공적 해결방안인 오염배출권제도, 조세와 보조금, 정부의 직접규제</u>를 들 수 있다.
② [×] 공공재적 외부성이란 불특정 다수에게 영향을 주는 외부성을 말하며, 사용재적(사적재적) 외부성이란 소수의 개인들 사이에 발생하는 외부성을 말한다. 따라서 당사자 간 직접적 협상에 의한 해결 가능성이 높은 것은 <u>사적재적 외부성</u>이다.
③ [×] 최적 피구세를 부과하면 최적 수준으로 오염배출량이 감소할 뿐이며, <u>오염물질은 여전히 배출된다</u>.
④ [×] 금전적 외부성은 시장기구를 통해 한 사람의 피해가 다른 사람의 이익과 상쇄되므로 사회 구성원 간의 소득분배에만 영향을 미칠 뿐, <u>자원배분의 효율성에는 영향을 미치지 않는다</u>.
⑤ [○] 오염배출권을 갖지 못하는 기업이 시장 진입이 어렵게 되는 경우에는 시장경쟁성을 떨어뜨릴 수 있다.

26　답 ⑤

해설

①, ② [×] 공해세를 부과하면 해당 재화의 <u>사적 한계비용이 단위당 조세만큼 높아지며, 제품의 가격이 상승하게 된다</u>.
③, ④ [×] 공해세 부과는 <u>사회적 최적 수준까지 생산량(공해)을 줄이는 것이므로 공해가 완전히 제거되는 것은 아니다</u>.
⑤ [○] 공해세에는 배출세, 탄소세, 유황세, 오존세 등을 들 수 있다.

27

답 ①

┃해설┃
① [✕] 외부불경제가 존재하는 경우 시장에 맡겨두면 보편적으로 사회적 최적 생산량보다 과다 생산되는 경향이 있다.

28

답 ④

┃해설┃
①, ③ [✕] 경유 사용으로 인해 대기오염이 증가하여 국민건강을 해치는 것은 재화의 소비에 있어서 직접 참여하지 않은 사람에게 불리한 효과를 미친 것으로 외부불경제효과에 해당하며, 사회적 적정 수준보다 과다하다.
② [✕] 대기오염을 유발하는 경유 소비에 대해 환경세(피구세)를 부과하면 대기오염을 감축시킬 수 있다. 토빈세(Tobin Tax)는 국제투기자본의 무분별한 자본시장 왜곡을 막기 위해 단기 외환거래에 부과하는 세금을 말한다.
⑤ [✕] 조세부과를 통해 외부효과를 내부화할 수 있게 되어 자원배분의 효율을 달성하게 된다.

29

답 ④

┃해설┃
① [✕] 공해세 부과는 사적 한계비용을 단위당 조세액만큼 높여 상품가격을 상승시키는 결과를 초래한다.
②, ③ [✕] 공해세 부과는 사적 한계비용을 높여 상품가격을 상승시키는 결과를 초래한다.
④ [O] 공해세가 부과되면 사적 한계비용이 상방으로 이동할 때 수요곡선이 우하향(D_1)하는 경우보다 수요곡선이 수평선(D_2)인 경우가 생산량이 크게 감소한다.

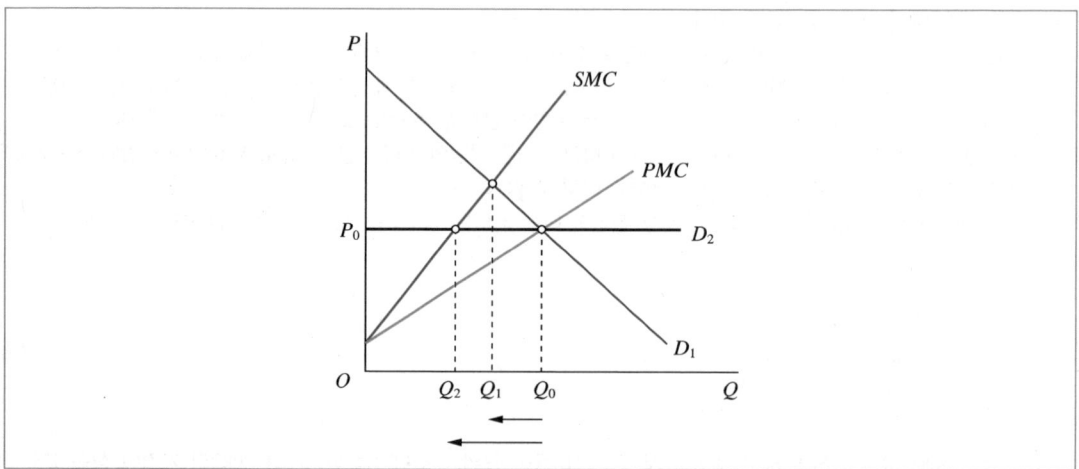

⑤ [✕] 공해세 부과의 목적은 사회적 최적 수준까지 생산량을 줄이는 것이므로 공해를 완전히 제거할 수는 없다.

30

답 ④

해설

④ [×] 단위당 사회적 한계피해액의 감소분이 $MC_S - MC_P$이므로 사회적 한계피해액의 감소분은 단위당 사회적 한계피해액 $(MC_S - MC_P)$×생산량 감소분=E_1CE_0A이다.

31

답 ①

해설

① [×] 두 기업의 비용함수를 봤을 때, A기업이 B기업의 비용함수에 영향을 미치고 있으므로 생산의 외부불경제에 해당함을 알 수 있다. A기업은 자신이 생산하는 X재 생산량에 의해서 생산비용이 결정되나, B기업은 A기업의 X재 생산량에 의해 영향을 받아 생산비용이 증가한다. 이 경우에는 A기업에 환경세를 부과해야 효율적인 자원배분을 달성할 수 있다.
②~⑤ [O] 외부성의 해결방안인 오염배출권, 합병, 코즈 정리, 정부의 직접규제에 대한 내용이다.

32

답 ⑤

해설

⑤ [×] 생산의 외부불경제의 경우 조세부과를 통해 공해배출량을 최적 수준으로 줄이기 위해서는 공해유발기업의 <u>한계비용과 사회적 한계피해액 및 시장수요</u>에 대한 정확한 정보를 가지고 있다면 외부성을 해결할 수 있다.

33

답 ①

해설

① [O] 조세(피구세)와 감산보조금은 단기적인 효과는 동일하지만, 장기적인 효과는 차이가 있을 수 있다.
② [×] 공해유발자들의 <u>한계비용에 차이가 있어야</u> 배출권을 매입 또는 매각할 수 있는 배출권거래시장이 형성이 된다.
③ [×] 코즈 정리는 협상비용이 무시할 수 있을 정도로 작고 소유권(재산권)이 명확하게 설정되는 경우 당사자 간의 자발적인 협상에 의해서 효율적 자원배분이 이루어질 수 있다.
④ [×] 여러 공해유발자들에 대하여 동일한 규모의 배출 한도를 설정하는 것은 행정적으로는 간단할 수는 있어도 <u>효율적이지는 않다</u>. 또한 법으로 규제를 하는 것은 외부성의 내부화에 해당하지 않는다.
⑤ [×] 피구세는 외부불경제를 해결하는 교정적 조세이며, <u>교란을 일으키지 않는 중립세에 해당하지 않는다</u>.

34

답 ②

│해설│

문제 지문은 생산의 외부경제에 해당하지만 외부한계편익이 주어져 있으므로 생산 과정에서 소비 측면의 긍정적 외부성이 존재하는 소비의 외부경제로 봐야 한다.

(1) 재화의 수요함수(PMB)

$Q = 10 - 2P$

$\rightarrow 5 - \dfrac{1}{2}Q$

(2) 외부한계편익(EMB)

$Q = 5 - 2P$

$\rightarrow \dfrac{5}{2} - \dfrac{1}{2}Q$

(3) 사회적 한계편익($SMB = PMB + EMB$)

$(5 - \dfrac{1}{2}Q) + (\dfrac{5}{2} - \dfrac{1}{2}Q)$

$\rightarrow \dfrac{15}{2} - Q$

(4) 사회적 최적 생산량($SMB = SMC$)

$\dfrac{15}{2} - Q = 4$

$\therefore Q = 3.5$

35

답 ③

│해설│

(1) 사회적 한계편익($SMB = PMB + EMB$)

$(150 - Q) + (30 - \dfrac{1}{4}Q)$

$\rightarrow 180 - \dfrac{5}{4}Q$

(2) 사회적 최적 생산량($SMB = PMC$)

$180 - \dfrac{5}{4}Q = Q$

$\rightarrow Q = 80$

(3) 지급해야 하는 단위당 보조금(Q를 EMB에 대입)

$\therefore 30 - \dfrac{1}{4} \times 80 = 10$

36

답 ②

┃해설┃

(1) 식의 정리
   ① 외부성 있는 재화의 수요함수
   $Q = 10 - P$
   $PMB = 10 - Q$
   ② 한계편익함수
   $Q = 5 - P$
   $MB = 5 - Q$

(2) 사회적한계편익($SMB = PMB + EMB$)
   $SMB = 10 - Q + 5 - Q = 15 - 2Q$

(3) 사회적한계비용(SMC) : 7.5

(4) 사회적 최적생산량(SMB와 SMC가 접하는 점)
   $15 - 2Q = 7.5$
   $\therefore Q = 3.75$

37

답 ⑤

┃해설┃

(1) 사회적 최적 생산량($SMB = PMC + EMC$)
   $600 - 4Q = 6Q + 2Q$
   → $12Q = 600$
   → $Q = 50$

(2) 사회적 최적 생산량을 달성하기 위한 피구세의 크기
   사회적 최적 생산량($Q = 50$)을 외부한계비용함수($MD = 2Q$)에 대입
   $MD = 2 \times 50$
   $\therefore 100$

38   답 ⑤

┃해설┃

(1) 사회적 최적 생산량($SMB = PMC + EMC$)

$600 - 4Q = 6Q$

→ $10Q = 600$

→ $Q = 60$

(2) 사회적 최적 생산량을 달성하기 위한 피구세의 크기

사회적 최적 생산량($Q = 60$)을 외부한계비용함수($MD = 2Q$)에 대입

$MD = 2 \times 60$

∴ 120

39   답 ④

┃해설┃

(1) 식의 정리

① $SMB = PMB : 200 - Q$

② $SMC(= PMC + MD)$

$100 + Q + \dfrac{Q}{2}$

→ $100 + \dfrac{3}{2}Q$

③ 사회적 최적 생산량($SMC = PMB$)

$100 + \dfrac{3}{2}Q = 200 - Q$

→ $Q = 40$

(2) 단위당 감산보조금의 크기

(방법1) 사회적 최적 생산량 수준에서의 한계피해액(MD) $Q = 40$을 사회적 한계피해함수 $MD = \dfrac{1}{2}Q$에 대입

∴ $\dfrac{1}{2} \times 40 = 20$

(방법2) 사회적 최적 생산량 수준에서의 SMC와 PMC의 차이

① $SMC = 100 + \dfrac{3}{2}Q(Q = 40$ 대입)

→ $SMC = 160$

② $PMC = 100 + Q(Q = 40$ 대입)

→ $PMC = 140$

∴ $SMC - PMC = 160 - 140 = 20$

40

답 ②

┃해설┃

(1) 식의 정리
   ① $SMB = PMB$: $20 - Q$
   ② $SMC(= PMC + MD)$
      $5 + Q + Q$
      → $5 + 2Q$
   ③ 사회적 최적 생산량($SMB = SMC$)
      $20 - Q = 5 + 2Q$
      → $3Q = 15$
      → $Q = 5$

(2) 단위당 감산보조금의 크기
   (방법1) 사회적 최적 생산량 수준에서의 한계피해액(MD) $Q = 5$을 사회적 한계피해함수 $MD = Q$에 대입
   ∴ 5

   (방법2) 사회적 최적 생산량 수준에서의 SMC와 PMC의 차이
   ① $SMC = 5 + 2Q(Q = 5$ 대입$)$
      → $SMC = 15$
   ② $PMC = 5 + Q(Q = 5$ 대입$)$
      → $PMC = 10$
   ∴ $SMC - PMC = 15 - 10 = 5$

41

답 ④

┃해설┃

(1) 식의 정리
   ① $SMB = PMB$: $900 - Q$
   ② $SMC(= PMC + MD)$
      $\frac{2}{5}Q + \frac{1}{10}Q$
      → $\frac{1}{2}Q$
   ③ 사회적 최적 생산량($SMB = SMC$)
      $900 - Q = \frac{1}{2}Q$
      → $\frac{3}{2}Q = 900$
      → $Q = 600$

(2) 피구세 부과에 따른 정부 조세수입의 크기
① 피구세의 크기
$Q = 600$을 한계피해함수 $MD = \frac{1}{10}Q$에 대입
→ $Q = 60$
② 정부 조세수입의 크기
단위당 조세액(T)×조세부과 후 거래량(Q_T)
∴ $60 \times 600 = 36,000$

42

답 ⑤

┃해설┃

(1) 식의 정리
① $SMB = PMB : 1,300 - 10Q$
② $SMC(= PMC + MD)$
$100 + Q + Q$
→ $100 + 2Q$
③ 사회적 최적 생산량($SMB = SMC$)
$1,300 - 10Q = 100 + 2Q$
→ $Q = 100$ (①번 선지)

(2) 사회적 최적 생산량 수준에서의 가격
$Q = 100$을 수요함수 $P = 1,300 - 10Q$에 대입
→ $P = 300$ (②번 선지)

(3) 단위당 피구세의 크기
$Q = 100$을 한계피해함수 $MD = Q$에 대입
→ $T = 100$ (③번 선지)

(4) 교정조세를 부과할 때 기업의 이윤극대화 생산량
생산의 부정적 외부성에 해당하므로 교정조세를 부과하지 않으면, 과다 생산될 여지가 있다(④번 선지). 따라서 이를 교정하기 위해 단위당 100의 피구세를 부과하면 기업의 이윤극대화 생산량은 사회적 생산량과 동일한 100단위가 된다(⑤번 선지).

43 답 ⑤

┃해설┃

(1) 사적 한계비용(총 비용함수 미분)

　① 화학공장 : $\frac{1}{4}Q_C^2$ → $PMC_C = \frac{1}{2}Q_C$

　② 양식업자 : $\frac{1}{4}Q_F^2 + \frac{1}{4}Q_C Q_F$ → $PMC_F = \frac{1}{2}Q_F + \frac{1}{4}Q_C$

　→ 화학공장이 Q_C단위의 화학물을 생산할 때 양식업자의 한계비용이 $\frac{1}{4}Q_C$만큼 상승한다.

　따라서 화학공장의 화학물 생산으로 인해 발생하는 외부한계비용은 $EMC = \frac{1}{4}Q_C$임을 알 수 있다.

(2) 화학공장의 사회적 한계비용($SMC_C = PMC_C + EMC$)

　$\frac{1}{2}Q_C + \frac{1}{4}Q_C = \frac{3}{4}Q_C$

(3) 화학공장의 사회적 최적 생산량($SMB_C = SMC_C$)

　$10 = \frac{3}{4}Q_C$ → $Q_C = \frac{40}{3}$

(4) 부과해야 할 단위당 피구세

　(방법1) 사회적 최적 생산량 수준에서의 외부한계비용(EMC)

　$Q_C = \frac{40}{3}$을 외부한계비용함수 $EMC = \frac{1}{4}Q$에 대입

　∴ $\frac{10}{3}$

　(방법2) 사회적 최적 생산량 수준에서의 SMC와 PMC의 차이

　① $SMC = \frac{3}{4} \times Q_C$ ($Q = \frac{40}{3}$ 대입)

　　→ $SMC = 10$

　② $PMC = \frac{1}{2} \times Q_C$ ($Q = \frac{40}{3}$ 대입)

　　→ $PMC = \frac{20}{3}$

　∴ $SMC - PMC = 10 - \frac{20}{3} = \frac{10}{3}$

44　답 ④

해설

④ [×] 공유지의 비극이란 공유자원의 소유권이 명확하게 규정되어 있지 않아 과다 사용으로 인해 고갈되는 현상을 말한다(소비의 외부불경제). 따라서 여러 사람이 공동으로 사용하려는 목적으로 구입한 자원의 소유권이 한 사람에게 귀착되는 것은 관련없는 지문이다.

45　답 ③

해설

(1) 총이윤
　① 송아지를 방목하여 얻을 수 있는 총수입
$$TR = P \times Q$$
$$= (1,600,000 - 50,000Q) \times Q$$
$$= 1,600,000Q - 50,000Q^2$$
　② 송아지를 구입하는 데 소요되는 총비용 : $TC = 200,000Q$
　③ 총이윤
$$1,600,000Q - 50,000Q^2 - 200,000Q$$

(2) 이윤극대화
　① 방목 송아지 수(A)
　　총이윤식 $1,600,000Q - 50,000Q^2 - 200,000Q$을 미분한 뒤 0으로 설정
$$1,600,000 - 100,000Q - 200,000 = 0$$
$$Q = 14$$
　② 개별주민 입장에서의 최적 방목 송아지 수(B)
$$1,600,000 - 50,000Q - 200,000 = 0$$
$$Q = 28$$

46　답 ④

해설

④ [×] 정부가 국방서비스를 생산하고 공급하는 것은 그것이 공공재이기 때문이다.

47　답 ③

해설

③ [×] 주류에 대한 중과세는 간접규제의 예이다. 직접규제는 정부가 직접 나서서 소비를 제한하는 조치를 말하고, 간접규제는 가격인상 등을 통해 소비를 제한하는 조치를 말한다.

48

답 ①

해설

		을	
		합의 준수	합의 위반
갑	합의 준수	(10, 10)	(−1, 9)
	합의 위반	(9, −1)	(−2, −2)

갑과 을이 모두 (10, 10)으로 합의를 지키는 것이 우월전략균형이 된다.

제2절 | 공공재이론

01

답 ③

해설

① [○] 공공재는 어떤 사람의 공공재 소비가 다른 개인의 소비를 감소시키지 않는 특성(비경합성, 공동소비 가능)으로 인해 사회적 편익이 사적 편익보다 크다. 따라서 공공재는 높은 외부경제 효과가 발생하는 재화에 속한다.
② [○] 비경합성이 강한 공공재일수록 공동소비가 가능한 특성이 더욱 강해진다는 것이므로 공공재가 주는 사회적 편익의 크기는 더 커진다.
③ [×] 비배제성의 강도와 공공재의 공급비용은 무관하다. 공공재의 공급비용은 공공재 생산에 따른 비용에 의해서 결정된다.
④ [○] 정부가 모든 공공재를 생산하지는 않고, 민간부문의 자발적 결정에 의해서 민간부문이 직접 공공재를 생산하는 경우도 있다.
⑤ [○] 공공재의 비배제성 특성으로 인해 무임승차 문제가 발생하고, 이는 자원배분의 효율성을 저해한다.

02

답 ①

해설

① [○] 비경합성이 강한 공공재일수록 공동소비가 가능한 특성이 더욱 강해진다는 것이므로 공공재가 주는 사회적 편익의 크기는 더 커진다.
② [×] 현실에서 대부분의 공공재는 시장이 성립되지 못하는 비순수공공재(비배제성과 비경합성을 완벽하게 갖추지 못한 것)이다.
③ [×] 클럽재(club goods)는 비경합성이나 사용자 수가 많아질수록 정체현상이 나타나는 비순수공공재를 말한다. 클럽재는 일정액의 비용을 부과함으로써 배제성 적용이 가능하다.
④ [×] 공공재는 순수공공재와 비순수공공재로 나뉘어지는데, 순수공공재의 경우에만 비배제성과 비경합성을 동시에 충족한다.
⑤ [×] 공공재는 비배제성으로 인해 자신의 선호를 표출하지 않는 무임승차자의 문제가 발생한다. 이를 해결하기 위해서는 수요표출메커니즘이 필요하다.

03 답 ②

❙해설❙
② [×] 공공재에서 무임승차 가능성은 집단의 크기와 관련이 있다. 일반적으로 집단의 크기가 클수록 무임승차의 가능성은 커진다.

04 답 ③

❙해설❙
① [×] 비배제성이 존재할 경우에는 공공재의 정확한 수요를 도출할 수 없다. 비배제성으로 인해 무임승차의 문제가 발생하기 때문이다.
② [×] 공공재의 전체 수요곡선은 개별수요곡선을 수직으로 합계한 것이다. 비경합성으로 인해 동일한 공공재의 양을 소비하면서 소비자마다 각기 다른 효용을 누린다.
④ [×] 파레토 효율은 공공재 개별이용자의 한계편익의 합과 한계비용이 일치할 때 달성된다.
⑤ [×] 공공재의 각 이용자가 부담하는 공공재 가격은 개별수요곡선의 높이와 일치한다.

05 답 ⑤

❙해설❙
① [○] 클럽재는 부분적으로 경합성(불완전한 비경합성)이면서 배제성을 띠는 재화나 서비스이다.
② [○] 공공재는 공동소비로 인한 편익의 중복이 발생하기 때문에 추가 소비에 따른 한계비용이 영(0)이다.
④ [○] 클라크 조세의 경우 각 개인이 납부해야할 세금결정에는 자신이 표출한 선호가 반영되지 않고 다른 개인들이 표출한 선호에 의해 결정된다. 따라서 자신의 진정한 선호를 표출하는 것이 우월전략이다.
⑤ [×] 가치재는 사용재에 해당된다. 사용재는 소비가 경합적이고 배제가 가능하다.

06 답 ⑤

❙해설❙
① [×] 재화가 일단 제공되면 다른 사람이 그 재화를 소비하는 데 추가비용이 발생하지 않는 경우 소비가 비경합성을 띤다고 한다.
② [×] 어떤 사람이 그 재화를 소비하지 못하도록 배제하는 것이 불가능할 때 소비가 비배제성을 띤다고 한다.
③ [×] 클럽재는 부분적으로 경합성(불완전한 비경합성)이 있으면서 비배제성을 띠지 않는 대표적 재화이다.
④ [×] 일반적으로 시장은 비배제성의 원칙이 적용되는 상황에서 적절히 기능할 수 없다. 비배제성으로 인해 무임승차의 문제가 발생하게 되는데, 이는 공공재의 과소생산과 시장실패로 이어진다. 일반적으로 시장은 배제성의 원칙이 적용되는 상황에서 적절히 기능할 수 있다.

07

답 ⑤

해설

① [×] 정부에 의해 공급되지 않고 기업에 의해 공급되는 재화는 <u>모두 사적재로 볼 수 없다</u>. 공공재는 민간기업에 위탁하여 공급되기도 한다.
② [×] 우편과 철도서비스는 <u>순수공공재에 해당되지 않는다</u>. 우편은 사적재로 구분할 수 있으며, 철도서비스는 비순수공공재에 해당한다.
③ [×] 클럽재는 시장을 통해서 효율적으로 공급될 수 <u>있다</u>. 배제가 가능하다면 시장기구를 통해 효율적으로 공급될 수 있다.
④ [×] 공공재의 규모가 일정할 때, <u>추가적 사용에 따른 한계비용은 0이다</u>.
⑤ [O] 사무엘슨모형에 의하면 이론적으로 순수공공재와 순수사적재 간 효율적 자원배분이 가능하다. 그러나 현실적으로는 불가능하다.

08

답 ①

해설

② [×] 클럽재의 경우, 회원 수 증가에 따른 <u>편익과 비용의 변화를 모두</u> 제대로 도출할 수 있다면, 이론적으로는 적정 회원 수의 산정이 가능하다.
③ [×] 공공부문이 어떤 재화를 공급한다면 그것이 공공재가 되기 위한 <u>충분조건이 되지 않는다</u>. 공공부문이 공공재가 아닌 재화를 공급할 수도 있기 때문이다.
④ [×] 무임승차 문제는 소비의 <u>비배제성</u>으로 인해 발생하며 정부가 그 재화를 공급해야 하는 이유가 된다.
⑤ [×] 어떤 재화의 소비가 <u>비경합적이라도 배제가 가능하다면</u> 시장을 통해 그 재화를 공급할 수 있다.

09

답 ②

해설

① [×] 비배제성이란 대가를 지불하지 않고도 소비에 참여할 수 있는 성질을 의미한다.
② [O] 공공재의 비배제성과 비경합성 특성으로 인해 사람들이 일반적으로 수요를 표출하지 않는다. 이에 따라 가격을 설정하기 어렵기 때문에 시장실패의 원인이 될 수 있다.
③ [×] 지방정부가 공급하는 상수도는 <u>사용재</u>의 예이다.
④ [×] 모든 소비자는 등량의 공공재 소비로부터 <u>다른 수준의</u> 효용을 얻는다.
⑤ [×] 소비자들은 공공재에 대한 수요를 정확하게 <u>표출하지 않는다</u>.

10 답 ④

┃해설┃

④ [×] 균형점에서의 결정되는 조세부담비율은 <u>누진성을 보장하지 않는다</u>. 조세부담비율은 각 개인이 공공재 소비로부터 얻는 편익에 의해 결정된다.

11 답 ①

┃해설┃

① [×] 개별소비자의 공공재 비용분담비율은 <u>각 개인의 (한계)편익에 비례한다</u>.

12 답 ②

┃해설┃

① [×] 공공재에 관한 진정한 선호를 표출하기 때문에 무임승차의 문제가 <u>생긴다</u>. 린달모형은 각 개인이 진정한 선호를 표출한다고 가정하고 있지만, 이는 비현실적인 가정으로 각 개인이 진정한 선호를 시현하지 않는다면 무임승차의 문제가 발생하게 된다.
③ [×] 린달모형은 개인 간 갈등해소를 위해 정부가 적극적으로 <u>개입하지 않아도 당사자 간 자발적 합의를 통해 최적수준의 공공재 공급 및 각 개인의 비용부담비율이 결정되는 준시장적 해결책이다</u>.
④ [×] 개별 소비자의 공공재 비용 분담 비율은 <u>소비자의 (한계)편익</u>에 의해서 결정된다.
⑤ [×] 린달모형에서는 파레토 최적이 <u>달성된다</u>. 린달모형은 정부가 개입하지 않아도 시장에서 공공재의 최적 생산량이 결정되는 준시장적 해결책이다.

13 답 ③

┃해설┃

ㄱ. [×] 코즈 정리에 대한 내용이다.
ㄴ. [×] 린달모형의 정책적 함의는 '각 개인이 공공재에 대한 선호를 자발적으로 시현한다면, 정부의 개입이 없어도 됨'을 의미한다.
ㅁ. [×] 정부의 개입이 불필요하다는 것을 강조했다는 점에서 코즈이론과 유사하지만, <u>두 이론 모두 형평성과는 관련이 없다</u>.

14

답 ③

| 해설 |

① [○] 사무엘슨은 1954년과 1955년에 발표된 논문에서 공공재 최적 공급조건을 처음으로 제시하였다.
② [○], ③ [×], ④ [○] 사무엘슨모형은 사회구성원의 선호와 소득분배가 주어진 상태에서 <u>순수공공재와 순수사용재의</u> 최적공급조건을 설명하는 모형이다.

15

답 ④

| 해설 |

(1) $MB_A + MB_B$
   ① 도시지역 주민 : $P = (20 - Q) \times 5$명 → $P = 100 - 5Q$
   ② 농촌지역 주민 : $P = (15 - 2Q) \times 5$명 → $P = 75 - 10Q$
   → $\sum MB = 175 - 15Q$

(2) $MC = 85$

(3) $MB_A + MB_B = MC$
   $(175 - 15Q) = 85$
   ∴ $Q = 6$

16

답 ①

| 해설 |

(1) $MB_A + MB_B$
   ① $MU_A = 4 - X$
   ② $MU_B = 8 - 2X$
   → $\sum MB = 12 - 3X$

(2) $MC = 2X$

(3) $MB_A + MB_B = MC$
   $(12 - 3X) = 2X$
   ∴ $X = 2.4$

17　답 ②

해설

(1) $MB_A + MB_B$
  ① 소비자 1 : $P_1 = 50 - Q$
  ② 소비자 2 : $P_2 = 40 - \dfrac{2}{3}Q$
  → $\sum MB = 90 - \dfrac{5}{3}Q$

(2) $MC = 60$

(3) $MB_A + MB_B = MC$
  $(90 - \dfrac{5}{3}Q) = 60$, ∴ $Q = 18$

(4) 두 소비자의 부담가격($Q = 18$을 각 개인의 수요함수에 대입)
  ① 소비자 1 : $P_1 = 50 - 18 = 32$
  ② 소비자 2 : $P_2 = 40 - \dfrac{2}{3} \times 18 = 28$

18　답 ④

해설

(1) $\sum MB$
  $(10 - Q) \times 100$명 $= 1{,}000 - 100Q$

(2) $MC = 100$

(3) $\sum MB = MC$
  $(1{,}000 - 100Q) = 100$
  ∴ $Q = 9$

19　답 ⑤

해설

린달 조건에 의해 $\sum MB = MC$인 점에서 공공재의 적정 공급량을 구한다. MC(가로등의 개당 설치비용)는 100만원으로 일정하므로, $\sum MB$(개별수요곡선의 수직합)가 100만원인 개별수요곡선의 수직합을 찾으면 된다.
∴ $\sum MB = 40 + 30 + 20 + 10 = 100$이므로 $\sum MB = MC$를 만족하는 가로등의 적정 공급량은 7개이다.

20

답 ①

┃해설┃

(1) 개별수요함수 정리

　① 해안지역 주민 개별수요함수 $Q = 100 - \frac{1}{2}P$: 식을 정리하면 $P = (200 - 2Q) \times 6$명 → $P = 1,200 - 12Q$

　② 내륙지역 주민의 개별수요함수 $Q = 50 - \frac{1}{3}P$: 식을 정리하면 $P = (150 - 3Q) \times 4$명 → $P = 600 - 12Q$

(2) 공공재 시장수요곡선(=개별수요곡선의 수직합)

　(1)에서 구한 각 개별수요함수의 합을 구하면, 시장수요함수는 $P = 1,800 - 24Q$이다.

(3) 공공재의 적정 공급량($P = MC$)

　(2)에서 구한 시장수요함수 $P = 1,800 - 24Q$와 $MC = 840$을 연립해서 풀면 공공재의 적정 공급량(경보서비스 수준)은 $Q = 40$이다.

(4) 각 지역 주민 1명이 부담해야 할 몫($Q = 40$을 각 지역 주민의 수요함수에 대입)

　① 해안지역 주민 : $40 = 100 - \frac{1}{2}P$ → $P = 120$

　② 내륙지역 주민 : $40 = 50 - \frac{1}{3}P$ → $P = 30$

21

답 ④

┃해설┃

(1) 공공재의 적정 공급조건($\sum MB = MC$)

　① (가)~(라)의 사적 한계편익을 더한 사회적 한계편익은 다음과 같다.

　　• (가) : $TB_{(가)} = 0$ → $MB_{(가)} = 0$
　　• (나) : $TB_{(나)} = 500$ → $MB_{(나)} = 0$
　　• (다) : $TB_{(다)} = 400 + 30M + 20M^3$ → $MB_{(다)} = 30 + 60M^2$
　　• (라) : $TB_{(라)} = 300 + 70M + 30M^3$ → $MB_{(라)} = 70 + 90M^2$

　　→ 총합계 : $100 + 150M^2$

　② 한계비용

　　$TC = 3,850M + 700$ → $MC = 3,850$

(2) 적정 다리 규모

　$\sum MB = MC$ → $100 + 150M^2 = 3,850$ → $M^2 = 25$

　∴ $M = 5$

22

답 ③

┃해설┃

(1) A와 B 두 사람의 한계편익의 합

① A : $U_A = 50 + 100D - D^2 \rightarrow MU_A = 100 - 2D$

② B : $U_B = 30 + 40D - \frac{1}{4}D^2 \rightarrow MU_A = 40 - \frac{1}{2}D$

$\rightarrow \sum MB = 140 - \frac{5}{2}D$

(2) 한계비용

$C = 100 + 0.5D^2 \rightarrow MC = D$

(3) 동굴의 최적 깊이($\sum MB = MC$)

$140 - \frac{5}{2}D = D \rightarrow \frac{7}{2}D = 140$

$\therefore D = 40$

23

답 ④

┃해설┃

(1) 공공재의 시장수요곡선(개별수요곡선의 수직합)

① 갑 : $P = 3 - \frac{1}{3}G$

② 을 : $P = 4 - \frac{1}{2}G$

→ 시장수요함수 : $P = 7 - \frac{5}{6}G$

(2) 한계비용 : $MC = 1$

(3) 공공재의 적정 공급량($P = MC$)

$7 - \frac{5}{6}G = 1 \rightarrow \frac{5}{6}G = 6$

$\therefore G = 7.2$

(4) 갑과 을의 비용분담비율($G = 7.2$을 각 개인의 수요함수에 대입)

① 갑 : $3 - \frac{1}{3} \times 7.2 = 0.6$

② 을 : $4 - \frac{1}{2} \times 7.2 = 0.4$

24

답 ③

해설

(1) 공공재의 시장수요곡선(개별수요곡선의 수직합)

① $A : P_A = 5 - \frac{1}{20}Z$

② $B : P_B = 10 - \frac{1}{10}Z$

→ 시장수요함수 : $P = 15 - \frac{3}{20}Z$

(2) 한계비용 : $MC = 3$

(3) 공공재의 적정 공급량($P = MC$)

$15 - \frac{3}{20}Z = 3 \rightarrow \frac{3}{20}Z = 12$

∴ $Z = 80$

(4) A, B가 부담해야 할 가격($Z = 80$을 각 개인의 수요함수에 대입)

① $A : P_A = 5 - \frac{1}{20} \times 80 = 1$

② $B : P_B = 10 - \frac{1}{10} \times 80 = 2$

(5) B의 린달가격(부담비율)

$P = MC = 3$이고, A와 B가 부담해야 할 가격이 각각 1, 2이므로 A의 비용부담비율은 $\frac{1}{3}$, B의 비용부담비율은 $\frac{2}{3}$이다.

25

답 ⑤

해설

ㄱ. [O] 공공재는 비배제성으로 인해 무임승차라는 문제가 발생하게 되는데, 이를 해결하기 위한 방안으로 수요표출 메커니즘이 제시되었다. 수요표출 메커니즘은 개인의 진정한 선호를 유도하여 파레토 효율적 자원배분을 실현하는데 목적이 있다.

ㄴ, ㄷ, ㄹ [O] 수요표출 메커니즘 중 클라크 조세는 진실한 선호의 표출과 파레토 효율적인 공공재를 공급하는데 목적이 있다. 가장 큰 특징은 개인이 부담할 세금의 크기와 표출한 선호 간 독립성을 확보하는 것이며, 세금은 자신이 표출한 선호가 아니라 다른 소비자들의 표출한 선호에 의해 결정된다. 따라서 자신의 진정한 선호를 표출하는 것이 우월전략이다.

26 답 ④

┃해설┃

①, ③, ⑤ [○] 클라크세에 대한 내용이다.
④ [×] 수요표출 메커니즘을 이용하면 정부의 균형예산 조건이 항상 충족되지는 않는다. 수요표출 메커니즘에는 클라크 조세, 클라크-그로브스, 그로브스-레야드가 있는데 이 중 클라크 조세의 경우 균형예산이 보장되지 않는다.

27 답 ②

┃해설┃

② [×] 공공재가 과소 공급되는 것을 방지하기 위한 수단이다.

28 답 ③

┃해설┃

③ [×] 린달(E. Lindahl)은 시장의 분권화된 의사결정으로 효율적인 자원배분이 달성될 수 있음을 보였다. 즉, 정부의 개입이 없어도 각 개인이 공공재에 대한 선호를 자발적으로 시현한다면(가정), 당사자 간 자발적 합의를 통해 최적수준의 공공재 공급 및 각 개인의 비용부담비율이 결정된다고 본다.

29 답 ②

┃해설┃

① [×] 국가가 제공하는 의료서비스나 주택서비스는 사용재이다.
③ [×] 클럽재는 혼잡재(congestion goods)의 일종으로 파레토 효율 조건은 회원 수와 적정 시설 규모가 동시에 결정된다.
④ [×] 부캐넌(Buchanan)의 클럽이론은 클럽을 구성하는 모든 소비자의 재화에 대한 이용 형태가 모두 동일하다는 것을 전제로 한다. 모든 소비자는 동질적이라고 가정하기 때문에 재화에 대한 이용 형태도 동일함을 전제로 한다.
⑤ [×] 클라크세(Clark tax)는 공공재 수요자의 진정한 선호를 이끌어내기 위한 제도로서 균형재정을 보장하지는 않는다.

제3절 | 공공선택이론

01
답 ④

해설
① [×] 공공재에 대한 수요는 고소득자가 저소득자보다 항상 <u>많다</u>. 문두에서 공공재는 정상재라고 제시하였으므로 소득이 많을수록 수요도 높아진다.
② [×] 단순다수결투표로 정해지는 공공재 공급수준은 <u>효율적이라는 보장이 없다</u>. 단순다수결투표는 선호의 강도를 반영할 수 없기 때문에 공공재 공급수준이 효율적이라고 보기 어렵다.
③ [×] 중위투표자의 소득을 높이는 소득재분배 후 단순다수결투표를 한다면 공공재의 수요량은 <u>많아질 것이다</u>. 문두에서 공공재는 정상재라고 제시하였으므로 중위투표자의 소득이 높아진다면 공공재의 수요도 많아질 것이다.
⑤ [×] 해당 공공재에 대해 대체관계가 있는 사적재가 존재할 경우 단순다수결투표의 균형은 <u>존재할 수도 있다</u>. 대체관계에 있는 사적재가 존재하더라도 공공재의 공급량은 단순다수결투표로 정해지기 때문이다.

02
답 ①

해설
① [×] 중위투표자 정리의 정치적 균형은 파레토 효율성을 <u>보장하지 않는다</u>. 중위투표자가 선호하는 공공재 생산량이 사회적인 최적수준과 일치한다는 보장이 없다. 그러나 보웬-블랙모형에 의하면 모든 개인의 선호가 단봉형이고, 사회구성원의 선호가 정규분포를 나타내고, 구성원이 공공재 생산비용을 균등하게 부담한다면 다수결투표(중위투표자 정리)를 통해 결정된 공공재 공급량이 사회적 최적수준과 일치한다.

03
답 ③

해설
③ [×] 중위투표자 정리에 따르면, 동일 차원의 선택대안에 대해서는 투표의 역설이 <u>발생하지 않는다</u>.

04
답 ①

해설
① [×] 양당제를 운영하고 있는 국가에서 정치적 성향이 대치되는 두 정당의 선거 공약이 <u>유사해지는 것</u>과 관련이 있다.

05

답 ②

┃해설┃

② [×] 정당들이 <u>비슷한</u> 정책을 내세우도록 만드는 현상과 관련된다.

06

답 ②

┃해설┃

(1) 다수결 원칙에 의해 결정되는 공공재 공급량(중위투표자의 선호와 일치)

각 유권자의 수요함수와 한계비용(공급비용 60을 $\frac{1}{3}$씩 부담하므로 20임)을 연립해서 풀이하면 중위투표자는 유권자 b이다.

① 유권자 a : $P_a = MC \rightarrow 30 - Q_a = 20$, ∴ $Q_a = 10$
② 유권자 b : $P_b = MC \rightarrow 40 - Q_b = 20$, ∴ $Q_b = 20$
③ 유권자 c : $P_c = MC \rightarrow 41 - Q_c = 20$, ∴ $Q_c = 21$

(2) 사회적 최적 수준의 공공재 공급량($\sum MB = MC$)

$111 - 3Q = 60$, ∴ $Q = 17$

07

답 ①

┃해설┃

다수결 원칙에 의해 결정되는 공공재 공급량은 중위투표자의 선호와 일치한다. 각 유권자의 수요함수와 한계비용(총공급비용이 $TC = 36Q$이므로 공급재의 단위당 공급비용은 $MC = \frac{\triangle TC}{\triangle Q} = 36$, ∴ 갑, 을, 병의 각 한계비용은 12)을 연립해서 풀이하면 다수결 원칙에 의해 결정되는 공공재 공급량은 중위투표자인 을이 원하는 공공재의 양인 29이다.

- 갑 : $P_갑 = MC \rightarrow 30 - Q_갑 = 12$, ∴ $Q_갑 = 18$
- 을 : $P_을 = MC \rightarrow 70 - 2Q_을 = 12$, ∴ $Q_을 = 29$
- 병 : $P_병 = MC \rightarrow 160 - 4Q_병 = 12$, ∴ $Q_병 = 37$

08

답 ⑤

┃해설┃

⑤ [×] 2차원 이상의 선택인 경우에도 모든 사람이 단봉선호를 갖고 있다면 <u>발생할 수 있다</u>. 1차원의 선택에서는 모든 사람이 단봉선호를 갖고 있다면 투표의 역설이 발생하지 않는다.

09

답 ②

┃해설┃

꽁도세는 둘씩 짝을 지어 투표하는 방식을 말하며 아래와 같은 결과가 나타난다.

- $a, b \rightarrow b$
- $b, c \rightarrow b$
- $c, a \rightarrow c$

∴ 사회선호는 $b > c > a$이며, 투표 순서에 관계없이 표결의 결과가 항상 b가 선택되는 것을 알 수 있다(투표의 역설 ×).

10

답 ⑤

┃해설┃

(1) 사례 1의 꽁도세 방식 투표 결과
   ① $a, b \rightarrow b$
   ② $b, c \rightarrow b$
   ③ $c, a \rightarrow c$
   ∴ 사회선호는 $b > c > a$이며, 투표 순서에 관계없이 표결의 결과가 항상 b가 선택되는 것을 알 수 있다(투표의 역설 ×).

(2) 사례 2의 꽁도세 방식 투표 결과
   ① $a, b \rightarrow a$
   ② $b, c \rightarrow c$
   ③ $c, a \rightarrow c$
   ∴ 사회선호는 $c > a > b$이며, 투표 순서에 관계없이 표결의 결과가 항상 c가 선택되는 것을 알 수 있다(투표의 역설 ×).

11

답 ③

┃해설┃

③ [×] 중위투표자 정리가 성립하지 않는다.

꽁도세 방식에 따라 둘씩 짝을 지어 투표를 하면 $[x, y \rightarrow x]$, $[y, z \rightarrow y]$, $[z, x \rightarrow z]$이므로 사회선호는 $x > y > z > x > y$ … 으로 나타난다. 즉, 투표의 역설이 발생하여 사회선호가 이행성을 충족하지 않는다.

12

답 ④

┃해설┃

꽁도세 방식에 따라 둘씩 짝을 지어 투표를 하면 $[A, B \rightarrow A]$, $[B, C \rightarrow B]$, $[C, A \rightarrow C]$이므로 사회선호는 $A > B > C > A > B$ … 으로 나타난다. 따라서 답은 ㄴ, ㅁ이 옳은 지문이다.

13

해설

(1) 각 투표자의 선호체계 정리

x : 저부담 - 저복지, y : 중부담 - 중복지, z : 고부담 - 고복지

사례 I	사례 II	사례 III
$A : x > y > z$	$A : x > y > z$	$A : z > y > x$
$B : z > y > x$	$B : z > x > y$	$B : y > z > x$
$C : y > z > x$	$C : y > z > x$	$C : x > y > z$

(2) 꽁도세 방식 투표 결과

사례 I	사례 II	사례 III
$x < y$	$x > y$	$x < y$
$y > z$	$y > z$	$y < z$
$x < z$	$x < z$	$x < z$
$y > z > x$ (이행성 충족)	$x > y > z > x > y$ … (이행성 위배)	$z > y > x$ (이행성 충족)

∴ 투표의 역설을 일으키는 사례는 II이다.

14

해설

ㄱ. [O] 투표거래를 통해 소수자도 자신의 의견을 반영할 수 있다.
ㄴ. [×] 투표거래가 이루어지면 다양한 공공재를 공급할 수 있는데 이는 공공재 공급의 <u>효율적인 결과를 낳을 수 있다</u>.
ㄷ. [×] 투표거래가 이루어지면 다양한 공공재를 공급할 수 있는데 이는 <u>재정지출 규모가 팽창하게 된다</u>는 것을 의미한다.
ㄹ. [O] 투표거래가 이루어지면 다양한 공공재를 공급하게 할 수 있다.
ㅁ. [×] 다수결투표제하에서는 투표거래가 발생하더라도 <u>선호의 강도가 반영될 수 있다</u>.

15

해설

보다투표제는 점수투표제와 같이 선호의 강도 반영을 기수적으로 표시하므로 애로우가 불가능성 정리 중 무관한 선택대안으로부터의 독립성(IIA) 조건을 충족시키지 못한다.

16 답 ②

해설

보다투표제하에 각 투표자가 가장 선호하는 대안부터 순서대로 4, 3, 2, 1점을 부여하면 아래와 같은 표가 나오는데, 28점을 얻은 대안 b가 선택됨을 알 수 있다.

구 분	A 유형	B 유형	C 유형	합 계
	$a>b>c>d$	$b>d>a>c$	$c>d>b>a$	
a	4×4명=16	2×3명=6	1×2명=2	24
b	3×4명=12	4×3명=12	2×2명=4	28
c	2×4명=8	1×3명=3	4×2명=8	19
d	1×4명=4	3×3명=9	3×2명=6	19

17 답 ②

해설

(1) 투표제도 운용에 따르는 총비용(C)=의사결정비용(D)+외부비용(E)

$C = (10n^2 + 10) + (-6n^2 - 2n + 5)$
$\quad = 4n^2 - 2n + 15$

(2) 총비용(C)을 n에 대하여 미분한 뒤 0으로 두어 계산

$\dfrac{dC}{dn} = 8n - 2 = 0$

$\therefore n = \dfrac{1}{4}$

18 답 ⑤

해설

③ [O] 린달모형은 각 개인이 공공재에 대한 선호를 자발적으로 시현한다면, 당사자 간 자발적 합의를 통해 최적수준의 공공재 공급 및 각 개인의 비용부담비율이 결정되어 균형에 도달하므로 전원합의제에 의한 공공재 배분의 가능성을 보여준다.
⑤ [×] 점수투표제에서 투표거래(logrolling)가 발생하면 선호의 강도가 반영될 수 <u>있다</u>.

19 답 ②

해설

ㄴ. [×] 보다방식(Borda count)에서는 선택대상 간 연관성이 <u>있다</u>. 보다 투표제는 여러 가지의 대안이 있을 때 가장 선호하는 대안부터 순서대로 n, $n-1$, … 1점을 부여하고, 그중 가장 높은 점수를 얻은 대안이 선택되는 제도를 말하며, 독립성 조건을 위배한다. 이는 선택대상 간 연관성이 있다는 의미이다.
ㅁ. [×] 점수투표제는 개인의 선호를 <u>기수</u>로 나타낸다.

20 답 ③

해설

각종 투표제도 중에 선호의 강도를 반영할 수 있는 제도는 점수투표제, 보다투표제, 투표거래 세 가지이다.
ㄱ. [×] 거부권투표제란 투표자가 자신에게 가장 불리한 대안에 대해 한 번씩의 거부권을 행사한 후 최종적으로 남는 대안이 선택되는 투표제도를 말한다. 이는 선호의 강도가 반영되지 않는다.
ㅁ. [×] 만장일치제는 선호의 강도가 반영되지 않는다.

21 답 ④

해설

① [○] 린달모형에서 결정되는 비용부담비율은 시장에서의 가격과 유사한 역할을 하며, 시장에서의 가격 결정과 같이 파레토 효율이 달성된다.
③ [○] 모든 투표자가 단봉형이라면, 국방예산의 규모를 결정하는 1차원적 의제에 대한 다수결투표의 결과는 항상 중위투표자의 선호를 반영한다.
④ [×] 다수결투표를 통하여 해당 안건에 대한 개별유권자의 선호 강도를 파악할 수 없다.
⑤ [○] 린달모형은 각 개인이 공공재에 대한 선호를 자발적으로 시현한다면, 당사자 간 자발적 합의를 통해 최적수준의 공공재 공급 및 각 개인의 비용부담비율이 결정되어 균형에 도달하므로 공공지출에서도 만장일치 합의가 가능함을 보여준다.

22 답 ②

해설

② [×] 생산수준이 미그-빌레인저(Migue-Belanger)모형에서 제시한 수준보다 더 많다.
③ [○] 니스카넨은 관료제에 대응하는 방안으로 민간부문에 생산을 맡기고 정부는 비용만 부담하는 방법뿐만 아니라 관리자 수준에 있는 관료들의 급여를 예산절감 노력에 상응하게 조정하는 방법을 제안했다.

23 답 ⑤

해설

⑤ [×] 관료들은 자신이 속한 부서의 예산의 극대화를 추구한다. 자신이 속한 부서의 예산 규모가 커질수록 직책상의 특권, 권한 등이 커지기 때문이다. 득표수의 극대화를 추구하는 것은 다운즈의 득표극대화모형이다.

24 답 ③

해설

① [×] 니스카넨모형에서 관료는 <u>가격결정자이다</u>. 제1급 가격차별자와 같은 정도의 독점력을 보유한다.
② [×] <u>니스카넨모형에서의 관료는 예산극대화를 추구하며, 미그–빌레인저모형에서의 관료는 효용극대화를 추구하는 존재</u>이다.
④ [×] 다른 조건이 모두 동일할 때, 니스카넨모형의 공공재 생산량은 미그–빌레인저모형의 생산량보다 <u>많다</u>.
⑤ [×] 니스카넨모형에서 관료는 예산집행으로 인한 <u>편익과 비용의 차이가 없는</u> 점에서 생산하려 한다.

25 답 ⑤

해설

① [×] 니스카넨(W. Niskanen)모형에서 관료제 조직은 <u>가격결정자</u>와 같이 행동한다. 제1급 가격차별자와 같은 정도의 독점력을 보유한다.
② [×] <u>니스카넨모형은 예산극대화를 추구하며 미그–빌레인저(Migue-Belanger)모형은 효용극대화 추구를</u> 기본 가정으로 한다.
③ [×] 니스카넨모형에서 관료는 예산의 <u>총편익곡선과 총비용곡선이 일치하는</u> 수준까지 예산규모를 늘린다. 그 결과 공공재 공급의 순편익이 영(0)인 수준까지 공공재가 과다공급된다.
④ [×] 다른 조건이 모두 동일할 때, 니스카넨모형에 따른 공공재의 초과공급은 미그–빌레인저모형에 따를 때의 초과공급보다 <u>많다</u>.
⑤ [○] 니스카넨은 관료제에 대응하는 방안으로 민간부문에 생산을 맡기고 정부는 비용만 부담하는 방법뿐만 아니라 관리자 수준에 있는 관료들의 급여를 예산절감 노력에 상응하게 조정하는 방법을 제안했다.

26 답 ③

해설

③ [×] 다운즈(Downs)의 득표극대화모형에서 정치가는 <u>선거에서의 득표</u>를 극대화하려 한다.

27 답 ①

해설

ㄱ. [○] 다수결투표제하에서 중위투표자의 선호가 공공재 공급수준을 결정하게 되는데, 중위투표자가 원하는 공공재의 양이 사회적 최적 수준보다 많은 경우 다수결투표제하에서 공공재가 과다 공급된다.
ㄴ. [○] 투표거래[정치적 결탁(logrolling)]란 투표거래가 이루어지면 사회적 최적 수준보다 공공재가 과다 공급된다.
ㄷ. ㄹ. [×] 다운즈와 갤브레이드는 과소공급에 해당한다.

CHAPTER 03 | 공공지출이론

제1절 | 정부지출과 예산제도

01
답 ④

해설

① [×] 바그너(A. Wagner)법칙에 의하면, 1인당 소비가 증가할 때 국민소득에서 차지하는 공공부문은 민간부문에 <u>상대적 및 절대적</u> 성장한다.
② [×] 보몰효과(Baumol effect)에 의하면, 정부가 생산·공급하는 서비스의 생산비용이 상대적으로 <u>높아지면</u> 정부지출이 증가하게 된다.
③ [×] 부캐넌(J. Buchanan)은 현대의 대의민주체제가 본질적으로 정부부문의 팽창을 <u>억제하지 못한다는</u> 리바이어던가설(Leviathan hypothesis)을 제기하였다.
⑤ [×] 브라운-잭슨(C. Brown & P. Jackson)에 의하면, 중위투표자의 공공서비스에 대한 수요의 소득탄력성이 <u>1보다 크면</u> 정부지출의 비중이 증가하게 된다.

02
답 ③

해설

ㄴ, ㄹ, ㅂ. [O] 조세지출이란 개인이나 기업의 특정 경제활동을 장려하기 위해 비과세, 감면 등의 세제상의 유인을 제공함에 따라 포기된 조세수입(감추어진 보조금)을 말한다.
ㄱ, ㄷ. [×] 조세지출의 반대는 직접지출을 말하며 남북협력기금에 대한 보조금 지급, 조세수입으로 확보된 재정의 지출은 직접지출에 해당한다.
ㅁ. [×] 기부행위에 대한 소득공제는 비과세, 감면 등에 해당하지 않으므로 조세지출이 아니다.

03

답 ①

│해설│

② [×] 피코크-와이즈만(A. Peacock & J. Wiseman) : 사회적 격변기에 전위효과(displacement effect)의 영향으로 정부지출이 팽창된다고 보았다.
③ [×] 보몰(W. Baumol) : 노동집약적인 공공부문이 민간부문보다 생산성 향상이 느리기 때문에 정부지출이 팽창된다고 주장하였다.
④ [×] 부캐넌(J. Buchanan) : 정부지출의 편익이 직접적으로 인식되는 반면, 공공서비스의 공급비용은 과소평가되므로 정부지출이 팽창된다고 설명하였다.
⑤ [×] 바그너의 법칙 : 1인당 국민소득 상승국면에서 공공부문의 상대적·절대적 크기가 증가하는 것을 말한다.

04

답 ③

│해설│

③ [×] 남북협력기업에 대한 보조금 지급은 직접지출에 해당한다.

05

답 ②

│해설│

ㄱ. 품목별 예산제도는 예산을 품목별로 분류하고, 지출 대상과 한계를 명확하게 규정하는 통제 지향적인 예산 제도이다. 따라서 유사한 일을 하는 부서 간에 예산편중 중복을 차단하기 쉽지 않다.
ㄴ. 프로그램예산제도는 정부의 장기적 계획 수립과 단기적 예산 편성을 유기적으로 결합시켜 자원 배분에 관한 의사를 합리적으로 결정하려는 예산 제도이다. 따라서 비슷한 기능을 가진 부서들이 하는 업무를 하나로 묶어 소요예산을 절감하는 방식을 따른다.

06

답 ⑤

│해설│

⑤ [×] 성과주의예산제도는 예산을 사업별·활동별로 나누어 편성하는 제도이다. 정부의 업무를 양적으로 나타내고 이를 수행하는 데 소요되는 단위원가를 계산하여 각 사업의 예산을 결정하는 제도이며 예산집행에 있어서 효율성 제고를 목적으로 관리기능을 중시한다.

07 답 ④

해설

④ [×] 조세지출이란 개인이나 기업의 특정 경제활동을 장려하기 위해 비과세, 감면 등의 세제상의 유인을 제공함에 따라 포기된 조세수입(감추어진 보조금)을 말한다. 보조금은 조세지출이 아니라 정부의 직접지출에 해당한다.

08 답 ④

해설

④ [×] 조세지출이란 각종 비과세 감면제도를 통해 포기된 조세수입을 말한다.

09 답 ④

해설

① [○] 지나치게 많은 비과세 감면은 정부의 조세수입을 감소시키기 때문에 조세의 재정수입조달기능을 저해한다.
②, ③ [○] 지나치게 많은 비과세 감면을 적용받는 사람과 적용받지 못하는 사람 간의 세부담 형평성을 저해할 수 있고, 이는 조세의 중립성에 위배되어 시장중립성을 저해한다.
④ [×] 거시경제의 안정적 성장을 촉진한다. 비과세 감면은 저축에 대한 비과세, 투자세액공제 등과 같이 저축과 투자에 대해 이루어지므로 거세경제의 성장을 촉진한다.
⑤ [○] 지나치게 많은 비과세 감면 조항들이 있다면 납세자가 의무를 이행하는데 드는 비용(납세협력비용)이 증가하게 되므로 납세협력비용을 높이게 된다.

10 답 ②

해설

ㄴ. [×] 피콕-와이즈만(Peacock-Wiseman)은 위기 상황이 몇 차례 반복됨에 따라 정부지출은 점차 더 증가하나, 혼란기가 지난 후에도 정부지출의 상대적 비중은 이전수준으로 복귀하지 못하고 일단 높아진 수준에서 지속적으로 증가하는 현상이 나타난다고 설명하였다.
ㄷ. [×] 브라운-잭슨(Brown-Jackson)은 바그너법칙을 중위투표자 선택과 결부시켜 설명하며, 공공서비스에 대한 수요의 소득탄력성이 충분히 크면 정부지출의 상대적 비중이 커진다고 보았다.
ㄹ. [×] 바그너(Wagner)법칙은 정부부문의 규모가 확대되는 이유로 정부부문의 생산성이 향상됨에 따라 확대재정정책을 추구하려는 욕구가 강하기 때문으로 보았다.

제2절 | 비용-편익분석

01　　　답 ⑤

해설
① [×] 순현재가치법의 경우 순편익의 현재가치가 큰 사업이 편리하게 된다.
② [×] 두 가지의 사업을 비교할 때 내부수익률과 순현재가치법은 다른 결과를 보일 수 있다. 단일사업 평가 시 내부수익률법과 순현재가치법은 결론이 항상 동일하지만, 복수사업 평가 시 내부수익률법과 순현재가치법은 결론이 상이할 수 있다.
③ [×] 편익/비용 비율법의 경우 특정 항목을 음의 편익으로 볼 것인가 또는 양의 비용으로 볼 것인가에 따라 사업의 우선순위가 바뀔 수 있다.
④ [×] 내부수익률법에서는 내부수익률(m) > 할인율(r)인 경우 사업의 타당성이 인정된다.

02　　　답 ③

해설
① [O] 순현재가치법을 사용하면 단일사업의 타당성 판단으로 사업을 채택할 수 있고, 복수사업의 경우에 대해서도 우선순위를 결정하여 바른 결정을 할 수 있다.
② [O] 단일사업 평가 시 현재가치법, 내부수익률법, 편익/비용 비율법은 모두 결론이 항상 동일하다.
③ [×] 편익/비용 비율을 계산하는 데는 할인율에 관한 정보가 필요하다. 편익/비용 비율법은 편익의 현재가치를 비용의 현재가치로 나눈 값으로 계산한다.
④ [O] 내부수익률을 계산하는 데는 할인율에 관한 정보가 필요하지 않다. 그러나 단일사업의 채택여부 결정 시($m > r$: 사업채택)에는 할인율 정보가 필요하다.
⑤ [O] 할인율이 높아질수록 순현재가치가 더 커지는 경우가 나타날 수 있다. 편익이 초기에 발생하고 비용이 후기에 발생하는 경우가 그러하다.

03　　　답 ③

해설
① [×] 파레토 기준을 충족한 투자계획만을 채택하지 않는다. 비용-편익분석이란 경제적 행위에서 발생하는 비용과 편익을 측정하는 이론으로서 잠재적 파레토 개선 관점에서 정부사업 및 정책의 타당성을 분석하는 이론이다.
② [×] 공공부문뿐만 아니라 민간부문의 투자계획 타당성 판정에도 적용된다.
④ [×] 현재가치법은 어떤 투자계획의 채택가능성을 평가할 뿐만 아니라 투자계획들 간 우선순위도 결정할 수 있다.
⑤ [×] 내부수익률이 투자계획에 소요되는 자금의 기회비용인 할인율보다 크다면 그 투자계획은 채택된다.

04　　　답 ①

해설
② [×] 현재가치법을 사용할 경우, 할인율이 낮을수록 단기사업보다 장기사업이 유리하다.
③ [×] 현재가치법은 순편익(편익의 현재가치-비용의 현재가치)의 현재가치를 기준으로 사업의 우선순위를 결정한다.
④ [×] 편익/비용 비율법의 경우 그 값이 클수록 우선순위가 올라간다.
⑤ [×] 내부수익률은 순편익의 현재가치를 0으로 만드는 할인율이다.

05

답 ④

┃해설┃

① [○] 현재가치법에서 할인율이 높아질수록 편익이 초기에 집중되는 사업이나 사업기간이 짧은 사업이 상대적으로 우선순위가 높아진다.
③ [○] 사업의 규모가 현저히 다른 두 사업에 대해서 내부수익률법과 현재가치법은 다른 우선순위를 가질 수 있다. 단일사업 평가 시 내부수익률법과 순현재가치법은 결론이 항상 동일하지만, 복수사업 평가 시 내부수익률법과 순현재가치법은 결론이 상이할 수 있다.
④ [×] 추가적인 비용을 비용 증가 또는 편익 감소 어느 쪽으로 분류할 것인가에 따라 편익/비용 비율이 달라진다.
⑤ [○] 예비타당성조사는 500억에서 1,000억원 정도의 대규모 재정사업 시행 전에 그 사업의 타당성에 대한 객관적이고 중립적인 조사결과를 제시하여 합리적인 재정집행 의사결정이 이루어질 수 있도록 지원하는 데 그 목적이 있다. 구체적으로 예비타당성조사는 경제성, 정책성, 지역균형발전, 기술성 등을 판단하여 재정 운영의 효율성 제고에 기여한다는 것이다.

06

답 ③

┃해설┃

$$NPV = -C_0 + \frac{B_1}{(1+r)} + \frac{B_2}{(1+r)^2} + \cdots + \frac{B_n}{(1+r)^n}$$
$$= -3,000 + \frac{1,100}{(1+0.1)} + \frac{2,420}{(1+0.1)^2}$$
$$= -3,000 + 1,000 + 2,000$$
$$= 0$$

07

답 ④

┃해설┃

$$NPV = -C_0 + \frac{B_1}{(1+r)} + \frac{B_2}{(1+r)^2} + \cdots + \frac{B_n}{(1+r)^n}$$
$$= -1,400 + \frac{550}{(1+0.1)} + \frac{1,210}{(1+0.1)^2}$$
$$= 100$$

08

답 ③

┃해설┃

$$NPV = -C_0 + \frac{B_1}{(1+r)} + \frac{B_2}{(1+r)^2} + \cdots + \frac{B_n}{(1+r)^n}$$
$$= -700 + \frac{(1,005-400)}{(1+0.1)} + \frac{(1,005-400)}{(1+0.1)^2}$$
$$= -700 + 550 + 500$$
$$= 350$$

09 답 ②

┃해설┃

$$NPV = -C_0 + \frac{B_1}{(1+m)} + \frac{B_2}{(1+m)^2} + \cdots + \frac{B_n}{(1+m)^n} = 0$$

$$= -10 + \frac{10}{(1+m)} + \frac{20}{(1+m)^2} = 0$$

$$= -10(1+m)^2 + 10(1+m) + 20 = 0$$

$$= (1+m)^2 - (1+m) - 2 = 0$$

$$= m^2 + 2m + 1 - 1 - m - 2 = 0$$

$$= m^2 + m - 2 = 0$$

$$= (m+2)(m-1) = 0$$

∴ $m = -2$ or $1(100\%)$

※ 내부수익률은 음(-)의 값을 가질 수 없다.

10 답 ⑤

┃해설┃

$$NPV = -C_0 + \frac{B_1}{(1+m)} + \frac{B_2}{(1+m)^2} + \cdots + \frac{B_n}{(1+m)^n} = 0$$

$$= -25 + \frac{15}{(1+m)} + \frac{18}{(1+m)^2} = 0$$

$$= -25(1+m)^2 + 15(1+m) + 18 = 0$$

$$= 25(1+2m+m^2) - 15(1+m) - 18 = 0$$

$$= 25m^2 + 35m - 8 = 0$$

$$= (5m-1)(5m+8) = 0$$

∴ $m = \frac{1}{5}(=0.20)$ or $-\frac{8}{5}$

※ 내부수익률은 음(-)의 값을 가질 수 없다.

11 답 ⑤

┃해설┃

① [×] 공공사업을 추진하는 행정주체는 내부적 편익과 외부적 편익 가운데 <u>내부적 편익</u>을 더 중시한다.
② [×] 공공사업의 목표는 <u>소득재분배, 총소비증대를 통한 국민의 후생증진, 산업발전의 기반 제공, 고용 증진, 경제자립도 제고 등으로 다양하다.</u>
③ [×] 공공사업에서 발생하는 금전적 편익은 사회 전체적인 후생을 <u>증진시키지 않는다</u>. 소득분배상의 변화를 가져올 뿐 사회 전체적으로 순편익(순비용)의 변화를 초래하지 않으므로 사회 전체적인 후생은 불변이다.
④ [×] 공공사업의 유형적 편익과 무형적 편익을 비교하면 <u>상황에 따라 크기 여부가 다르다</u>. 공공사업은 사업 종류에 따라 유형의 편익이 더 클 수도 있고 무형의 편익이 더 클 수도 있다.

12 답 ⑤

해설

① [O] 실질적 편익은 공공사업의 최종 소비자가 얻는 것이고 실질적 비용은 기회비용의 개념으로서 실질적 편익과 비용은 서로 상쇄되지 않으므로 사회후생을 증가시키거나 감소시킨다.
② [O] 화폐적(금전적) 편익은 사회 전체적인 후생을 증진시키지 않는다. 소득분배상의 변화를 가져올 뿐 사회 전체적으로 순편익(순비용)의 변화를 초래하지 않으므로 사회 전체적인 후생은 불변이다.
④ [O] 유형적 편익이 무형적 편익보다 작은 공공사업이 존재한다. 무형적 비용은 주로 산업재해와 같은 외부불경제에 의해 발생하며, 유형적 편익과 비용은 농작물 생산량 증가와 같이 시장에서 평가될 수 있는 경우이다. 따라서 눈에 보이지 않고 금전적으로 환산이 곤란한 무형적 편익이 더 큰 공공사업이 존재할 수 있다.
⑤ [×] 무형적 편익과 비용은 시장에서 파악되지 않기 때문에 공공투자의 시행 여부를 판단함에 있어 고려해야 한다. 무형적 편익과 비용뿐만 아니라 유형적 편익과 비용도 사업 시행 여부를 판단할 때 고려해야 한다.

13 답 ⑤

해설

① [O] 정부 공공사업에 대한 할인율은 민간부문 투자에 쓰일 자금이 정부 공공사업에 투입되는 경우 기회비용의 관점에서 희생된 민간부문 투자의 수익률을 사용할 수 있다.
② [O] 공공사업에 대한 투입물의 가격은 경쟁시장 여부에 따라 달라진다. 완전경쟁시장인 경우에는 시장가격으로 평가하고, 독점 또는 조세가 부과된 시장의 경우에는 잠재가격(조정된 시장가격)으로 평가해야 한다.
③ [O] 민간에 고용되었던 사람이 공공사업에 투입되었다면 민간에서의 임금률(세전임금)이 기회비용이 된다.
④ [O] 공공사업으로 생산량이 증가하여 시장가격이 낮아지는 경우 생산량 증가로 인해 소비자가 얻게 되는 편익은 소비자잉여 증가분을 이용하여 계산할 수 있다. 따라서 증가된 소비자잉여가 사회적 편익에 포함되어야 한다.
⑤ [×] 조세가 부과된 제품을 공공사업의 투입물로 사용하는 경우 조세가 부과된 재화의 생산량이 종전 수준에 머물러 있다면 소비자가격을 비용계산에 사용하고, 재화의 생산량이 증가하였다면 생산자가격을 비용계산에 사용하여야 한다.

14 답 ②

해설

① [O] 공공사업의 경우 비용과 편익이 장기간에 걸쳐 발생하기도 하고, 다양한 사회적 관점을 고려하여 할인율을 산정해야하므로 적정한 사회적 할인율 선정이 어렵다.
② [×] 공공사업의 경우 불완전경쟁시장에서는 시장가격이 적절한 평가기준이 되지 못하므로 잠재가격을 사용한다.
④ [O] 애로우-린드 정리에 관한 내용이다.
⑤ [O] 공공사업에서 발생하는 무형의 비용 및 편익에 대한 평가가 매우 힘든 경우 비용효과성 분석을 사용한다. 비용효과성 분석이란 주어진 목표를 최소의 비용으로 달성할 수 있는 방안을 찾는 것을 말한다.

15 답 ③

해설
① [×] 잠재가격은 시장이 불안정적일 경우 자원의 사회적 기회비용을 계산하여 비용과 편익의 평가기준으로 사용하는 방법이다.
② [×] 독점자가 생산한 상품을 구입하여 그 상품의 생산량이 그만큼 증가하였다면 한계비용을 평가기준으로 한다.
④ [×] 물품세가 부과된 상품이 공공사업에 투입되었으나 그 상품의 생산량이 불변이라면 소비자가격(또는 시장가격)이 적절한 평가기준이다.
⑤ [×] 물품세가 부과된 상품이 공공사업에 투입되어 그 상품의 생산량이 증가하였다면 한계비용을 평가기준으로 한다.

16 답 ②

해설
① [○] 비용편익분석에서는 실질적 편익(비용)을 고려해야 하는데, 이는 공공사업의 최종소비자가 얻는 편익으로, 사회후생 증가에 기여한다.
② [×] 무형적 편익과 비용은 시장에서 파악되지 않기 때문에 공공투자사업의 비용편익 분석에 고려한다.
③ [○] 확실대등액은 공공사업의 불확실한 편익과 비용을 동일한 효용을 주는 확실한 금액으로 위험에 대한 적절한 고려가 가능하다. 따라서 불확실성이 개재되어 있는 공공사업 평가에 활용된다.

17 답 ①

해설
① [×] 공공사업에서 물품세가 부과된 상품을 사용하는 경우 공공사업 때문에 물품세가 부과된 상품의 생산량이 늘어나지 않는다면 시장가격(소비자가격)을 평가기준으로 사용할 수 있다. 투입물로 사용되는 재화가 민간소비의 감소로부터 온 것으로 볼 수 있기 때문이다.

18 답 ②

해설
① [○] 노동 자체로부터 만족을 얻는 사람의 경우 시간가치는 임금률보다 더 높을 수 있고, 이와 반대로 노동 자체로부터 불만족을 얻는 사람의 경우 시간가치는 임금률보다 더 낮을 수 있다.
② [×] 현재의 임금률로 더 일하고 싶어도 할 수 없는 사람의 시간가치는 임금률보다 더 낮을 것이라 추정할 수 있다.
③ [○] 시간의 가치 중 대체적인 교통수단을 이용한 평가에 대한 내용이다.
④ [○] 생명의 가치 중 지불의사접근법(현시선호법)에 대한 내용이다.
⑤ [○] 생명의 가치 중 인적자본 접근법에 대한 내용이다.

19

답 ②

┃해설┃
① [×] 현시선호법은 현시된 선호에 기초해 환경의 질 개선에 대해 사람들이 지불할 용의가 있는 금액을 편익으로 측정하는 방법이다.
③ [×] 지불의사접근법은 환경질 악화로 손실을 본다고 느끼는 사람들에게 이를 개선하기 위해 지불할 용의가 있는 금액을 편익으로 측정하는 방법이다.
④ [×] 조건부가치평가법은 환경재의 질적 개선으로 인한 가격상승폭을 편익으로 측정하는 방법이다.
⑤ [×] 여행비용접근법은 특정 지역의 자연 자원에 접근하기 위해 방문자들이 지불해야 하는 여행비용을 측정하여 자연자원의 가치를 추정하는 방법이다.

20

답 ⑤

┃해설┃
① [○] 환경과 같은 비시장재화의 가치 측정은 이중계산이나 과대계상의 위험성을 가지고 있다. 비시장재화의 경우 시장가격이 존재하지 않기 때문이다.
② [○] 인적자본접근법을 이용하여 통계적 생명의 가치를 측정할 수 있다.
④ [○] 대체적인 교통수단을 이용한 평가를 이용하여 시간의 가치를 측정할 수 있다.
⑤ [×] 지불의사접근법(현시선호법)에 의하면 통계적 생명의 가치는 특정 사업장에서 발생할 수 있는 위험에 따른 임금격차 금액에 사망사고 발생 확률을 나누어 측정할 수 있다.

21

답 ①

┃해설┃
① [×] 조건부가치평가법은 설문조사를 통해 환경의 질 개선에 대해 사람들이 지불할 용의가 있는 금액을 편익으로 측정하는 방법이다.

22

답 ③

┃해설┃
ㄱ. [×] ㄷ. [○] 공공투자 사업의 순현재가치가 0보다 작으므로 내부수익률은 사회적 할인율 10%보다 작고, 편익/비용 비율은 1보다 작다.
ㄴ. [×] $NPV = -10 + \frac{10-10}{(1+0.1)} + \frac{10-10}{(1+0.1)^2} + \frac{10-10}{(1+0.1)^3} + \frac{10}{(1+0.1)^4}$
$= -10 + \frac{10}{(1.1)^4} = -3.17$
ㄹ. [○] 사회적 할인율이 인하되면 순현재가치는 증가한다.

23

답 ①

|해설|

① 순현재가치 평가결과 할인율이 7%라면 <u>B</u>가 유리한 사업이다.

구 분		A	B
NPV	$r=7\%$	$-1{,}000 + \dfrac{1{,}210}{(1.07)^2} = 57$	$-1{,}000 + \dfrac{1{,}150}{1.07} = 75$
	$r=8\%$	$-1{,}000 + \dfrac{1{,}210}{(1.08)^2} = 37$	$-1{,}000 + \dfrac{1{,}150}{1.08} = 65$
IRR		$-1{,}000 + \dfrac{1{,}210}{(1+m)^2} = 0, \quad \therefore m=10\%$	$-1{,}000 + \dfrac{1{,}150}{1+m} = 0, \quad \therefore m=15\%$

24

답 ⑤

|해설|

내부수익률과 사회적 할인율이 현재 r로 일치하는 상황이다. (∵ 문제에서 사회적 할인율이 r일 때, 비용-편익분석 결과 순편익의 현재가치는 0)

ㄱ. [×] 만약 r보다 높은 사회적 할인율을 적용하면, 이 사업의 편익/비용 비율은 1보다 더 <u>작아질 것이다</u>.
ㄴ. [×] 만약 r보다 높은 사회적 할인율을 적용하면, 이 사업의 순편익의 현재가치는 0보다 더 <u>작아질 것이다</u>.
ㄷ. [×] <u>내부수익률 계산식과 무관한 내용이다</u>.

25

답 ④

|해설|

① [○] 할인율이 2%, 투자안 A의 내부수익률은 5%, 투자안 B의 내부수익률은 3%이므로 투자안 A, B 모두 내부수익률이 할인율보다 높다. 따라서 모두 사업 추진이 가능하다.
② [○] 내부수익률법에 의하면 내부수익률이 큰 투자안 A가 선택된다.
③ [○] 문제에서 주어진 할인율 2%하에서 투자안 A, B 모두 순현재가치가 동일하므로 순현재가치법으로는 투자의 우선순위를 결정할 수 없다.
④ [×] 현재가치법에 따르면 할인율을 4%로 하면, <u>투자안 A의 순현재가치는 양의 값을 가지나, 투자안 B의 순현재가치는 음의 값을 가지므로 현재가치법에 따를 때 순현재가치가 큰 투자안 A가 선택된다</u>.
⑤ [○] 내부수익률법은 사업 규모에 대한 고려가 미흡하므로 투자계획의 크기가 다른 복수의 사업을 대상으로 투자의 우선순위를 결정할 때, 이를 내부수익률만으로 결정하면 잘못된 결론에 도달할 수 있다.

26

답 ④

┃해설┃
① [O] 사회적인 할인율이 높아질수록 초기에 편익이 집중되는 사업이 유리하다. 이외에도 편익이 초기에 집중된 사업이 유리하게 평가되고, 보다 많은 사업이 타당성이 없는 것으로 평가된다.
② [O] 불완전경쟁시장에서는 재화의 시장가격이 기회비용을 적절히 반영하지 못하므로 시장가격에 조정을 가한 잠재가격을 사용한다.
③ [O] 공공사업으로 생산량이 증가하여 시장가격이 낮아지는 경우라면 생산량 증가로 인해 소비자가 얻게 되는 편익은 소비자잉여 증가분을 이용하여 계산할 수 있다.
④ [×] 시장이자율이 사회적 할인율보다 높을 때 시장이자율을 할인율로 사용하면 공공사업의 경제성이 낮아진다.
(∵ n년 후에 발생하는 편익의 현재가치가 작아지기 때문)
⑤ [O] 공공사업에서 발생하는 무형의 비용 및 편익에 대한 평가가 매우 힘든 경우 비용효과성 분석을 사용한다. 비용효과성 분석이란 주어진 목표를 최소의 비용으로 달성할 수 있는 방안을 찾는 것을 말한다.

27

답 모두 정답

┃해설┃
① [O] 무형적 편익과 비용뿐만 아니라 유형적 편익과 비용도 사업 시행 여부를 판단할 때 고려해야 한다.
② [O] 사회적인 할인율이 높아질수록 초기에 편익이 집중되는 사업이 유리하다. 이외에도 편익이 초기에 집중된 사업이 유리하게 평가되고, 보다 많은 사업이 타당성이 없는 것으로 평가된다.
③ [O] 할인율이 높아질수록 사업기간이 짧은 사업이 유리하게 평가되므로 사업기간이 긴 사업의 경우 나중에 발생하는 편익을 적절하게 평가하기 위해 낮은 할인율을 적용해야 한다.
④ [O] 조세가 부과된 제품을 사업의 투입물로 사용하는 경우 민간에 부과된 조세는 정부로 이전되므로 비용 계산 시 제외해야 한다.
⑤ [O] 애로우-린드 정리에 대한 내용이다.

28

답 ⑤

┃해설┃
⑤ [×] 시장이자율이 사회적 할인율보다 높을 때 시장이자율을 할인율로 사용하면 공공사업의 경제성이 낮아질 수 있다.
(∵ n년 후에 발생하는 편익의 현재가치가 작아지기 때문)

29

답 ①

┃해설┃
할인율이 낮을수록 사업기간이 긴 사업이 유리하게 평가되고, 편익이 후기에 집중된 사업이 유리하게 평가되고, 보다 많은 사업이 경제적 타당성이 있는 것으로 평가된다.

30

답 ①

| 해설 |

① [×] <u>민간할인율(시장이자율)</u>은 자본시장이 완전할 때 자본의 한계생산성과 소비자의 시간선호율을 적절히 반영하고 있다.

31

답 ①

| 해설 |

① [×] 확실성등가가 <u>작으면 작을수록</u> 더 위험회피적(risk averse)이다.

32

답 ④

| 해설 |

(1) 문제에서 $\dfrac{T}{Y} = 0.25$로 주어졌으므로, $\dfrac{Y}{T} = \dfrac{1}{0.25} = 4$이다.

(2) 문제에서 $\dfrac{\triangle T}{\triangle Y} \cdot \dfrac{Y}{T} = 1.2$로 주어지고, (1)에서 $\dfrac{Y}{T} = \dfrac{1}{0.25} = 4$이므로 $\dfrac{\triangle T}{\triangle Y} \cdot 4 = 1.2 \rightarrow \dfrac{\triangle T}{\triangle Y} = 0.3$이다.

(3) $\triangle G = \triangle T$이므로 정부지출승수는 $\dfrac{\triangle Y}{\triangle G} = \dfrac{\triangle Y}{\triangle T}$이다. 따라서 $\dfrac{\triangle Y}{\triangle T}$의 값을 구하면 된다.
$\dfrac{\triangle T}{\triangle Y} = 0.3$이므로 $\dfrac{\triangle Y}{\triangle T} = \dfrac{10}{3}$이다.

33

답 ④

| 해설 |

(1) 한계소비성향이 0.75로 주어진 경우의 정부지출승수와 감세승수

　① 정부지출승수 : $\dfrac{\triangle Y}{\triangle G} = \dfrac{1}{1-c} = \dfrac{1}{1-0.75} = 4$

　② 감세승수 : $\dfrac{\triangle Y}{\triangle T} = \dfrac{c}{1-c} = \dfrac{0.75}{1-0.75} = 3$

(2) 정부지출승수가 4이므로 정부지출이 2,000억원 증가 시 국민소득은 8,000억원 증가하고, 감세승수가 3이므로 조세가 2,000억원 감면 시 국민소득은 6,000억원 증가한다.

CHAPTER 04 | 조세론의 기초 및 전가와 귀착

제1절 | 조세이론의 기초

01　　　　　　　　　　　　　　　　　　　　　　　　　　　　　답 ②

해설
조세를 통한 재정수입을 극대화하는 수입성의 원칙은 바람직한 조세가 갖추어야할 조건이 아니다. 바람직한 조세에는 ① 공평성의 원칙, ③ 확실성의 원칙, ④ 편의성의 원칙 ⑤ 경제적 효율성 외에 경제의 변화에 신축적으로 변화할 수 있는 신축성의 요건이 있다.

02　　　　　　　　　　　　　　　　　　　　　　　　　　　　　답 ①

해설
확실성의 원칙이란 세금부과기준 및 절차가 명확하고 예측이 가능해야 함을 의미하며, 이는 납세자의 권리를 보호하고 세무행정의 투명성을 확보하는데 중요한 역할을 한다. 또한 조세의 납부방법, 시기, 금액 등이 정해진 법률과 규정에 따라 국민들이 이해할 수 있는 방식으로 제시되어야 한다.

03　　　　　　　　　　　　　　　　　　　　　　　　　　　　　답 ①

해설
① [×] 조세구조를 조세수입의 극대화를 목표로 하는 것은 바람직한 조세제도의 조건으로 볼 수 없다. 바람직한 조세제도의 조건에는 경제적 효율성, 행정적 단순성, 조세부담의 공평성, 세수의 신축성 등을 들 수 있다.
② [○] 경제적 효율성에 대한 내용이다.
③ [○] 행정적 단순성에 대한 내용이다.
④ [○] 조세부담의 공평성에 대한 내용이다.
⑤ [○] 세수의 신축성에 대한 내용이다.

04

답 ①

┃해설┃

자동안정화장치란 정부가 개입하지 않더라도 자동으로 경기의 진폭을 줄여주는 기능을 하는 것을 말한다. 대표적인 예로는 비례세, 누진세, 각종 사회보장제도가 있다.
① [×] 담배소비세는 소비세의 일종으로 자동안정화장치와는 관련이 없다.
②, ④, ⑤ [○] 소득세와 법인세는 누진세율 구조를 갖는 세금이므로 자동안정화장치에 해당한다.
③ [○] 저소득가구에 대한 근로장려금 지급은 사회보장제도에 해당하므로 자동안정화장치에 해당한다.

05

답 ①

┃해설┃

문제에서 제시된 지문은 아담 스미스가 국부론에서 제시한 조세원칙 중 경제성에 관한 내용이다.
ㄱ. [×] 징세비용과 관련된 내용으로 세금을 걷는 비용이 많으면 그 세금은 비효율적인 세금이 된다.
ㄴ. [○] 역인센티브(perverse incentive) 효과에 대한 내용이다. 이는 현대의 조세이론 가운데 자원배분의 왜곡과 관련된 것으로, 세금이 개인의 근로의욕이나 기업활동을 위축시킨다면 사회적으로 비용이 발생하게 된다는 것이다.
ㄷ. [×] 탈세에 대한 내용이다. 과도한 세금으로 인해 나타날 수 있는 도덕적 측면에서의 부작용을 설명하고 있다.
ㄹ. [×] 납세협력비용에 대한 내용이다. 납세자가 부담할 심리적 비용은 경제적 비용으로 환산될 수 있음을 설명하고 있다.

06

답 ④

┃해설┃

④ [×] 간접세는 수직적 공평성을 <u>악화시킨다</u>. 간접세는 비례적인 세율로 부과하기 때문에 역진적인 세부담을 초래하기 때문이다.

구 분	직접세	간접세
개 념	납세의무자＝담세자	납세의무자 ≠ 담세자
특 징	• 누진세 적용에 따른 소득재분배 효과 • 조세수입이 확실 • 조세저항이 큼	• 역진적 세부담을 초래함 • 조세수입이 불확실 • 조세저항이 적음
예	법인세, 소득세, 상속세, 증여세, 종합부동산세, 지출세 등	부가가치세, 개별소비세, 주세, 증권거래세 등

제4장 ｜ 조세론의 기초 및 전가와 귀착

07　답 ④

해설

④ [×] 지방소비세는 광역지방자치단체(도, 특별시·광역시)가 징수하고 있다.

지방세			
도	도 세	보통세	취득세, 등록면허세, 레저세, 지방소비세
		목적세	지역자원시설세, 지방교육세
	시·군세	보통세	재산세, 주민세, 자동차세, 지방소득세, 담배소비세
		목적세	–
특별시·광역시	특별시·광역시세	보통세	취득세, 주민세, 자동차세, 지방소득세, 지방소비세, 레저세, 담배소비세
		목적세	지역자원시설세, 지방교육세
	구 세	보통세	등록면허세, 재산세
		목적세	–

08　답 ①

해설

① [×] 종합부동산세는 국세이다. 일정 금액 이상의 부동산을 소유한 사람들에게 별도로 누진세율을 적용하여 부과되는 조세이다.

09　답 ⑤

해설

⑤ [×] 직접세가 간접세에 비해서 소득분배의 개선에 유리하다. 직접세는 누진세 적용에 따른 소득재분배 효과가 있지만 간접세는 보통 소득에 대한 역진세 성격이 있어서 소득재분배 효과가 없다. 참고로 간접세 중에서도 개별소비세(사치품에 대해 부과되는 간접세)의 경우에는 소득재분배의 효과가 나타난다.

10 답 ③

해설

ㄱ. [○] 사회보장성 기여금 부담의 변화는 사회보장부담률(=국민부담률 - 조세부담률)의 변화를 통해 알 수 있다. 아래의 표와 같이 사회보장부담률이 매년 증가하고 있으므로 사회보장성 기여금 부담이 매년 증가함을 알 수 있다.

구 분	2010	2011	2012	2013	2014	2015	2016	2017	2018	2019
조세부담률	18.4	18.7	18.2	18.0	18.5	18.4	18.6	18.4	18.5	18.6
국민부담률	24.2	24.8	24.7	25.7	26.4	27.5	28.3	29.0	29.4	30.1
사회보장부담률	5.8	6.1	6.5	7.7	7.9	9.1	9.7	10.6	10.9	11.5

ㄴ. [×] 최근 10년간 GDP증가율이 매년 1%로 표준화되었다고 할 때, 2014년 대비 2015년도의 조세의 세수탄력성(세수변화율/GDP변화율)은 1보다 작다. 만약 조세수입증가율이 GDP증가율보다 크다면, 조세부담률이 높아짐을 의미한다. 2014년도는 18.5%, 2015년도는 18.4%로 2014년에 비해 조세부담률이 낮아졌다. 이는 세수탄력성이 1보다 낮아졌음을 의미한다.

ㄷ. [○] 조세부담률이란 GDP에서 조세수입이 차지하는 비율을 의미한다. 따라서 조세부담률이 전년도와 동일하다면, 조세수입은 경제성장률만큼 증가한다.

11 답 ①

해설

① [×] 담배소비세는 지방세이자 보통세이다.
②~⑤ [○] 목적세는 특정한 지출 목적에 충당하기 위하여 부과하는 조세이다. 대표적인 예로 국세에는 교육세, 농어촌특별세, 교통·에너지·환경세가 있으며, 지방세에는 지역자원시설세, 지방교육세가 있다.

12 답 ③

해설

① [×] 농어촌특별세 : 국세, 목적세
② [×] 주민세 : 지방세, 보통세
③ [○] 지방교육세 : 지방세, 목적세
④ [×] 담배소비세 : 지방세, 보통세
⑤ [×] 문화재관람료 : 조세에 해당하지 않는다.

13

답 ③

해설

① [×] 레저세 : 지방세, 보통세
② [×] 교육세 : 국세, 목적세
③ [○] 지역자원시설세 : 지방세, 목적세
④ [×] 농어촌특별세 : 국세, 목적세
⑤ [×] 재산세 : 지방세, 보통세

14

답 ⑤

해설

①~④ [○] 목적세는 특정한 지출 목적에 충당하기 위해 부과하는 조세이다. 세입이 어느 세출로 귀결되는지를 알 수 있고, 지속적으로 유지해야하는 사업의 예산을 안정적으로 확보할 수 있다.
⑤ [×] 공공서비스의 비용을 수혜자에게만 직접 부담시키지 않는다. 목적세 중 일부는 수익자부담원칙이 적용되지 않는다.

15

답 ③

해설

③ [×] 정부의 재원배분 과정을 자동화하여 정부예산의 효율성을 높이지 않을 수도 있다. 목적세는 해당 조세수입의 지출용도를 특정하여 제한하고 있으므로, 해당 목적을 달성하기위한 예산을 초과하더라도 다른 목적을 위하여 사용할 수 없다. 따라서 재정운용의 경직성을 초래하는 비효율적인 측면도 있다고 볼 수 있다.

16

답 ③

해설

ㄱ, ㄴ. [○] 목적세는 특정한 지출 목적에 충당하기 위해 부과하는 조세이다. 세입이 어느 세출로 귀결되는지를 알 수 있고, 지속적으로 유지해야하는 사업의 예산을 안정적으로 확보할 수 있다. 다만, 칸막이식 재정 운용으로 재정 운용의 경직성을 초래할 수 있고, 목적세에 해당하는 지출에 과도한 자원배분이 이루어질 경우 자원배분의 왜곡을 초래할 수 있다.
ㄷ. [×] 현행 우리나라 지방세체계하에서 레저세는 지방세 중 보통세로 분류된다.
ㄹ. [×] 목적세는 과세의 능력원칙을 구현하기 위한 조세가 아니다. 목적세는 편익원칙(수익자부담원칙)에 근거하여 과세된다.

17 답 ④

┃해설┃

④ [×] <u>종합부동산세는 보통세에 해당한다.</u> 우리나라의 목적세는 국세와 지방세로 구분한다. 국세에는 교육세, 농어촌특별세, 교통·에너지·환경세가 있고, 지방세에는 지역자원시설세, 지방교육세가 있다.

18 답 ④

┃해설┃

①, ② [×] 정액세는 상대가격변화에 의한 대체효과가 없는 조세로 소득효과만 존재한다.

③ [×] 정액세는 효율성을 충족하지만, 세부담이 소득(Y)↑ → 평균세율$\left(\dfrac{T}{Y}\right)$↓으로 역진적이므로 공평성을 충족시키지는 않는다.

⑤ [×] 해당 내용은 비례세에 해당한다.

19 답 ③

┃해설┃

③ [×] <u>단기적으로는 인두세를 중립세로 볼 수 있으나,</u> 장기적으로는 인두세도 중립세로 볼 수는 없다.

⑤ [O] 모든 조세가 반드시 경제행위를 왜곡시키는 것은 아니며, 오히려 민간부문의 왜곡된 경제 현실을 교정하는 경우도 있다. 대표적인 예로 피구세가 있다.

20 답 ④

┃해설┃

①, ⑤ [O] 선형누진소득세에 해당하는 내용이다.

② [O] 면세점은 없으나 한계세율이 소득에 따라 증가할 경우 소득세 구조가 누진적이다.

③ [O] 세수탄력성이 1보다 클 경우 소득 증가율보다 조세수입 증가율이 더 크므로 소득세 구조가 누진적이다.

④ [×] 한계세율과 평균세율이 같을 경우 <u>비례소득세에 해당한다.</u> 비례소득세는 세수함수는 원점을 지나는 직선이고, 소득이 증가하더라도 평균세율이 불변이다.

21 답 ①

해설

① [×] 역진세는 평균세율이 한계세율보다 크므로 소득이 증가할 때 평균세율은 하락하고 한계세율은 하락하거나 일정하다.
②, ③, ④ [○] 정액세는 한계세율이 0이고, 소득이 증가할수록 평균세율이 하락하여 역진적 세부담을 초래한다.
⑤ [○] 조세의 초과부담은 t의 제곱에 비례하므로 평균세율보다 한계세율과 더 밀접하게 관련되어 있다.

22 답 ①

해설

문제에서 주어진 세수함수 $T=-400+0.5Y$는 선형누진세에 해당한다.

ㄱ, ㄴ. [○] 선형누진세는 소득(Y)↑ → 평균세율$\left(\dfrac{T}{Y}\right)$↑(한계세율 일정)이다.

ㄷ. [×] 선형누진세는 세수탄력성 > 1이다.

$$\text{세수탄력성}(\beta)=\dfrac{\dfrac{\Delta T}{T}}{\dfrac{\Delta Y}{Y}}=\dfrac{\dfrac{\Delta T}{\Delta Y}}{\dfrac{T}{Y}}=\dfrac{\text{한계세율}}{\text{평균세율}}$$

$$=\dfrac{0.5}{\dfrac{-400+0.5Y}{Y}}=\dfrac{0.5Y}{-400+0.5Y}>1$$

ㄹ. [×] 한계세율 > 평균세율이다.

23 답 ③

해설

①, ② [○] 문제에서 주어진 세수함수 $T=-300+0.3M$은 선형누진세에 해당한다.
③ [×] 소득 $M=500$원인 사람의 소득세는 -150원이며 평균소득세율은 -30%이다.
  • 납세액 : $T=-300+(0.3\times500)=-150$
  • 평균소득세율 : $\dfrac{T}{M}=\dfrac{-150}{500}\times100\%=-30\%$
④ [○] 소득 $M=3{,}000$원인 사람의 소득세는 600원이며 평균소득세율은 20%이다.
  • 납세액 : $T=-300+(0.3\times3{,}000)=600$
  • 평균소득세율 : $\dfrac{T}{M}=\dfrac{600}{3{,}000}\times100\%=20\%$
⑤ [○] 소득 $M=5{,}000$원인 사람의 소득세는 1,200원이며 평균소득세율은 24%이다.
  • 납세액 : $T=-300+(0.3\times5{,}000)=1{,}200$
  • 평균소득세율 : $\dfrac{T}{M}=\dfrac{1{,}200}{5{,}000}\times100\%=24\%$

24   답 ④

❚해설❚
① ⑤ [○] 선형누진세제는 평균세율보다 한계세율이 항상 높고, 누진세체계를 가지고 있다.

- 평균세율 : $\dfrac{T}{Y} = -\dfrac{300}{Y} + 0.3$

- 한계세율 : $\dfrac{dT}{dY} = 0.3$

② [○] 누진세는 비례세에 비해 수직적 형평성을 개선하고 있다.
③ [○] 수식을 보면 소득에서 1,000이 공제되고 있음을 알 수 있다.
④ [×] 세액공제액은 0이다. 소득에 따라 납세액이 결정되어지고 있으며, 소득공제만 있을 뿐 세액공제는 없다.

25   답 ④

❚해설❚

[세제1]	$T = 10 + 0.1Y$	→ 역진세, $\beta < 1$, 한계세율 0.1
[세제2]	$T = 0.15Y$	→ 비례세, $\beta = 1$, 한계세율 0.15
[세제3]	$T = -10 + 0.15Y$	→ 누진세, $\beta > 1$, 한계세율 0.15

④ [×] [세제3]의 경우 면세점 이상의 소득자는 소득이 증가할수록 조세수입의 소득탄력성이 <u>더 작아진다</u>.

- 조세수입의 소득탄력성(β) $= \dfrac{\frac{\Delta T}{T}}{\frac{\Delta Y}{Y}} = \dfrac{\Delta T}{\Delta Y} \cdot \dfrac{Y}{T}$

  $= \dfrac{0.15}{\frac{-10 + 0.15Y}{Y}} = \dfrac{0.15Y}{-10 + 0.15Y} > 1$

26   답 ②

❚해설❚
① [×] 조세수입의 소득탄력성이 클수록 재정의 자동안정화기능은 <u>커진다</u>. 경기호황으로 소득이 증가하면 정부의 조세수입이 큰 폭으로 증가하기 때문이다.
② [○] 한계세율이 평균세율보다 작으면 조세수입의 소득탄력성은 1보다 작다.

$$\text{조세수입의 소득탄력성}(\beta) = \dfrac{\frac{\Delta T}{T}}{\frac{\Delta Y}{Y}} = \dfrac{\frac{\Delta T}{\Delta Y}}{\frac{T}{Y}} = \dfrac{\text{한계세율}}{\text{평균세율}}$$

③ [×] 선형 조세수입함수는 소득이 증가함에 따라 한계세율이 <u>일정하다</u>.
④ [×] 선형 조세수입함수가 소득축을 통과하면 조세수입의 소득탄력성은 1보다 <u>크다</u>.
⑤ [×] 조세수입의 소득탄력성은 조세의 누진도를 평가하는 데 <u>도움이 된다</u>.

27

답 ①

|해설|

① [×] 전 국민에게 동일 금액으로 소득세를 부과하는 경우 <u>역진성</u>이 강화된다. 소득이 많은 사람이나 적은 사람이나 똑같은 세액을 부담하게 되어 조세부담은 저소득자일수록 높아질 것이다.
② [○] 주세처럼 역진적인 세목, 즉 간접세는 소득분배를 악화시킨다.
④ [○] 동일한 세수라면 누진성이 높은 경우가 소득분배를 더 많이 개선한다. 소득이 많은 고소득층의 조세부담을 증가시키기 때문이다.
⑤ [○] 역진적인 조세라도 세수를 저소득층 중심으로 보조금 지급에 사용하면 소득분배를 개선할 수 있다.

28

답 ③

|해설|

(1) (A)한계세율
   과세가능소득이 4,500만원일 때의 소득세율은 18%이다.

(2) (B)실효세율
   ① 과세가능소득 4,500만원인 K군의 납부해야할 세금
   $(1{,}200-0) \times 0\% + (3{,}000-1{,}200) \times 9\% + (4{,}500-3{,}000) \times 18\% = 432$
   ② 실효세율
   $\dfrac{432}{5{,}500} \times 100 = 7.85\%$

∴ $A : 18\%,\ B : 7.85\%$

29

답 ②

|해설|

(1) $\beta_A = \dfrac{\dfrac{\triangle T}{T}}{\dfrac{\triangle Y}{Y}} = \dfrac{\dfrac{\triangle T}{1{,}000}}{\dfrac{3{,}000}{5{,}000}} = \dfrac{x}{60\%} = 3 \rightarrow x = 180\%$

→ $\triangle T_A = 1{,}800$

(2) $\beta_B = \dfrac{\dfrac{\triangle T}{T}}{\dfrac{\triangle Y}{Y}} = \dfrac{\dfrac{\triangle T}{100}}{\dfrac{1{,}000}{1{,}000}} = \dfrac{y}{100\%} = 1 \rightarrow y = 100\%$

→ $\triangle T_B = 100$

∴ $1{,}800 + 100 = 1{,}900$만원

30

답 ⑤

❙해설❙

나. [×] 비례세율 체계하에서는 고소득자의 납세액과 저소득자의 납세액이 <u>다르다</u>. 고소득자의 납세액이 저소득자의 납세액보다 크다.

다. [×] 역진세율 체계하에서는 고소득자의 납세액이 저소득자의 납세액보다 <u>크다</u>.

31

답 ③

❙해설❙

① [O] 누진세의 경우 소득이 증가하면 세금도 증가하므로 조세회피가 발생할 가능성이 높아진다.

②, ④ [O] 정부로부터 제공받는 서비스의 정도와 관계없이 소득에 따라 조세부담을 해야 하므로 경제적 효율성이 저해될 수 있다.

③ [×] 조세를 소득의 함수로 나타내면 <u>원점을 지나면서 소득축에 대해 볼록한 곡선의 형태이거나 과표축을 지나는 직선의 형태가 된다.</u>

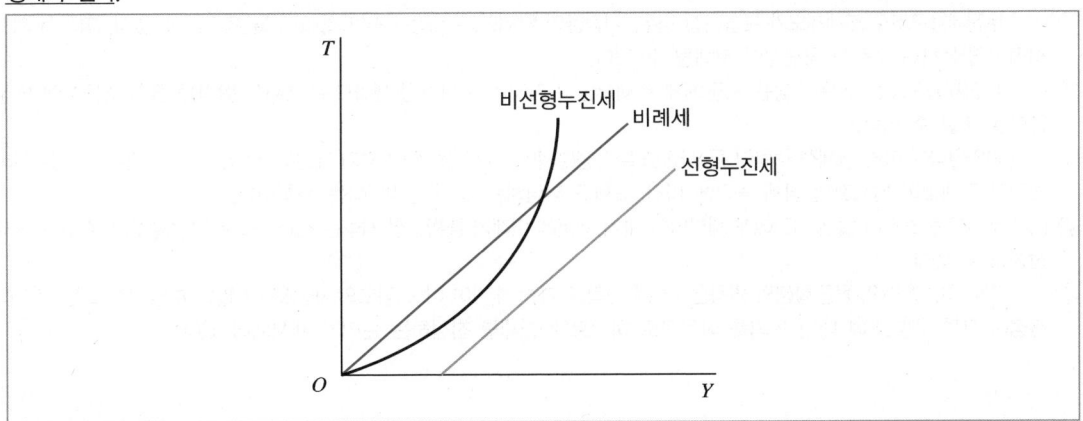

⑤ [O] 누진세는 경기변동 시 정부가 개입하지 않더라도 자동적으로 정부지출 또는 조세수입이 변화하여 경기과열이나 경기침체의 정도를 완화해주는 기능을 한다.

32

답 ④

해설

① [○] 누진세율구조로 조세제도가 복잡해질 경우, 사람들이 탈세할 수 있는 구멍(loophole)을 제공할 수 있다. 따라서 제도에 허점이 발생하여 수직적 공평성이 저해될 수 있다.
② [○] 누진세율구조는 소득이 높은 사람에게 조세부담이 커지는 문제가 발생하므로 경제적 활력을 줄여 효율성에 부정적 영향을 끼칠 수 있다.
③ [○] 누진세를 도입할 경우, 두 과세기간의 평균소득이 동일한 자영업자와 근로소득자 사이에 수평적 공평성을 저해할 수 있다. 일정한 소득을 얻는 근로소득자와 달리 자영업자의 경우 소득편차가 크기 때문에 상대적으로 조세부담이 더 커지게 된다.
④ [×] 편익원칙에 따를 때, 편익의 소득탄력성이 1보다 <u>큰 경우</u> 누진세의 도입은 공평하다.

33

답 ③

해설

① [○] 누진세율구조로 조세제도가 복잡해질 경우, 사람들이 탈세할 수 있는 구멍(loophole)을 제공할 수 있다. 따라서 제도에 허점이 발생하여 수직적 공평성이 저해될 수 있다.
② [○] 누진세율구조는 소득이 높은 사람에게 조세부담이 커지는 문제가 발생하므로 경제적 활력을 줄여 효율성에 부정적 영향을 끼칠 수 있다.
③ [×] <u>편익원칙</u>에 따라 경제적 능력이 큰 사람일수록 정부서비스 혜택을 많이 받기 때문에 찬성한다. 능력원칙은 정부서비스 혜택과 관계없이 납세자의 담세 능력에 따라 조세를 부담하는 것이 공평하다는 원칙이다.
④ [○] 누진세는 소득이 많은 사람에게 세부담이 가기 때문에 미래가 불확실한 사람은 상대적으로 부담을 덜기 위해 누진세를 찬성할 수 있다.
⑤ [○] 밀(J. S. Mill)의 동등희생의 원칙은 더 큰 능력을 가진 개인이 어느 정도의 세금을 더 많이 부담해야 하는지에 대한 관점(수직적 공평성)에 대한 논의를 바탕으로 하므로 누진세를 찬성하는 논리가 제시되어 있다.

34

답 ②

해설

ㄱ, ㄹ. [○] 공평성(공평과세)에는 개인이 공공서비스로부터 얻는 편익에 비례하여 조세를 부담하는 것이 공평하다는 원칙인 편익원칙과 각 개인의 경제적 능력에 따라 조세가 부과되어야 공평하다고 보는 원칙인 능력원칙이 있다.

35

답 ①

해설

① [×] 대기를 오염시키는 플라스틱 생산이라는 부정적 외부성에 환경세를 부과하여 시장실패를 해결하기 위한 내용이므로, 공평과세와는 관련이 없다.
②, ③ [○] 공평과세 중 능력원칙(수직적 공평성)에 대한 내용이다.
④, ⑤ [○] 공평과세 중 편익원칙에 대한 내용이다.

36 답 ②

┃해설┃
① [O] 편익원칙의 문제점은 무임승차와 같은 전략적 행동에 취약하다는 점이다. 납세자들이 자신들의 공공재에 대한 진정한 선호를 드러내려 하지 않고 무임승차하려는 문제가 나타날 수 있다.
② [×] 동등희생(equal sacrifice)원칙은 <u>능력원칙</u>에 근거한 조세부담의 이론적 기초를 제공한다. 능력원칙 중에서도 수직적 공평성에 근거한다.
③ [O] 편익원칙은 개인이 공공서비스로부터 얻는 편익에 비례하여 조세를 부담하는 것이므로 능력원칙보다 조세부담에 있어 납세자의 자발적 협조를 유도하기가 용이하다.
④ [O] 능력원칙 중 수평적 공평성에 따르면, 똑같은 경제적 능력을 가진 사람들에게 동일한 금액의 조세를 부담시켜야 한다.
⑤ [O] 능력원칙 중 수직적 공평성에 따르면, 서로 다른 경제적 능력을 가진 사람들에게 차등적인 금액의 조세를 부담시켜야 한다.

37 답 ③

┃해설┃
① [O] 공평과세 중 편익원칙은 납세자가 공공서비스로부터 받은 편익에 비례하도록 조세를 부담하는 것이 공평하다고 보는 원칙이다.
② [O] 공평과세 중 능력원칙은 공공서비스의 혜택이 어떻게 분배되고 있는지와 관계없이 납세자의 담세능력에 따라 조세부담이 분배되어야 공평하다고 보는 원칙이다.
③ [×] 피구세(Pigouvian tax)는 <u>능력원칙과 관련이 없다</u>. 피구세는 부정적 외부성을 해결하는 교정적 조세에 해당한다.
④ [O] 밀(J. S. Mill)은 공평한 과세의 원칙으로 동등희생의 원칙(=균등희생의 원칙)을 제시하였고, 균등한 희생의 의미에 대한 시각차이로 균등절대희생, 균등비례희생, 균등한계희생 3가지를 제시하였다.
⑤ [O] 능력원칙에는 수직적 공평성과 수평적 공평성으로 구분되며, 수직적 공평성의 경우 밀(J. S. Mill)의 균등희생의 원칙과 관련이 있다.

38 답 ①

┃해설┃
① [O] 누진세의 도입은 개인사업자와 근로소득자 간의 평균소득이 2개 과세기간 이상 동일하더라도 소득편차가 큰 사람의 조세부담이 커지는 경우가 발생하므로 수평적 공평성을 저해할 수 있다.
② [×] 편익원칙에 따를 때, 누진세를 도입하는 경우 편익의 소득탄력성이 1보다 <u>크면</u> 공평하다.
③ [×] 납세 전후로 개인 간 효용수준의 순위가 <u>변하지 않는 것이</u> 바람직하다.
④ [×] 수평적 공평성의 개선을 위한 정책수단으로 포괄적 소득세는 <u>바람직하다</u>. 포괄적 소득세는 소득의 종류와 관계없이 동일한 경제적 능력을 보유한 사람에게 동일한 크기의 조세를 부담한다.
⑤ [×] 소득세율의 누진성 강화는 납세자들 간의 수직적 공평성을 <u>촉진시키게 된다</u>.

39 답 ①

┃해설┃
① [O] 능력원칙은 경제적 능력에 따라 조세가 부담되어야 한다는 원칙으로 아파트 가격이 올랐다면 재산세를 더 많이 부담해야 한다.
② [×] 능력원칙은 밀(J. S. Mill)이 제시한 동등희생의 원칙이라는 재정이론에 그 근거가 있다. 빅셀(K. Wicksell)은 자발적 교환이론을 제시하였고 이는 능력원칙보다는 편익원칙과 관련이 있다.
③ [×] 능력원칙에 따르면 상이한 경제적 능력을 가진 사람에게는 서로 다른 크기의 조세를 부과해야 한다.
④ [×] 편익원칙에 따른 과세의 예로 통행료, 사용료 및 수수료가 해당된다.
⑤ [×] 편익원칙은 빅셀(K. Wicksell)이 제공한 자발적 교환의 재정이론에서 이념적 기초를 찾을 수 있다.

40 답 ④

┃해설┃
① [O] 능력원칙 중 수평적 공평성에 대한 내용이다.
④ [×] 소득세율의 누진성 강화는 수직적 공평성을 강화한다.
⑤ [O] 포괄적 소득세는 수평적 공평성의 개선을 위한 정책수단으로 바람직하다. 포괄적 소득세는 소득의 종류와 관계없이 동일한 경제적 능력을 보유한 사람에게 동일한 크기의 조세를 부담한다.

41 답 ③

┃해설┃
① [O] 편익원칙(이익설)은 편익(이익)의 크기에 따라 조세를 부과하므로 근로의욕을 저해하지 않는다.
②, ⑤ [O] 편익원칙(이익설)은 오직 개인이 공공서비스로부터 얻는 편익에 비례하여 조세를 부담하는 것이 공평하다고 보는 원칙이기 때문에 소득재분배를 위해 외부성이 있는 공공재의 공급재원을 조달하는 것은 어렵다.
③ [×] 공공서비스로부터의 편익에 비례해 부담하기 때문에 무임승차 문제가 발생할 수 있다.
④ [O] 편익원칙(이익설)은 빅셀(K. Wicksell)이 제시한 자발적 교환의 재정이론에서 이념적 기초를 찾을 수 있다.

42 답 ②

┃해설┃
① [×] 조세가 갖는 강제성의 특징을 반영하지 않는다. 편익원칙(이익설)은 빅셀(Wicksell), 린달(Lindahl) 등의 자발적 교환 원리에 근거를 두고 있다.
② [O] 자발적 교환 원리(시장경제원리)를 적용하기 때문에 조세저항이 적으므로 조세부과가 용이하다.
③, ④, ⑤ [×] 편익원칙(이익설)은 오직 개인이 공공서비스로부터 얻는 편익에 비례하여 조세를 부담하는 것이 공평하다고 보는 원칙이기 때문에 소득재분배를 위해 외부성이 있는 공공재의 공급재원을 조달하는 것은 어렵다.

43 답 ②

│해설│
① [○] 편익원칙(이익설)은 개인이 공공서비스로부터 얻는 편익에 비례하여 조세를 부담하는 것이 공평하다는 원칙이므로 조세부과의 강제성을 설명하지 못한다.
② [×] 공공재 공급과 조세부담을 <u>직접적으로 연계하여 공공재를 효율적으로 공급할 수 있다</u>. 조세부담은 편익에 비례하므로 공공재 공급과 조세부담은 직접적으로 연계되어 있다고 볼 수 있다.
③, ④, ⑤ [○] 편익원칙(이익설)은 오직 개인이 공공서비스로부터 얻는 편익에 비례하여 조세를 부담하는 것이 공평하다고 보는 원칙이기 때문에 소득재분배를 위해 외부성이 있는 공공재의 공급재원을 조달하는 것은 어렵다.

44 답 ⑤

│해설│
⑤ [×] 사뮤엘슨(P. Samuelson)에 의하면 동등절대희생의 원칙은 한계효용의 소득탄력성이 1보다 <u>큰 경우에</u> 누진과세를 정당화한다.

45 답 ④

│해설│
① [×] 조세부담이 누진적이면 자원배분이 <u>비효율적</u>이라고 할 수 있다.
② [×] 우리나라의 부가가치세는 조세부담이 <u>역진적인</u> 경향을 가진다.
③ [×] 우리나라의 근로소득세는 능력설에 기초한 조세이다.
⑤ [×] 한계희생균등의 원칙은 <u>마지막 단위의 조세납부로 인한 희생의 한계값이</u> 모든 사람에게 동일해야 함을 의미한다.

46 답 ①

│해설│
① [○] 균등비례희생은 효용상실의 비율이 균등한 것을 말하는데, MU가 직선이면서 감소(우하향의 직선)하는 경우 누진세가 정당화된다. MU가 곡선이면서 감소하는 경우에는 소득탄력성이 1보다 크거나 같으면 누진세, 소득탄력성이 1보다 작은 경우에는 불분명하다. MU가 일정(수평선)한 경우에는 비례세에 해당한다.

47

답 ④

┃해설┃

① [×] 과세기간 동안의 개인별 소비액을 기준으로 과세하는 개인소비세의 경우 그 부담구조는 <u>누진적</u>이 된다. 개인소비세는 개인마다 누진적으로 과세된다.
② [×] 편익원칙에 따른 과세를 채택할 경우 <u>공공서비스 수요의 소득탄력성이 1보다 클 경우 누진적이 되고, 공공서비스 수요의 소득탄력성이 1보다 작을 경우에는 역진적이게 된다.</u>
③ [×] 두 사람이 동일한 <u>수평선</u>인 소득의 한계효용곡선을 가진다고 가정할 때 비례적 균등희생원칙에 따를 경우 비례세가 나타나게 된다.
⑤ [×] 부담능력에 따른 과세를 채택할 경우 <u>소득, 소비, 재산 등</u>은 부담능력의 척도가 된다.

48

답 ⑤

┃해설┃

균등한계희생설에서 모든 사람의 효용함수가 동일하고 또 소득의 한계효용이 체감하는 경우에는 한계효용의 소득탄력성의 값에 상관없이 누진세제가 정당화된다. 따라서 한계효용의 소득탄력성보다 크거나, 같거나 그리고 작을 때와는 관계없다.

49

답 ②

┃해설┃

② [×] 소비를 평가기준으로 할 경우, 누진과세가 <u>가능하다</u>. 지출세(개인소비세)는 사회전체의 재화를 감소시키는 행위이므로 과세대상으로 삼는 것이 바람직하며 이는 직접세, 인세에 해당하므로 누진과세가 가능하다.

50

답 ①

┃해설┃

① [×] 부동산의 장기보유 경향이 <u>증가</u>된다.
②~⑤ [○] 동결효과는 실현주의 과세를 할 때(미실현 자본이득은 비과세) 나타나는 것으로 부동산의 매각시점을 늦추어 조세납부 시점을 뒤로 미루려고 하는 현상(→ 부동산의 장기보유 경향이 커지고, 자산 이동이 억제됨으로써 자산시장의 공급이 위축)을 말한다. 따라서 가계의 자산 선택이 왜곡되고, 새로운 투자가 제약되어 자산의 효율적 배분이 저해되며, 자본재의 생산성이 떨어진다.

제2절 | 조세의 전가와 귀착

01 답 ①

해설
② [×] 자본화가 일어나면 조세부담은 <u>공급자에게 귀착된다</u>.
③ [×] 토지가격은 부과된 조세의 <u>현재가치만큼 하락한다</u>.
④ [×] <u>토지공급자에게 모든 조세부담이 귀착된다</u>.
⑤ [×] 조세부과 후 <u>토지공급자에게 모든 조세부담이 귀착된다</u>.

02 답 ⑤

해설
① [×] 자본화의 크기는 기간당 할인율에 <u>반비례한다</u>.
② [×] 세율이 높을수록 조세의 자본화 정도는 <u>커진다</u>.
③ [×] 조세부담은 <u>토지소유자에게 100% 귀착된다</u>.
④ [×] 토지가격의 변동 폭은 부과된 조세의 <u>현재가치만큼 하락한다</u>.

03 답 ④

해설
① [×] 자본화의 결과로 토지가격은 <u>조세의 현재가치만큼 하락한다</u>.
② [×] 자본화의 크기는 기간당 이자율에 반비례한다.
③ [×], ④ [○] <u>조세의 자본화가 되는 경우 조세부과를 발표하는 시점의 토지소유자가 토지에 부과된 조세를 전부 부담하게 된다</u>.
⑤ [×] 세율이 <u>높을수록</u> 조세의 자본화 정도는 커진다.

04 답 ①

해설
조세의 자본화(조세환원)은 공급이 완전비탄력적인 재화(토지 등)에 조세가 부과될 때 재화 가격이 조세부담의 현재가치만큼 하락하는 현상으로, 극단적인 후전[후전은 생산자가 요소공급자(노동자)에게 전가시키는 것]의 한 유형이다. 조세부담은 조세부과를 발표하는 시점의 토지소유자에게 귀착된다.

05   답 ④

│해설│
① [×] 전방전가란 조세전가가 생산물의 거래와 동일한 방향으로 이루어지는 것을 말한다.
② [×] 후방전가란 조세전가가 생산물의 거래와 반대의 방향으로 이루어지는 것을 말한다. 전방전가의 반대라고 보면 된다.
④ [O] 차별적 조세귀착은 일정한 정부지출을 고정시킨 상태에서 특정조세를 동액의 다른 조세로 대체할 때의 분배효과를 분석하는 것을 말한다. 대체라는 말이 키워드이다.

06   답 ③

│해설│
①, ② [×] 부분균형분석은 특정시장에 부과된 조세가 다른시장에 영향을 미치지 않고 그 시장에만 영향을 미친다는 전제하에 분배적 효과를 측정하는 것을 말한다. 이에 반해 일반균형분석은 조세가 부과된 시장뿐 아니라 연관시장의 파급효과까지 고려한 조세의 분배효과를 분석하는 것을 말한다.
③ [O] 균형예산 조세귀착이란 특정조세의 징수와 특정 정부지출 변화에 따른 전체적인 효과를 고려하여 분석하는 것을 말하며, 목적세에 적합한 귀착 분석방법이다.
※ 귀착의 분석방법에는 대표적으로 균형예산귀착, 차별적 귀착, 절대적 귀착이 있다. 이외에도 일반균형 조세귀착, 부분균형 조세귀착 등으로 분류할 수 있다.

07   답 ⑤

│해설│
ㄱ. [×] 동등한 경제 상황에 있는 사람들에게 동등하게 과세하여야 한다는 것이 수평적 공평이며, 부자에게는 더 많은 세금을 부과하여야 한다는 것이 수직적 공평이라 한다.
ㄷ. [×] 조세부담의 전가란 법률상 납세의무자가 조세부담의 일부를 거래 상대방에게 일시적으로 이전하는 것을 말하며, 최종적으로 누가 조세를 부담할 것인가를 나타내는 것이 조세부담의 귀착이다.

08   답 ④

│해설│
④ [×] 균형예산귀착은 절대귀착보다 정부지출이 분배에 미치는 효과를 파악할 때 더 적합한 분석방법이다. 절대귀착이란 일정한 정부지출과 다른 조세의 크기를 고정시킨 상태에서 새로운 조세를 도입했을 때의 분배효과를 분석하는 것을 말한다. 한편, 균형예산귀착은 특정조세의 징수와 특정 정부지출 변화에 따른 전체적인 효과를 고려하여 분석하는 것을 말한다. 따라서 균형예산귀착이 절대귀착보다 정부지출이 분배에 미치는 효과를 파악할 때 더 적합하다.

09

답 ⑤

┃해설┃
① [○] 조세부담의 전가란 조세부담이 경제적 관계에 따라 법률상 납세의무자로부터 다른 경제주체에게로 이전되는 것을 말한다.
② [○] 기능별 소득분배 이론은 토지, 노동, 자본의 세 가지 본원적인 생산요소와 그 소유자에게 생산물이 어떻게 분배되는가를 다룬다. 어떤 생산요소를 소요하고 있느냐에 따라 사회집단을 지주, 노동자, 자본가라는 세 계급으로 분류하여 각 계급 간에 소득이 어떻게 분배되는가를 다루는 것이다.
⑤ [×] 법인세를 부과하면 소비자에게도 세부담이 전가될 수 있는데, 이를 <u>전방전가(전전)</u>라고 한다.

10

답 ②

┃해설┃
①, ④ [○] 조세전가의 유형에는 조세전가가 생산물의 거래와 같은 방향으로 이루어지는 전전(forward shifting)과 조세전가가 생산물의 거래와 반대 방향으로 이루어지는 후전(backward shifting)이 있다.
② [×] 정부지출을 불변으로 두고, 한 종류의 조세를 같은 조세수입을 가져다주는 다른 종류의 조세로 대체했을 때의 분배효과를 분석하는 것을 <u>차별적 귀착</u>이라고 한다. (균형)예산귀착은 특정조세의 징수와 특정 정부지출 변화에 따른 전체적인 효과를 고려하여 분석하는 것으로 목적세에 적합한 방법이다.
⑤ [○] 완전경쟁시장에서 종가세의 귀착은 수요 · 공급의 탄력성에 따라 달라질 뿐 납세의무자가 누구로 지정되었는지와는 관련이 없다. 즉, 소비자에게 부과되든 생산자에게 부과되든 경제적 효과 면에서 동일하다.

11

답 ④

┃해설┃
① [○] 법적 귀착은 조세납부의 의무를 지고 있는 사람에게 조세의 부담이 귀착된다고 보는 개념이며, 실제로 조세를 누가 부담하느냐에 따라 귀착의 개념을 달리 보는 시각은 경제적 귀착이라고 한다. 현실적으로는 조세납부의 의무를 지고 있지 않은 사람이 부담하는 경우가 빈번하다.
② [○] 전전이란 조세전가가 생산물의 거래와 같은 방향으로 이루어지는 것으로, 생산자가 조세부담을 소비자에게 전가시키는 것을 말한다.
③ [○] 소전이란 생산자가 스스로의 경영합리화와 기술진보로 조세부담을 흡수하는 것으로, 조세가 납부되나 실질적으로는 그 누구도 조세를 납부하지 않은 것을 말한다.
④ [×] 독점시장에 물품세가 부과되는 경우 소비자가격은 조세부과액 이상으로 <u>증가될 수 있다</u>. 수요의 가격탄력성≥1이면서, 한계비용이 일정하다면 독점기업에게 부과된 조세 이상이 소비자에게 전가되기 때문에 소비자가격은 조세부과액 이상으로 증가할 수 있다.
⑤ [○] 기업의 순수한 이윤에 대한 과세는 전부 기업에게 귀착되기 때문에 다른 경제주체로 전가되지 않는다.

12

답 ②

|해설|
① [×] 수요가 탄력적일수록 정부의 조세 수입은 감소한다.
② [○] 탄력성과 초과부담(경제적 비효율성, 후생손실)의 크기는 비례한다.
③ [×] 단위당 세액이 커질 때 거래량의 감소 폭이 크지 않다면 정부의 조세수입은 증가할 수 있다. 다만, 거래량이 큰 폭으로 감소한다면 정부의 조세수입은 감소할 수도 있다.
④ [×] 상대적으로 탄력성이 높은 쪽의 조세부담이 상대적으로 작아진다.
⑤ [×] 수요가 완전비탄력적이면 소비자가 조세 전부를 부담한다.

13

답 ③

|해설|
수요곡선은 수직(완전비탄력적)이고 공급곡선은 우상향할 때, 소비자에게 과세하는 경우 소비자에게 100% 전가된다. 따라서 법적 귀착과 경제적 귀착이 일치한다.

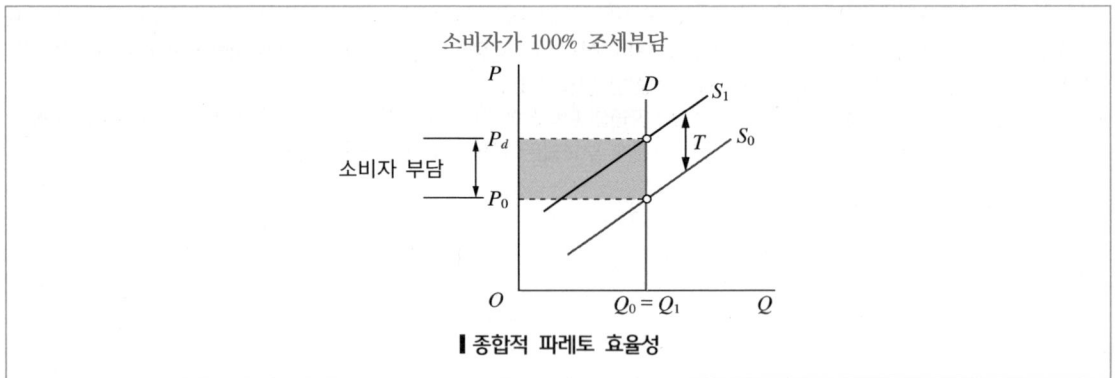

▮종합적 파레토 효율성

14

답 ④

|해설|
ㄱ. [×] 수요자에게 물품세를 부과할 경우 상대적으로 공급자에게 조세가 더 많이 귀착될 것이다.
ㄴ. [×] 수요자에게 가격보조를 할 경우 상대적으로 공급자에게 보조금이 더 많이 귀착될 것이다.

15

답 ②

┃해설┃

② [×] 수요곡선이 비탄력적일수록 초과부담은 작아지고, 공급자의 세부담은 <u>작아진다</u>.
※ 탄력성과 초과부담(경제적 비효율성, 후생손실)의 크기는 비례하며, 탄력성과 조세부담은 반비례 관계이다.

- $\dfrac{\text{소비자부담}(A)}{\text{생산자부담}(B)} = \dfrac{\text{공급의 가격탄력성}(\eta)}{\text{수요의 가격탄력성}(\varepsilon)} = \dfrac{\text{공급곡선의 기울기}}{\text{수요곡선의 기울기}}$

- 초과부담$(DWL) = \dfrac{1}{2} \cdot t \cdot \left[\dfrac{1}{\dfrac{1}{\varepsilon} + \dfrac{1}{\eta}} \right] \cdot (P \cdot Q)$

16

답 ⑤

┃해설┃

① [×] 소비자들이 쉽게 대체재를 구할 수 있는 상품(수요가 탄력적)의 공급자들이 생산량을 조절하기 어려울 경우(공급이 비탄력적), 그 상품에 부과되는 조세는 <u>생산자</u>에게 더 많이 귀착된다.
② [×] 수요와 공급 중 하나가 탄력적이거나 모두 탄력적인 재화에 조세를 부과하면, 상대적으로 거래량은 <u>크게</u> 감소하고 사중손실(deadweight loss)은 커진다.
③ [×] 수요에 비해 공급이 상대적으로 비탄력적일 때 조세를 부과하면, 공급량이 가격하락에 덜 민감하기 때문에 <u>생산자</u>들이 더 큰 조세부담을 지게 된다.
④ [×] 정액세(lump-sum tax)는 모든 사람이 동일한 세액을 납부하므로 <u>역진적 성격</u>을 띠고 소득에 역진적이다.
⑤ [○] 세율이 누진적으로 증가하는 소득세제는 대체효과에 의해 납세자의 노동, 저축 및 투자유인을 왜곡시킬 수 있다.

17

답 ①

┃해설┃

① [○] 비용체감산업의 경우 공급곡선이 우하향하면서 기울기가 수요곡선보다 완만한 형태를 나타낸다. 조세부과 이후 가격 상승폭이 단위당 조세액보다 크며, 소비자에게 100% 이상 조세전가가 이루어진다.
② [×] 초과부담이 <u>발생한다</u>. (∵ 조세부과로 인해 거래량이 감소)
③ [×] 소비자부담액은 조세부과액보다 <u>크다</u>.
④ [×] 소비자잉여는 <u>감소한다</u>. (∵ 조세부과로 인해 소비자가격이 상승)
⑤ [×] 상품거래량은 <u>감소한다</u>. (∵ 조세부과로 인해 거래량이 감소)

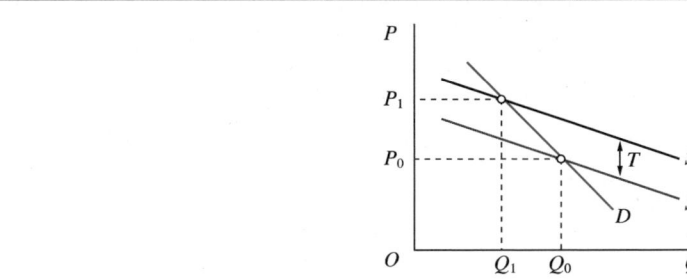

18

답 ①

┃해설┃

②, ③ [×] 조세의 부담은 모두 <u>소비자</u>에게 귀착된다.
④ [×] <u>여가를 포함한 모든 재화에 대해 동일한 세율로 부과하는 물품세</u>가 중립세이다.
⑤ [×] 탄력성과 초과부담(경제적 비효율성, 후생손실)의 크기는 비례하므로 <u>수요곡선이 완전비탄력적인 경우 초과부담은 발생하지 않는다</u>.

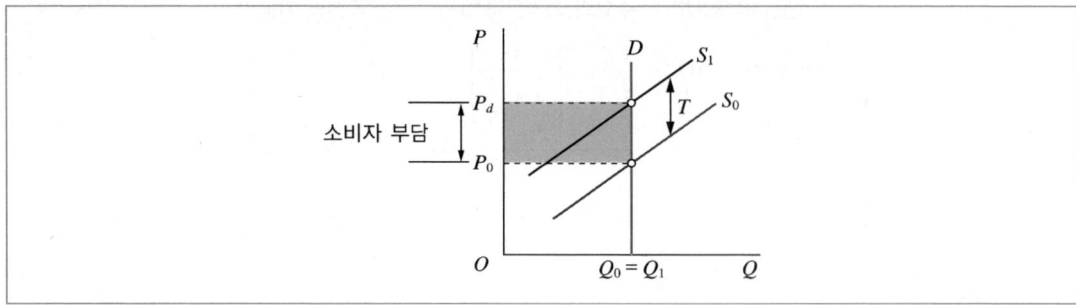

19

답 ②

┃해설┃

① [○] 조세의 초과부담은 t의 제곱에 비례한다.

$$초과부담(DWL) = \frac{1}{2} \cdot t^2 \cdot \varepsilon \cdot (P \cdot Q)$$

② [×] 조세수입은 <u>단위당 조세액 증가 시 거래량의 변화에 따라 증가할 수도 있고, 감소할 수도 있다</u>.

$$조세수입 = 단위당\ 조세액(T) \times 조세부과\ 후의\ 거래량(Q_T)$$

③ [○] 수요가 가격탄력적일 때 조세부과 후 가격이 상승하고 수요량이 줄어든다. 따라서 가격탄력적일 때 세후 판매수입은 과세 이전보다 줄어든다.
④, ⑤ [○] 공급곡선이 완전탄력적이므로 소비자가 조세를 100% 부담하게 되고, 소비자 잉여는 감소하게 된다.

20   답 ⑤

해설

① [O] 청소년의 담배 지출액은 감소할 것이다. 청소년 저소득층과 고소득층의 수요의 가격탄력성 > 1이므로, 담배소비세가 인상되면 담배소비량이 큰 폭으로 감소하기 때문이다.
② [O] 성인의 담배 지출액은 증가할 것이다. 성인 저소득층과 고소득층의 수요의 가격탄력성 < 1이므로, 담배소비세가 인상되더라도 담배소비량의 감소폭이 크지 않기 때문이다.
③ [O] 두 소득계층으로부터의 조세수입은 증가할 것이다. 두 소득계층 수요의 가격탄력성 < 1이므로, 담배소비세가 인상되더라도 담배소비량의 감소폭이 크지 않고, 담배소비세 인상 후에도 소비량이 별로 감소하지 않는다면 조세수입은 증가할 것이다.
④ [O] 청소년의 담배소비가 성인에 비해 상대적으로 많이 감소할 것이다. 청소년 수요의 가격탄력성 > 성인 수요의 가격탄력성이기 때문이다.
⑤ [×] 저소득층 전체의 담배소비가 고소득층 전체에 비해 상대적으로 더 많이 감소할 것이다. 저소득층 수요의 가격탄력성 > 고소득층 수요의 가격탄력성이기 때문이다.

21   답 ①

해설

두 재화가 완전대체재일 경우 한 재화에 조세를 부과하면 조세부담은 생산자(공급자)가 모두 부담한다.

22   답 ①

해설

②, ③ [×] 담배소비가 가격비탄력적일 때, 담배소비세가 인상하면 담배소비량은 감소하고, 세수는 증가한다.
④ [×] 담배소비가 가격탄력적일 때, 담배소비세가 인상하면 담배소비량이 담배가격의 상승폭보다 크게 감소하므로 담배소비를 줄이는 효과는 크다. 단위당 담배소비세액의 인상폭보다 담배소비량이 크게 감소하는 경우에는 세수가 오히려 감소할 수 있다.

23

답 ④

|해설|

생산자부담 = 단위당 조세액 × $\dfrac{\text{공급곡선의 기울기}}{\text{수요곡선의 기울기}+\text{공급곡선의 기울기}} = 12 \times \dfrac{1}{\frac{1}{2}+1} = 8$

cf) 소비자부담 = 단위당 조세액 × $\dfrac{\text{수요곡선의 기울기}}{\text{수요곡선의 기울기}+\text{공급곡선의 기울기}} = 12 \times \dfrac{\frac{1}{2}}{\frac{1}{2}+1} = 4$

24

답 ①

|해설|

(1) 조세부과 전 P, Q(수요함수와 공급함수의 연립)
  $50 - 2P = 3P - 20 \rightarrow 5P - 70$
  $\rightarrow P = 14$, $Q = 22$

(2) 조세부과 후 공급함수
  $P = \dfrac{1}{3}Q + \dfrac{20}{3} + 10 \rightarrow P = \dfrac{1}{3}Q + \dfrac{50}{3}$
  $\rightarrow Q = 3P - 50$

(3) 조세부과 후 P, Q(수요함수와 조세부과 후 공급함수의 연립)
  $50 - 2P = 3P - 50$
  $\rightarrow P = 20$, $Q = 10$

∴ 위의 결과를 토대로 그래프를 나타내면 아래와 같다.

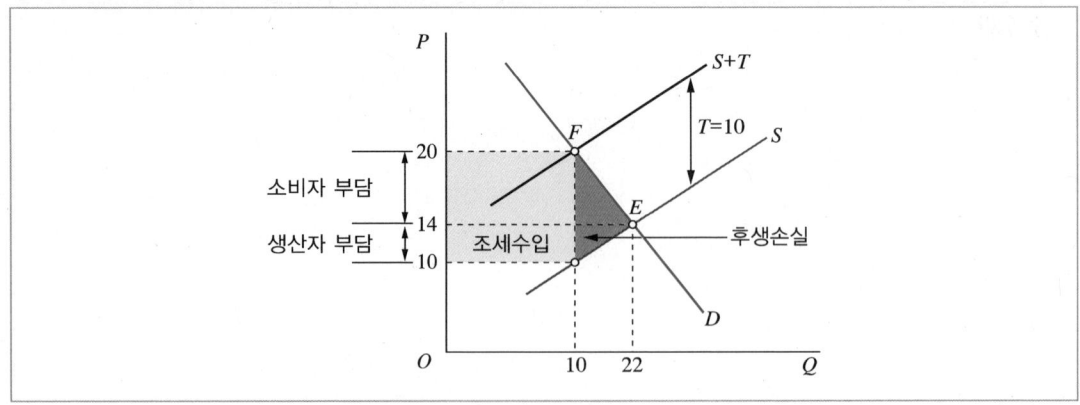

① [×] 물품세 총액은 100원(정부의 조세수입 : $T \times Q_T = 10 \times 10$)이다.
②, ③, ④ [○] 그래프를 통해 확인할 수 있다.
⑤ [○] 사회적 후생손실은 60원($= \dfrac{1}{2} \times 10 \times 12$)이다.

25

답 ②

❚해설❚

문제에 제시된 내용을 그래프로 나타내면 아래와 같다.

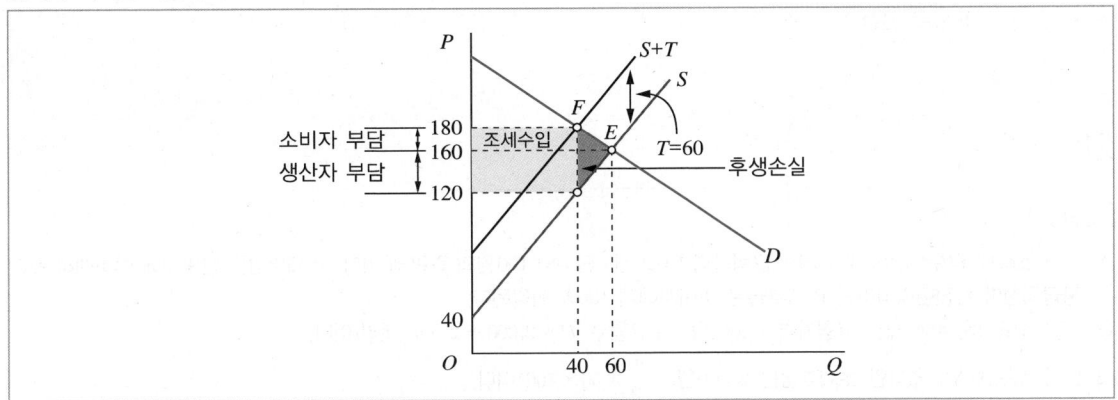

① [○] 공급곡선의 이동($S \to S+T$)으로 시장가격이 160에서 180으로 상승한다.
② [×] 종량세 과세에 따른 초과부담은 $600(=\frac{1}{2} \times 60 \times 20)$이다.
③ [○] 공급곡선의 이동($S \to S+T$)으로 시장의 거래량은 60에서 40으로 줄어든다.
④ [○] 종량세 부과로 발생하는 조세수입은 $2,400(=60 \times 40)$이다.
⑤ [○] 소비자에게 귀착되는 종량세 부담은 $800(=20 \times 40)$이다.

26

답 ③

❚해설❚

수요곡선의 기울기가 1이고, 공급곡선의 기울기도 1이므로 개당 200원의 종량세를 부과하면 소비자와 생산자는 각각 100원씩 부담해야 한다.

27　답 ④

해설

단위당 조세액(T)×조세부과 후 거래량(Q_T)=10×50=500
※ 한계비용은 40으로 일정하고, 25%의 종가세율로 부과되면 단위당 조세액은 10으로 일정하다.

28　답 ⑤

해설

① [O] 소비자가격은 1,100원(=세전 균형가격 1,000원+단위당 100원의 종량세)이다. 조세부담은 탄력성에 반비례하므로, 공급곡선이 완전탄력적이면 조세부담은 소비자에게 100% 귀착된다.
② [O] 수요량은 450(세전 균형가격 1,100원을 수요함수 $P=2,000-2Q$에 대입)이다.
③ [O] 소득효과가 없다면 초과부담은 2,500원(=$\frac{1}{2}\times 50\times 100$)이다.
④ [O] 세수는 45,000원(=단위당 종량세 100원×조세부과 이후 거래량 450)이다.
⑤ [X] 판매수입은 450,000원(=생산자가격 1,000원×조세부과 후 거래량 450단위)이다.

29　답 ①

해설

① [X] 물품세의 법적 귀착과 경제적 귀착은 항상 동일한 결과를 나타내지 않는다. 법적 귀착은 조세납부의 의무를 지고 있는 사람에게 조세의 부담이 귀착된다고 보는 개념이며, 실제로 조세를 누가 부담하느냐에 따라 귀착의 개념을 달리 보는 시각은 경제적 귀착이라고 한다. 현실적으로는 조세납부의 의무를 지고 있지 않은 사람이 부담하는 경우가 빈번하다.
② [O] 탄력성은 조세부담에 반비례한다.
③ [O] 대체로 노동공급(근로자)보다는 노동수요(기업)가 탄력적이므로 근로소득세는 대부분 근로자가 부담한다.
④ [O] 자본시장의 국제화로 국가 간 자본이동이 자유롭다면 자본소득에 대한 조세는 대부분 자본의 사용자(자본의 수요자)가 부담한다. 만약, 자본공급이 고정되어 있는 폐쇄경제인 경우에는 전적으로 자본의 공급자에게 귀착된다.
⑤ [O] 조세귀착의 부분균형분석은 특정한 시장에서 부과된 조세가 다른 시장에 영향을 미치지 않고 그 시장에서만 영향을 미친다는 가정 하에서 분배효과를 측정하는데, 분석이 간단하다는 장점이 있지만 다른 부문과 상호작용을 고려하지 못한다는 단점이 있다.

30　답 ③

해설

① [X] 노동의 수요탄력성이 무한히 클 경우 근로소득세는 노동공급자가 모두 부담한다.
② [X] 자본에 과세하는 경우 자본의 개방도가 높을수록 자본수요자의 부담은 높아진다.
④ [X] 토지의 공급이 고정되어 있을 경우 토지에 대한 과세는 완전한 자본화를 가져온다.
⑤ [X] 노동의 공급탄력성이 매우 작을 경우 근로소득세는 노동공급자가 대부분 부담한다.

31

답 ②

┃해설┃

② [×] 근로자의 임금이 근로소득세만큼 낮아지기 때문에 근로소득세 부과는 <u>노동수요와 노동공급의 탄력성에 따라 달라진다</u>.

32

답 ①

┃해설┃

① [○] 개방경제에서 국가 간 자본이동이 완전한 경우, 자본에 대한 과세는 전적으로 자본수요자에게 귀착된다. 만약, 자본공급이 고정되어 있는 폐쇄경제인 경우에는 전적으로 자본의 공급자에게 귀착된다.
② [×] 생산요소의 공급이 완전비탄력적인 경우, 그 생산요소에 대한 조세는 <u>모두 공급자에게 귀착된다</u>.
③ [×] 완전경쟁시장 상품에 과세할 때, 공급곡선이 불변이면 수요곡선이 탄력적일수록 소비자의 조세부담이 <u>감소</u>한다.
④ [×] 물품세가 부과될 때, 독점기업일지라도 부과된 세금 이상을 소비자에게 전가시킬 수 <u>있다</u>. 수요의 가격탄력성 ≥ 1이고, 한계비용이 일정한 경우 독점기업에게 부과된 조세 이상이 소비자에게 전가된다.
⑤ [×] 램지(Ramsey)규칙은 <u>초과부담</u>을 최소화하기 위한 정책기준이다.

33

답 ①

┃해설┃

① [×] 이윤세 부과는 독점기업의 균형생산량을 <u>감소시키지 않는다</u>. 진정한 경제적 이윤에 대한 과세인 이윤세는 초과부담, 조세전가, 상대가격 왜곡, 생산량, 가격에는 모두 영향이 없다.

34

답 ①

┃해설┃

① [○] 독점시장에서 우하향의 직선의 수요곡선이면서 MC가 일정한 경우 단위당 T원이 부과되면 $\frac{1}{2}T$만큼 소비자에게 전가된다. 즉, 독점기업과 소비자가 나누어 부담하게 된다.

35

답 ④

┃해설┃

① [○] 독점시장의 경우 단위당 조세액 중 일부는 소비자에게 전가되며, 독점이라도 조세의 100%를 항상 전가시키지는 못한다.
③ [○] 국민연금제도에서 기여금은 법적으로는 고용주와 근로자가 $\frac{1}{2}$씩 부담하지만 실질적인 부담은 노동의 수요 및 공급의 임금탄력성에 따라 결정된다. 현실적으로 노동공급보다는 노동수요가 탄력적이므로 근로소득세는 대부분 근로자가 부담한다.
④ [×] 독점시장에서는 <u>공급곡선이 존재하지 않는다</u>. 수요곡선과 MC의 기울기에 따라 조세의 귀착이 결정된다.

36

답 ②

｜해설｜
① [×] 비용불변이기 때문에 소비자가격은 변동한다. 수요곡선이 비탄력적일수록, MC곡선이 완만할수록 소비자가격은 조세부과 이전보다 상승한다.
③ [×] 소비자잉여는 감소한다. 소비자가격이 변동(상승)하면 소비자잉여는 감소한다.
④ [×] 독점기업도 종가세 일부를 부담하기 때문에 독점이윤은 불변이 아니며, 조세부과 이전보다 감소한다.
⑤ [×] 가격상승은 부과된 단위당 세액보다 작다. 종가세의 일부를 독점기업이 부담하기 때문이다.

37

답 ③

｜해설｜
① [×] 독점적 경쟁시장의 상품에 과세한 경우, 기업이 충성고객을 확보하였을 때는 전가가 쉽다. 충성고객의 경우 가격에 대해 비탄력적이므로, 가격이 변동되어도 조세 전가하기가 수월하다.
② [×] 독점적 경쟁시장의 상품에 과세한 경우, 상품에 이질성이 높으면 전가가 쉽다. 이질성이 높다는 것은 대체재를 찾기 어렵다는 것이므로 소비자에게 전가하기가 쉬워진다.
③ [○] 독점적 경쟁시장의 기업에 대한 이윤세 부과는 기업의 이윤극대화 행위에 영향을 주지 못한다. 독점의 경우에도 이윤세는 중립세의 성격을 가진다.
④ [×] 완전경쟁시장 개별 기업의 상품에 과세한 경우에 비해 전가가 쉽다. 독점시장은 시장지배력을 보유하고 있으므로 완전경쟁시장에 비해 조세의 전가가 쉽다.
⑤ [×] 독점적 경쟁시장의 상품에 과세한 경우, 상품에 동질성이 높으면 전가가 어렵다. 동질성이 높다는 것은 대체재를 찾기가 수월하기 때문에 조세의 전가가 어렵다.

38

답 ②

｜해설｜
(1) 한계수입, 한계비용
　① 한계수입 : 수요함수 $P = 30 - Q$ → ∴ $MR = 30 - 2Q$
　② 한계비용 : 총비용함수 $TC = \frac{1}{2}Q^2 + 3$를 Q에 대해 미분 → ∴ $MC = Q$

(2) 조세부과 전 이윤극대화 P, $Q(MR = MC)$
　$30 - 2Q = Q$
　∴ $Q = 10$, $P = 20 (Q = 10$을 수요함수에 대입$)$

(3) 조세부과 후 이윤극대화 P, $Q(MR = MC + T)$
　$30 - 2Q = Q + 6$ → $3Q = 24$
　∴ $Q_T = 8$, $P_T = 22 (Q_T = 8$을 수요함수에 대입$)$

(4) 소비자잉여 감소분
　조세부과 후 소비자가격이 20 → 22로 상승하므로 소비자잉여는 아래의 그림과 같이 $A + B$의 면적만큼 감소한다.
　∴ $(2 \times 8) + (\frac{1}{2} \times 2 \times 2) = 18$

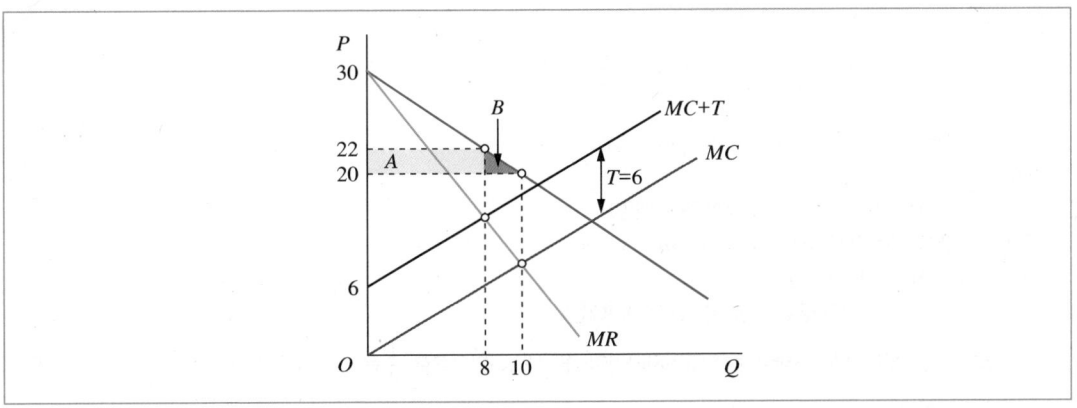

39

답 ②

┃해설┃

(1) 한계수입, 한계비용
  ① 한계수입 : 수요함수 $P=160-Q \to \therefore MR=160-2Q$
  ② 한계비용 : 평균비용함수 $AC=40+Q \to$ 총비용함수 $TC=AC\times Q=40Q+Q^2 \to \therefore$ 총비용함수를 Q에 대해 미분하면 $MC=40+2Q$

(2) 이윤극대화 $P,\ Q(MR=MC)$
  $160-2Q=40+2Q$
  $\therefore Q=30,\ P=130\,(Q=30$을 수요함수에 대입)

(3) 소비자잉여
  $\dfrac{1}{2}\times 30\times 30=450$

40

답 ④

┃해설┃

ㄱ. [×] 독점공급자는 조세부담을 전가시킬 수 있으므로 <u>일부는 소비자에게 전가된다</u>. 독점이라도 조세의 100%를 항상 전가시키지는 못한다.

ㄷ. [×] 조세부담의 크기는 소비자와 공급자가 <u>동일하지 않다</u>. 단위당 조세액 10 중에 독점공급자의 조세부담은 7.5, 소비자의 조세부담은 2.5로 독점공급자의 조세부담이 소비자보다 3배 더 크다.

ㄹ. [×] 독점공급자의 조세부담이 소비자의 조세부담의 <u>3배이다</u>. 단위당 조세액 10 중에 독점공급자의 조세부담은 7.5, 소비자의 조세부담은 2.5로 독점공급자의 조세부담이 소비자보다 3배 더 크다.

41

답 ①

┃해설┃

ㄱ. [○] 조세부과 전 이윤극대화 P, $Q(MR=MC)$
$20-2Q=2Q$
∴ $Q=5$, $P=15(Q=5$를 수요함수에 대입$)$

ㄴ. [○] 조세부과 후 이윤극대화 P, $Q(MR=MC+T)$
$20-2Q=2Q+4 \rightarrow 4Q=16$
∴ $Q_T=4$, $P_T=16(Q_T=4$를 수요함수에 대입$)$

재화 한 단위당 4원씩 조세부과 후 소비자가격이 1원 상승하였으므로 $\frac{1}{4}$은 소비자에게 전가되고, 나머지 $\frac{3}{4}$은 독점기업이 부담한다.

ㄷ, ㄹ. [×] 조세가 소비자에게 부과되든, 독점기업(생산자)에게 부과되든 경제적 효과는 모두 동일하다.

42

답 ②

┃해설┃

① [○] 원천(source) 측면에서 보면 노동자는 자본가보다 상대적으로 높은 조세부담을 지게 된다.

> X재(노동집약적)에 물품세가 부과되면 X재의 상대가격 $\left(\frac{P_X}{P_Y}\right)$ 상승
> → X재의 생산·소비 감소 → 노동 해고 → 노동의 상대가격 $\left(\frac{w}{r}\right)$ 하락

② [×] 노동과 자본 사이의 대체탄력성이 <u>작을수록</u> 상대적으로 노동자의 조세부담이 더 커질 것이다.
③, ⑤ [○] 과세대상 재화에 대한 수요의 가격탄력성이 클수록, 두 재화 사이의 요소집약도의 차이가 클수록 노동자가 상대적으로 더 큰 조세부담을 지게 된다.
④ [○] 소비자들의 선호가 동일하지 않을 경우 원천 측면뿐만 아니라 사용 측면(use)에서도 조세부담을 고려해야 한다. 소비자들의 선호가 동일하지 않을 경우 사용 측면에서 조세부담의 차이가 발생할 수 있기 때문이다.

43

답 ④

┃해설┃

③, ⑤ [○] 개별물품세가 부과되는 경우 원천(source)측면에서 보면 물품세가 부과된 산업에서 집약적으로 사용되고 있는 생산요소의 공급자에게 부담이 귀착되고, 사용(use)측면에서 보면 과세되는 상품을 상대적으로 더 많이 소비하고 있는 사람일수록 더 많은 부담을 지게 된다.
④ [×] 생산요소 간 대체탄력성이 작을수록 상대가격의 변화는 <u>커진다</u>.

44

답 ④

│해설│

④ [×] 생산요소공급이 고정되었을 때보다 노동의 상대가격은 <u>더 적게</u> 하락한다.
  ※ 개별물품세 부과 시 생산요소공급이 가변적일 경우 고정적인 경우보다 요소상대가격의 변화가 작아진다.

45

답 ④

│해설│

④ [×] X재에 대한 수요의 가격탄력성이 <u>클수록</u> 생산요소의 상대가격 변화 정도는 커진다.
  ※ X재(노동집약적)에 물품세 부과 시 요소집약도의 차이가 클수록, 수요의 가격탄력성의 크기가 클수록, 요소대체탄력성의 크기가 작을수록, 요소공급의 가변성이 작을수록 $\left(\dfrac{w}{r}\right)$의 변화가 커진다.

46

답 ⑤

│해설│

① [○] X재 산업의 임금률은 하락한다.

> X재(노동집약적)에 물품세가 부과되면 X재의 상대가격 $\left(\dfrac{P_X}{P_Y}\right)$ 상승
> → X재의 생산·소비 감소 → 노동 해고 → 노동의 상대가격 $\left(\dfrac{w}{r}\right)$ 하락

② [○] X재 산업에 물품세가 부과되었을 때 대체효과가 소득효과보다 크다면 노동공급량은 감소한다. 물품세 부과로 세후 실질임금이 하락하면 대체효과에 의해 노동공급이 감소하고, 소득효과에 의해서는 노동공급이 증가하기 때문이다.

③ [○] 물품세가 부과되면 X재 상대가격이 상승하므로 X재를 더 많이 소비하는 사람일수록 부담이 증가하게 된다(사용 측면).

④ [○] 생산요소공급이 고정적인 경우와 비교하면 물품세가 자본과 노동의 상대가격 $\left(\dfrac{w}{r}\right)$에 미치는 효과는 줄어든다. 생산요소(노동)공급이 고정적인 경우 임금 하락의 폭이 크지만, 생산요소(노동)공급이 가변적인 경우에는 임금 하락의 폭이 상대적으로 작기 때문이다.

⑤ [×] 생산요소공급이 가변적이면 고정적인 경우에 비해 노동자본비율 $\left(\dfrac{L}{K}\right)$이 더 적게 상승한다. 생산요소공급이 가변적이면 고정적인 경우보다 자본과 노동의 상대가격 $\left(\dfrac{w}{r}\right)$의 하락폭이 작기 때문이다.

47

답 ⑤

┃해설┃

⑤ [×] 자본의 상대가격은 <u>하락한다</u>.

> X재(자본집약적)에 물품세가 부과되면 X재의 상대가격 $\left(\dfrac{P_X}{P_Y}\right)$ 상승
> → X재의 생산·소비 감소 → 자본 해고 → 자본의 상대가격 $\left(\dfrac{w}{r}\right)$ 하락

48

답 ②

┃해설┃

② [×] X재화에 물품세를 부과하면 노동에 대비한 자본의 상대가격을 <u>낮추게 된다</u>. 자본집약적인 재화에 물품세 부과 시 자본에 대비한 노동의 상대가격이 높아지므로, 노동에 대비한 자본의 상대가격은 낮아지게 된다.

49

답 ④

┃해설┃

① [×] X부문과 Y부문에 대한 동일 세율의 물품세는 노동의 상대가격을 <u>낮추지 못한다(불변이다)</u>. 동일한 세율의 물품세를 X부문과 Y부문에 부과하면 상대가격이 변화하지 않으므로 노동의 상대가격은 변화하지 않는다.
② [×] X부문에 물품세를 부과하면 노동에 대비한 자본의 상대가격을 <u>높이지 못한다(불변이다)</u>. X부문에 대한 물품세를 부과하면 X재 소비 및 생산이 감소하고, Y재의 소비 및 생산이 증가한다. X재 부문과 Y재 부문의 요소집약도가 동일하므로 상대가격이 변화하지 않는다.
③ [×] X부문의 자본에 대한 과세는 산출효과를 통해 노동에 대비한 자본의 상대가격을 <u>낮추지 못한다(불변이다)</u>. 문제에서 X부문과 Y부문의 요소집약도가 동일하다고 제시했으므로 산출효과에 의해 상대가격은 변화하지 않는다.
④ [○] X부문의 자본에 대한 과세는 요소대체효과를 통해 노동에 대비한 자본의 상대가격을 낮추지 못한다.
⑤ [×] Y부문의 노동에 대한 과세 시 <u>산출효과에 의해서는 노동의 상대가격이 불변이고, 요소대체효과에 의해서는 노동의 상대가격이 하락한다</u>.

CHAPTER 05 | 조세의 초과부담 및 최적과세론

제1절 | 조세의 효율성(초과부담)

01

답 ②

│해설│
① [O] 수요의 가격탄력성이 클수록, 세율이 높을수록 초과부담은 커진다.
② [X] 세율이 높아지면 초과부담이 늘어나고 조세수입은 세율이 높아질수록 증가하지만, 세율이 과도하게 높아지는 경우 조세수입이 오히려 감소할 수도 있다.

$$초과부담(DWL) = \frac{1}{2} t^2 \varepsilon (PQ)$$

③ [O] 정액세(lump-sum tax)는 민간의 의사결정 왜곡을 야기시키지 않는 조세로 상대가격변화에 의한 대체효과가 없는 조세이다. 따라서 정액세 부과는 초과부담을 발생시키지 않는다.
④ [O] 완전보완재인 두 재화 중 한 재화에 대한 과세는 대체효과가 없으므로 초과부담을 발생시키지 않는다.
⑤ [O] 보상수요곡선이란 소득효과를 제거하고 대체효과만을 나타내는 수요곡선으로 초과부담을 정확하게 측정할 수 있다.

02

답 ⑤

│해설│
① [X] 초과부담은 민간부문의 후생감소분(소비자잉여 감소분과 생산자잉여 감소분의 합)에서 조세수입을 차감한 것이다.
② [X] 초과부담은 주로 대체효과 때문에 발생한다.
③ [X] 세율이 높으면 조세수입이 불분명하고 초과부담은 커진다. 조세수입은 세율이 높아질수록 증가하지만, 세율이 과도하게 높아지는 경우 조세수입이 오히려 감소할 수도 있다.
④ [X] 수요의 가격탄력성이 클수록 초과부담은 커진다.
⑤ [O] 정액세 부과는 초과부담을 발생시키지 않는다.

03 답 ③

|해설|
① [×] 다른 조건이 일정하면, 대체재가 많은 재화에 과세하면 그렇지 않은 경우에 비해 초과부담이 크다.
② [×] 민간부문의 후생감소분(소비자잉여 감소분과 생산자잉여 감소분의 합)에서 조세수입을 차감한 것이다.
③ [○] 가격변화에 둔감한 재화에 대한 과세는 수요의 가격탄력성이 작아지므로 상대적으로 초과부담을 작게 발생시킨다.
④ [×] 정액세(lump-sum tax) 부과는 대체효과가 없기 때문에 초과부담을 발생시키지 않는다.
⑤ [×] 두 재화가 완전보완재인 경우 그중 한 재화에 대한 과세는 초과부담을 발생시키지 않는다. 이 경우 대체효과가 없으므로 초과부담을 발생시키지 않는다.

04 답 ③

|해설|
① [×] 조세부과 시 발생하는 대체효과로 인해 나타나는 민간부문 의사결정 선택의 왜곡현상을 의미한다.
② [×] 서로 다른 재화에 대해 조세징수액이 같으면 초과부담의 크기는 동일할 수도 있고 다르게 나타날 수도 있다. 초과부담은 수요의 가격탄력성, 세율, 거래액 등에 의해 결정되기 때문이다.
④ [×] 조세부과로 인하여 소득효과와 대체효과가 상반된 방향으로 작용하여 상쇄되면 수요량의 변화가 없게 되어도 초과부담은 발생한다. 대체효과가 0인 것은 아니기 때문이다.
⑤ [×] 초과부담은 조세부과로 인해 발생하는 소비자잉여와 생산자잉여의 감소분의 합에서 조세수입을 차감한 것이다.

05 답 ①

|해설|
① [○] 외부불경제가 존재할 때 피구세를 부과하면 생산량이 최적 수준으로 감소하므로 자중손실(초과부담)은 감소한다.
② [×] 자중손실의 크기는 세율의 제곱(≠제곱근)에 비례한다.
③ [×] 대체재가 많은 상품일수록 세금을 부과하면 자중손실은 증가한다.
④ [×] 자중손실의 크기를 정확하게 측정하기 위해서는 보상수요곡선이 필요하다.
⑤ [×] 공급곡선이 탄력적일수록 자중손실은 증가한다.

06

답 ④

∥해설∥

초과부담은 동등변화에서 조세수입을 차감하여 구할 수 있다. 여기서 동등변화란 가격변화 이전의 소비자의 효용수준을 가격변화 이후의 수준으로 옮겨놓기 위해 필요한 소득의 크기를 말한다.

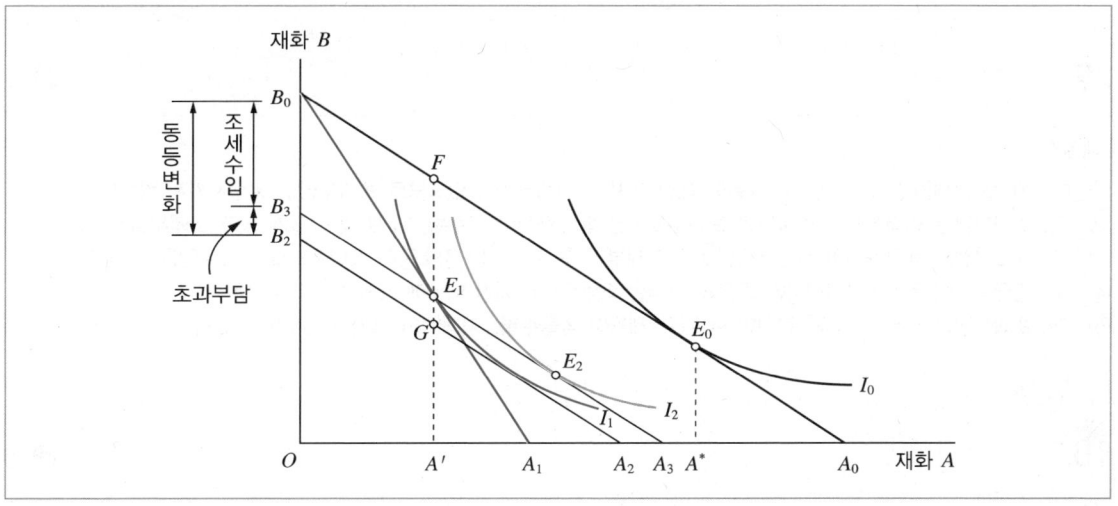

07

답 ⑤

∥해설∥

① [O] 최적의 물품세는 여가를 포함한 모든 재화에 동일한 세율로 물품세를 부과하여 초과부담을 최소화시키는 과세를 말한다. 그러나 현실적으로는 여가에 대한 과세가 불가능하므로 여가를 제외한 나머지 재화에 차등세율로 과세하여 초과부담을 최소화하자는 램지(Ramsey)와 여가와 보완적인 재화에 대한 고세율 적용으로 여가에 대한 간접적 과세효과를 주장하는 콜렛-헤이그(Corlett-Hague)가 나오게 된다.
② [O] 물품세의 초과부담은 소비자가 지불하는 가격과 생산자가 수취하는 가격이 상이하기 때문에 발생한다.
③ [O] 물품세의 초과부담은 수요의 가격탄력성이 클수록, 세율이 높을수록, 거래액의 크기가 클수록 증가한다.

$$\text{초과부담}(DWL) = \frac{1}{2}t^2\varepsilon(P_1Q_1)$$

④ [O] 보상수요의 가격탄력성이 0인 경우에는 물품세 부과로 인한 가격 상승이 보상수요량에 아무런 변화도 주지 않고, 초과부담 식에 수요의 가격탄력성(ε)을 0으로 두면 초과부담도 없는 것을 알 수 있다.
⑤ [×] 어떤 재화의 시장에서 공급곡선이 수평이고 수요곡선이 우하향하며 직선인 경우 재화의 초기 균형가격은 P_1, 물품세의 세율은 t, 물품세 과세 이전과 이후의 균형소비량(산출량)은 각각 Q_1과 Q_2, 그리고 보상수요의 가격탄력성을 e로 나타내면 물품세의 과세로 인한 초과부담은 $\frac{1}{2}e(P_1Q_1)t^2$이 된다.

08　답 ⑤

| 해설 |
공급곡선이 완전비탄력적인 경우 공급의 가격탄력성이 0이다. 따라서 조세를 부과하더라도 초과부담은 발생하지 않는다.

09　답 ③

| 해설 |
① [O] 완전보완재인 두 재화 중 한 재화에 대한 과세는 대체효과가 없으므로 초과부담을 발생시키지 않는다.
② [O] 초과부담은 탄력성에 비례하므로 보상수요곡선의 탄력성이 클수록 대체효과는 크게 되고 초과부담은 커진다.
③ [×] 수요곡선과 공급곡선이 비탄력적일수록 조세부과 후 거래량의 감소폭이 작아지므로 조세수입은 커진다.
④ [O] 공급곡선이 완전비탄력적이면 공급의 가격탄력성이 0이 되기 때문에 조세의 초과부담은 없다.
⑤ [O] 초과부담은 수요의 가격탄력성이 클수록, 세율이 높을수록, 거래액의 크기가 클수록 커진다.

10　답 ①

| 해설 |
① [×] 완전보완재인 두 재화 중 어느 하나에 물품세를 부과할 경우 초과부담은 발생하지 않는다. 완전보완재는 대체효과가 존재하지 않고 소득효과만 존재하기 때문이다.
② [O] 수요가 완전비탄력적일 때 물품세를 부과하더라도 수요의 가격탄력성이 0이 되므로 해당 시장에서 초과부담은 발생하지 않는다.
③ [O] 초과부담은 수요의 가격탄력성이 클수록, 세율이 높을수록, 거래액의 크기가 클수록 커진다.
④ [O] 보상수요곡선이란 소득효과를 제거하고 대체효과만을 나타내는 수요곡선으로 초과부담을 정확하게 측정할 수 있다.
⑤ [O] 두 재화가 대체재 관계인 경우, X재에 조세가 부과된 상태에서 Y재에 조세를 부과하면 경제 전체의 초과부담이 감소될 수도 있다. 따라서 독립적인 관계에 있는 두 재화에 물품세를 부과할 때 발생하는 초과부담은 대체관계에 있을 때에 비해 더 커진다.

11　답 ④

| 해설 |
① [O] 조세에 의한 초과부담은 소득효과와는 관련이 없고 상대가격변화(대체효과)에 의한 민간의 의사결정교란으로 인해 발생한다.
② [O] 보상수요곡선이란 소득효과를 제거하고 대체효과만을 나타내는 수요곡선으로 초과부담을 정확하게 측정할 수 있다.
③ [O] 정액세는 상대가격변화에 의한 대체효과가 없는 조세로 왜곡이 일어나지 않는다.
④ [×] 이미 조세를 부과하고 있는 상태에서 새로운 조세를 부과하면 소비자들의 부담이 줄어들어 효용은 증가할 수도 있다. 즉, X재에 조세가 부과된 상태에서 대체관계인 Y재에 조세를 부과하면 경제 전체의 초과부담이 감소될 수도 있다. 이 때문에 소비자들의 부담이 줄어들어 효용은 증가할 수도 있다.
⑤ [O] 2기간 생애주기모형(two-period life-cycle model)에서 이자소득세는 없고 매기의 소비가 정상재라면 근로소득세가 부과되어도 대체효과 없이 소득효과만 발생하므로 초과부담은 발생하지 않는다.

12   답 ⑤

해설

ㄱ. [×] 고가부동산 거래에 고율 과세하는 경우 거래가 위축되고 가격이 상승하므로 초과부담이 발생한다.
ㄴ. [×] 부유층이 주로 소비하는 재화에 10%의 소비세를 부과하는 경우 거래가 위축되고 가격이 상승하므로 초과부담이 발생한다.
ㄷ. [○] 대기오염을 발생시키는 제품의 사회적 최적생산수준에서 한계환경피해비용과 세율이 같아지도록 과세하는 경우 생산량이 최적수준으로 감소하므로 초과부담이 발생하지 않는다.
ㄹ. [○] 공급은 완전비탄력적이고 수요는 완전탄력적일 때, 생산자에게 과세하는 경우 공급의 가격탄력성이 0이므로 초과부담이 발생하지 않는다.

13   답 ⑤

해설

① [×] 조세수입이 동일한 경우, 두 재화보다는 한 재화에 세금을 부과할 때 초과부담은 커진다.
② [×] 개별물품세가 부과되어도 수요량이 변하지 않으면 초과부담은 존재한다. 수요량이 변하지 않는다는 것은 대체효과와 소득효과가 서로 상쇄되기 때문이며, 대체효과가 0인 것은 아니므로 초과부담은 여전히 존재한다.
③ [×] 현금보조는 부(−)의 조세의 일종이므로 초과부담이 발생하지 않는다. 현금보조는 소득효과만 발생하고 대체효과는 발생하지 않는다.
④ [×] 두 재화가 대체관계인 경우, X재에 조세가 부과된 상태에서 Y재에 조세를 부과하면 Y재의 과세에 따른 왜곡의 발생으로 경제 전체의 초과부담이 감소할 수도 있다.
⑤ [○] 완전보완재인 두 재화 중 어느 하나에 물품세를 부과할 경우 초과부담은 발생하지 않는다. 완전보완재는 대체효과가 존재하지 않고 소득효과만 존재하기 때문이다.

14   답 ③

해설

가. [×] 종가세는 상대가격에 영향을 주므로 효율성 면에서 바람직하지 않다.
나. [×] 종량세는 양(量)을 기준으로 과세하기 때문에 상대가격에 영향을 주며, 따라서 효율성 면에서 바람직하지 않다.
※ 종가세와 종량세 모두 상대가격변화에 의한 대체효과가 발생하므로 효율성 측면에서 바람직하지 않다.

15   답 ④

해설

근로소득세의 초과부담은 세율(t)의 제곱, 수요·공급의 가격탄력성, 총근로소득(wL)에 비례한다.

$$초과부담(DWL) = \frac{1}{2} \cdot t^2 \cdot \left[\frac{1}{\frac{1}{\varepsilon} + \frac{1}{\eta}} \right] \cdot w \cdot L$$

16

답 ⑤

┃해설┃

⑤ [×] 노동수요곡선의 탄력성이 <u>클수록</u> 후생비용이 크다. 근로소득세의 초과부담은 세율(t)의 제곱, 수요·공급의 가격탄력성, 총근로소득(wL)에 비례한다.

17

답 ①

┃해설┃

① [×] 초과부담은 세율이 높을수록 커지며, 노동공급의 탄력성이 <u>높을수록</u> 커진다. 근로소득세의 초과부담은 세율(t)의 제곱, 수요·공급의 가격탄력성, 총근로소득(wL)에 비례한다.

18

답 ①

┃해설┃

① [○] 사치재인 X에 고율의 소비세가 부과되는 경우 두 재화의 상대가격이 변하기 때문에 예산선의 기울기가 변한다.
② [×] 정액세는 상대가격변화에 의한 대체효과가 없는 조세로 소득효과만 존재한다. 따라서 예산선이 안쪽으로 평행이동하여 예산선의 기울기에 영향을 미치지 않는다.
③ [×] 현금보조금을 받은 경우 두 재화의 상대가격이 변하지 않고 소득만 증가하므로 예산선이 바깥쪽으로 평행이동한다. 따라서 예산선의 기울기가 변하지 않는다.
④ [×] 소득보전 정책에 따라 납부소득세만큼 환급받으면 소득이 최초 수준에서 변하지 않으므로 예산선의 기울기가 변하지 않는다.
⑤ [×] X와 Y에 단일세율의 종가세가 부과되면 두 재화의 가격이 동일한 비율로 상승하므로 두 재화의 상대가격이 변하지 않는다. 실질소득만 감소하므로 예산선이 안쪽으로 평행이동하게 되어 예산선의 기울기가 변하지 않는다.

19

답 ③

┃해설┃

① [○] 파레토 효율성일 때는 $MRS_{XY} = MRT_{XY}$이지만, P_X에 세금이 부과된다면 $MRS_{XY} = \dfrac{P_X(1+t)}{P_Y} \neq MRT_{XY} = \dfrac{MC_X}{MC_Y}$으로 같지 않다. 따라서, 물품세 부과 시 초과부담은 한계대체율(MRS)과 한계생산변환율(MRT)이 달라 효율적인 자원배분의 조건이 충족되지 않아서 발생한다.
③ [×] 조세부과로 인한 초과부담은 상대가격의 변화로 인한 <u>소득효과와 대체효과가 서로 반대방향으로 작용해도 발생한다</u>. 즉, 초과부담은 대체효과가 0이 아닌 이상 발생한다.

20

답 ②

│해설│
(1) 생산량
  ① 조세 부과 전 생산량 : $100 - Q = 50$, ∴ $Q = 50$
  ② 조세 부과 후 생산량 : $100 - Q = 50 + 20$, ∴ $Q = 30$
  ⇒ 과세로 인한 공급자의 판매량 감소는 20이다.

(2) 조세수입과 초과부담
  P가 50에서 70(50+20)으로 상승하였고, Q가 50에서 30으로 감소하였다.
  ① 조세수입 : $20 \times 30 = 600$
  ② 초과부담 : $20 \times 20 \times \frac{1}{2} = 200$
  ⇒ 소비자잉여의 감소는 800임을 알 수 있다.

(3) 비효율성계수
  $$\frac{초과부담}{조세수입} = \frac{200}{600} = \frac{1}{3}$$

(4) 조세부담의 귀착
  한계비용이 수평(완전탄력적)이므로 소비자에게 전가된다.

21

답 ①

│해설│
공급곡선이 $Q^S = 50$으로 완전비탄력적이므로 세금을 부과하더라도 사중적 손실(초과부담)은 발생하지 않는다.

22

답 ④

│해설│
초과부담 식에 대입하여 사중손실(초과부담)의 크기를 구하면 된다.

$$초과부담(DWL) = \frac{1}{2}t^2 \frac{1}{\frac{1}{\varepsilon}+\frac{1}{\eta}}(PQ)$$

$$= \frac{1}{2} \times \left(\frac{1}{10}\right)^2 \frac{1}{\frac{1}{\frac{1}{10}}+\frac{1}{\frac{1}{10}}}(1{,}000 \times 1{,}000) = 250$$

23

답 ②

┃해설┃

근로소득세 초과부담 식에 대입하여 초과부담의 크기를 구하면 된다.

초과부담$(DWL) = \frac{1}{2}t^2\eta(wL)$

$= \frac{1}{2} \times (0.2)^2 \times 0.5 \times 10$조원$=1,000$억원

24

답 ①

┃해설┃

(1) 조세부과 전 P, Q(수요함수와 공급함수의 연립)

$100 - 2Q = 10 + 3Q \rightarrow 5Q = 90$

∴ $Q = 18$, $P = 64$

(2) 조세부과(단위당 10) 후 소비자가격, 생산자가격

조세부과 전 균형가격이 64이므로 소비자가격은 68, 생산자가격은 58이 된다.

(3) 조세부과 후 거래량(조세부과 후의 소비자가격을 수요함수에 대입)

$P = 100 - 2Q \rightarrow 68 = 100 - 2Q \rightarrow 2Q = 32$

∴ $Q_T = 16$

(4) 정부의 조세수입과 초과부담

① 조세수입 : 단위당 조세액$(T) \times$조세부과 후 거래량$(Q_T) = 10 \times 16 = 160$

② 초과부담 : $\frac{1}{2} \times$단위당 조세액$(T) \times$거래량 감소분$(-\triangle Q) = \frac{1}{2} \times 10 \times 2 = 10$

(5) 정부의 조세수입과 조세의 초과부담 비율

$160 : 10 = 16 : 1$

25

답 ③

┃해설┃

(1) 조세부과 전 P, Q(수요함수와 공급함수의 연립)
$25 - Q = 7 + 2Q \rightarrow 3Q = 18$
$\therefore Q = 6$, $P = 19$

(2) 보조금지급(단위당 3) 후 소비자가격, 생산자가격
보조금지급 전 균형가격이 19이므로 소비자가격은 18, 생산자가격은 21이 된다.

(3) 보조금지급 후 거래량(보조금지급 후의 소비자가격을 수요함수에 대입)
$P = 25 - Q \rightarrow 18 = 25 - Q$
$\therefore Q_S = 7$

(4) 정부의 보조금지급액과 초과부담
① 보조금지급액 : 단위당 보조금(S)×보조금지급 후 거래량(Q_S) = $3 \times 7 = 21$
② 초과부담 : $\frac{1}{2}$×단위당 보조금(S)×거래량 증가분($\triangle Q$) = $\frac{1}{2} \times 3 \times 1 = 1.5$

(5) 정부의 보조금지급액과 조세의 초과부담 비율
$21 : 1.5 = 14 : 1$

26

답 ②

┃해설┃

(1) 조세부과 전 거래량(수요함수와 공급함수의 연립)
$200 - 2Q = 100$
$\therefore Q = 50$

(2) 조세부과 후 거래량(조세부과 후의 공급함수를 수요함수와 연립)
$200 - 2Q = 100 + 20(T)$
$\therefore Q_T = 40$

(3) 정부의 조세수입과 초과부담
① 조세수입 : 단위당 조세액(T)×조세부과 후 거래량(Q_T) = $20 \times 40 = 800$
② 초과부담 : $\frac{1}{2}$×단위당 조세액(T)×거래량 감소분($-\triangle Q$) = $\frac{1}{2} \times 20 \times 10 = 100$

(4) 비효율성계수
$\dfrac{\text{초과부담}}{\text{조세수입}} = \dfrac{100}{800} = \dfrac{1}{8} = 0.125$

27   답 ①

┃해설┃

(1) 조세부과 전 거래량(수요함수와 공급함수의 연립)

$200 - Q = 100$

$\therefore Q = 100$

(2) 조세부과 후 거래량(조세부과 후의 공급함수를 수요함수와 연립)

$200 - Q = 100 + 20(T)$

$\therefore Q_T = 80$

(3) 정부의 조세수입과 초과부담

① 조세수입 : 단위당 조세액(T)×조세부과 후 거래량(Q_T) = $20 \times 80 = 1,600$

② 초과부담 : $\frac{1}{2}$×단위당 조세액(T)×거래량 감소분($-\triangle Q$) = $\frac{1}{2} \times 20 \times 20 = 200$

(4) 비효율성계수

$\dfrac{\text{초과부담}}{\text{조세수입}} = \dfrac{200}{1,600} = \dfrac{1}{8}$

28   답 ②

┃해설┃

문제의 그림을 보면 보조금 지급에 따라 수요가 Q_1에서 Q_2로 증가하였는데, 이 경우 필요한 보조금의 크기는 □$ADEB$이고, 초과부담은 △BCF가 된다. 조세를 부과하는 경우와 동일하게 보조금 지급 시에도 초과부담은 여전히 존재함을 알 수 있다.

29   답 ①

┃해설┃

① [○] 요소의 투입이 고정적이라는 것은 노동공급곡선이 수직임을 의미하므로 여가-소득 간 선택의 교란이 발생하지 않는다. 따라서 비례적으로 부과하는 근로소득세는 모든 재화에 대해 동일한 세율로 부과되는 물품세(일반소비세)와 그 효과가 동일해진다.

②~⑤ [×] X, Y 각각 한 재화에만 부과되는 물품세(개별소비세)는 재화 간 선택의 교란이 발생하므로 효율적이지 않다.

30　답 ①

∥해설∥
① [○] 소득세는 자동차, 식료품에만 같은 세율을 부과하는 물품세와 실질적으로 동일한 효과를 갖는다. 여가를 고려하는 경우 자동차, 식료품에 같은 세율로 부과되는 물품세와 소득세는 여가의 상대가격을 변화시킨다.
② [×] 자동차에만 부과되는 물품세는 자동차와 식료품의 상대가격만을 변화시키므로 <u>왜곡적이다</u>.
③ [×] 자동차와 식료품에 똑같은 비율로 부과되는 물품세는 <u>왜곡적이다</u>. 재화 간 선택에는 교란이 일어나지 않지만, 여가-소득 간 선택에는 교란을 일으킨다.
④ [×] 소득세는 여가와 다른 상품의 상대가격만을 변경시키기 때문에 두 상품에 각기 다른 세율로 부과되는 물품세에 비해 <u>덜 왜곡적이라고 말할 수 없다</u>. 소득세는 여가-소득 간 선택에 교란을 일으키고, 물품세는 재화 간 선택과 여가-소득 간 선택 모두 교란을 일으킨다. 그렇다고 소득세가 효율성 조건을 모두 만족하는 것은 아니므로 차선이론에 의해 덜 왜곡적이라고 말할 수 없다.
⑤ [×] 이 경제에서 소득세는 <u>대체효과를 일으킨다</u>. 여가를 고려하는 경우 자동차, 식료품에 같은 세율로 부과되는 물품세와 소득세는 여가의 상대가격을 변화시킨다. 따라서 대체효과를 발생시켜 초과부담이 발생한다.

31　답 ⑤

∥해설∥
①, ② [○] 개별소비세는 X재와 Y재 간 선택에 영향을 미칠뿐 아니라 여가-소득 간 선택에도 영향을 미친다.
③ [○] 일반소비세와 소득세는 여가-소득 간 선택에 교란을 발생시키고, 개별소비세는 재화 간 선택과 여가-소득 간 선택 모두에 교란을 발생시킨다. 그렇다고 해서 일반소비세와 소득세가 효율성 조건을 모두 만족하는 것은 아니므로 차선이론에 의해 더 효율적이라고 단정하기에는 어렵다.
④ [○] X재에 중과하는 개별소비세는 여가에 간접적으로 과세할 수 있기 때문에 보다 효율적이다. 콜렛과 헤이그에 의하면 여가에 보완적인 재화에 높은 세율을 적용하여 초과부담을 완화시킬 수 있다고 주장했다.
⑤ [×] 정액세(lump-sum tax)는 초과부담을 수반하지 않기 때문에 <u>형평성 측면에서 우월한 조세는 아니다</u>. 세부담이 역진적이므로 형평성 측면에서는 바람직하지 않다.

32　답 ④

∥해설∥
초과부담을 발생시키지 않으려면 여가를 포함한 모든 재화에 동일한 세율로 과세해야 한다. 그러나 현실적으로 여가에 대한 과세가 불가능하므로 근로소득세 부과로 인한 초과부담을 초래할 수밖에 없다. 이에 대한 차선으로서 여가를 제외한 나머지 재화에 차등세율로 과세하여 초과부담을 최소화하자는 램지(Ramsey)와 여가와 보완적인 재화에 대한 고세율 적용으로 여가에 대한 간접적 과세효과를 주장하는 콜렛-헤이그(Corlett-Hague)가 등장하게 된다.

33　답 ②

∥해설∥
② 소득세를 부과한 이후에 특정 재화에 물품세를 부과하면 중립성을 저해하게 된다. 중립성을 저해하지 않기 위해서는 모든 재화에 동일한 세율의 물품세를 부과해야 한다.

제2절 | 최적과세론

01　답 ④

해설
① [O] 램지규칙은 효율성 측면만을 고려한 과세원칙으로 초과부담의 최소화를 추구한다.
② [O] 램지규칙이 성립하기 위해서는 두 재화 간의 관계가 독립적(≠ 대체적)이어야 한다.
③ [O] 램지규칙은 재화 간 조세수입의 한계 초과부담을 일치시키는 과정에서 도출된다.
④ [×] 생활필수품에 높은 세율을 부과하는 것이 램지규칙에 부합하고, 사회적으로도 바람직하지 않다. 소득분배 측면에서는 역진적인 성격이 되므로 자원배분의 효율성은 달성되나 소득분배의 공평성 측면은 도외시하고 있다.
⑤ [O] 램지규칙에 의하면, 수요의 가격탄력성에 반비례하도록 각 재화에 세율을 부과하여야 효율적이다. 가격탄력성이 큰 재화에 높은 세율을 부과하게 되면 초과부담이 매우 커질 것이기 때문이다.

02　답 ①

해설
① [O] 초과부담이 최소화되도록 하려면 각 재화에 대한 세율을 수요의 가격탄력성에 반비례하도록 설정해야 한다. 따라서 수요의 가격탄력성이 0인 재화가 있다면 이 재화에 대해서만 조세를 부과해도 된다.
② [×] 램지원칙이 성립하기 위해서는 각각의 재화가 독립관계에 있어야 한다.
③ [×] 수요의 가격탄력성이 큰 재화일수록 낮은 세율을 적용하는 것이 효율성의 관점에서 바람직하다. 램지규칙의 구체화 도출개념인 역탄력성 법칙에 의하면 일반적으로 저소득층이 구매하는 생필품에는 높은 세율을, 고소득층이 주로 구매하는 사치품에는 낮은 세율을 적용하게 되므로 소득분배 측면에서는 역진적인 성격이 된다. 즉, 자원배분의 효율성은 달성되나 소득분배의 공평성 측면은 도외시하고 있다.
④ [×] 램지원칙에 따르면, 각 재화에 대해 차등세율로 물품세를 부과하는 것이 효율적이다.

$$\frac{t_X}{t_Y} = \frac{\varepsilon_Y}{\varepsilon_X} \cdots 차등세율$$
(X재는 t_X세율, Y재는 t_Y세율로 각 재화마다 다른 세율을 적용)

⑤ [×] 필수품에는 높게 과세하는 것이 램지원칙에 부합할 뿐 아니라, 사회적으로도 바람직하지 않다. 소득분배 측면에서는 역진적인 성격이 되므로 자원배분의 효율성은 달성되나 소득분배의 공평성 측면은 도외시하고 있다.

03　답 ②

해설
① [O] 램지규칙은 효율성 측면만을 고려한 과세원칙으로 초과부담의 최소화를 추구한다.
② [×] 램지원칙이 역탄력성원칙에 비해 일반적인 원칙이다. 램지원칙을 구체화한 개념이 역탄력성 법칙이다.
③ [O] 역탄력성원칙에 따르면 효율성을 제고하기 위해서 수요의 가격탄력성에 반비례하게 과세하여야 한다. 가격탄력성이 큰 재화에 높은 세율을 부과하게 되면 초과부담이 매우 커질 것이기 때문이다.
④ [O] 역탄력성원칙에 따르면 필수재에 대해서는 높은 세율로 과세하고, 사치품에는 낮은 세율을 적용하여 소득분배 측면에서는 역진적인 성격이 된다.
⑤ [O] 램지원칙에 따르면 모든 상품의 보상수요량에 똑같은 비율(≠ 양)의 감소가 일어나도록 세율 구조를 만들어야 한다.

04 답 ④

해설

① [O] 램지원칙은 효율성만 추구하기 때문에 램지원칙에 따라 과세하면 초과부담의 총합을 극소화한다.
② [O] 수요의 가격탄력성이 큰 재화에 대해 상대적으로 높은 세율로 과세하면 효율성은 감소한다. 역탄력성 법칙에 의하면 수요의 가격탄력성과 세율이 반비례하도록 과세해야 한다.
③ [O] 역탄력성법칙(inverse elasticity rule)은 효율성을 추구하고 형평성을 고려하지 않는 과세원칙이다.
④ [×] 모든 재화에 차등한 세율을 적용할 때 효율성이 극대된다. 조세부과에 따른 초과부담이 극소화되도록 하려면 수요의 가격탄력성에 반비례하도록 각 재화에 대한 세율을 설정해야 한다.

05 답 ③

해설

① [O] 램지규칙은 주어진 조세수입 목표를 달성하는 가운데 초과부담을 최소화할 때 실현되며, 효율성만을 추구한다.
② [O] 초과부담은 대체효과로 인해 발생하므로 램지규칙에 따른 최적의 세율구조는 대체효과만을 고려하는 보상수요곡선을 전제로 한다.
③ [×] 역탄력성 법칙은 해당 재화 수요의 가격탄력성에 따라 차등적인 물품세를 부과해야 성립한다. 콜렛-헤이그(Corlett-Hague) 규칙은 여가와 보완적(대체적)인 재화에 높은(낮은) 세율을 부과하는 것을 말한다.
④ [O] 역탄력성 규칙은 역진성을 초래하는 한계가 있다. 일반적으로 저소득층이 구매하는 생필품에는 높은세율을, 고소득층이 주로 구매하는 사치품에는 낮은 세율을 적용하게 되므로 소득분배 측면에서는 역진적인 성격이 된다.

06 답 ④

해설

①, ② [O] 각 재화에 부과하는 물품세로부터 초래되는 초과부담의 총합을 극소화하기 위해서는 각 상품에서 거둬들이는 조세수입의 한계초과부담(=수요량 감소비율)이 서로 같아지도록 세율을 결정해야 한다.
③ [O] 램지규칙이 도출되려면 각 상품이 독립적인 관계(≠ 대체적인 관계)에 있다는 가정이 필요하다.
④ [×] 모든 상품에 대해 차등한 세율로 과세하면 최적물품세가 된다.
⑤ [O] 램지규칙에 따라 조세체계를 구축하면 공평성을 해칠 수 있다. 일반적으로 저소득층이 구매하는 생필품에는 높은세율을, 고소득층이 주로 구매하는 사치품에는 낮은 세율을 적용하게 되므로 소득분배 측면에서는 역진적인 성격이 된다. 즉, 자원배분의 효율성은 달성되나 소득분배의 공평성 측면은 도외시하고 있다.

07   답 ②

┃해설┃

① [○] 초과부담을 발생시키지 않는 최적의 물품세는 여가를 포함한 모든 재화에 동일한 세율로 물품세를 부과하는 것이다. 그러나 현실적으로 여가에 대한 과세가 불가능하므로 차선으로서 램지의 '여가를 제외한 나머지 재화에 차등세율로 과세하여 초과부담을 최소화'하자는 주장이 등장하였다.
② [×] 램지규칙에 따르면 최적물품세는 모든 상품의 소비량 감소율이 같도록 부과되어야 한다.
③ [○] 램지규칙의 구체화인 역탄력성 법칙에 따르면 상품수요의 가격탄력성에 반비례하도록 세율을 설정하는 것이 효율적이다.
④ [○] 콜렛-헤이그(Corlett-Hague) 규칙에 따르면 여가와 보완관계에 있는 상품에 높은 세율을 부과하여야 하고, 여가와 대체관계에 있는 상품에는 낮은 세율을 부과하여야 한다.

08   답 ①

┃해설┃

① [×] 콜렛-헤이그(Corlett-Hague) 규칙은 여가와 보완관계에 있는 상품에 높은 세율을 부과하여야 하고, 여가와 대체관계에 있는 상품에는 낮은 세율을 부과하여 여가에 대한 간접과세를 시도하는 것을 말한다.
② [○] 지출세(expenditure tax)는 직접세, 인세로 누진과세가 가능하다.
④ [○] 칼도(N. Kaldor)는 진정한 후생의 증가는 소비에 있다고 보아 임금소득에 대해 과세하는 것보다 소비행위에 과세하는 것이 더 바람직하다고 주장하였다.

09   답 ④

┃해설┃

①, ⑤ [○] 램지법칙에 의하면 재화의 보상수요량이 동일한 비율로 감소되도록(=한계초과부담이 동일하도록) 모든 재화에 조세를 부과하여야 한다.
② [○] 역탄력성법칙에 의하면 각 재화를 수요의 가격탄력성과 세율이 반비례하도록 설정해야 한다. 따라서 어떤 재화의 보상수요가 완전비탄력적(수요의 가격탄력성이 0)인 경우 모든 조세를 그 재화에 부과하는 것이 최적이 된다.
③ [○] 이질적 소비자경제에서 도출된 최적물품세는 탄력성과 소득의 사회적 한계가치를 고려한다. 따라서 탄력성이 낮다고 꼭 높은 세율을 부과할 것을 요구하지 않는다.
④ [×] 최적물품세는 주어진 조세수입 목표를 달성하면서 자원배분의 왜곡을 가져온다. 초과부담의 최소화를 추구할 뿐 여전히 초과부담은 발생한다.

10　답 ①

해설
② [×] 램지원칙에 의하면, 수요의 가격 탄력성과 반비례하도록 모든 재화에 대해서 차등한 세율이 적용된다.
③ [×] 램지원칙에 의하면, 사치품은 수요가 가격에 대해서 탄력적이기 때문에 상대적으로 낮은 세율이 부과된다.
④ [×] 스턴(N. Stern)의 최적선형누진세에 따르면, 공평성을 선호할수록 최고한계세율이 높아진다.
⑤ [×] 램지원칙은 효율성의 제고를 위한 과세원칙이다. 공평성은 고려하고 있지 않다.

11　답 ①

해설
램지규칙의 구체화된 개념으로 역탄력성 법칙에 의하면 생필품과 같이 수요의 가격탄력성이 낮은 재화는 높은 세율을 적용하고, 사치품과 같이 수요의 가격탄력성이 높은 재화는 낮은 세율을 적용해야 한다. 따라서 가장 높은 세율이 부과되어야 하는 재화는 수요의 가격탄력성이 가장 작은 청바지이다.

12　답 ⑤

해설
(1) 역탄력성 법칙에 의해 효율성 상실을 극소화하기 위해서는 수요의 가격탄력성과 세율이 반비례하도록 설정해야 한다.

$$\frac{t_A}{t_B} = \frac{\varepsilon_B}{\varepsilon_A} \rightarrow \frac{0.1}{t_B} = \frac{0.3}{3}$$

$$\therefore t_B = 1$$

(2) B재의 가격이 500원이기 때문에, 가격의 100%에 해당하는 500원을 부과하여야 한다.

13　답 ②

해설
(1) 역탄력성 법칙에 의해 효율성 상실을 극소화하기 위해서는 수요의 가격탄력성과 세율이 반비례하도록 설정해야 한다.

$$\frac{t_A}{t_B} = \frac{\varepsilon_B}{\varepsilon_A} \rightarrow \frac{t_A}{t_B} = \frac{0.4}{1.2} = \frac{1}{3}$$

$$\therefore t_B = 3t_A$$

(2) B재화에 대한 세율을 A재화에 대한 세율의 3배가 되도록 설정하면 된다.

14 답 ⑤

해설

① [O] 정액세는 상대가격변화에 의한 대체효과가 없는 조세로 민간의 의사결정에 왜곡을 야기시키지 않는 조세이다. 따라서 파레토 최적 조건을 위반하지 않으면서 세수를 거둘 수 있다.
② [O] 램지규칙의 구체화 개념인 역탄력성법칙에 의하면 각 상품에 대한 최적 세율은 수요의 가격탄력성에 반비례하도록 책정되어야 한다.
③ [O] 램지규칙에 따르면 최적조세제도는 모든 상품의 수요를 같은 비율(=한계초과부담)로 감축시키는 조세체계이다.
④ [O] 최적소비과세는 효율성을 충족하지만 형평성을 저해할 수 있다. 일반적으로 저소득층이 구매하는 생필품에는 높은세율을, 고소득층이 주로 구매하는 사치품에는 낮은 세율을 적용하게 되므로 소득분배 측면에서는 역진적인 성격이 된다. 즉, 자원배분의 효율성은 달성되나 소득분배의 공평성 측면은 도외시하고 있다.
⑤ [X] 소득계층 간 소비패턴에 큰 차이가 있다면 가난한 사람이 주로 사용하는 상품에 <u>낮은</u> 세율을 부과할 때 재분배 효과를 기대할 수 있다.

15 답 ⑤

해설

①~④ [O] 콜렛-헤이그 조세원칙은 효율성 제고를 위해서는 여가에 대해서도 과세를 해야 한다고 하지만 실제로는 여가에 대한 직접적인 과세가 불가능한 경우에 대한 원칙이다. 따라서 여가에 보완적인 상품과 서비스에 대한 과세를 통해 간접적으로 여가에 과세를 시도했는데, 여가와 보완적인 재화에는 높은 세율을 부과하고, 여가와 대체적인 재화에는 낮은 세율을 부과하였다.
⑤ [X] <u>차등한 세율을 적용하는 물품세가 동일한 세율을 두는 소득세보다 우월할 수 있다는 것을 의미한다.</u>

16 답 ④

해설

ㄱ, ㄴ. [O] 정액세는 여가를 포함한 모든 상품에 동일한 세율로 부과된 조세를 말한다. 여가를 포함한 모든 상품에 동일한 세율로 조세를 부과하면 초과부담이 발생하지 않는다.
ㄷ. [X] 콜렛-헤이그(Corlett-Hague) 법칙에 따르면, <u>여가와 보완적인 재화에 높은 세율을 부과하고, 여가와 대체적인 재화에 낮은 세율을 부과하여야 한다</u>. 소득탄력성과는 관련이 없다.
ㄹ. [O] 독점시장에서 평균비용과 한계비용이 동일하고(MC 일정) 수요곡선이 우하향하는 직선일 경우 단위당 종량세 t를 부과하면 가격은 $\frac{1}{2}t$만큼 상승한다. 만약 수요의 가격탄력성이 1보다 크고 일정하며 MC가 일정한 경우 단위당 종량세 t를 부과하면 가격은 $\left[\dfrac{1}{1-\dfrac{1}{\varepsilon}}\right]t$만큼 상승한다.

17

답 ⑤

| 해설 |

①, ④ [O] 여가와 보완적인 상품에 더 높은 세율을 적용하고, 여가와 대체적인 상품에는 더 낮은 세율을 적용하자는 것이 바람직하다는 주장이다. 이는 세율에 차등을 두는 물품세제도가 동일한 세율을 적용하는 물품세보다 우월할 수 있다는 것을 의미하기도 한다.

②, ③ [O] 물품세가 초과부담을 가져오는 주요한 이유는 여가에 대한 직접과세가 불가능하기 때문이라는 사실에 착안하고 있다. 따라서 효율성의 관점에서 여가와 보완적인 재화에 높은 세율을 부과하여 여가에 대한 간접과세를 시도하고, 이는 소득세 대신에 동일한 세수를 가져다주는 간접세를 부과하면 사회후생이 늘어날 수 있다는 의미를 함축하고 있다.

⑤ [×] 콜렛-헤이그에 의하면 자원배분의 효율성은 달성되나 <u>소득분배의 공평성 측면은 도외시하고 있다</u>.

18

답 ③

| 해설 |

①, ② [O] 선형누진소득세는 면세점 소득과 관계없이 한계세율은 일정하며, 면세점 소득 이상의 구간에서는 소득이 증가할수록 평균세율은 증가하는 조세구조이다.

③ [×] 면세점 소득에서는 한계세율과 평균세율이 <u>일치하지 않는다</u>. 면세점 소득에서 한계세율은 0보다 크고 평균세율은 0이다.

④ [O] 동일한 효용을 유지하는 경우 선형누진소득세의 초과부담이 비례소득세의 초과부담보다 크다. 선형누진소득세의 세율이 비례소득세의 세율보다 높고, 초과부담은 세율의 제곱에 비례하기 때문이다.

⑤ [O] 선형누진세는 면세점 소득 이상의 구간에서 한계세율은 평균세율보다 언제나 크고, 비례세는 면세점 소득 이상의 구간에서 한계세율과 평균세율은 동일하다.

19

답 ③

| 해설 |

① [O] 자동안정화장치란 정부가 개입하지 않더라도 자동으로 경기의 진폭을 줄여주는 기능을 하는 것을 말한다. 대표적인 예로는 비례세, 누진세, 각종 사회보장제도가 있다.

②, ④ [O] 누진적인 소득세의 경우 한계세율은 소득수준과 상관없이 항상 일정하고, 평균세율보다 높다.

③ [×] 한계세율은 세액공제에 의해 <u>영향을 받지 않는다</u>. 세액공제는 산출세액을 계산한 다음에 이루어지기 때문이다.

⑤ [O] 대체효과 : 세율↑ → 세후임금률↓ → 여가의 상대가격↓ → 여가소비↑ → 노동공급↓

20 답 ③

┃해설┃
① [○] 누진세제는 소득이 증가함에 따라 평균세율이 지속적으로 상승하므로 한계세율이 평균세율보다 높다.
② [○] 비선형누진세는 소득이 증가함에 따라 한계세율과 평균세율이 동시에 상승한다.
③ [×] 선형누진세는 한계세율은 일정하나 소득이 증가할수록 평균세율이 증가한다.
④ [○] 선형누진세는 비선형누진세에 비해 상대적으로 고소득층에 유리할 수도 있다. 선형누진세는 소득수준이 높아져도 한계세율이 일정하지만, 비선형누진세는 소득수준이 높아지면 한계세율이 상승하기 때문이다.
⑤ [○] 선형누진세는 $T=-\alpha+tY$로 $\frac{\alpha}{t}$의 면세점을 두고 있다.

21 답 ⑤

┃해설┃
① [○] 최적비선형소득세는 효율과 공평을 함께 고려한다.
②, ③ [○] 최적비선형소득세는 가장 높은 소득구간에서 한계세율 영(0)을 적용하는 것이 최적이라고 보는데, 이후부터 벌어들이는 수입은 세금을 내지 않으므로 노동의 공급을 늘리는 유인기능의 성격을 지닌다.
⑤ [×] 임금률이 낮은 개인이 높은 개인보다 더 큰 효용을 누릴 수 없다. 최적비선형소득세의 한계세율은 소득수준이 높아짐에 따라 높아지지만 항상 1보다 작기 때문에 소득수준이 높은 개인의 효용수준이 소득수준이 낮은 개인의 효용수준보다 낮아지지는 않는다.

22 답 ⑤

┃해설┃
ㄱ, ㄴ [○]

- 공평성에 대한 선호도 (+)
- 불평등에 대한 혐오 정도 (+)
- 노동공급의 탄력도 (−)
- 여가와 소득 간의 대체탄력도 (−)
- 사회구성원의 능력차이(기술분포) (+)
- 조세수입목표 (+)

→ 최적소득세율 ↑

ㄷ. [○] 면세점 이상인 소득자에 대해서 최적선형소득세는 최적비선형소득세에 비해 수직적 공평을 제고하는 데 상대적으로 효과적이지 않다. 최적선형소득세는 소득수준이 높아져도 한계세율이 일정하지만 최적비선형소득세는 소득이 높아질수록 한계세율이 상승하기 때문이다.

23
답 ④

┃해설┃
④ [×] 최적한계세율은 각 개인 간의 능력 차이와 정(正)의 관계에 있다.

24
답 ⑤

┃해설┃
② [○] 조세수입의 소득탄력성으로 누진도를 측정한다.
→ $\beta>1$이면 누진세, $\beta=1$이면 비례세, $\beta<1$이면 역진세

$$부담세액누진도(\beta) = \frac{조세수입\ 변화율}{소득\ 변화율} = \frac{\frac{\Delta T}{T}}{\frac{\Delta Y}{Y}} = \frac{\frac{\Delta T}{\Delta Y}}{\frac{T}{Y}} = \frac{한계세율}{평균세율}$$

③ [○] 선형누진세의 한계세율이 높을수록 초과부담이 커지고, 정액증여(lump-sum grant)가 클수록 재분배효과가 커진다. 초과부담이 세율의 제곱에 비례하기 때문이다.
④ [○], ⑤ [×] 스턴(N. Stern)에 따르면, 평등성에 대한 선호가 강할수록 최적소득세율은 높게 설정되고, 소득과 여가 간 대체탄력성이 클수록 최적소득세율은 낮아진다.

25
답 ⑤

┃해설┃
① [○] 최적비선형소득세하에서 가장 높은 소득구간의 한계세율이 영(0)이 바람직하다.
② [○] 콜렛-헤이그(Corlett-Hague) 원칙에 따르면 여행사의 서비스에 대한 세율(여가와 보완적인 재화는 높은 세율 적용)이 업무용 컴퓨터에 대한 세율(여가와 대체적인 관계에 있는 재화는 낮은 세율 적용)보다 높아야 한다.
⑤ [×] 롤스(Rawls) 사회후생함수에서 근로유인이 고려될 경우 최적 세율은 100%보다 낮아야 한다.

CHAPTER 06 | 개별조세이론 및 조세의 경제적 효과

제1절 | 개별조세이론

01
답 ⑤

해설
① [O] 헤이그-사이먼즈(Haig-Simons) 소득은 두 시점 사이에서 발생하는 경제적 능력 순증가(능력원칙에 충실한 과세방식)의 화폐가치이며, 이는 소비+순자산(순가치) 증가분으로 표현할 수 있다.
② [O] 우리나라는 가구단위가 아닌 개인단위로 개인소득세를 과세하고 있다(분리과세방식).
③ [O] 감면 총규모를 유지하면서 소득공제를 세액공제로 변경하는 경우 수직적 형평성은 개선된다. 혜택 면에서 소득공제는 고소득층일수록 유리하고, 세액공제는 상대적으로 저소득층이 유리하기 때문이다.
⑤ [X] 누진적인 소득세하에서 인플레이션은 실질조세부담을 높이는 효과를 가진다. 누진세제하에서 인플레이션이 발생하면 실질소득이 불변이라도 명목소득의 증가로 인해 한계세율의 증가로 실질조세부담이 증가하는 현상이 발생한다.

02
답 ②

해설
① [O] 헤이그-사이먼즈에 의하면 소득은 일정 기간 동안 발생한 개인의 경제적 능력의 순증가분(능력원칙에 충실한 과세방식)을 말하며, 이는 소비+순자산(순가치) 증가분으로 표현할 수 있다.
② [X] 납세자의 경제적 능력을 증가시키더라도 실현되지 않은 부분은 소득에 포함시킨다. 개인의 경제적 능력을 증가시킨 것은 미실현된 것을 포함하여 모두 소득에 포함시킨다(발생주의).
④ [O] 각종 공제제도는 포괄적 소득세를 제도화하는 과정에서 나타나는 문제점을 보완하기 위해 도입된 것이다. 소득공제는 수평적 공평성을 충족(동일한 경제적 능력을 보유한 사람에게는 동일한 과세)하기 위해서, 세액공제는 이중과세를 조정하기 위해 도입되었다.
⑤ [O] 발생원천과 사용용도가 다른 소득이더라도 동일하게 취급한다. 이를 통해 소득원천 선택의 교란이 발생하지 않는다.

03   답 ②

┃해설┃
① [×] 소득의 발생 사실만으로 과세하는 것은 적절하며, 발생주의에 근거한 소득이다.
③ [×] 포괄적 소득세제는 수평적 공평성을 달성시킨다. 모든 소득을 동일하게 취급하기 때문이다.
④ [×] 배당금이나 자본이득을 다르게 취급하지 않고, 여가나 내구성 자산으로부터의 귀속소득은 과세대상에서 제외한다. 귀속소득을 정확히 계산하여 포함하는 것은 거의 불가능하다.
⑤ [×] 능력원칙에 충실한 과세방식이다.

04   답 ①

┃해설┃
② [×] 여가가 정상재일 때, 근로소득세의 부과에 따른 노동공급은 대체효과에 의해서 감소한다.
③ [×] 소득의 증가에 따라서 평균세율이 한계세율보다 클수록 역진성이 증가하게 된다.
④ [×] 소득공제는 세액공제보다 한계세율이 높은 고소득층에 유리하다.
⑤ [×] 헤이그–사이먼즈의 포괄적 소득 정의에 의하면, 개인의 경제적 능력의 증가는 소득으로 실현되지 않은 경우에도 소득세의 과세 대상이 된다.

05   답 ⑤

┃해설┃
① [○] 소득은 노동시장에서 여가와 노동에 대한 선택의 결과를 반영할 수 있기 때문에 동일한 예산집합을 가지더라도 소득획득의 비용이 다르기 때문에 두 사람의 경제적 능력을 달리 취급하는 경우가 발생한다.
④ [○] 대부분의 나라에서 요소소득(주1)은 과세대상으로 하고 있지만, 이전소득(주2)의 경우에는 많은 부분을 비과세대상으로 처리하고 있다.

> 주1) 요소소득 : 개인이나 기관이 노동, 자본 등 생산소요를 제공하고 받는 대가로 임금, 이자, 배당, 지대 등이 포함
> 주2) 이전소득 : 개인이 직접 생산활동 없이 정부, 비영리단체 등으로부터 무상으로 받는 현금·재화·서비스

⑤ [×] 귀속소득(imputed income)에 대한 과세가 대부분의 나라에서 이루어지고 있지 않다. 귀속소득을 정확히 계산하여 포함하는 것은 거의 불가능할뿐더러 행정상의 어려움 때문에 대부분의 나라에서 과세하고 있지 않다.

06

답 ①

┃해설┃
① [×] 누진세율 구조인 경우 소득공제의 실제 조세 감면 효과는 대상자의 소득이 클수록 크게 나타난다.
③ [○] 소득공제를 실시하면 파레토 효율성 조건 중의 하나인 교환의 조건을 충족하지 못한다. 소득수준이 높을수록 누진세일 경우 상대가격을 떨어뜨려 왜곡을 유발하게 되는데, 이때 각 개인의 상대가격이 서로 다르므로 교환의 조건이 성립하지 않는다.
④ [○] 개인들의 수요의 가격탄력성이 다를 경우 가격탄력성이 큰 사람에게 실효가격을 낮추는 것이 수요를 증가시키는데 효과적일 수 있다.

07

답 ①

┃해설┃
① [×] 감면 총규모가 일정할 때, 소득공제를 세액공제로 변경하면 수직적 공평성은 강화된다.
④ [○] 우리나라의 경우 교육비는 세액공제 대상이다.
⑤ [○] 소득공제는 한계세율이 낮아질 가능성이 있고, 세액공제의 결정액은 한계세율과 관계없다.

08

답 ①

┃해설┃
② [×] 평균세율은 과세표준의 구간에 따라 완만하게 지속적으로 증가한다.
③ [×] 과세표준이 한계세율과 평균세율이 같은 구간을 제외한 구간에 걸쳐 평균세율은 한계세율보다 낮다.
④ [×] 과세표준이 c를 초과하여도 평균세율은 증가한다.
⑤ [×] 과세표준의 전 구간에서 세액공제가 증가하면 한계세율은 영향이 없다. 세액공제는 한계세율과 관계가 없다.

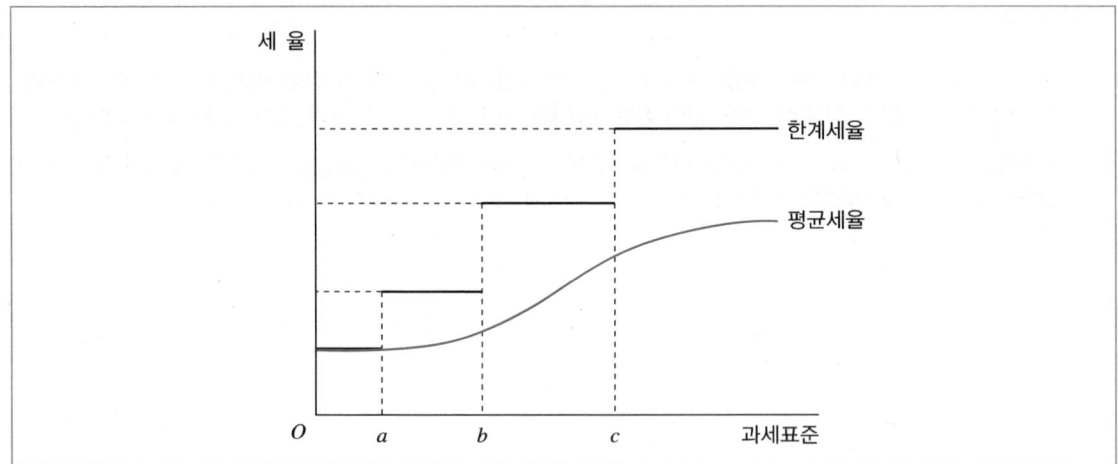

09

답 ⑤

| 해설 |

① [×] 세액공제의 증가에 따라 <u>한계세율에는 영향이 없다</u>. 세액공제는 한계세율과 관계가 없다.
② [×] 과세표준 1.5억원 초과구간에서 평균세율은 <u>소득이 증가함에 따라 평균세율은 계속 오르며, 한계세율은 38%로 일정하다</u>.
③ [×] 동일한 과세표준 구간에서 조세수입의 소득탄력성은 평균세율에 <u>반비례한다</u>.

$$조세수입의\ 소득탄력성 = \frac{한계세율}{평균세율}$$

④ [×] 최저 과세표준 구간의 세율만 하락할 경우, 모든 구간의 납세자 부담이 <u>감소한다</u>.
⑤ [○] 과세표준이 1,200만원을 초과하면 평균세율이 한계세율보다 낮다. 우리나라의 소득세율 체계는 한계세율은 일정하지만 평균세율은 소득에 증가함에 따라 점차 상승하는 구조이다.

10

답 ④

| 해설 |

구 분	세 율	소득공제	세액공제	세부담 증감분
저소득층	5%	200,000원 (=400만원×5%)	400,000원 (=400만원×10%)	(−)200,000원
중소득층	15%	600,000원 (=400만원×15%)		(+)200,000원
고소득층	30%	1,200,000원 (=400만원×30%)		(+)800,000원

① [×] 중소득자의 혜택이 상대적으로 <u>감소한다</u>.
② [×] 저소득층의 연금저축이 <u>증가할 것이다</u>.
③ [×] 저축금액에 관계없이 모든 계층에게 <u>다른</u> 금액의 세제혜택이 주어진다.
⑤ [×] 소득분배 개선효과는 <u>있다</u>.

11

답 ①

| 해설 |

① [×], ③ [○] 동일한 세율로 세수를 극대화하려면 <u>노동소득</u>에 과세하는 것이 효과적이다. 소득형태별 점유율을 보면 노동소득은 86%이고, 자산소득과 기타소득의 합은 14%이다. 또한 국가 전체로 보면 노동소득에서 발생하는 금액이 제일 크다.
② [○] 상위 소득자를 보면 96.9%가 자산소득을 가지고 있다.
④ [○] 상위 소득자를 보면 총소득이 29.4%이지만 자산소득과 기타소득은 각각 96.9%와 66.3%를 차지하고 있는 것을 알 수 있는데, 이를 통해 소득의 불균형이 나타나고 있음을 알 수 있다. 따라서 효과적인 소득재분배를 위해서는 금융소득과 부동산(임대, 양도)소득에 중과세할 필요가 있다.
⑤ [○] 조세의 효율성 측면에서 판단하자면 동일한 조세 수입 가정하에 모든 소득에 단일세율로 과세하는 것이 좋다. 다만, 조세의 누진성 측면에서 본다면 공평성은 바람직하지 않을 수 있다.

12 답 ⑤

해설

ㄱ. [×] 구간 (1)~(3)에 속하는 사람들의 평균세율이 올라간다. 구간 (3)의 세율을 인상할 경우 구간 (3)~(6)은 표에 제시된 비선형누진소득세 체계(한계세율은 일정하지만 평균세율은 소득이 증가함에 따라 점차 상승)에 따라 평균세율이 올라간다.
ㄴ. [O] 구간 (4)~(6)에 속하는 사람들의 노동공급 선택에 왜곡이 발생한다. 구간 (3)의 세율을 인상할 경우 납세액이 증가하기 때문이다.
ㄷ. [O] 구간 (4)~(6)에 속하는 사람들의 평균세율이 올라간다.

13 답 ⑤

해설

⑤ [×] 비탄력적인 부문에 높은 세율을 부과한다는 램지원칙과 관련이 없다.

14 답 ②

해설

② [×] 합산과세방식은 가족 간 수직적 공평성과 수평적 조건을 충족하나 결혼중립성 조건은 충족하지 못한다. 소득이 동일한 가구는 조세를 동일하게 부담하므로 수평적 조건을 충족하게 되고, 소득을 합산하면 누진세제하에 세율이 상승하므로 결혼중립성은 충족하지 못하게 된다.
③ [O] 결혼 여부가 두 개인의 조세부담을 변화시켜서는 안 된다는 것은 결혼중립성에 대한 내용이다.
④ [O] 납세자 간 분리과세방식은 결혼중립성 조건을 충족하나 소득이 동일한 두 가구의 조세부담이 상이할 수 있으므로 가족 간 수평적 공평성은 충족하지 못한다.

15 답 ⑤

해설

ㄱ, ㄷ. [O] 가구합산을 하는 경우, 결혼세(marriage tax)의 문제가 발생하며, 이는 세율체계의 누진성 때문에 발생한다.
ㄴ. [O] 세율 체계의 누진성하에 개인단위과세가 이루어지는 경우 조세부담의 수평적 형평성은 충족되지 못하며, 부부합산과세가 이루어지는 경우에는 수평적 형평성이 충족되지만 결혼에 대한 중립성은 만족될 수 없다.

16   답 ②

┃해설┃
① [×] 다른 조건이 일정할 때 인플레이션으로 명목소득이 증가하게 되면 소득세 부담은 증가하게 된다. 누진세제하에서 인플레이션이 발생하면 실질소득이 불변이라도 명목소득의 증가로 인해 한계세율의 증가로 실질조세부담이 증가하는 현상이 발생한다.
② [○] 우리나라의 개인소득세는 개인단위과세를 적용하고 있다.
③ [×] 부가가치세는 각 생산단계의 부가가치에만 과세되어 수직적 통합을 방지하는 효과가 있다.
④ [×] 비례소득세는 수직적 공평성을 개선하지 않는다. 비례소득세는 누구나 동일한 비율에 해당하는 조세를 부담한다.
⑤ [×] 이자소득세를 부과할 경우, 대체효과는 저축의욕을 떨어뜨린다. 현재소비와 미래소비가 모두 정상재일 때 대체효과에 의해 저축이 감소하고, 소득효과에 의해 저축이 증가한다.

17   답 ⑤

┃해설┃

부부		개인기준 소득	가족기준 소득	과세단위별 합산 소득세액		결혼중립성	수평적 공평성
				개인기준	가족기준		
A	유○○ 이○○	0.5억원 1.5억원	2억원	4,000만원	5,000만원	×(주1)	○(주2)
B	박○○ 진○○	1억원 1억원	2억원	4,000만원	5,000만원		

> **주1** 과세단위별 합산 소득세액을 보면 개인기준보다 가족기준이 4,000만원에서 5,000원으로 증가했다. 이 경우 더 높은 한계세율을 적용받기 때문에 결혼에 따른 세부담이 증가하게 된다.
> **주2** 두 부부 모두 가족기준 소득 2억원과 세액 5,000만원으로 동일하므로 수평적 공평성이 충족된다.

① [×] A부부 – 결혼중립성 미충족
② [×] B부부 – 결혼중립성 미충족
③ [×] A부부 – 수평적 공평성 충족
④ [×] B부부 – 수평적 공평성 충족
⑤ [○] A부부 – 수평적 공평성 충족

18
답 ①

┃해설┃

$$\text{세후 명목이자율}(i_T) = \text{세후 실질이자율}(r_T) + \text{인플레이션율}(\pi)$$

(1) 세후 명목이자율(i_T)
명목이자소득($i=5\%$)×이자소득세율 20%=이자소득세 1%
∴ 세후 명목이자율 4%

(2) 세후 명목이자율 4%=세후 실질이자율 $x\%$+인플레이션율 3%
∴ 세후 실질이자율 1%

19
답 ④

┃해설┃

(1) A국 : 비례세율구조
명목조세부담이 증가하나 명목소득과 물가가 같은 비율로 상승하여 실질조세부담에는 변화가 없다.

(2) B국 : 누진세율구조
명목조세부담이 증가하나 명목소득의 증가로 인해 적용받는 과세구간이 상승하여 실질조세부담이 증가한다.

※ 모든 조세는 명목소득을 기반으로 과세된다.

20
답 ①

┃해설┃

선형누진세에 의한 조세부담액 : $T = -\alpha + tY$
∴ −500만원+(30%×2,000만원)=100만원

21
답 ②

┃해설┃

① [○] 인플레이션으로 인해 면세점은 변하지 않으므로 실질적으로 면세점이 낮아지는 효과가 발생한다. 따라서 납세자의 실질적인 조세부담은 증가한다.
② [×] 기업 이윤에 대한 단일세율의 과세하는 경우에는 인플레이션이 발생하더라도 실질적인 조세부담에 영향을 받지 않는다.
③, ④, ⑤ [○] 누진세제하에서 인플레이션이 발생하면 실질소득이 불변이라도 명목소득의 증가로 인해 한계세율의 증가로 실질조세부담이 증가하는 현상이 발생한다.

22   답 ④

│해설│
① [○] 누진소득세에서 실질조세부담을 증가시킨다.
② [○] 국가채무의 실질가치를 감소시킨다.
③ [○] 기업 차입금의 실질가치를 떨어뜨려 기업에 유리하다.
④ [×] 선형누진 소득세에서는 실질적인 조세부담을 증가시킨다.
⑤ [○] 감가상각의 실질가치를 떨어뜨림으로써 법인세의 실질적 부담을 커지게 한다.

> - 인플레이션 → 세법상 감가상각 < 경제적 감가상각 → 감가상각의 실질적 가치 감소 → 기업이윤의 과대평가 → 법인세 부담↑
> - 인플레이션 → 선입선출법 채택 기업 → 장부상 이윤↑ → 법인세 부담↑
> - 인플레이션 → 채무부담의 실질가치↓ → 채무자(기업) 유리

23   답 ①

│해설│
① [×] 지출세 시행 시 현재소비와 미래소비에 관한 예산선의 기울기는 소득세 시행 시의 예산선의 기울기와 다르다. 지출세는 저축이 과세대상에 포함되지 않으므로 현재소비와 미래소비의 선택에서 교란을 발생시키지 않아 예산선의 기울기가 변하지 않지만, 소득세는 저축이 과세대상에 포함되므로 예산선의 기울기가 변한다.
② [○] 지출세 지지자들은 소득세가 시점 간 자원배분 과정(현재소비와 미래소비의 선택)에서 교란을 일으키게 되어 비효율성의 원인이 된다고 주장한다.
③ [○] 효율성 측면에서 소득세와 지출세를 비교한 결과 지출세가 우월하다.

구 분	재화 간 선택	여가-소득 간 선택	현재-미래소비 간 선택
소득세	○	×	×
지출세	○	×	○

④ [○] 개인이 사회에 기여(소득)하는 것보다는 사회로부터 가져가는 것(소비)을 기준으로 과세하는 것이 바람직하다는 점에서 지출세가 선호된다.
⑤ [○] 소득세제하에서는 저축이 과세대상에 포함되므로 동일한 경제적 능력의 소유자도 저축성향이 큰 사람일수록 더 무거운 조세부담을 지게 되므로 수평적 공평성을 저해한다.

24

답 ②

해설
① [O] 지출세는 누진과세가 가능하므로 호황기에 소비지출을 억제시키는 자동안정화기능을 한다.
② [×] 지출세는 직접세이자, 인세이다.
③ [O] 지출세는 개인의 총소비지출액을 과세베이스로 하기 때문에 소득 파악이 쉽지 않은 고소득층의 소득에도 실질적으로 과세할 수 있다.
④ [O] [개인의 총소비지출액 – 소득공제(인적공제 또는 비인적공제 등)]을 계산한 후 누진세율을 적용하므로 실질적으로 소득세와 유사하게 설계할 수 있다.

25

답 ④

해설
③ [O] 지출세는 저축을 과세대상에 포함하지 않으므로 현재소비보다 미래소비를 우대하는 경향이 있다.
④ [×] 지출세는 직접세의 일종으로 소득재분배 측면에서 역진성 문제를 야기하지 않는다.
⑤ [O] 칼도(Kaldor)는 지출세가 사회로부터 가져가는 행위(소비)에 대해 과세하는 것이므로 공평성 측면에서 바람직하다고 주장했다.

26

답 ①

해설
완전통합방식에는 조합방식과 자본이득방식이 있다. 조합방식은 주주를 조합원으로 간주하여 법인의 이윤(사내유보와 배당)을 전부 주주의 소득에 귀속시킨 다음 소득세를 부과하는 것을 말하며, 자본이득방식은 법인세를 폐지하고 실현여부과 관련없이 자본이득에 대해 과세하는 것을 말한다.

27

답 ②

해설
② [×] 절대주의 견해에 따르면 법인은 독립된 인격을 가진 법적 실체로 소유의 분산이 확립된 법인은 개인과 같은 과세 가능하다고 보았으며, 이는 법인세 유지의 근거가 된다.
④ [O] 우리나라에서는 법인세와 소득세의 이중과세 문제를 완화하기 위하여 배당세액공제제도(gross up method)를 시행하고 있다.
⑤ [O] 법인세 반대론자들은 법인세에는 배당소득에 대한 이중과세 문제가 발생한다고 주장한다.

28 답 ④

┃해설┃
- ㄱ. [×] 자본이득방식(capital gains method) – 법인세를 폐지하고 실현여부와 관계없이 모든 자본이득에 소득세를 부과하는 방식으로 <u>완전통합</u>에 해당된다.
- ㄷ. [×] 배당세액공제제도(dividend gross-up method) – 법인의 모든 이윤에 대해 법인세를 부과한 다음, 법인세 중 배당부분에 해당하는 금액을 개인소득세에서 세액공제해주는 방식으로 <u>부분통합</u>에 해당된다.

29 답 ②

┃해설┃
- ㄱ. [O] 법인세가 폐지되면 지급이자에 대한 소득공제가 없어지므로 재원조달에 있어서 부채로의 편향을 제거할 수 있다.
- ㄴ. [×] 완전통합으로 효율성이 개선되더라도 법인세 납세자 전체의 후생은 <u>증가한다</u>. 법인세가 폐지되면 소득세율이 낮은 개인은 상대적으로 이득이 크고, 자본소득이 많은 개인은 상대적으로 많은 혜택을 받을 것이다.
- ㄷ. [O] 법인과 비법인부문 간 자원배분의 왜곡이 제거될 수 있다.
- ㄹ. [O] 조세로 인한 저축의사결정 왜곡이 감소하게 될 것이다. 법인세가 폐지되면 자본소득에 대한 세부담이 낮아지기 때문이다.

30 답 ⑤

┃해설┃
- ④ [O], ⑤ [×] 인플레이션이 발생하면 각종 자본재 가격의 평균 상승폭을 측정해 감가상각의 허용폭을 이에 맞춰 늘려주는 방식 혹은 각종 자본재 가격 상승률을 감안해 법인세제에서 허용해주는 <u>내용연수를 줄여서</u> 교정해 주어야 한다.

31 답 ③

┃해설┃
- ① [O] 법인세는 과세의 공평성(이중과세의 문제)과 자원배분의 효율성(법인과 비법인부문 간 자원배분의 왜곡 등)을 달성하기 위해 소득세와의 통합이 논의된다.
- ③ [×] 정부는 법인세제상의 감가상각이 정상적인 속도보다 빠르게 진행되는 것을 허용함으로써 <u>기업의 투자를 촉진시키고자 한다</u>.
- ④, ⑤ [O] 법인세는 법인에 부과되는 조세로서 귀착자가 누구인지 불분명하다. 법인세 성격을 법인부문에 투자된 자본에 대한 과세로 볼 것인지 경제적 이윤에 대한 과세로 볼 것인지에 대한 견해가 있다.

32
답 ④

┃해설┃
① [O] 자산의 공정가치로 평가하여 가치감소분을 비용으로 보는 것(가치평가과정)을 경제적 감가상각이라 하고, 자산의 사용에 따라 수익이 창출되는 기간에 그에 대응하는 비용을 인식하는 것(원가배분과정 – 정액법, 정률법 등)을 회계적 감가상각이라 한다.
②, ③ [O] 법인세가 경제적 이윤에 대한 과세 성격을 갖는다면 조세부담은 전적으로 주주에게 귀착되며, 초과부담이 발생하지 않는다.
④ [X] 법인세가 법인부문에 투입된 자본에 대한 과세이고, 법인부문이 노동집약적이라면 조세부담이 <u>노동자</u>에게 전가된다.

33
답 ⑤

┃해설┃
① [O] 법인세는 자기자본(귀속이자 비용 미인정)보다 타인자본(지급이자 비용인정)을 우대한다.
② [O] 투자세액공제는 설비투자금액의 일정 비율을 공제하는 방식으로 이루어지는 것을 말하며, 단기간 자주 투자할 경우 공제혜택이 커지며, 자본의 사용자비용이 하락하는 특징이 있다.
③ [O] 물가가 상승하면 채무부담의 실질가치가 하락하므로 차입금의 실질이자부담이 줄어 절세효과가 나타난다.
④ [O] 감가상각액이 늘어나면 비용으로 인정되는 부분이 커지고 이윤이 줄어들기 때문에 법인세액이 줄어든다.
⑤ [X] 법인소득을 주주에게 배당하면 <u>법인세액에는 영향을 미치지 않는다</u>. 법인세를 납부하고 남은 이윤을 주주에게 배당하기 때문이다.

34
답 ④

┃해설┃
② [O] 선입선출법에 따르면 인플레이션은 법인세 부담에 영향을 미친다.

> 인플레이션 → 선입선출법 채택 기업 → 장부상 이윤↑ → 법인세 부담↑

③ [O] 우리나라에서 법인세는 타인자본(지급이자 비용인정)을 우대하므로 기업의 부채비중을 높이는 것이 법인세 절감에 유리하다.
④ [X] 자본재 구입에 가속상각을 도입하면 투자에 <u>유리하다</u>. 내용연수 초기에 인정받는 감가상각액이 증가하므로 납세액의 현재가치가 하락하기 때문이다.

35

답 ④

∥해설∥
④ [×] 법인세 부과는 기업의 재원 조달방식으로 유상증자(자기자본)보다 차입을 더 선호하게 할 것이다.
⑤ [○] 명목법인세율과 실효법인세율과의 차이는 정부의 법인기업에 대한 지원의 정도를 의미한다.

$$실효법인세율 = \frac{산출된\ 법인세액(명목법인세율) - 공제\cdot감면세액}{과세표준}$$

36

답 ⑤

∥해설∥
① [×] 우리나라의 현행 법인세 최고세율은 24%이다.
② [×] 인플레이션이 있을 경우 감가상각공제의 현재가치는 하락하므로 법인세 부담은 증가하게 된다.
③ [×] 자기자본에 대한 귀속이자를 경비로 인정해 주지 않는 법인세제 상의 특성이 법인들로 하여금 차입에 대한 의존도를 높이는 유인이 될 수 있다.
④ [×] 법인세가 경제적 이윤에 대한 과세가 되기 위해서는 당기순이익이 경제적 이윤과 같아야 한다.

37

답 ③

∥해설∥
① [×] 수출품에 대한 부가가치세 영세율은 매출액에 대한 부가가치세가 없다는 의미이므로 매입세액공제를 한다.
② [×] 부가가치세는 생산단계마다 추가된 부가가치에 대해서만 과세하므로 수직적 통합을 촉진하는 효과는 없다. 수직적 통합을 유발하는 것은 다단계거래세이다.
④ [×] 경제적 이윤에 대한 법인세과세방식은 기업의 생산결정을 왜곡하지 않는다.
⑤ [×] 타인자본에 대해서만 이자비용공제를 허용하는 법인세는 투자재원조달방식의 왜곡을 가져온다.

38

답 ⑤

∥해설∥
⑤ [×] 어떤 상품이 면세의 대상인 경우 중간단계에서 납부한 부가가치세까지 환급해 주지 않는다(불완전면세). 영세율의 대상인 경우 중간단계에서 납부한 부가가치세까지 전액 환급해준다(완전면세).

39 답 ③

해설

ㄱ. [×] 다단계거래세는 각 거래단계마다 일정 세율로 부과하는 조세로 부가가치세에 비해 <u>수직적 통합</u>을 부추긴다.
ㄴ. [○] 부가가치세(기업 간 상호경제효과로 탈세 방지)는 다단계거래세(탈세 발생)에 비해 탈세의 유인을 줄인다.
ㄹ. [×] 다단계거래세는 <u>누진적</u>이나, 부가가치세는 <u>역진적</u>이다.

40 답 ③

해설

① [×] 각 생산단계에서 발생하는 <u>부가가치를</u> 과세대상으로 한다.
② [×] 모든 물품에 대하여 동일비율로 과세한다는 점에서 <u>중립세의 성격을 가지지는 않는다</u>.
④ [×] 기업 간 수직통합을 부추긴다는 <u>문제가 발생하지는 않는다</u>.
⑤ [×] 부가가치세 면세 품목에는 영세율이 <u>적용되지 않는다</u>.

41 답 ⑤

해설

⑤ [×] 우리나라는 <u>소비형 부가가치세</u>를 채택하고 있다.

42 답 ③

해설

ㄱ. [○] 부가가치세의 주요 도입배경으로는 다단계거래세제에서 나타날 수 있는 수직적 통합을 이용한 조세회피 방지와 수출품에 대한 소비세 환급을 통한 수출촉진 등을 들 수 있다. 이외에도 누적효과로 인한 세부담 증가, 차등세율로 인한 의사결정 왜곡, 탈세의 성행이 있다.
ㄴ. [×] 부가가치세는 모든 소비재에 대해 단일세율을 적용함으로써 저소득층의 조세부담을 상대적으로 <u>높이게</u> 된다.
ㄷ. [×] 어떤 상품이 부가가치세 면세 대상인 경우, 중간단계에서 이미 납부한 부가가치세는 <u>환급해주지 않는다(불완전면세)</u>.
ㄹ. [○] 어떤 상품에 영세율이 적용되는 경우, 그 이전 단계에서 납부한 부가가치세는 전액 환급해준다(완전면세).

43 답 ①

해설
① [×] 법인세의 과세대상은 법인이윤이고, 배당소득은 소득세 과세대상이다.
② [○] 부가가치세의 면세제도는 상대적으로 저소득층이 많이 구입하는 생필품 등이 포함되므로 형평성을 증진시키는 효과가 있다.
④ [○] 소득세는 노동과 여가의 선택에 대해서 중립적으로 작용하지 않는다. 즉, 여가와 소득 간 선택에 교란을 발생시켜 왜곡적이다.

44 답 ②

해설
② [×] 기초생활필수품은 면세 대상이다.

45 답 ⑤

해설
ㄱ. [×] 소비활력 제고를 위해 간이과세자의 간이과세 적용요건을 강화한다.
ㄴ. [○] 경제성장률이 성장한다면 사람들의 소득도 증가하기 때문에 면세점을 현재 수준으로 유지해도 면세자 비율은 낮아진다.
ㄷ. [×] 저출산 문제에 대응하기 위해 다자녀 가정의 인적공제를 축소한다.
ㄹ. [×] 개인연금저축의 공제액을 축소한다.

46 답 ③

해설
① [×] 부가가치세는 조세부담이 역진적이다.
② [×] 수출품의 부가가치세 부담은 국내 판매용 제품과 다르다. 수출품은 영세율이 적용된다.
③ [○] 기업의 부채비중을 높이면 비용이 인정되므로 법인세 절감에 유리하다.
④ [×] 기업이 자본재 구입 시에 투자세액공제를 적용하면 법인세 부담이 감소한다.
⑤ [×] 법인세는 법인의 이윤을 과세대상으로 한다.

47

답 ⑤

▌해설▐
① [×] 우리나라의 재산세와 종합부동산세는 부동산 보유 시 부과된다.
② [×] 공급이 완전 비탄력적인 재화(토지 등)에 조세가 부과될 때 재화 가격이 조세부담의 현재가치만큼 하락하는 현상을 조세의 자본화라고 한다.
③ [×] 보유세 인상의 실제적인 부담은 보유세 인상 이후 부동산 소유자가 모두 부담하게 된다.
④ [×] 우리나라의 양도소득세는 부동산 양도 시 발생하는 차익에 대해 과세하는 국세이다.

48

답 ②

▌해설▐
② [×] 부동산 보유세 인상 시 조세의 자본화에 의하여 부동산 가격이 하락하게 된다.

49

답 ④

▌해설▐
① [○] 재산세와 같은 자산과세의 세부담자는 자산소유자이지만, 주로 특정 유형자산을 기준으로 과세되기 때문에 대물세로 간주한다.
② [○] 자산수익률은 보통 고소득층이 높다. 따라서 자산수익률이 노동수익률보다 높은 경우, 자산과세의 강화는 소득분배 불평등도를 완화시킨다.
③ [○] 자산과세는 지역 간 이동성이 낮으므로 이를 지방세의 근간으로 하면 지역 간 재정불균형을 심화시킬 수 있다.
④ [×] 이론적으로 동결효과(lock-in effect)로 인하여 부동산 거래를 위축시킨다.

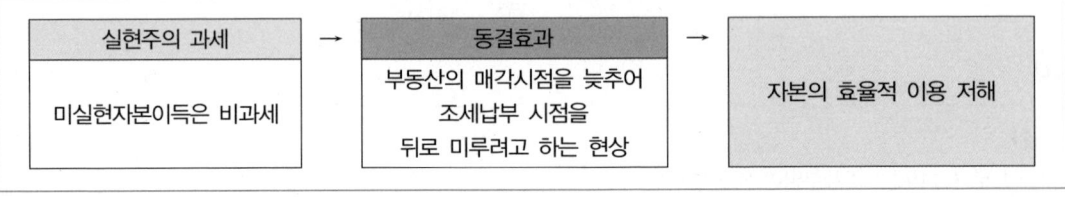

제2절 | 조세의 경제적 효과

01   답 ③

해설

①, ②, ④, ⑤ [O]

가격효과($W\downarrow \to$ 노동 ?)	
소득효과($W\downarrow \to$ 실질소득↓)	대체효과($W\downarrow \to$ 여가의 기회비용↓)
• 여가=정상재 : 여가↓(노동↑) • 여가=열등재 : 여가↑(노동↓)	여가↑(노동↓)

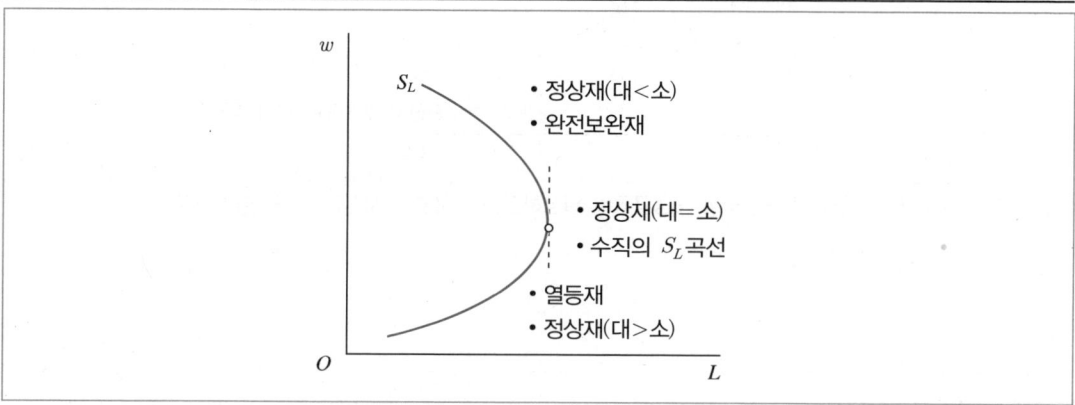

③ [×] 여가가 정상재일 경우 누진소득세 부과가 노동공급에 미치는 영향은 비례소득세 부과와 유사하지만 고소득자에게 불리하다. 소득이 높아질수록 한계세율이 높게 적용되기 때문이다.

02   답 ②

해설

① [×], ② [O] 여가가 정상재일 경우, 소득효과로 노동공급이 증가하고, 대체효과로 노동공급이 감소하여 총노동공급의 변화는 알 수 없다.
③, ④, ⑤ [×] 여가가 열등재일 경우, 소득효과와 대체효과 모두 노동공급을 감소시키므로 총노동공급은 감소한다.

03   답 ⑤

┃해설┃

② [○] 노동공급곡선이 우상향하는 경우 근로소득세에 비례소득세를 부과하면 노동수요곡선이 하방으로 이동한다. 아래의 그림을 보면 시장임금률이 상승하는 것을 알 수 있다.

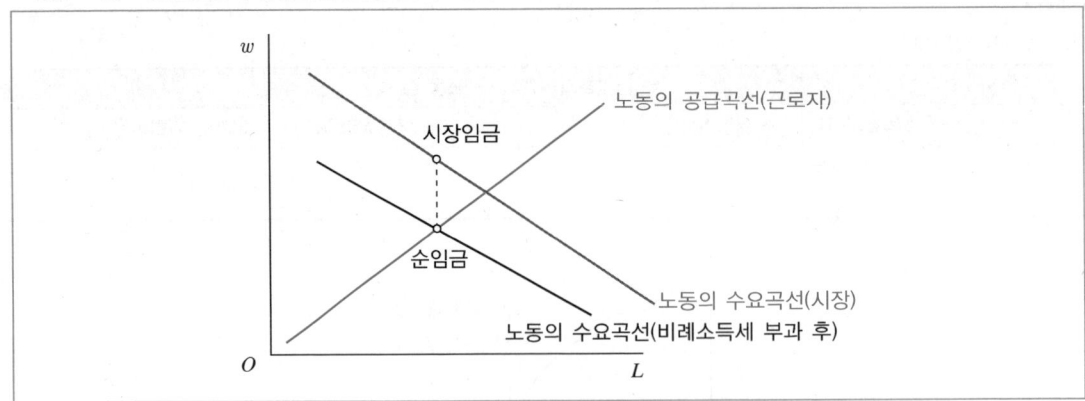

⑤ [×] 대체효과와 소득효과가 동일하여 노동공급이 일정하면 순임금률과 시장임금률은 <u>상이하다</u>.

04   답 ②

┃해설┃

② [×] 여가가 열등재일 때 근로소득세가 부과되면 <u>대체효과와 소득효과 모두 노동공급을 감소시킨다</u>.
③ [○] 근로소득세가 노동공급에 미치는 영향을 분석하는 방법은 크게 3가지로 계량적 추정, 설문조사, 실험이 있다.
⑤ [○] 실증연구결과에 따르면 가계의 주 근로소득자(primary worker)인 남성근로자들의 세율에 대한 노동공급탄력성은 비탄력적인 반면, 보조 근로소득자(secondary worker)인 주부들의 노동공급탄력성은 상당히 탄력적이다.

05   답 ③

┃해설┃

① [×] 후방굴절 구간에서는 <u>소득효과가 대체효과보다 크다</u>.
② [×] 임금과 노동공급이 정(+)의 관계인 구간에서는 근로소득세를 증가시키면 노동공급은 <u>감소한다</u>.
④ [×] 근로소득세 과세는 초과부담을 <u>초래한다</u>.

$$\text{근로소득세 초과부담}(DWL) = \frac{1}{2} \cdot t^2 \cdot \left[\frac{1}{\frac{1}{\varepsilon} + \frac{1}{\eta}} \right] \cdot w \cdot L$$

⑤ [×] 근로소득세 납부 후 임금률은 <u>하락한다</u>.

06

답 ⑤

┃해설┃
① [×] 여가가 정상재일 때, 비례소득세 부과로 인한 대체효과가 소득효과보다 크면 노동공급은 줄어든다.
② [×] 여가가 정상재일 때, 비례소득세와 동일한 조세수입을 가져다주는 비왜곡적인 정액세를 부과하는 경우 노동공급은 증가한다.
  ※ 정액세를 부과하는 경우 대체효과는 발생하지 않고 소득효과만 존재한다.
③ [×] 여가가 열등재일 때, 비례소득세 부과로 인한 대체효과가 소득효과보다 크면 노동공급은 줄어든다.
④ [×] 여가가 열등재일 때, 비례소득세와 동일한 조세수입을 가져다주는 비왜곡적인 정액세를 부과하는 경우 노동공급은 감소한다.

07

답 ②

┃해설┃
ㄱ. [×] 여가가 정상재이고 소득효과가 대체효과보다 크면 노동공급곡선은 후방굴절형이다.
ㄴ. [×] 여가가 정상재이고 비례소득세 부과로 대체효과가 소득효과보다 크다면 노동공급은 줄어든다.

08

답 ②

┃해설┃
① [×] 순임금률은 $(1-t)W_0$로 하락한다. 세율로 비례소득세가 부과되는 경우 세금을 납부해야하므로 순임금률은 하락하게 된다.
③ [×] 대체효과는 노동공급량을 감소시킨다.
④ [×] 대체효과가 소득효과보다 크면 노동공급량을 줄이는 방향으로 작용한다.
⑤ [×] 노동공급곡선은 우상향하는 형태를 가진다. 여가=열등재이고, 노동공급이 반드시 감소한다.

09

답 ②

┃해설┃
② [×] 세율인상으로 인한 소득효과가 대체효과보다 크면 고소득층의 노동공급이 증가한다.
④ [○] 초과부담은 세율의 제곱에 비례하므로 세율이 인상되면 초과부담이 증가한다.
⑤ [○] 세율인상에도 불구하고, 고소득층의 노동공급량 감소(소득효과 < 대체효과)에 따라 세수 증대가 이루어지지 않을 수 있다.

10 답 ②

해설

① [×] 비례적 근로소득세율인상은 <u>여가의 상대가격을 하락시킨다</u>.
③ [×] 누진적 소득세의 경우, 여가의 가격을 나타내는 <u>예산선의 기울기가 일정할 수도 있고, 일정하지 않을 수도 있다</u>.
  • 선형누진세 : 소득↑ → 한계세율 일정 → 예산선의 기울기 일정
  • 비선형누진세 : 소득↑ → 한계세율↑ → 예산선의 기울기 달라짐
④ [×] 일반적으로 근로소득세율이 낮을 때, 세율인상은 노동공급을 감소시키지만 근로소득세율이 높을 때 세율인상은 노동공급을 <u>더 크게 감소시킨다</u>.
⑤ [×] 세율인상의 효과는 임금률 <u>하락</u>의 효과와 동일하다.

11 답 ②

해설

① [×] 여가가 정상재일 경우 임금변화에 따른 소득효과가 대체효과보다 작다면 <u>우상향하는 노동공급곡선</u>이 될 것이다.
③ [×] 여가가 정상재일 경우 비례소득세를 부과하면 대체효과는 노동공급을 <u>줄이는</u> 방향으로 작용하고 소득효과는 노동공급을 <u>늘리는</u> 방향으로 작용한다.
④ [×] 여가가 정상재일 경우 누진소득세 부과가 노동공급에 미치는 영향은 비례소득세 부과와 유사하지만 고소득자에게 <u>불리하다</u>.
⑤ [×] 여가가 정상재일 경우 선형누진소득세의 평균세율이 비례소득세와 동일하다면 노동공급에 미치는 효과는 <u>동일하지 않다</u>.
  • 선형누진소득세 : 한계세율 > 평균소득
  • 비례소득세 : 한계세율 = 평균소득
  → 이러한 상황에서 선형누진소득세와 비례소득세의 평균세율이 동일하다면 선형누진소득세하에서 대체효과가 크게 발생하므로 노동공급이 더 크게 감소한다.

12 답 ①

해설

① [○] 여가는 감소하게 된다.
②, ③ [×] 대체효과는 발생하지 않는다.
④ [×] 비과세 금융상품에 대한 신규 과세로 <u>임금률은 변화하지 않는다</u>. 금융상품으로부터 발생하는 금융소득은 비근로소득이므로 실질소득은 감소하지만 임금률은 변하지 않는다.
⑤ [×] 소득효과는 노동공급을 <u>증가시킨다</u>.

13 답 ④

해설

③ [○] 여가가 정상재라면, 소득효과와 대체효과의 상대적 크기에 따라 노동공급은 증가, 감소 또는 불변일 수 있다.
④ [×] 여가가 정상재라면, 대체효과가 소득효과보다 클 경우 노동공급은 감소한다.

14 답 ④

해설

ㄱ. [×] 저축을 증가시키는 소득효과와 저축을 감소시키는 대체효과를 동시에 발생시킨다.
ㄴ. [○] 저축에 대한 영향은 시점 간 자원배분모형(피셔의 2기간모형)을 이용하여 분석될 수 있다.
ㄷ. ㄹ. ㅁ. [○]

이자소득세($\overline{w} \to r\downarrow$)	
소득효과	대체효과
C_1(현재소비)↓(저축↑), C_2(미래소비)↓	C_1(현재소비)↑(저축↓), C_2(미래소비)↓ ※ P_{C_1}(현재소비의 상대가격) 하락

→ C_1(현재소비) : ?, 저축 : ?, C_2(미래소비) : ↓

15 답 ④

해설

① [○] 국민저축은 그 변화를 알 수 없다.
② [○] 현재소비에 미치는 영향은 소득효과와 대체효과의 상대적인 크기에 의해 결정된다.
③, ⑤ [○] 현재소비는 대체효과에 의해 증가하고 소득효과에 의해 감소한다.
④ [×] 이자소득세의 부과에 의한 소득효과는 저축의욕을 늘어나게 한다.

16 답 ④

해설

① [×] 이자소득세 부과 시 현재소비의 상대가격은 하락하게 된다.
② [×] 이자소득세 부과 시 저축은 증가할 수도 있고, 감소할 수도 있다.
③ [×] 이자소득세 부과 시 민간저축은 증가할 수도 있고, 감소할 수도 있으나 총저축의 증감여부는 불분명하다.
⑤ [×] 미래소비에 미치는 영향은 소득효과와 대체효과의 상대적인 크기와는 관련없다. 소득효과와 대체효과 모두 미래소비는 감소한다.

17 답 ⑤

해설

① [○] 이자소득세 부과 시 민간저축은 대체효과와 소득효과의 상대적 크기에 따라 증가할 수도 있고 감소할 수도 있다. 따라서 정부저축이 증가한다고 해도 민간저축과 정부저축의 합은 그 변화를 알 수 없다.
② [○] 이자소득세가 부과되면 현재소비의 상대가격은 하락하고 미래소비의 상대가격은 상승하는 효과를 가진다.
⑤ [×] 이자소득세 부과 시 미래소비에 주는 영향은 대체효과와 소득효과로 나눠지는데 이들 두 효과는 <u>동일한 방향으로(미래소비 감소)</u> 작동한다.

18 답 ①

해설

① [×] 이자소득세는 현재소비와 미래소비 간의 상대가격을 변화시키므로 초과부담을 <u>초래한다</u>.

19 답 ⑤

해설

ㄱ. [○] 미래소비로 표시한 현재소비의 상대가격이 하락한다.
ㄴ. [○] 대체효과에 의해 현재소비가 증가하므로 저축은 감소한다.
ㄷ. [○] 소득효과에 의해 현재소비가 감소하고 미래소비도 감소한다.
ㄹ. [○] 실질소득이 감소하므로 효용수준은 감소한다.

이자소득세($\overline{w} \rightarrow r\downarrow$)	
소득효과	대체효과
C_1(현재소비)↓ (저축↑), C_2(미래소비)↓	C_1(현재소비)↑ (저축↓), C_2(미래소비)↓ ※ P_{C_1}(현재소비의 상대가격) 하락
→ C_1(현재소비) : ?, 저축 : ?, C_2(미래소비) : ↓	

20 답 ②

해설

① [○] 저축에 대한 조세의 영향은 시점 간 자원배분모형(피셔의 2기간모형)을 이용하고 분석될 수 있다.
② [×] 근로소득세로 인해 가처분소득이 감소할 때 실질소득이 감소하므로 <u>소득효과</u>가 발생한다.
④ [○] 현재소비가 감소해도 현재소득도 감소하므로 근로소득세 부과시 민간저축의 증감여부는 불분명하다. 만약 정부가 근로소득세 부과 시 세수의 전부를 정부저축으로 할당하면 경제전체의 저축은 증가하나, 정부가 조세수입의 전부 또는 일부를 지출한다면 경제전체 저축의 증감도 불분명하다.
⑤ [○] 이자소득세로 인해 실질이자율이 하락하고 현재소비의 상대가격이 하락하므로 미래소비보다 현재소비가 유리한 여건이 제공될 수 있다.

21　　답 ③

┃해설┃
① [×] 현재소비가 정상재인 경우에 이자소득세의 부과에 의한 소득효과는 저축의욕을 <u>늘어나게</u> 한다.
② [×] 비례소득세는 조세부담의 수직적 공평성을 <u>저해시킨다</u>. 저소득층과 고소득층 모두 같은 세율을 적용하기 때문이다.
④ [×] 소득공제는 조세의 부담에 있어서 <u>고소득층이 저소득층에</u> 비해 유리하다.
⑤ [×] 세액공제의 도입은 <u>한계세율과는 관련이 없다</u>.

22　　답 ③

┃해설┃
③ [×] 이자소득과세는 <u>1기 소비와 저축의 증감은 대체효과와 소득효과의 상대적 크기에 따라 다르다.</u>
  • 소득효과 : 실질소득↓ → C_1↓, S↑
  • 대체효과 : P_{C_1}(현재소비의 상대가격)↓ → C_1↑, S↓
⑤ [○] 이자소득세율인상은 곧 세후 실질이자율이 하락한다는 의미이므로 이자소득세율인상과 이자율 인하는 이론적으로 저축에 미치는 효과가 동일하다.

23　　답 ②

┃해설┃
① [×] 기대수익률이 하락하여 안전성에 대한 기회비용이 증가함으로써, 위험자산의 비중은 <u>커진다</u>.
③ [×] 완전손실상계제도가 있는 경우, 투자 수익과는 달리 손실에 대해 <u>정부가 부담하도록</u> 한다.
④ [×] 손실상계제도를 전혀 허용하지 않는 경우, 위험자산의 비중에는 <u>영향이 있다</u>.
⑤ [×] 손실상계제도를 전혀 허용하지 않는 경우, <u>소득효과와 대체효과의 크기와 상관없이</u> 위험자산의 비중은 감소한다.

가격효과(조세 → r↓ → 위험부담행위 ?)	
소득효과(r↓ → 실질소득↓)	대체효과(r↓ → 안전자산의 기회비용↓)
• 위험자산=정상재 : 위험자산↓(안전자산↑) 　(=위험부담행위의 소득탄력성>0) • 위험자산=열등재 : 위험자산↑(안전자산↓) 　(=위험부담행위의 소득탄력성<0)	위험자산↓(안전자산↑)

24　　답 ③

┃해설┃
① [×] 완전손실보상제도가 있는 경우, 위험자산의 비중은 <u>커진다</u>.
② [×] 완전손실보상제도 하에 정부의 위험부담 비용이 <u>민간보다 적다면</u>, 조세의 부과는 사회후생을 증진시킨다.
③ [○] 손실보상제도를 전혀 허용하지 않는 경우, 소득효과가 대체효과보다 큰 경우에 문제에서 위험부담행위의 소득탄력성이 0보다 작았다고 제시하였으므로 위험자산의 비중은 증가한다.
④ [×] 손실보상제도를 전혀 허용하지 않는 경우, 대체효과는 위험자산의 비중을 <u>줄인다</u>.
⑤ [×] 완전손실보상제도가 있는 경우, <u>정부와 투자자가 공동 부담하도록 한다</u>. 정부는 투자에서 이익이 나면 세금을 걷고, 손실이 나면 보조해준다. '달리'라는 표현이 틀렸다.

25 답 ③

┃해설┃

①, ⑤ [×] 위험부담 행위의 소득탄력성이 양이면, 소득효과는 위험자산에 대한 투자를 줄이고 대체효과도 위험자산에 대한 투자를 줄여 총효과는 줄어든다.
②, ④ [×] 위험부담 행위의 소득탄력성이 음이면, 소득효과는 위험자산에 대한 투자를 늘리고 대체효과는 위험자산에 대한 투자를 줄인다.

26 답 ③

┃해설┃

① [○] 자본의 사용자비용이 적을수록 투자가 증가하고, 자본의 사용자비용이 클수록 투자가 감소한다.
② [○] 생산요소 간에 대체탄력성이 작으면 자본의 사용자비용이 하락하더라도 노동에서 자본으로의 대체가 어려워 자본량이 거의 늘지 않을 것이므로 자본스톡의 사용자비용탄력성이 낮아질 수 있다.
③ [×] 자본스톡의 사용자비용탄력성이 작을수록 법인세가 기업의 투자에 미치는 영향이 작다. 자본스톡의 사용자비용탄력성이 작으면 노동과 자본을 대체하는 것이 어렵다.
④, ⑤ [○] 법인세가 투자에 중립적이 되는 경우는 첫 번째, 자본재 구입비용은 즉시상각하고 지급이자에 대한 비용공제는 불허하면 투자에 대해 중립적이다. 두 번째, 자기자본의 귀속이자비용과 차입금에 대한 이자공제가 허용되고 세법상 감가상각률과 경제적 감가상각률이 일치할 경우 법인세는 투자에 영향을 미치지 않는다.

27 답 ⑤

┃해설┃

② [○] 자본의 사용자비용이 낮아지면 투자는 늘어나고, 자본의 사용자비용이 높아지면 투자는 줄어든다.
③ [○] 자본의 사용자비용은 기업이 자본재를 일정기간 동안 사용할 때 소요되는 기회비용을 의미하는 것으로, 포기된 다른 투자로 인한 기회비용도 포함된다.
⑤ [×] 자기자본의 귀속이자비용과 차입금에 대한 이자공제가 허용되고 세법상 감가상각률과 경제적 감가상각률이 일치하면 법인세는 투자에 영향을 미치지 않는다.

28 답 ④

┃해설┃

③ [○] 토빈의 $q = \dfrac{\text{주식시장에서 평가된 기업의 시장가치}}{\text{기업의 실물자본의 대체비용}}$ 으로, 자본의 대체비용이 클수록 투자가 줄어든다.
④ [×] 자본의 사용자 비용과 관련된 한계실효세율 측정은 $t = \dfrac{p-s}{p}$ (p : 세전수익률, s : 세후수익률)으로, 세전수익률과 세후수익률의 차이를 세후수익률로 나누어서 구할 수 있다.
⑤ [○] 투자를 촉진하기 위한 방법, 자본의 사용자비용을 낮추는 방법으로는 가속상각 제도의 채택, 투자세액공제 허용 등이 있다.

29   답 ③

해설

③ [×] 자본스톡의 사용자비용탄력성이 작을수록 조세제도상 투자 유인책의 효과는 <u>작아진다</u>.
④, ⑤ [○] 한계적인 투자계획에서 나오는 세전 실질수익률과 이 투자계획의 재원을 제공한 저축자에게 지급되는 세후 실질수익률이 같으면 한계실효세율은 영(0)이 되며, 한계실효세율(t)이 높을수록 투자가 위축된다.

30   답 ⑤

해설

② [○] 사용자비용이 적더라도 탄력성이 작다면 자본스톡을 늘리지 못한다. 따라서 자본스톡의 사용자비용탄력성이 작을수록 조세정책이 기업의 투자에 미치는 영향이 작다.
③ [○] 법인세가 투자에 중립적이 되는 경우는 첫 번째, 자본재 구입비용은 즉시상각하고 지급이자에 대한 비용공제는 불허하면 투자에 대해 중립적이다. 두 번째, 자기자본의 귀속이자비용과 차입금에 대한 이자공제가 허용되고 세법상 감가상각률과 경제적 감가상각률이 일치할 경우 법인세는 투자에 영향을 미치지 않는다.
④ [○] 한계실효세율이 음(−)이면 조세의 존재가 투자를 촉진하는 결과를 가져온다.
 • $t > 0$: 투자↓
 • $t = 0$: 투자에 중립적인 조세
 • $t < 0$: 투자↑
⑤ [×] 부채를 통한 투자의 경우 한계실효세율이 음(−)의 값을 갖는 것은 현행 조세제도가 <u>부채가 촉진되는</u> 효과를 갖는다는 뜻이다.

31   답 ⑤

해설

① [×] 한계실효세율이 음(−)의 값을 가지는 경우, 법인세 부과가 투자행위를 <u>촉진시킬 수 있다</u>.
② [×], ⑤ [○] 법인세가 부과된 후 자본의 사용자비용(C_e')이 감소하면 법인세 부과가 투자행위를 촉진시킨다고 해석할 수 있다. 또한 법인세가 부과된 후 자본의 사용자비용에 변화가 없으면 투자행위에 중립적이라고 해석할 수 있다.

 • $C_e' > C$: 투자↓
 • $C_e' = C$: 투자에 중립적인 조세
 • $C_e' < C$: 투자↑

③ [×] 투자세액공제나 가속상각제도의 채택은 자본의 사용자비용을 <u>감소시킨다</u>.
④ [×] 자본의 사용자비용과 관련된 한계실효세율 측정은 <u>세전수익률과 세후수익률의 차이</u>를 세전수익률로 나누어서 구할 수 있다.

32 답 ⑤

해설

자본의 사용자 비용을 낮추어 투자를 촉진할 수 있는 조세정책은 가속상각제도, 투자세액공제, 특정기간조세 감면, 법인세율 인하가 있다. 근로소득세 감면은 자본의 사용자 비용과 아무런 관련이 없다.

33 답 ④

해설

③ [○] 우리나라 법인세율은 4단계의 세율로 구성된 누진구조로 되어 있다.

[2025년 기준 법인세율]
- 2억원 이하 : 9%
- 2억원 초과~200억원 이하 : 19%
- 200억원 초과~3,000억원 이하 : 21%
- 3,000억원 초과 : 24%

④ [×] 타인자본에 대해서만 이자비용 공제를 허용하는 법인세는 투자재원 조달 방식에 왜곡을 가져온다.

34 답 ①

해설

① [○] 법인세 과세표준 계산 시 타인자본에 대한 이자지불액만 공제가 된다면 자기자본에 비해 차입을 선호한다.
②~⑤ [×] 법인의 의사결정과는 관련 없는 내용이다.

35 답 ②

해설

(1) A : 첫 해에 이 투자에 대해 전액 감가상각을 허용하는 경우 자본의 사용자 비용이 낮아지므로 투자가 촉진된다.
(2) B : 이자비용의 손금처리를 부인하는 경우 자본의 사용자 비용이 높아지므로 투자가 위축된다.

36 답 ②

해설

② [×] 100% 차입경영인 경우에는 경제적 이윤과 세전 당기순이익은 동일하다. 따라서 법인세는 이윤세와 같다.
③ [○] 법인세가 이윤세라면 기업의 노동수요에 영향을 주지 않는다.
④, ⑤ [○] 100% 자기자본을 사용한 경우에 법인세는 법인에 사용된 자본에 대한 세금이 되며, 비법인기업에 투자되는 자본에 영향을 준다.

37 답 ④

해설

①, ③ [○]

> [법인세가 투자에 중립적이 되는 경우]
> - 자기자본의 귀속이자를 포함한 모든 이자비용이 허용되고, 세법상 감가상각률과 경제적 감가상각률이 일치하는 경우 … ①
> - 자본재를 구입 즉시 100% 비용처리하고, 이자비용공제를 전혀 허용하지 않는 경우 … ③

② [○] 현금의 흐름 혹은 직접적 비용을 기준으로 과세하는 경우 경제적인 감가상각이 이루어지므로 중립성이 보장된다.
④ [×] 적자가 발생할 때 손실액을 다음 해로 이월해주는 경우 법인세가 부과된다. 따라서 중립성이 보장되지 않는다.
⑤ [○] 조세가 자본의 사용자비용을 변화시키지 않는 경우($C_e = C$) 중립성이 보장된다.

38 답 ⑤

해설

ㄱ. [○] 투자수익에 조세가 부과되지 않으면 세전수익률과 세후수익률은 동일하게 되므로 한계실효세율은 0이다.
ㄴ. [○] 한계실효세율이 낮을수록 투자에 유리하다.
ㄷ. [○] 한계실효세율이 음(−)인 경우, 세후수익률이 세전수익률보다 더 크므로 조세가 투자를 촉진하는 결과를 가져온다.

39 답 ④

해설

① [○] 우리나라 법인세 제도에서는 기업의 부채가 클수록 비용으로 인정되므로 법인세 부담이 줄어든다.
② [○] 모딜리아니-밀러(F. Modigliani & M. Miller)의 제1명제는 동일산업에 종사하고 매 기간 동일한 영업이익을 창출하는 두 기업의 시장가치는 부채조달 여부와 관계없이 항상 일치하므로 자본구조의 변화는 기업가치에 아무런 영향을 미치지 않는다. 따라서 기업 가치 극대화를 위한 최적 자본구조가 존재하지 않는다.
④ [×] 인플레이션에 의해 감가상각공제의 실질가치가 떨어지면 법인세 부담이 <u>무거워진다</u>.
⑤ [○] 소득세와 법인세의 통합은 효율성(법인과 비법인부문 간 자원배분의 왜곡)뿐 아니라 공평성(이중과세의 문제)의 차원에서도 논의된다.

40 답 ②

해설

ㄱ. [×] ㄴ. [○] 모딜리아니-밀러 정리는 조세가 존재하지 않는 경우(가정) 경영위험 등 다른 조건은 모두 동일하고 자본구조만 다른 두 기업의 가치는 항상 동일하므로, 자본구조의 변화는 기업가치에 아무런 영향을 미칠 수 없다는 내용으로, <u>최적자본구조는 존재하지 않는다</u>.
ㄷ. [×] 경영자와 주주 간에 주인-대리인 문제가 <u>없다</u>고 가정한다.
ㄹ. [○] 모든 투자자와 경영자가 같은 정보를 가지고 있음을 가정한다. ㄷ.과 상충되는 내용임을 알 수 있다.
ㅁ. [○] 기업의 파산과 관련한 비용은 발생하지 않는다.

CHAPTER 07 | 재정학의 기타주제

제1절 | 소득분배 및 사회보장

01
답 ⑤

해설

① [O] 평등주의적 견해는 모든 사람이 평등하게 태어났으므로 물질적인 요소들도 골고루 나누어가져야 한다는 것으로 이는 개인의 정당한 권리가 침해될 가능성이 있다는 문제점을 가지고 있다.
② [O] 공리주의적 견해는 최대 다수의 최대 행복을 추구하는 것으로 불균등한 분배상태를 정당화시켜 줄 수도 있다.
③ [O] 롤스(J. Rawls)는 두 가지 원칙인 자유와 최소극대화 원칙 중 다른 사람들의 자유와 양립할 수 있는 한에서의 자유에 대한 동등한 권리가 최소극대화원칙보다 우선시된다고 말했다.
④ [O] 러너(A. Lerner)의 동등확률 가정에 따르면 사람들의 효용함수가 서로 달라도 특정의 효용함수를 가질 확률이 동일하다면 균등분배가 최적이라고 하였다.
⑤ [×] 노직(R. Nozick)의 견해에 따르면 균등한 분배가 실현된다면 절차의 정당성은 무시될 수 <u>없다</u>. 여기서 말하는 절차는 분배 상태가 형성되는 과정을 의미한다.

02
답 ⑤

해설

① [O] 공리주의적 견해에 의하면 바람직한 분배란 그 사회의 총체적 후생을 극대화할 수 있는 분배이어야 하며, 이는 불균등한 분배 상태를 정당화시킬 수 있다고 했다.
② [O] 평등주의적 견해에 의하면 모든 사람에게 평등하게 분배하는 것이 정의롭다고 하였으며, 이는 개인의 정당한 권리가 침해될 가능성이 있다는 문제점을 가지고 있다.
③ [O] 롤즈(J. Rawls)는 사회의 가장 가난한 사람의 후생을 극대화하도록 분배하는 것(최소극대화의 원칙)이 그 사회의 후생을 극대화하는 것이라 하였다.
⑤ [×] 러너(A. Lerner)에 의하면 사람들의 효용함수가 서로 다르면 동등확률 하(특정의 효용함수를 가질 확률이 동일하다면)에서도 균등분배는 최적이 될 수 <u>있다</u>.

03 답 ①

┃해설┃

① [✕] 공리주의적인 관점에서는 노동공급이 비탄력적인 경우, 소득재분배로 인한 왜곡이 크지 않다. 노동공급이 비탄력적이면 근로소득세를 부과하더라도 초과부담이 매우 작다.

② [○] 롤스(J. Rawls)의 최소극대화(가난한 사람의 후생이 극대화되도록 분배할 때 사회후생이 극대화됨)기준을 나타내는 사회무차별곡선의 모양은 L자형이다.

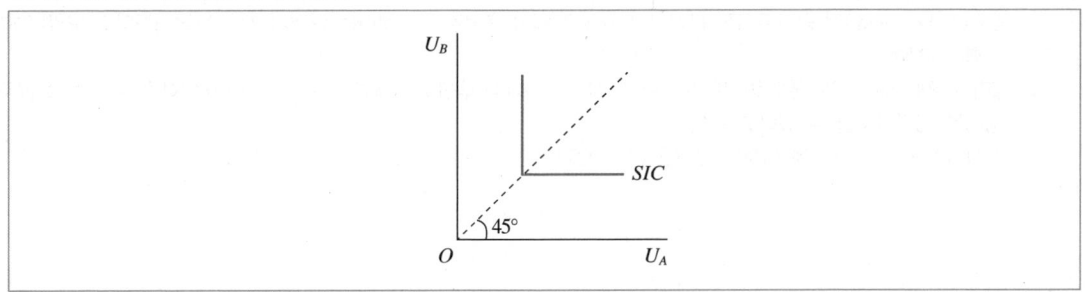

③ [○] 노직(R. Nozick)은 개인들의 경제활동으로 창출된 소득분배상태를 교정(결과의 정의)하는 것보다 그 분배 상태가 형성되는 과정(절차)을 중시한다.

④ [○] 평등주의적인 사회후생함수에서 도출된 사회무차별곡선은 평등주의적 성향이 강할수록 원점에 대해 더욱 볼록한 모양을 갖는다.

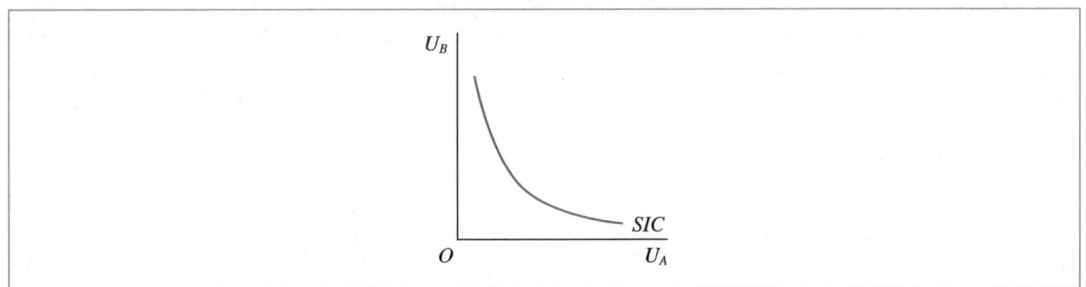

⑤ [○] 쿠즈네츠(S. Kuznets)의 U자 가설은 세로축에 소득분배의 균등도를, 가로축에 경제발전단계 또는 1인당 국민소득을 표시한 평면에서 설명된다.

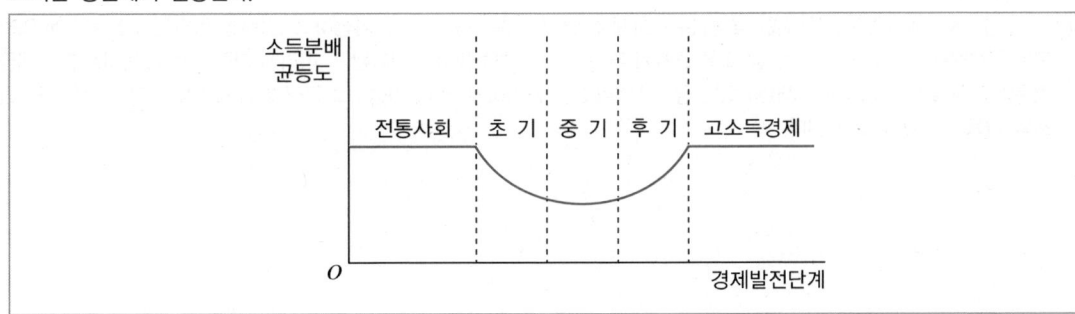

04

답 ①

┃해설┃

① [×] 가장 바람직한 분배 상태는 <u>최대 다수의 최대 행복</u> 원칙을 따른다. 최소극대화의 원칙은 롤스의 정의관이다.
② [○] 공리주의적 주장에 의하면 사회 구성원의 효용함수가 동일하고 한계효용이 체감한다면 사회후생이 극대화된다고 하였으나, 구성원들의 효용함수가 다르다면 소득의 한계효용이 동일하도록 소득분배가 이루어져야 사회후생극대화가 될 수 있다고 했다.
③ [○] 벤담(J. Bentham)은 공리주의적 관점에서 사회 전체의 후생을 극대화하는 분배가 가장 바람직하다고 보았다(최대 다수의 최대 행복).
④ [○] 공리주의적 견해에 의하면 바람직한 분배란 그 사회의 총체적 후생을 극대화할 수 있는 분배이어야 하며, 이는 불균등한 분배 상태를 정당화시킬 수 있다고 했다.
⑤ [○] 에지워스(Edgeworth)에 의하면 효용함수는 소득의 한계효용이 체감한다는 가정이 필요하다.

05

답 ②

┃해설┃

② [×], ③ [○] 에지워드(F. Edgeworth)의 최적분배이론은 '동일한 효용함수+한계효용체감+총소득 일정'을 가정하고 있으며, 이 3가지 가정하에서는 공평한 소득분배가 사회후생을 극대화한다고 보았다.
④ [○] 러너(A. Lerner)는 에지워스(Edgeworth)보다 가정을 완화하여 사람들의 효용함수가 다르다 해도 모든 사람이 특정 효용함수를 가질 확률이 같다는 가정하에서 균등한 분배가 최적임을 주장하였다.

06

답 ⑤

┃해설┃

② [○] 가정 2에서 개인들은 자신의 소득에만 의존하는 동일한 효용함수를 가진다는 것은 이타적인 효용함수를 배제하고 있음을 의미한다.
④ [○], ⑤ [×] 에지워스는 '동일한 효용함수+한계효용체감+총소득 일정'을 가정하고 있는데, 동일한 효용함수에 의하면 모든 구성원들의 세후 소득이 동일하도록 조세가 부과될 때 사회후생이 극대화된다. 따라서 가장 높은 소득자로부터 세금을 거두어 가장 낮은 소득자에게 재분배하는 경우 사회후생은 증가하게 되며, 가정 2로 인해 최적 소득세는 모든 사회 구성원의 소득 균등화까지 <u>이르게 된다</u>.

07 답 ③

해설

(1) $MU_A = MU_B$ (최적 배분을 달성하기 위해서는 한계효용이 동일해야)
   ① $A : U_A = 20Y_A^2 + Y_A + 3 \rightarrow MU_A = 40Y_A - 1$
   ② $B : U_B = 30Y_B^2 + Y_B + 2 \rightarrow MU_B = 60Y_B - 1$
   ③ $MU_A = MU_B : 40Y_A - 1 = 60Y_B - 1$
   $\therefore Y_A = \dfrac{3}{2} \cdot Y_B$

(2) 총소득 100의 분배(총소득 100과 (1)의 연립방정식)
   $100 = Y_A + Y_B$
   $\therefore Y_A = 60, \ Y_B = 40$

08 답 ⑤

해설

①, ② [O] 롤스는 원초적 위치(original position)라는 가상적 상황에서 완전히 균등한 소득분배가 가장 바람직하다고 보았다. 또한 사회후생은 저소득층에 의해 결정된다고 하였으므로 부자와 가난한 사람의 소득을 전부 합친 후 절반씩 나누어 가지면 사회후생은 증가한다고 볼 수 있다.
③ [O] 이 사회는 최소극대화 원칙에 의하여 소득재분배정책을 위험에 대비하는 보험정책으로 간주한다.
④ [O] 이 사회에서는 최소극대화 원칙에 의하여 사회후생이 저소득층에 의해 결정된다고 보았으므로 소득 중간계층에 대한 감세정책으로 사회후생이 증가하지 않는다.
⑤ [×] 복권당첨으로 부자의 소득이 증가하면 사회후생은 <u>아무런 변화가 없다</u>.

09 답 ③

해설

① [O] 누진세 구조의 개인소득세는 저소득층의 소득을 직접 증가시키는 것은 아니지만 소득이 많아질수록 고소득층에게 세부담이 증가하므로 소득분배 개선효과를 나타낸다.
③ [×] 한계세율이 점증하는 누진소득세 체계에서 소득공제를 도입하면 고소득층의 세후 소득을 <u>증가시킨다</u>. 한계세율과 소득공제를 받는 금액은 비례한다.
④ [O] 법인세의 세부담은 법인이 부담해야하므로 소비자에게 전가된다면 소득분배가 악화된다.
⑤ [O] 지니계수가 작을수록 평등한 소득분배를 의미하고, 클수록 불평등한 소득분배를 의미한다. 따라서 자산소득 지니계수가 높은 나라에서는 자산소득에 높은 세율로 과세하면 소득분배 개선효과를 나타낸다.

10　답 ④

∥해설∥

① , ② [O] 불평등을 발생시키는 원인들은 크게 개인적 요인(유전적 요인, 교육적 환경 차이, 경제적 환경 차이)과 사회적 요인(사회제도 등)으로 구분될 수 있다.
③ [O] 앳킨슨(A. Atkinson)지수에서 소득분배가 불균등할수록 균등분배대등소득은 작아진다. 따라서 균등분배대등소득과 평균소득과의 격차가 커진다.
④ [×] 블라인더(A. Blinder)는 실업문제의 우선해결에 중점을 두는 경제안정화정책은 중산층 이상의 고소득층보다 빈곤층에 유리하다고 보았다.
⑤ [O] 불평등 현상을 완화하기 위하여 정부는 고소득층과 저소득층에게 누진세제와 각종 사회보장제도를 시행한다.

11　답 ②

∥해설∥

① [×] 지니(Gini)계수 : 0과 1 사이의 값을 가지며, 1에 가까울수록 소득이 불평등하게 분배되었음을 나타낸다.
③ [×] 앳킨슨(A. Atkinson)지수 : 0과 1 사이의 값을 가지며, 1이면 소득이 불평등하게 분배되었음을 나타낸다.
④ [×] 5분위분배율 : 상위 20%에 속하는 사람들의 소득점유비율을 하위 20%에 속하는 사람들의 소득점유비율로 나눈 값이다.
⑤ [×] 십분위분배율 : 하위 40%에 속하는 사람들의 소득점유비율을 상위 20%에 속하는 사람들의 소득점유비율로 나눈 값이다.

12　답 ⑤

∥해설∥

① [O] 앳킨슨(A. Atkinson)지수는 소득분배에 대한 사회적 가치판단에 따라서 균등분배대등소득이 달라진다. 따라서 앳킨슨 크기가 달라지게 된다.
② [O] 로렌츠(M. Lorenz)곡선은 계층별 소득분포자료에서 인구의 누적점유율과 소득의 누적점유율 사이의 대응관계를 그림으로 나타낸 것으로 하위 몇 %에 속하는 사람들이 전체 소득에서 차지하는 비율을 나타내는 점들의 궤적이다.
③ [O] 지니계수(Gini coefficient)는 로렌츠곡선이 나타내는 소득분배상태를 수치화하여 나타낸 것이므로 로렌츠곡선을 이용해서 계산할 수 있다.
④ [O] 지니계수는 전체 인구의 평균적인 소득격차의 개념을 활용하고 있으나, 특정계층의 소득분배상태는 나타내지 못한다.
⑤ [×] 달튼(H. Dalton)의 평등지수는 1에 가까울수록 평등한 상태를 의미한다.

13   답 ②

┃해설┃
① [O] 로렌츠곡선의 한계는 두 로렌츠곡선이 서로 교차하는 경우에는 분배상태에 대한 판단이 불가능하다는 것이다.
② [×] 지니계수는 대각선과 로렌츠곡선 사이의 면적을 대각선 아래의 면적으로 나눈 값이다.
③ [O] 균등분배 대등소득과 평균 소득이 일치하면 앳킨슨지수는 0이 된다.

$$\text{앳킨슨지수} = 1 - \frac{Y_e}{\overline{Y}} \quad (Y_e : \text{균등분배 대등소득}, \ \overline{Y} : \text{현재의 평균 소득})$$

14   답 ③

┃해설┃
ㄱ. [×] 5분위 분배율(S)은 작을수록 평등한 소득분배를 의미한다.

$$5\text{분위 분배율} : 1 \leq S = \frac{\text{상위 20\%의 소득}}{\text{하위 20\%의 소득}} \leq \infty$$

ㄴ. [×] 10분위 분배율(D)은 클수록 평등한 소득분배를 의미한다.

$$10\text{분위 분배율} : 0 \leq D = \frac{\text{하위 40\%의 소득}}{\text{상위 20\%의 소득}} \leq 2$$

ㄷ. [O] 지니계수는 작을수록(0에 가까울 수록) 평등한 소득분배를 의미한다.

$$\text{지니계수} : 0 \leq G \left(= \frac{\alpha}{\alpha + \beta} \right) \leq 1$$

ㄹ. [O] 앳킨슨지수(A)는 크기가 작을수록(0에 가까울 수록) 평등한 소득분배를 의미한다.

$$\text{앳킨슨지수} : 0 \leq A \left(= 1 - \frac{Y_e}{\overline{Y}} \right) \leq 1$$

15   답 ①

┃해설┃
① [×] 상위 20%의 소득이 서로 같은 A, B국이 있을 때, A국의 10분위분배율이 $\frac{1}{2}$이고 B국의 5분위배율이 2라면, 하위 20%의 소득은 A국이 B국보다 작다. 10분위분배율은 클수록 평등하고, 5분위배율은 작을수록 평등하기 때문이다.
③ [O] 사회무차별곡선이 원점에 대해 볼록할수록, 사회구성원들의 공평성에 대한 요구가 높을수록 해당 사회에 대한 앳킨슨지수(Atkinson index)는 높게 나타난다.
④ [O] 조세 체계의 누진성을 강화하면 소득분배의 공평도가 높아지므로 5분위배율은 작아진다.
⑤ [O] 로렌츠곡선이 대각선에 가까울수록 소득분배가 공평함을 의미한다.

16   답 ②

┃해설┃
① [○] 5분위배율은 상위 20%의 소득을 하위 20%의 소득으로 나눈 값으로, 모두 동일한 소득을 가지고 있다면 1이다.
② [×] 가치판단이 달라도 동일한 소득분배상태라면 앳킨슨지수의 값은 달라진다. 사회구성원들의 가치판단(공평성)에 대한 요구가 높을수록 앳킨슨지수의 값은 커지게 된다.

17   답 ⑤

┃해설┃
② [○] 소득분배의 평등도에 대한 서수적인 평가를 나타낸다. 따라서 로렌츠곡선이 나타내는 소득분배상태를 수치화(기수적 평가)하기 위해 지니계수가 등장하게 된다.
③ [○] 로렌츠곡선이 대각선에 가까이 위치할수록 보다 평등한 분배를 나타내나, 어느 정도 평등해지는지는 알 수 없다(서수적 평가).
④ [○] 로렌츠곡선은 대각선을 기준으로 평등함을 판단하고 있으므로 사회 구성원이 똑같은 소득을 나누어 갖는 균등분배를 평등한 소득분배로 전제한다.
⑤ [×] 셋 이상의 곡선을 동시에 비교할 수 있다. 단, 곡선들이 서로 교차하지 않아야 한다.

18   답 ⑤

┃해설┃
①, ② [×] 두 로렌츠곡선이 교차하는 그림이 그려지므로 분배상태에 대한 판단이 불가능하다.
③ [×] 두 로렌츠곡선의 교차점에서는 A와 B의 소득점유율이 동일하다.
④ [×] A의 로렌츠곡선상 한 점의 좌표가 (20, 10)이라면, 하위소득자 20%가 전체 소득에서 10%를 점유하는 것을 나타낸다.
⑤ [○] 상대적으로 A는 B보다 대각선에서 멀기 때문에 A는 B보다 중간점 이하의 소득계층에서 소득편차가 크다.

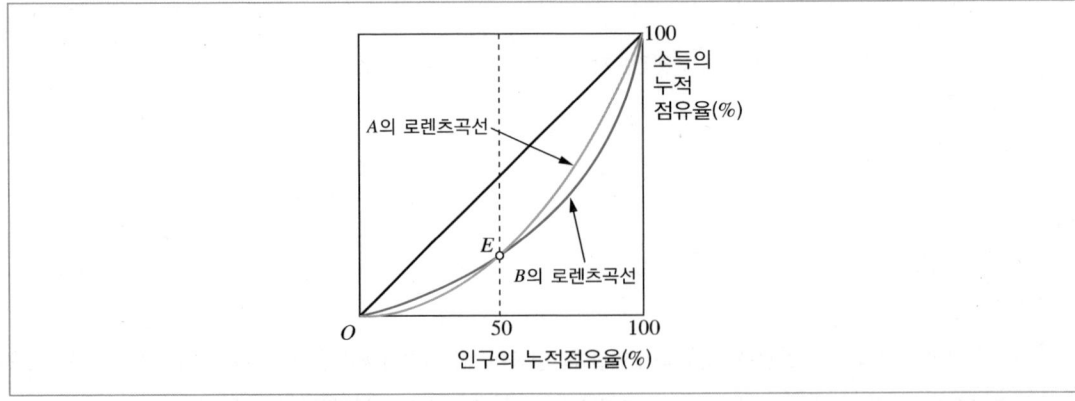

19   답 ③

┃해설┃
① [○] 로렌츠곡선상의 A점이 원점을 지나는 대각선에서 멀어질수록 불평등을 의미하므로 지니계수가 커진다.
②, ④ [○] A점을 기준으로 A점 우측을 보면 인구의 누적비율이 증가할 때, 소득누적비율이 일정하게 증가(비례적으로 증가, 로렌츠곡선이 직선 형태)하고, A점 좌측을 보면 인구의 누적비율이 증가할 때, 소득누적비율 역시 일정하게 증가한다. 이는 A점을 기준으로 두 개의 소득계층으로 존재하며, 각 소득계층 내에서 사람들의 소득이 동일함을 의미한다.
③ [×] 로렌츠곡선을 구성하는 두 개 직선의 기울기 차이가 커질수록 계층 간 소득격차가 <u>커진다</u>.
⑤ [○] 저소득계층의 소득점유비중 증가분보다 인구비중의 증가분이 더 크게 증가한다면, 로렌츠곡선은 대각선에서 멀어진다. 따라서 저소득계층의 소득점유비중과 인구비중이 동시에 증가할 경우 지니계수는 커질 수 있다.

20   답 ③

┃해설┃

$$\text{십분위 분배율} = \frac{\text{하위 40\% 계층의 소득점유율}}{\text{상위 20\% 계층의 소득점유율}} = \frac{18\%}{36\%} = 0.5$$

21   답 ④

┃해설┃
①, ②, ③ [○] 앳킨슨지수 : 사회 B > 사회 C > 사회 A
④ [×] 균등분배대등소득은 <u>사회 A</u>가 가장 크다.
⑤ [○] 앳킨슨지수가 클수록 불평등한 소득분배를 의미하므로 가장 불균등한 분배가 이루어지고 있는 사회는 B이다.

- 사회 A : $1 - \dfrac{Y_e}{Y} = 1 - \dfrac{\frac{5}{2}Y_2}{\frac{5}{2}Y_2} = 0$

- 사회 B : $1 - \dfrac{Y_e}{Y} = 1 - \dfrac{Y_2}{\frac{5}{2}Y_2} = 0.6$

- 사회 C : $1 - \dfrac{Y_e}{Y} = 1 - \dfrac{2Y_2}{\frac{5}{2}Y_2} = 0.2$

22 답 ⑤

해설

①, ②, ③ [×] 롤즈의 사회후생함수인 경우 앳킨슨지수(A)는 0.6이다.
$$A = 1 - \frac{Y_e}{Y} = 1 - \frac{100}{250} = 0.6$$

④ [×], ⑤ [○] 공리주의 사회후생함수인 경우 앳킨슨지수는 0이다.
$$A = 1 - \frac{Y_e}{Y} = 1 - \frac{250}{250} = 0$$

23 답 ③

해설

③ [×] 공리주의 사회후생함수의 경우 균등분배대등소득이 평균소득보다 작을 수도 있고, 같을 수도 있다.

24 답 ②

해설

② [×] 불균등한 분배가 사회후생을 떨어뜨리는 정도가 클수록 균등분배대등소득과 1인당 평균소득 간 격차는 늘어난다.

③, ⑤ [○] 앳킨슨지수는 $0 \le 1 - \frac{Y_e}{Y} \le 1$로 표현할 수 있는데, 균등분배대등소득과 1인당 평균소득이 같으면 앳킨슨지수는 영(0)의 값을 갖는다.

25 답 ⑤

해설

② [○] 상속 및 증여세는 세입 측면의 소득재분배정책 성격을 가지며, 경제적 차이를 줄여줄 수 있다.
⑤ [×] 지니계수가 작아지면 소득분배의 개선으로 본다.

26

답 ④

┃해설┃

ㄱ. [O] 재원이 고정되어 있는 상황에서 기초수당을 올리려면 한계세율도 올려야하고, 한계세율을 낮추려면 기초수당도 낮춰야 한다. 재원이 고정되어 있는 상황에서는 기초수당과 한계세율을 동시에 수정할 수 없다.
ㄴ. [O] 부의 소득세제는 일정 이하의 소득이 되면 받는 비범주적(noncategorical) 보조금이므로 수혜 대상에 대한 자격심사가 필요 없다.
ㄷ. [X] 소득의 재분배 효과는 한계세율이 <u>높을수록</u> 커진다.
ㄹ. [O] 한계세율이 높을수록 보조금이 감소하므로 근로의욕은 낮아진다.
ㅁ. [O] 여가가 정상재일 경우 소득효과와 대체효과 모두 노동공급을 감소시키는 방향으로 작용한다.
- 소득효과(여가=정상재) : 보조금지급 → 실질소득↑ → 여가↑(노동↓)
- 대체효과 : w↓ → 여가의 기회비용↓ → 여가↑(노동↓)

27

답 ④

┃해설┃

ㄱ. [O] 누진적 소득세제의 논리적 연장이다. 누진적 소득세제는 소득이 높아질수록 세율이 높아지는데 반해 부의 소득세제는 소득이 낮아질수록 세율이 낮아져 음의 값을 가진다.
ㄷ. [O] 어떤 사람이 스스로 벌어들인 소득이 $\frac{m}{t}$ 이면 면세점을 의미하고, 식에 대입해도 $S = m - tE = m - \left(t \times \frac{m}{t}\right) = 0$ 이므로 보조금은 0(zero)이다.
ㅁ. [X] t가 클수록 근로의욕이 <u>작아진다</u>.

28

답 ③

┃해설┃

① [O] a가 50만원, t가 0.2일 때 E가 250만원이면 S는 0이므로 보조금 혜택이 중단된다.
$S = 50만원 - 0.2 \times 250만원 = 0$
② [O] a가 50만원, t가 0.25일 때 보조금을 받기 위해서 E는 200만원 미만이어야 한다.
$S = 50만원 - 0.25 \times 200만원 = 0$
③ [X] 다른 조건이 일정할 때, t가 인하되면 조세부담이 줄어들어 <u>보조금이 늘어난다</u>.
⑤ [O] 다른 조건이 일정할 때, a가 클수록 보조금이 커지므로 재분배효과가 증가한다.

29

답 ④

┃해설┃
① [○] b가 30만원, t가 0.1일 때, E가 300만원이면 S는 0이므로 보조금 혜택이 중단된다.
   S=30만원-0.1×300만원=0
③ [○] b가 30만원, t가 0.2일 때 보조금을 받기 위해서 E는 150만원 미만이어야 한다.
   S=30만원-0.2×150만원=0
④ [×] 다른 조건이 일정할 때, b가 클수록 재분배효과가 커진다.

30

답 ①

┃해설┃
① [×], ② [○] 평균세율은 상승한다. 주어진 함수가 선형누진세를 의미하고, 선형누진세는 소득이 증가할수록 평균세율이 상승하며, 한계세율은 일정하다.
③ [○] $T=-200+(0.2\times800)=-40$이므로 40만큼의 보조금을 지급받으며, 납부할 세금은 없다.
④ [○] $T=-200+(0.2\times500)=-100$이므로 100만큼의 보조금을 지급받으며, Y가 500이면 세후에 소득은 600으로 증가한다.
⑤ [○] $T=-200+(0.2\times2,000)=200$이므로 납부할 세금은 200이다.

31

답 ⑤

┃해설┃
⑤ [×] 개인의 노동공급에 미치는 영향을 분석하면 소득효과에 따른 노동공급 감소를 방지하기 위하여, 대체효과를 통해 노동공급을 증가시키는 원리이다.

32

답 ⑤

┃해설┃
ㄱ. [○] 한부모 여성가구주들은 제도 도입 전에 주로 무노동계층이었거나, 점증구간(소득효과<대체효과)에 속해 있었을 것이다.

> 점증구간(한계세율<0)
> - 소득효과 : 실질소득↑ → 여가소비↑ → 노동공급↓
> - 대체효과 : 여가의 기회비용↑ → 여가소비↓ → 노동공급↑

ㄴ. [○] 가구 주소득자의 노동공급의 임금탄력성은 매우 작은 반면, 부소득자의 임금탄력성은 클 것이다.
ㄷ. [○] 당초의 의도와는 달리 정책도입 후 실제로 노동공급 증가량과 노동공급 감소량은 대체로 비슷하게 발생하거나 상쇄하였을 것이다.

33

답 ③

| 해설 |

① [×] 근로소득이 일정액에 미달하는 근로자 계층에게 근로유인 제공을 위한 제도이다.
② [×] 가구의 구성원에 따라 지원혜택을 달리 운영하고 있다.
③ [○] 기초생활보장제도와 같은 공공부조 프로그램은 근로여부와 관련이 없고, 근로장려세제는 근로여부와 관련이 있으므로 근로의욕 촉진효과가 더 크다.
④ [×] 근로소득이 증가함에 따라 근로장려금이 감소하는 점감구간에서의 대체효과는 노동공급을 감소시키는 방향으로 작용한다.

> 점감구간(한계세율 > 0)
> – 소득효과 : 실질소득↑ → 여가소비↑ → 노동공급↓
> – 대체효과 : 여가의 기회비용↓ → 여가소비↑ → 노동공급↓

⑤ [×] 암묵적 한계세율이 영(0)인 구간에서는 대체효과가 발생하지 않는다.

> 평탄구간(한계세율 = 0)
> – 소득효과 : 실질소득↑ → 여가소비↑ → 노동공급↓
> – 대체효과 : 발생하지 않음

34

답 ④

| 해설 |

① [×] 2013년 노동시장에 전혀 참여하지 않았던 사람은 대체효과가 소득효과보다 큰 경우에 노동시장의 참여 여부를 결정한다. 실질소득이 증가하면 여가소비가 증가하므로 소득효과에 의해서는 노동공급이 감소한다. 그런데 점감구간에서 근로소득이 증가하면 여가의 상대가격이 증가하므로 대체효과가 소득효과보다 크다면 노동시장에 참여할 수 있다.
② [×] 근로소득이 600만원인 사람은 대체효과가 소득효과보다 크면 노동공급을 증가시킬 것이다(점증구간).
③ [×] 근로소득이 1,300만원인 사람은 소득효과만 존재하므로 노동공급을 감소시킬 것이다(평탄구간).
⑤ [×] 근로소득이 5,000만원인 사람은 노동공급에 변화가 없다. 근로소득 3,700만원 초과 시에는 근로장려세제의 영향을 받지 않기 때문이다.

35

답 ④

| 해설 |

ㄱ. [○] 특정재화의 소비증가 측면 : 가격보조 > 현물보조 ≥ 현금보조
ㄴ. [○] 소비자 후생측면 : 현금보조 ≥ 현물보조 > 가격보조
ㄷ. [×] 현물보조보다 현금보조의 경우 더 낮은 행정 및 운영비용이 발생한다.

36

답 ⑤

┃해설┃
① [O] 특정재화의 소비증가 관점에서는 현물보조가 현금보조에 비하여 정책 목적 달성에 효율적이다.
② [O] 현물보조 대상은 주로 해당 현물의 소비가 바람직하다고 생각하는 가치재들이다. 대표적인 예로 바우처 제도가 있다.
④ [O] 생산에서 규모의 경제가 성립하는 재화는 비용 절약의 관점에서 현물보조가 현금보조보다 더 효율적이다.
⑤ [×] 동일한 재정을 투입하는 경우 일반적으로 현금보조가 현물보조에 비하여 소비자 만족도가 높다.

37

답 ①

┃해설┃
① [×] 정책목표가 개인들의 효용 증대에 있다면, 가격보조 정책보다는 소득지원 정책이 더 효과적이다.
②, ③ [O] 가격보조 정책의 경우 가격하락과 같은 효과가 일어나므로 소득효과와 대체효과가 동시에 발생하며, 이는 비효율성을 일으키게 된다.
⑤ [O] 특정재화의 소비증가 측면 : 가격보조 > 현물보조 ≥ 현금보조

38

답 ⑤

┃해설┃
①, ③ [O] 두 정책에서 저소득층의 예산선은 서로 다르게 나타난다. 현물보조의 경우 소비가능영역이 제한적이다. 이는 현금지급 정책에 비하여 상대적으로 선택 가능한 재화의 조합이 적음을 의미한다.

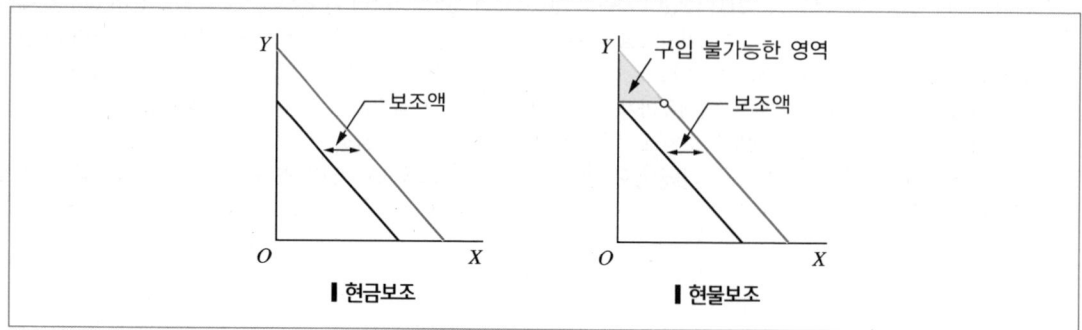

⑤ [×] 바우처 정책의 경우 소득효과만 발생하지만 현금지급 정책의 경우에도 소득효과만 발생한다.

39   답 ③

▌해설▐
③ [×] 가격보조로 인하여 가격하락과 같은 효과가 발생하므로 후생비용은 발생한다.
④ [○] 가격보조는 소비촉진 효과를 기대하고 도입하였다.
⑤ [○] 가격보조는 상품 한 단위당 정액으로 보조(정액보조)하거나 가격의 일정 비율을 보조(정률보조)하는 방법이 있다.

40   답 ②

▌해설▐
ㄱ. [×] 무주택자의 입장에서는 정액임대료를 지원하는 것이 후생면에서 더 우월하다.
  ※ 정량보조의 형태로 소규모 임대아파트(현물보조), 정액임대료(현금보조)
ㄷ. [×] 식품을 정량보조로 지급하는 것과 동일한 효과를 갖지 않는다.
  ※ 식품을 정량보조로 지급도 현물보조이나, 소규모 임대아파트를 무상으로 제공하는 것과는 차이가 있다. 현물보조시에 보조대상 재화의 소비량은 증가하는 것이 일반적이지만 예외적으로 저소득층에게 소규모 공공주택의 입주권을 주는 경우에는 저소득층의 주택소비가 오히려 감소할 수도 있다.

41   답 ⑤

▌해설▐
공립초등학교의 신설이 줄어들 것이다. 교육바우처제도는 학생들의 학습활동을 폭넓게 지원하기 위해 도입한 제도이다. 따라서 학부모 입장에서는 자녀에게 공교육보다 다양한 교육기회를 접할 수 있는 사교육에 관심을 갖게 될 것이므로 오히려 공립초등학교의 신설이 줄어들 것이다.

42   답 ③

▌해설▐
①, ② [○] 저소득자에 대한 사회복지 정액보조금을 늘리면 후생이 증가하고, 고소득자의 한계세율을 높이면 고소득자 후생은 감소한다.
③ [×], ④ [○] 저소득자에게 정액보조금을 늘리면 보조금에 의존하는 경향이 커지므로 노동공급은 감소하며, 고소득자에게 한계세율을 높이면 대체효과가 발생하므로 노동공급이 감소하게 된다.
⑤ [○] 한계세율이 높아지면 초과부담이 증가한다.

43 답 ①

┃해설┃
① [×], ② [○] 정부의 예산으로 국민기초생활보장제도(공공부조)의 재원을 충당한다.
  cf) 사회보험은 사용자가 납부한 보험료로 재원을 충당한다.
③ [○] 부과방식의 사회보험은 현재의 근로계층이 납부한 보험료를 현재의 노년층에게 지급하는 방식으로 수지균형을 원칙으로 한다.

44 답 ①

┃해설┃
ㄱ. [○] 저소득층과 고소득층의 소득차이로 인해 교육기회의 불평등이 생길 수 있다. 고소득층의 경우 사교육 등 더 다양한 학습기회를 가질 수 있기 때문이다. 따라서 저소득층에게도 교육바우처를 지급하는 등 교육기회를 확대한다면 소득분배의 불평등을 완화할 수 있다.
ㄴ. [○] 소득이 높을수록 더 높은 세율을 반영하는 누진세제를 적용하면 저소득층과 고소득층 간의 소득차이를 줄일 수 있다.
ㄷ. [×] 인두세 강화하면 저소득층이 상대적으로 소득분배의 불평등이 심해질 수 있다.
ㄹ. [×] 복권제도는 주로 저소득층이 구입하므로 소득분배의 불평등을 완화하는 정책으로 보기 어렵다.

45 답 ①

┃해설┃
① [×] 소비세를 재원으로 한 공공부조는 소득재분배 수단이 될 수 있다. 공공부조는 무조건부 소득이전에 해당하기 때문이다.
② [○] 소비세(비례세)보다 소득세(누진세)를 징수하는 것이 소득분배의 공평성을 높일 수 있다.
④ [○] 부의 소득세 제도는 일정 수준 이하이면 보조금을 지급하는 제도이므로 저소득층의 가처분소득을 증가시키는 효과가 있다.

46 답 ①

┃해설┃
① [×] 국민기초생활보장제도는 중위소득의 30%보다 더 적은 소득을 얻는 가구를 기준으로 수급 대상자를 선정한다.
② [○] 근로장려세제는 근로빈곤층(working poor)에게 생계안정지원과 동시에 근로소득이 있어야 혜택을 받으므로 근로유인을 위한 제도이다.
④ [○] 우리나라에서 운용 중인 사회보험은 국민연금, 건강보험, 고용보험, 산재보험, 노인장기요양보험이 있다.
⑤ [○] 사회보험제도는 가입자들이 납부한 보험료를 기본 재원으로 운영된다.
  cf) 국민기초생활보장제도(공공부조)는 정부의 예산으로 재원을 충당한다.

47 답 ③

┃해설┃
② [O] 소득세의 누진세율제도는 저소득층과 고소득층 간의 가처분소득의 격차를 줄이는 역할을 한다.
③ [×] 사회보험제도는 급여자격요건을 갖춘 사람만, 그리고 공공부조 프로그램은 필요성을 입증한 사람에게만 혜택을 준다.
④ [O] 근로장려세제는 근로소득이 일정액에 미달하는 근로빈곤층(working poor) 지원을 위한 제도이다.

48 답 ①

┃해설┃
② [×] 공공부조는 일정소득 이하인 국민이 혜택을 받을 수 있다.
③ [×] 부가가치세는 간접세이므로 재분배정책과는 무관하다.
④ [×] 사회보험은 기여 여부와 유관하게 모든 국민이 혜택을 받을 수 있다.
⑤ [×] 근로장려세제는 저소득근로자를 돕기 위한 제도이다.

49 답 ⑤

┃해설┃
ㄱ. [×] 정부의 재정수입 달성과는 관련이 없다. 사회보험을 통해 얻은 수입은 추후에 요건을 충족한 사람들에게 되돌려주어야 한다.
ㄴ. [O] 사회보험이란 사회적인 문제가 발생하였을 경우(질병, 노령화 등) 이를 보장하는 제도로 시장실패를 보완하는 기능이 있다.
ㄷ. [O] 사회보험제도는 가입자들이 납부한 보험료를 기본 재원으로 운영된다.
    cf) 국민기초생활보장제도(공공부조)는 정부의 예산으로 재원을 충당한다.
ㄹ. [O] 사회보험은 사람들을 보험에 가입하게 함으로써 노후를 충분히 대비할 있도록 한다는 측면에서 정부의 온정적 간섭주의라고 할 수 있다.

50 답 ④

┃해설┃
ㄱ. [×] 연금보험은 추후에 사람들에게 되돌려주어야 하므로 재정수입 확보와는 관련이 없다.
ㄴ. [O] 연금보험은 저소득층과 고소득층 간의 격차를 줄이는 세대 내 소득재분배 효과도 있다.
ㄷ. [O] 연금보험이 민간보험 형태로 운영하게 되면 안전성의 문제가 발생할 수 있다. 따라서 사회보험 형태로 운영하게 되면 이러한 시장실패를 보완할 수 있게 된다.
ㄹ. [O] 사람들을 보험에 가입하게 함으로써 노후를 충분히 대비할 있도록 한다는 측면에서 정부의 온정적 간섭주의라고 할 수 있다.

51

답 ⑤

┃해설┃
① [×] 차상위계층이라 함은 소득이 <u>중위소득의 50%</u> 이하인 가구를 말한다.
② [×] 기초연금제도 운영에 필요한 재원은 <u>일반조세</u>로 충당한다.
③ [×] 국민기초생활보장제도 수급자로서 급여를 받기 위해서는 부양의무자가 없거나 있어도 <u>부양능력이 없거나 부양능력이 있어도 부양을 받을 수 없어야 하며</u>, 자산조사 결과 최저생계비 이하이어야 한다.
④ [×] 사업장(직장)가입자의 모든 사회보험료는 고용주와 근로자가 각각 절반씩 <u>분담하지 않는다</u>.
  • 건강보험료 : 가입자 50%, 학교경영자 30%, 정부 20% 부담
  • 고용안정·직업능력개발사업 보험료 : 고용주 100% 부담

52

답 ③

┃해설┃
② [○] 사회보험제도의 도입으로 역선택을 방지할 수 있으나, 도덕적 해이는 여전히 발생한다.
③ [×] 우리나라 의료보장제도는 <u>국민건강보험방식</u>이다. 국민보건서비스(NHS) 방식은 국가가 일반조세로 재원을 마련해 모든 국민에게 무상으로 의료서비스를 제공하는 제도이다.
④ [○] 사회보험제도의 운영에 필요한 재원 조달방식에는 적립방식과 부과방식의 두 가지가 있으며, 현행 우리나라 방식은 적립방식에 해당한다.
⑤ [○] 국민연금은 현금급여, 건강보험은 현물급여가 원칙이나 예외적으로 요양비 등 일부에 대해서만 현금급여가 이루어진다.

53

답 ④

┃해설┃
ㄱ. [×] 절대빈곤의 기준소득은 <u>최저생계비</u>이다.
ㄴ. [○] 빈곤갭(poverty gap)은 빈곤가구의 소득수준을 빈곤선 수준까지 끌어올리는데 필요한 총소득이다.

> 빈곤갭=(빈곤층 인구수)×(빈곤선-빈곤층 인구의 평균소득)

ㄹ. [×] 국민연금의 재원 조달방식 중 <u>적립방식은 부과방식에 비해 지불능력이 더 안정적</u>이다. 부과방식은 현재의 근로계층이 납부한 보험료를 현재의 노년층에게 지급하는 방식인데, 이 과정에서 경제성장률, 출생률 등의 여러 가지 요인에 의해 지불능력의 문제가 발생할 수 있다. 적립방식은 자신이 납부한 보험료를 추후에 수령하는 것이므로 세대 간 소득재분배가 발생하지 않아 지불능력의 문제가 상대적으로 안정적이다.

54 답 ②

┃해설┃

ㄱ. [O] 빈곤율은 전체인구 중에 빈곤층의 비율이 얼마나 되는지 확인하는 것이지, 빈곤 완화를 위해 필요한 재원규모에 대한 정보는 알려주지 못한다.

ㄴ. [O] 빈곤갭은 빈곤선으로 끌어올리는데 필요한 총소득으로 소득재분배가 이루어지더라도 빈곤갭의 크기는 변화하지 않는다.

ㄷ. [×] 소득갭비율은 정부의 정책으로 빈곤층 인구의 평균소득을 증가시키면 줄어든다. 문제에 제시된 '소득갭비율=(빈곤선 − 빈곤층 인구의 평균소득)/빈곤선'에서 빈곤층 인구의 평균소득을 증가시키면 소득갭비율은 줄어드는 것을 알 수 있다.

55 답 ③

┃해설┃

①, ② [O] 연금제도는 노후소득의 감소에 대비한 사회보험제도로, 역선택 문제 때문에 의무화하였다.

③ [×] 우리나라의 국민연금은 부과방식이 아닌 적립방식으로 도입되었다.

④ [O] 연금제도가 가지는 재산대체효과는 적립방식이든 부과방식이든 민간저축을 감소시킨다.

⑤ [O] 부과방식의 연금이 운용되게 되면 세대 간 소득이전이 발생할 수 있고, 적립방식은 자신이 납부한 보험료를 은퇴 후에 수령하는 것으로 세대 간 소득이전이 발생하지 않는다.

56 답 ⑤

┃해설┃

③ [O] 소비평탄화(consumption smoothing)란 소득 수준이 낮을 때 소비가 급격히 줄어드는 것을 막기 위하여 소득 수준이 높을 때 소비를 줄여 현재와 미래에 비슷한 금액을 소비하는 것을 말한다.

⑤ [×] 사적 보험제도와는 달리 도덕적 해이는 발생한다.

57 답 ⑤

┃해설┃

① [O] 인식효과는 노후대비에 대한 필요성 인식이 더욱 제고되어 민간저축이 증가한다.

④ [O] 상속효과는 미래세대에게 더 많은 유산을 물려주기 위해 민간저축이 증가한다.

⑤ [×] 공적연금보험제도의 실시로 발생하는 은퇴효과는 민간저축을 증가시킨다. 은퇴효과(퇴직효과)는 조기은퇴에 따른 노후대비를 위해 근로기간 중 자발적 저축이 증가하기 때문이다.

58   답 ①

┃해설┃
① [×] 연금제도는 <u>노동공급의 감소를 가져와 경제성장에 불리한 영향을 미치게 된다</u>. 연금제도가 시행되면 조기은퇴(퇴직효과)에 따라 노동공급의 감소가 발생하기 때문이다.
② [○] 적립방식의 연금제도는 일반적으로 세대 내의 구성원 간에 부(wealth)의 이전을 초래하며, 부과방식 역시 세대 내 소득재분배가 발생한다.

59   답 ①

┃해설┃
① [×] 국민연금제도를 도입하면 재산대체효과(wealth substitution effect)로 국민저축은 <u>불변이다</u>.
②, ③ [○] 국민연금제도가 도입되면 은퇴효과, 상속효과, 인식효과로 자발적인 저축이 증가한다.
④ [○] 국민연금제도가 도입될 때 나타나는 소득효과는 실질소득 증가로 인해 노년층의 노동공급을 줄이게 된다.
⑤ [○] 국민연금제도 도입이 초래하는 대체효과가 노동시장에 미치는 효과는 불분명하다.

60   답 ②

┃해설┃
② [×] 재원을 적립방식으로 충당하면 세대 간 공평성 문제가 <u>발생하지 않는다</u>. 가입자 자신이 납부한 보험료를 은퇴 후에 수령하기 때문이다.
③ [○] 자산대체효과(민간의 자발적 저축이 감소)가 은퇴효과(민간의 자발적 저축이 증가)보다 작다면 개인 저축이 증가한다.
④ [○] 국민연금에 의한 소득효과는 실직소득이 증가하므로 조기은퇴가 발생하거나 노동공급을 감소시킨다.

61   답 ③

┃해설┃
② [○] 국민연금은 기여원칙에 따른 적립방식을 채택하고 있으나 완전적립방식이 아니어서 세대 내 재분배 효과뿐만 아니라 세대 간 재분배효과도 발생한다. 완전적립방식은 가입자 자신이 납부한 보험료를 은퇴 이후에 돌려받기 때문에 세대 간 소득재분배가 발생하지 않는다.
③ [×] 국민연금은 18세 이상 60세 미만으로 대한민국 국민이면 <u>국외거주자도 가입할 수 없다</u>.

62 답 ③

해설

① [×] 우리나라의 국민연금제도는 국내에 거주하는 18세 이상 60세 미만의 국민이면 가입이 가능하다.
② [×] 공무원, 군인, 사립학교 교원 등은 별도의 연금제도에 가입하지만, 본인이 원하면 국민연금에도 동시 가입이 불가능하다.
④ [×] 사업장 가입자의 연금보험료 중 기여금은 가입자 본인이, 부담금은 사용자가 부담하는데, 그 금액은 각각 기준소득월액의 4.5%이다.
⑤ [×] 국민연금제도 도입에 따른 은퇴효과와 상속효과는 자발적인 저축을 증가시킨다.

63 답 ①

해설

① [×] 보험료율의 인상은 저소득근로자들에게 부담이 된다.
③ [O] 보험료 부과 상한이 월 급여 400만원에서 450만원으로 인상된다면 월 급여가 400만원 이상인 가입자만 영향을 받고, 월 급여 200만원인 근로자의 납입보험료는 영향을 받지 않는다.
④, ⑤ [O] 연금수급연령의 상향 조정, 즉 연금수급연령이 65세이고 평균수명이 80세라고 가정할 때, 연금수급연령을 1년 상향 조정하면 단기적으로 연금수급자 수를 줄여 재정적자를 줄일 수 있다.

64 답 ④

해설

③ [O] 사업장가입자 한 사람당 기준소득월액의 9%씩 국민연금 보험료로 납부되고 있다. 4.5%를 고용주와 가입자가 각각 부담하는데, 고용주가 가입자의 보험료를 받아 일괄적으로 납부한다.
④ [×] 2006년부터 1인 이상 근무하는 전체 사업장이 국민연금 가입대상으로 확대되었다.
⑤ [O] 65세 이상 노령층에 대해 소득수준 등을 감안하여 지급되는 기초연금은 국민연금이 적으면 많게, 많으면 적게 지급되어 국민연금을 보완하는 측면이 있다.

65 답 ①

해설

① [×] 인플레이션이 있는 경우 사적연금과 달리 공적연금에는 인플레이션에 조정된 연금이 지급된다.
② [O] 공적연금은 사적연금 시장에서 나타날 수 있는 역선택 문제(일찍 은퇴할 확률이 높은 사람만 연금보험에 가입하는 문제)를 해결할 수 있다.
③ [O] 공적연금은 사적연금보다 보험료 수입원이 안정적이므로 준비금을 적게 보유할 수 있다.
⑤ [O] 공적연금은 위험의 공동 부담이라는 측면에서 사적연금 시장에서 나타날 수 있는 도덕적 해이 문제를 해결할 수 있으나 완전히 해결할 수는 없다.

66

답 ⑤

해설

① [×] 구직활동을 <u>하게 한다</u>. 일정기간만 실업급여를 지급받게 되므로 구직활동을 하지 않게 된다고 보기에는 어렵다.
② [×] 자발적 실업자에게도 <u>지급되지 않는다</u>.
③ [×] 도덕적 해이는 <u>발생한다</u>. 실업급여를 지급받음으로써 구직활동을 나태하게 할 가능성이 있기 때문이다.
④ [×] 경기가 좋아지면 실업급여의 지급이 <u>줄어든다</u>.
⑤ [○] 소득대체율(임금대비 실업급여 지급액)이 높을수록 구직노력을 덜 하게 하는 유인이 발생한다.

67

답 ①

해설

① [×] 불황일 때 <u>유효수요를 늘여 경기를 회복시킨다</u>.
②, ③ [○] 고용보험의 급여수준이 증가하면 실업기간이 늘어나는 경향이 있으며, 고용보험 지급기간이 장기간인 국가일수록 급여수준 증가와 마찬가지로 실업률이 높아지는 경향이 있다.
⑤ [○] 고용이 안정적인 집단은 보험료 납부에 따른 혜택을 받을 수 없으므로 그렇지 않은 집단과 비교하여 상대적으로 불리할 수 있다.

68

답 ①

해설

① [×] 정부의 개입 정도가 국민보건서비스방식보다 <u>약하다</u>. 국민보건서비스방식이란 일반조세로 재원을 마련하고 모든 국민에게 무상으로 의료서비스를 제공하는 것을 말한다.

69

답 ②

해설

ㄱ, ㄴ. [○] 포괄수가제는 사전에 정해진 일정한 진료비를 지불하는 방식이고, 행위별수가제는 총진료비를 산출하는 방식이다. 따라서 포괄수가제의 경우 행위별수가제에 비해 과잉진료 행위가 줄어들지만, 병원의 소극적인 진료에 따른 의료서비스의 질적 저하 가능성이 우려된다.
ㄷ. [×] 포괄수가제에 비해 행위별수가제는 의학 발전에 <u>긍정적이다</u>. 행위별수가제는 다양한 치료방법 사용에 따른 의학발전의 가능성이 있다.

70

답 ④

해설

ㄱ. [×] 일반적으로 역선택 문제가 <u>발생하지 않는다</u>. 도덕적 해이(의료서비스 과잉소비의 우려)는 여전히 발생한다.
ㄴ. [×] 진료비는 건강보험에서 전액 부담하는 것이 효율성 측면에서 <u>바람직하지 않다</u>. 건강보험에서 전액 부담하면 의료서비스를 과잉소비할 우려가 있다.
ㄷ. [○] 건강보험 당연지정제는 모든 의료기관이 국민건강보험 가입 환자를 진료하도록 법적 의무를 부여한 제도이다. 따라서 해당 제도가 폐지된다면 의료시장의 양극화가 일어날 수 있다.
ㄹ. [○] 건강보험을 통해 제공되는 의료서비스는 긍정적 외부성이 높은 서비스이다.

제2절 | 공공요금의 이론

01
답 ③

해설

①, ②, ④, ⑤ [O] 비용체감산업(자연독점)은 철도, 전기 등의 산업과 같이 초기 고정비용은 막대하게 발생하나 추가적인 한계비용은 매우 작아서 생산이 증가함에 따라 평균비용이 감소하는 경우에 발생하는 것으로 평균비용보다 한계비용이 낮다는 특징을 가지고 있다.

③ [×] 한계비용가격설정방식에 따르면 손실이 <u>발생한다</u>.

02
답 ①

해설

① [O] 규모의 경제가 존재하는 경우 하나의 공기업에서 생산하는 것이 더 낮은 비용으로 생산할 수 있다. 여러 공기업에서 생산하는 경우 평균비용이 상승하게 된다.

② [×] 민간기업이 생산하고 가격규제를 하지 않으면 사회적 최적생산량 달성이 <u>불가능하다</u>. $MR = MC$인 점에서 생산량을 결정하기 때문이다.

③ [×] 공공서비스의 경우 이부가격제도(two-part tariff)를 적용하면 결손을 줄일 수 있으나, 효율적 생산량에 도달하는 것은 <u>가능하다</u>.

④ [×] 한계비용가격설정을 사용하는 경우 해당 공기업의 경제적 이윤은 <u>음(−)</u>이 된다.

⑤ [×] 평균비용가격설정을 사용하는 경우 해당 공기업의 경제적 이윤은 <u>영(0)</u>이 된다.

03
답 ⑤

해설

①, ② [O] 한계비용 가격설정방법으로 요금을 결정하면, 규모의 경제가 발생하는 경우 효율성은 달성되나 손실(적자)발생의 문제가 있다.

③, ④ [O] 평균비용 가격설정방법으로 요금을 결정하면, 손실(적자)발생의 문제를 해결하나 자원배분의 효율성을 달성하지 못한다.

⑤ [×] 램지(F. Ramsey)의 원칙에 따르면 수요의 가격탄력성이 <u>클수록</u> 가격을 한계비용에 가깝게 설정할 때 효율성이 제고된다.

04 답 ①

│해설│
① [×] 일반적으로 공공부문이 생산하는 재화나 서비스의 한계비용가격설정은 효율적인 결과를 초래할 수 있다. 다만, 규모의 경제가 발생하는 경우 손실(적자)이 발생하는 문제가 있다.
② [○] 전기, 수도 등 사용재의 성격을 갖는 재화나 서비스의 경우에는 조세를 통해 조달한다면 과다 소비에 따른 비효율성이 초래될 수 있다. 이에 반해 공공요금을 부과한다면 그 부담을 공평하게 배분하게 되어 자원배분의 효율성을 높일 수 있다.
④ [○] 램지가격설정방식은 효율성의 관점에서 수요의 가격탄력성에 반비례하도록 공공요금을 설정하므로 초과부담을 최소화 할 수 있으나, 비탄력적인 필수재에 대해 높은 가격설정을 해야하므로 소득분배의 공평성에는 취약하다.
⑤ [○] 공공요금 설정에서 분배적 측면을 고려한 낮은 가격책정은 대규모의 손실이 발생하여 정부의 재정부담을 증가시킬 수 있다.

05 답 ④

│해설│
① [×] 더 많이 소비하는 사람이 더 많은 비용을 부담해야 한다는 원칙을 적용하지 않는다. 공공서비스 가격설정은 효율성, 공평성, 재정수입의 확보라는 기본원칙을 고려해야 한다.
② [×] 외부성이 존재하는 경우 한계비용과 다른 수준에서 가격이 설정되어야 한다. 한계비용와 가격이 같은 수준에서 설정되더라도 사회적 한계편익과 사회적 한계비용이 일치하지 않으므로 효율성 조건을 만족하지 못한다.
③ [×] 기존시설에 대한 초과 수요가 존재하는 경우 한계비용에서 경제적 지대를 더한 수준에서 가격이 설정되어야 한다.
④ [○] 규모의 경제가 존재하는 경우 한계비용과 일치하는 수준에서 가격이 설정되면 효율적인 배분을 달성할 수 있다(한계비용 가격설정).
⑤ [×] 램지(F. Ramsey)의 원칙에 따르면 수요의 가격탄력성이 작을수록 가격을 한계비용에 멀게 설정할 때 효율성이 제고된다.

06 답 ⑤

│해설│
① [○] 일반 세원으로 손실을 충당한다.
② [○] 공공서비스의 평균비용으로 공공서비스가격을 결정한다(평균비용가격설정방식).
③ [○] 소비자가 사용하는 양에 따라 다른 가격을 설정한다(제2급 가격차별).
④ [○] 소비자로 하여금 일정한 금액을 지불하게 한 다음 소비자가 구입하는 양에 비례하여 추가적인 가격을 설정한다(이부가격제).
⑤ [×] 한계수입과 평균비용이 같은 점을 공공서비스가격으로 한다.

07   답 ①

│해설│
① [O] 램지가격설정방식은 효율성의 관점에서 수요의 가격탄력성에 반비례하도록 공공요금을 설정하므로 초과부담을 최소화할 수 있으나, 비탄력적인 필수재에 대해 높은 가격설정을 해야하므로 소득분배의 공평성에는 취약하다.
② [X] 시설용량에 제한이 있는 시설에 초과수요가 발생하는 경우 한계비용에서 경제적 지대를 가산한 수준에서 가격을 결정해야 효율적이다.
③ [X] 공공요금은 소비과정에서의 효율성은 높여주나 생산과정에서의 효율성 개선과는 관련이 있다.
④ [X] 공평성의 관점에서 보면 편익원칙에 입각하여 요금을 부과해야 한다.
⑤ [X] 규모의 경제가 존재하는 경우 평균비용가격설정은 사회적 최적수준에 비해 과소생산을 유발한다.

08   답 ②

│해설│
ㄱ. [O] 최대부하가격설정에서 비성수기에는 공공요금을 한계비용에 일치시키고, 성수기에는 공공요금을 한계비용보다 높게 설정하는 것이 효율적이다.
ㄴ. [X] 공공부문이 생산하는 재화나 서비스의 한계비용가격설정은 일반적으로 효율적인 자원배분을 실현할 수 있다.
ㄷ. [O] 공공서비스의 경우 이부가격제도(two-part tariff)를 적용하면 경제적 효율성 달성이 가능하고 결손도 줄일 수 있다.
ㄹ. [O] 램지가격설정방식은 효율성의 관점에서 수요의 가격탄력성에 반비례하도록 공공요금을 설정하므로 초과부담을 최소화할 수 있으나, 비탄력적인 필수재에 대해 높은 가격설정을 해야하므로 소득분배의 공평성에는 취약하다.
ㅁ. [X] 규모의 경제가 존재할 경우 하나의 공기업에서 생산하는 것이 바람직하다.

09   답 ⑤

│해설│
시설규모가 제한되어 있어 기존시설에 대한 초과수요가 발생하는 경우에는 한계비용에 경제적 지대를 가산하여 공공요금을 결정하는 것이 바람직하다.

$$P = MC + 경제적\ 지대$$

10 답 ②

┃해설┃

② [×] 평균비용곡선이 우하향하는 경우, 한계비용가격설정방식은 평균비용가격설정방식에 비해 사업 손실을 줄일 수 없다.
③ [○] 한계비용가격설정방식을 적용할 경우, 공기업의 손실을 보전하는 방법으로 평균비용가격설정방식, 차별요금제(제2급 가격차별, 제3급 가격차별), 이부요금제를 고려할 수 있다.
④ [○] 이부요금제는 서비스 이용 기회에 대한 기본요금과 소비량에 대한 사용요금(한계비용의 크기)으로 구성되는 것으로 경제적 효율 달성과 동시에 손실도 발생하지 않는다.
⑤ [○] 최대부하가격설정방식(peak-load pricing)이란 수요의 변동을 평준화시킴으로써 설비를 최적으로 이용하는 것을 목적으로 한다. 최대부하가격설정은 성수기에 높은 가격을 설정하고, 비수기에는 낮은 가격을 설정하여 성수기의 수요를 비수기로 유인한다.

11 답 ⑤

┃해설┃

⑤ [×] 이부요금제에서 관로나 선을 통해 공급된 서비스는 수요의 가격탄력성이 낮기 때문에 기업이 고정요금 인상을 통해 부담을 이용자에게 전가시킬 수 있다.

12 답 ⑤

┃해설┃

①, ②, ③ [○] 총요금 중에서 고정수수료와 사용단위당 요금 사이의 비중은 재화를 공급받는 소비자들의 고정 수수료에 대한 탄력성에 의존한다. 즉, 고정수수료에 대한 탄력성이 클수록 총요금 중 고정수수료를 낮게 설정하고 사용요금을 높게 설정해야 사회후생이 증가한다(램지의 가격설정방식에서 적용된 역탄력성 법칙과 유사).
⑤ [×] 최적이부요금은 비용함수와 수요함수, 소비자의 선호에 대한 정보 등을 이용해야 산출할 수 있다. 그러나 현실적으로 이러한 정보들을 수집하는데 어려움이 있다.

13 답 ④

┃해설┃

②, ③ [○] 비용체감산업의 경우, 한계비용가격설정방식을 적용하면 효율성을 달성하지만 손실이 발생한다. 손실을 보전하는 방법 중 하나로 평균비용가격설정방식이 있으나 이는 과소 생산으로 인한 비효율이 발생한다.
④ [×] 램지가격설정원칙에 따르면, 비효율성을 최소화시키기 위해서는 수요의 가격탄력성이 클수록 가격과 한계비용의 격차는 상대적으로 더 작게 설정되어야 한다.
⑤ [○] 공공요금 부과의 목적은 기본적으로 자원낭비를 줄이는데 있으며, 소득재분배 목표를 달성하려는데 있지 않다.

제3절 | 공채론

01
답 ③

해설
① [○] 인플레이션 → 채무부담의 실질가치 하락 → 채무자(기업) 유리
② [○] 이자율 상승 → 공채가격 하락 → 실질적인 공채부담 감소
③ [×] 리카도의 대등정리가 현실에서 성립할지라도 국채 발행은 여전히 <u>현재세대</u>의 부담으로 남는다.
⑤ [○] 일반적으로 국채 발행은 이자율이 상승으로 민간투자가 감소하는 구축효과를 발생시킨다.

02
답 ④

해설
① [○] 이자율 상승 → 공채가격 하락 → 실질적인 공채부담 감소
② [○] 공채발행 → 이자율 상승 → 자본유입 → 환율하락(원화 평가절상) → 수출 감소(수입 증가) → 경상수지 악화
④ [×] 리카도 대등정리에 의하면, 국채를 발행하는 경우 <u>소비를 늘리지 않고 저축을 증가시키므로 소비가 불변이고, 총수요도 불변</u>이다.

03
답 ③

해설
ㄴ. [×] 통화주의자는 호황기보다 경기 침체기에 구축효과가 <u>더 적게</u> 발생한다고 주장한다. 즉, 경기 침체기에는 이자율이 낮으므로 구축효과가 크지 않다.

04
답 ④

해설
② [○] 국채발행이 증가하면 이자율이 상승하고, 환율(₩/$)이 하락(원화 평가절상)하여 수출이 감소하므로 경상수지가 악화된다.
③ [○] 러너(A. Lerner)의 국채에 관한 전통적인 견해에 따르면, 외부채무의 경우 미래세대로 부담이 전가되고, 내부채무의 경우 현재세대로 부담이 전가된다.
④ [×] 이자율 하락은 국채의 시장가치를 <u>상승</u>시켜 정부부채를 <u>증가</u>시키는 효과가 있다.
⑤ [○] 한 시점에 여러 세대가 동시에 살게되는 모형을 중복세대모형이라고 하는데, 이에 따르면 국가채무는 미래세대로 부담이 전가된다.

05 답 ②

┃해설┃

① [○] 리카르도(D. Ricardo)의 대등정리(equivalence theorem)에 따르면, 재정지출 재원을 조세를 대신해서 공채를 발행해도 경제의 실질변수에 아무런 영향도 미치지 못한다. 단, 민간저축은 증가한다.
② [×] 러너(A. Lerner)에 따르면, 외부채무(external debt)는 정부지출 재원을 민간부문에서 조달하기 때문에 미래세대의 부담이 늘어난다.
④ [○] 이자율에 영향을 주지 않을 만큼 민간부문에 여유자금이 충분할 경우, 정부의 공채발행을 통한 재원조달로 인하여 구축효과가 발생하지 않는다.
⑤ [○] 공채발행의 증가는 이자율의 상승을 초래하여 무역수지를 악화시킬 수 있다.

> • 공채발행 → 이자율 상승 → 자본유입 → 환율하락(원화 평가절상) → 수출 감소 → 경상수지악화
> • 공채발행 → 조세감면 → 가처분소득 증가 → 소비 증가 → 수입 증가 → 경상수지악화
> • 공채발행 → 이자율 상승 → 투자 감소 → 생산성 감소 → 국제경쟁력 감소 → 경상수지악화

06 답 ④

┃해설┃

① [×] 통화주의학파는 국채발행이 구축효과를 가져와서 총수요를 감소시킨다고 하였다.

> 공채발행 → 이자율 상승 → 민간투자 감소 → 총수요 감소(구축효과)

② [×] 케인즈학파는 국채발행을 통해 조세부담을 경감시켜도 총수요가 증가한다고 하였다. 조세부담을 경감시키면 가처분소득의 증가로 소비가 증가하기 때문이다.
③ [×] 리카르도(D. Ricardo)는 재정적자를 국채로 충당하면 총수요가 불변한다고 하였다.
⑤ [×] 러너(A. Lerner)는 외부채무는 미래세대의 부담을 증가시킨다고 하였다.

07 답 ⑤

┃해설┃

② [○], ⑤ [×] 리카도의 대등정리는 공채를 발행해도 경제의 실질변수에 아무런 영향을 미치지 않는다. 단, 민간저축은 증가한다.

08 답 ③

┃해설┃

③ [×] 러너(A. Lerner)로 대표되는 국채에 관한 전통적인 견해에 따르면, 내부채무의 경우 현재세대로 부담이 전가된다.
④ [○] 이자율 하락은 국채의 시장가치를 상승시켜 정부부채를 증가시키는 효과가 있다. 반대로 이자율 상승은 국채의 시장가치를 하락시켜 정부부채를 감소시키는 효과가 있다.
⑤ [○] 한 시점에 여러 세대가 동시에 살게 되는 모형을 중복세대모형이라고 하는데, 이에 따르면 국가 채무는 미래세대로 부담이 전가된다.

09

답 ③

┃해설┃
① [○] 고전파경제학에서는 공채발행은 민간부문에서 생산적인 용도로 사용될 자금을 비생산적인 정부부문으로 이전시키므로 자본형성과 경제성장을 저해한다고 보았다. 따라서 상대적으로 균형재정을 바람직한 것으로 보기 때문에 공채발행을 부정적으로 인식하고 있다.
② [○] 케인스경제학에서는 공채관리의 목적을 경기안정화로 보았으므로 적자재정에 따른 공채발행을 보다 적극적으로 수용하고 있다.
③ [×] 재원 조달 측면에서 볼 때 '리카도(D. Ricardo)의 대등정리'가 적용되면 조세에 비해 공채발행으로 더 큰 총수요증가를 기대할 수 없다. 조세를 통해 발행하든 공채를 통해 발행하든 정부지출이 총수요에 미치는 효과는 동일하다.
④ [○] '이용 시 지불원칙(pay-as-you-use principle)'이란 정부지출로부터 나오는 혜택을 얻는 사람이 그 재원을 제공하는 것을 말한다. 따라서 정부의 투자지출에는 공채발행이 바람직하다.
⑤ [○] 공공지출의 편익이 미래세대에 귀속된다면 조세보다는 공채를 통한 재원조달이 바람직하므로 결과적으로 소득재분배를 유발할 가능성이 있다.

10

답 ④

┃해설┃
④ [×] 구축 효과가 없다는 가정하에 세금 감면액과 정부지출 증가액이 동일한 크기라면 두 정책의 총수요 효과는 다르다.
(∵ 정부지출승수 > 감세승수)
⑤ [○] 구축 효과가 없다는 가정하에 정부지출을 줄이는 만큼 세금을 감면하면 재정적자의 변화 없이 총수요를 감소시킨다.
(∵ 정부지출승수 < 감세승수)

11

답 ①

┃해설┃
① [○] 리카도 대등정리는 정부지출의 수준이 일정하게 유지된다는 전제가 있기 때문에 정부지출이 증가하면 총수요가 영향을 받는다.
② [×] 정부지출수준은 그대로 유지한 채 감세를 통해 정부수입을 축소시키면 경기를 부양하는 효과가 없다.
③ [×] 정부지출이 증가할 때 구축효과로 인하여 총수요는 영향을 받는다.
④, ⑤ [×] 리카도 대등정리는 경기가 침체기·호황기와 관련이 없다. 즉, 이러한 재원조달방식의 변경은 경제의 실질변수에 아무런 영향도 미치지 못한다.

12

답 ④

┃해설┃
ㄱ. [×] 통화주의학파 : 경제 불황기에는 호황기에 비해 구축효과가 작게 나타난다.
ㄹ. [×] 러너(A. Lerner) : 내부채무는 현재세대의 부담을 증가시킨다.

13 답 ③

해설

① [×] 공채를 전액 중앙은행이 인수할 경우, 경기가 과열된 상태에서는 인플레이션을 유발하는 효과가 있다. 중앙은행이 공채를 인수할 경우, 통화량이 증가하기 때문이다.
② [×] 공채를 전액 중앙은행이 인수할 경우, 화폐공급량이 증가하기 때문에 유효수요 증대효과는 있다.
④ [×] 공채의 잔액이 증가함에 따라 민간의 소비지출이 증가하는 현상을 러너효과라고 한다.
⑤ [×] 공채가 전액 시중에서 소화될 경우, 중앙은행이 인수할 경우보다 유효수요의 증대효과가 작다. 시중에서 소화될 경우 자금이 정부부문으로 이전되기 때문이다.

14 답 ②

해설

② [×] 국채발행으로 이자율이 상승하는데, 이로 인해 자본유입이 발생하면 환율이 평가절상되어 경상수지가 악화된다.

- 공채발행 → 이자율 상승 → 자본유입 → 환율하락(원화 평가절상) → 수출 감소 → 경상수지악화
- 공채발행 → 조세감면 → 가처분소득 증가 → 소비 증가 → 수입 증가 → 경상수지악화
- 공채발행 → 이자율 상승 → 투자 감소 → 생산성 감소 → 국제경쟁력 감소 → 경상수지악화

15 답 ⑤

해설

①, ② [○] 총수요관리를 위한 재정정책의 유형으로는 자동안정장치(built-in stabilizer), 공식에 의한 신축성(formular flexibility), 재량적 재정정책(discretionary fiscal policy) 등이 있으며, 대표적인 정책수단으로는 누진세제도, 비례세제도, 실험보험제도 등이 있다.
③, ④ [○] 자동안정장치는 경기침체나 경기호황 때 정부가 의도적으로 정부지출과 세율을 변경시키지 않더라도 자동적으로 재정지출과 조세수입이 변하여 경기침체나 경기호황의 강도를 완화시켜 주는 제도이다. 재량적 재정정책은 정책당국이 경제상황에 따라 적절한 정책을 시행하는 것을 말한다. 따라서 자동안정장치는 시차문제에서 재량적 재정정책에 비해 더 나은 정책수단이라 할 수 있으며, 재량적 재정정책은 자동안정장치에 비해 총수요관리에 보다 능동적으로 대처할 수 있다.
⑤ [×] 자동안정장치는 불황기일 경우 재정확장, 호황기일 경우 재정긴축으로 작동된다.

제4절 | 지방재정

01   답 ④

해설

ㄴ. [×] 중앙정부의 교부금으로 인해 지방의 재정자립도가 낮아진다.

$$지방재정의\ 자립도 = \frac{자주재원}{자주재원+의존재원} \times 100$$

ㄹ. [×] 오우츠(W. Oates)의 분권화 정리는 지방공공재 공급에 있어서 규모의 경제가 없고, 인접 지역으로의 외부성이 없는 경우에 성립한다. 오우츠의 분권화 정리는 지역공공재를 생산함에 있어 어느 수준의 정부가 생산하든 비용측면의 차이가 없다면(전제), 각 지방정부가 스스로의 판단하에 적절한 공급량을 결정하는 것이 효율적이다.

ㅁ. [×] 지방분권제도가 중앙집권제도보다 지방공공재에 대한 정보를 획득하는 비용이 낮다. 지방공공재에 대한 정보는 지방정부가 훨씬 더 파악하기 쉽기 때문이다.

02   답 ④

해설

④ [×] 중앙정부의 교부금으로 인해 지방의 재정자립도가 낮아진다.

$$지방재정의\ 자립도 = \frac{자주재원}{자주재원+의존재원} \times 100$$

03   답 ④

해설

① [×] 세금 징수에 있어서 규모의 경제가 존재하지 않아야 한다. 조세징수에 따른 규모의 경제로 인한 비용절감효과를 고려한다면 중앙정부가 담당하는 것이 바람직하다.
② [×] 공공재 공급에 있어서 규모의 경제가 존재하지 않아야 한다. 공공재의 편익이 전국적으로 발생하면 중앙정부가 담당하고, 편익이 특정지역에만 국한되는 경우에는 지방정부가 담당하는 것이 바람직하다. 그러나 공공재 공급에 규모의 경제가 발생하는 경우 또는 공공재의 편익이 다른 지역에 유출되는 경우에는 중앙정부가 담당하는 것이 바람직하다.
③ [×] 공공재에 대한 선호가 모든 지역에서 상이하다. 만약 공공재에 대한 선호가 모든 지역에서 동일하다면 중앙정부가 공급하는 것이 더 바람직하다.
④ [○] 주민들의 지역 간 이동비용이 낮다(티부 가설).
⑤ [×] 공공재와 세금에 대한 정보를 획득하는 비용이 낮다.

04 답 ⑤

해설

① [O] 티부(C. Tiebout)모형은 지방정부에 필요한 재원으로 비례적 재산세를 상정하고 있다.
② [O] 분권화로 지역들의 특성이 차별화되고 주민들이 자신들이 원하는 지역으로의 이동이 자유로워지면(발에 의한 투표) 주민들의 후생이 증가할 수 있다.
③, ④ [O] 어떤 한 지역의 공공재 공급이 다른 지역에 경제적 영향을 주는 외부성이 있는 경우 또는 규모의 경제가 발생하는 경우에는 중앙정부에서 공급하는 것이 효율적이다.
⑤ [X] 지방정부가 보조금을 받아서 공공재를 공급하는 경우에는 중앙집권화의 정도가 과소평가된다.

$$중앙집권화율 = \frac{중앙정부의\ 직접적\ 지출}{정부부문의\ 총지출}$$

05 답 ⑤

해설

⑤ [X] 긍정적외부성과 부정적외부성이 존재하는 공공재는 중앙정부가 공급하는 것이 바람직하다.

06 답 ④

해설

④ [X] 지역 간 형평성을 위해서는 지방세율이 상이해야 한다. 각 지역주민의 공공재 선호도에 따라 지방세율이 적정하게 설정되어야 하므로 지방세율이 동일하기보다는 상이해야 효율적이다.

07 답 ④

해설

④ [X] 이동성이 높은 생산요소에 무거운 세금을 부과할 수 없으며, 만약 이동성이 높은 생산요소에 무거운 세금을 부과한다면 세율이 높은 지역에서 낮은 지역으로 이동할 수 있기 때문에 조세징수상의 효율성이 감소한다.
⑤ [O] 지방정부들이 지역 내 자본유입을 촉진하기 위하여 낮은 세율을 적용한다면, 조세경쟁으로 인해 조세제도가 비효율적으로 운영될 가능성이 있다.

08

답 ③

┃해설┃

① [O] 정부부문의 총지출 중 중앙정부의 직접적 지출이 차지하는 비율을 중앙집권화율이라 하며, 분권수준을 파악하는 지표로 사용한다.

$$중앙집권화율 = \frac{중앙정부의\ 직접적\ 지출}{정부부문의\ 총지출}$$

② [O] 오우츠(W. Oates)는 지역공공재를 생산함에 있어 어느 수준의 정부가 생산하든 비용측면의 차이가 없다면(전제), 각 지방정부가 스스로의 판단하에 적절한 공급량을 결정하는 것이 효율적이다.
③ [X] 오우츠의 분권화 정리는 공공재 공급에 있어서 규모의 경제가 없고, 인접 지역으로의 외부성이 없는 경우에 성립한다.
⑤ [O] 티부모형은 지방정부의 재원은 비례적 재산세로 충당하는 것을 상정하고 있다.

09

답 ①

┃해설┃

① [X] 지방분권의 정도를 간접적으로 파악할 수 있는 중앙집권화율은 중앙정부의 직접적 지출을 정부부문의 총지출로 나누어 계산한다.
④ [O] 다수의 지방정부가 존재하는 경우에는 다양하고 수많은 공공재 공급수준과 조세수준이 존재하므로 중앙집권제도에 비해 공공재와 세금에 대한 정보확보비용이 증가하게 된다.

10

답 ②

┃해설┃

② [X] 공공재가 공간적 파급효과(spillover effect)를 발생시킬 경우, 중앙정부가 공급하는 것이 효율적이다. 여기서 말하는 공공재의 공간적 파급효과는 지역 간 외부성 발생을 의미한다.
④ [O] 경제정책의 세 가지 목표인 경제안정, 소득재분배, 자원배분 중 지방정부에서는 자원배분의 역할이 강조된다. 지역주민이 좋아하는 공공서비스를 잘 알고 있는 지방정부가 공공재를 공급하는 것이 효율적이기 때문이다.
⑤ [O] 지방재정조정제도의 주요 목적은 수평적 재정형평성 및 수직적 재정형평성의 제고에 있다. 이외 기타 목적으로는 공공재의 지역 간 외부성에 따른 과소공급의 해결, 지역 간 재정력 격차 해소, 특정 공공재 공급의 촉진, 중앙정부의 역할 위임 등이 있다.

11

답 ③

해설

②, ④, ⑤ [O] 공공재의 편익이 전국적으로 발생하면 중앙정부가 담당하고, 편익이 특정지역에만 국한되는 경우에는 지방정부가 담당하는 것이 바람직하다. 그러나 예외적으로 공공재 공급에 규모의 경제가 발생하는 경우 또는 공공재의 편익이 다른 지역에 유출되는 경우에는 중앙정부가 담당하는 것이 바람직하다. 또한 소득재분배정책, 경제안정화정책, 조세징수의 경우에도 중앙정부가 담당하는 것이 바람직하다.
③ [×] 지역 간 공공재에 대한 선호가 이질적인 경우 지방정부가 일률적으로 공급하는 것이 효율적이다.

12

답 ⑤

해설

①, ②, ③, ④ [O] 티부모형에는 아래와 같은 가정이 있어야 한다.

- 다수의 지방정부
- 완전정보
- 완전한 이동성
- 지역 간 외부효과 없음
- 규모수익불변의 지역공공재 생산기술
- 비례적 재산세를 통한 재원조달
- 최소주택규모 등의 엄격한 도시계획규제

⑤ [×] 공공재의 생산 규모가 증가할수록 단위당 생산비용이 불변이어야 한다.

13

답 ②

해설

② [×] 지방공공재의 외부효과가 존재하더라도 티부 가설은 성립하지 않는다.
③, ⑤ [O] 발에 의한 투표(voting with the feet)에 의해 개인들은 자신의 선호를 표출하는 동시에 자신이 가장 좋아하는 공공서비스와 조세제도를 공급하는 지역에 거주하게 되며 이때의 균형은 파레토 효율적이다. 따라서 균형 상태에서는 지방공공재에 대한 선호가 비슷한 사람들끼리 모여 산다.

14

답 ①

해설

① [×] 정부부문의 총지출 중 중앙정부의 직접적 지출이 차지하는 비율을 중앙집권화율이라 하며, 분권 수준을 파악하는 지표로 사용한다.

15

답 ①

해설
① [×] 보조금이 지급될 때, 지방정부의 공공재 공급이 더 크게 증가하는 현상을 끈끈이 효과라 한다.
② [○] 대응교부금은 공공재 선택에서 소득효과뿐만 아니라 대체효과를 발생시키기 때문에 비효율적이다.
⑤ [○] 동일 크기의 보조금 지급시 효용(증가) 크기는 무조건부 교부금, 비대응교부금, 대응교부금 순서이다. 또한 무조건부 보조금은 현금으로 보조하기 때문에 후생수준 증가 측면에서 가장 우월하다고 할 수 있다.

16

답 ⑤

해설
②, ③, ④ [○] 이전지출은 소득보조, 가격보조, 현물보조로 나눌 수 있다. 소득보조와 현물보조는 소득효과를 일으키고, 가격보조는 소득효과와 대체효과를 일으킨다.
⑤ [×] 가격보조는 소득보조에 비하여 해당상품의 소비를 촉진하는 효과가 더 크다.

17

답 ③

해설
① [○] 범주적 교부금(조건부 보조금)은 중앙정부가 특정한 조건을 달고 지방정부에 제공하는 교부금으로 정액보조금(비대응교부금)과 정률보조금(대응교부금)으로 나뉜다.
③ [×] 비대응교부금(non-matching grants)은 일정액의 보조금을 공공재 공급의 용도로만 사용하도록 지급하는 방식이다.
④ [○] 대응교부금은 가격보조(소득효과+대체효과)에 해당하고 비대응교부금은 소득보조(현물보조)에 해당한다고 볼 수 있다.
⑤ [○] 무조건 교부금(unconditional grants)은 중앙정부가 지방정부와 세입을 공유한다는 입장에서 아무런 조건 없이 지역 간 경제력 격차해소 및 지역 간 소득재분배를 위해 제공하는 교부금을 뜻한다.

18

답 ③

해설
① [○] 무조건부보조금은 사적재와 공공서비스 간 선택에서 소득효과를 발생시키며 상대가격체계 왜곡효과로 인한 대체효과는 발생시키지 않는다.
② [○] 대응보조금은 사적재와 공공서비스 선택에서 소득효과를 발생시키고, 대체효과도 발생시키기 때문에 비효율성을 유발한다.
③ [×] 대응보조금은 사적재와 공공서비스 선택에서 소득효과와 대체효과로 인해 공공서비스 소비량의 변화를 알 수 있다.
④ [○] 끈끈이 효과는 지역주민의 소득이 증가할 때보다 동액의 무조건부 보조금이 지급될 때 지방정부의 공공재 공급이 더 크게 증가하는 효과로, 보조금으로 끈끈이 효과가 나타나면 지방정부의 지출이 늘어난다.
⑤ [○] 비대응보조금은 지역주민의 사적재 소비를 늘리는 방향으로 영향을 미칠 수 있다. 비대응보조금을 지급하더라도 무조건부 보조금과 마찬가지로 일부는 지방공공재 생산에 사용되나 일부는 여전히 감세를 통한 지역주민의 사용재 소비에 사용되는 것이 일반적이다.

19　답 ①

해설

② [×] 무조건부 교부금의 경우에는 지역주민들의 소득증가와 조세부담의 감소를 가져오게 된다.
③ [×] 지역주민들의 공공재 소비규모와 후생수준은 교부금의 유형과 관련이 있다.
④ [×] 무조건부 교부금의 경우에는 소득효과로 지역주민들의 공공재의 소비를 증가시키지만 사용재의 소비는 증가하게 된다.
⑤ [×] 조건부 대응교부금의 경우에는 소득효과와 대체효과에 의해서 지역주민들의 공공재의 소비 증가 여부를 알 수 있다.

20　답 ④

해설

④ [×] 우리나라의 국고보조금은 조건부교부금이고, 보통교부세는 무조건부교부금이다.
⑤ [○] 지방자치단체의 후생수준 증가라는 측면에서 볼 때, 무조건부교부금은 최소한 대응교부금보다 우월하다.

> - 동일 크기의 보조금 지급시 효용(증가) 크기 : 무조건부 ≥ 정액 > 정률
> - 동일 크기의 보조금 지급시 지방공공재 생산증가 : 정률 > 정액 ≥ 무조건부
> - 동일 효용 달성시 필요 보조금 규모 : 정률 > 정액 ≥ 무조건부

21　답 ②

해설

② [×] 중앙정부는 법률로 국세를 신설할 수 있으며 지방자치단체는 법률에 관계없이 조례로 지역에 필요한 지방세목을 신설할 수 없다. 지방자치단체도 법률에 의해 필요한 세목을 신설해야 한다(조세법률주의).

22　답 ④

해설

① [×] 지방교부세는 무조건부 보조금이다.
② [×] 국고보조금은 정률보조금(대응교부금)이다.
③ [×] 국고보조금은 지방정부의 의존재원이다.
⑤ [×] 지방교부세와 국고보조금은 지방정부의 재정자립도를 낮추는 효과가 있다.

23　답 ④

해설

③ [○] 지역주민이 중앙정부의 교부금 지원에 따른 한계조세가격의 하락으로 인식하는 재정착각에 빠질 수 있다. 따라서 이 경우 지역주민들이 더 많은 공공재 공급을 요구하게 된다.
④ [×] 관료들이 중앙정부로부터 교부금을 받았다는 사실을 공개하지 않을 때 나타나는 현상이다.
⑤ [○] 지방자치단체 관료들이 예산극대화하려는 경향이 있어 지역주민에게 공개하지 않고 더 높은 지출수준을 유지하려고 한다.

MEMO

나는 젊었을 때, 10번 시도하면 9번 실패했다.
그래서 10번씩 시도했다.

- 조지 버나드 쇼 -

2026 시대에듀 세무사 1차 객관식 재정학

초 판 발 행	2025년 09월 05일(인쇄 2025년 07월 30일)
발 행 인	박영일
책 임 편 집	이해욱
편 저	시대세무회계연구회
편 집 진 행	최수란
표지디자인	김도연
편집디자인	표미영 · 고현준
발 행 처	(주)시대고시기획
출 판 등 록	제10-1521호
주 소	서울시 마포구 큰우물로 75 [도화동 538 성지 B/D] 9F
전 화	1600-3600
팩 스	02-701-8823
홈 페 이 지	www.sdedu.co.kr
I S B N	979-11-383-9590-8 (13320)
정 가	28,000원

※ 이 책은 저작권법의 보호를 받는 저작물이므로 동영상 제작 및 무단전재와 배포를 금합니다.
※ 잘못된 책은 구입하신 서점에서 바꾸어 드립니다.

나는 이렇게 합격했다

당신의 합격 스토리를 들려주세요
추첨을 통해 선물을 드립니다

- 베스트 리뷰
  갤럭시탭/ 버즈 2
- 상/하반기 추천 리뷰
  상품권/ 스벅커피
- 인터뷰 참여
  백화점 상품권

이벤트 참여방법

합격수기

시대에듀와 함께한 도서 or 강의 **선택** ▷ 나만의 합격 노하우 정성껏 **작성** ▷ 상반기/하반기 추천을 통해 선물 증정

인터뷰

시대에듀와 함께한 강의 **선택** ▷ 합격증명서 or 자격증 사본 **첨부**, 간단한 **소개 작성** ▷ 인터뷰 완료 후 **백화점 상품권 증정**

이벤트 참여방법
다음 합격의 주인공은 바로 여러분입니다!

QR코드 스캔하고 ▷▷▷
이벤트 참여하여 푸짐한 경품받자!

합격의 공식

세무사 1차 시험

기출문제해설 도서로 **단기간 합격**을 안내합니다.

1차 시험 이렇게 준비하라!

- **회독과 반복**
  - 생소한 개념, 어려운 용어 반복적 학습
  - 계산문제는 반드시 손으로 풀어보기

- **선택과 집중(8-8-4-4 전략)**
  - 선택과목과 재정학에서 80점 이상 득점
  - 세법학개론과 회계학개론에서 40점 이상 득점

- **오답 + 암기노트**
  - 시험 전날 꼭 봐야 할 암기사항 정리
  - 자주 틀리는 오답사항 정리

시대에듀 세무사 1차 시험 기출문제도서가 합격을 안내합니다.

- **연도별 문제풀이**
  최근 9년간 연도별 기출문제로 실전연습

- **상세한 해설**
  혼자서도 학습이 가능한 정확하고 상세한 해설

- **동영상 강의 예정**
  전문강사의 기출문제해설 유료 동영상 강의

1차 시험 합격을 안내하는 시대에듀 객관식 문제집

2026 시대에듀 세무사 1차
재정학 객관식 문제집

주요 핵심이론 + 기출빈도 표시 + 상세한 해설

- 2026년 제63회 세무사 시험 대비
- 주요 핵심이론 및 상세한 해설
- CTA 기출문제 챕터별 수록

세무사 1차 시험
시험의 처음과 끝

시대에듀 세무사 1차 시험 기출문제해설 도서

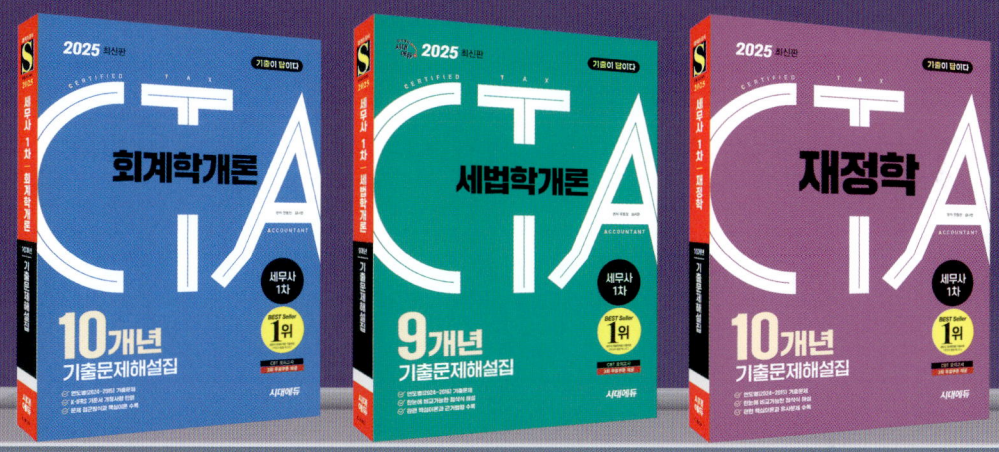

세무사 1차 회계학개론
기출문제해설(4×6배판)

세무사 1차 세법학개론
기출문제해설(4×6배판)

세무사 1차 재정학
기출문제해설(4×6배판)

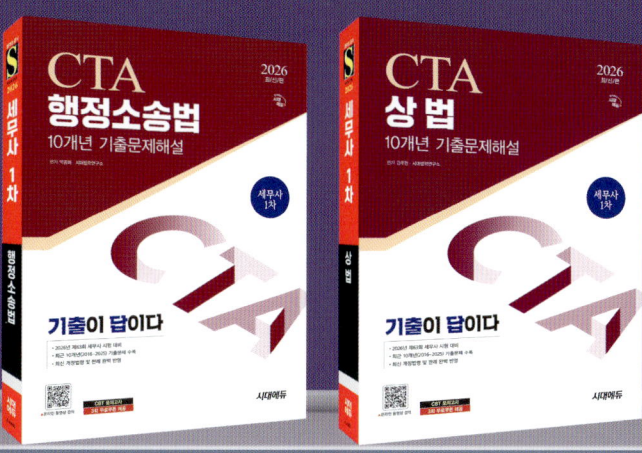

세무사 1차 행정소송법
기출문제해설(4×6배판)

세무사 1차 상법(회사법)
기출문제해설(4×6배판)

※ 본 도서의 이미지는 변경될 수 있습니다.